中国广播电视社会组织联合会学术研究系列丛书

U0729479

城市广播电视改革发展

——第六届扬州广电杯征文获奖作品集

中国广播电视社会组织联合会
扬 州 广 播 电 视 台 编

中国广播影视出版社

图书在版编目（CIP）数据

城市广播电视改革发展 ： 第六届扬州广电杯征文获奖作品集 / 中国广播电视社会组织联合会，扬州广播电视台编. -- 北京 ： 中国广播影视出版社，2024. 7. (中国广播电视社会组织联合会学术研究系列丛书). ISBN 978-7-5043-9243-5

Ⅰ . G229.2-53

中国国家版本馆CIP数据核字第2024MZ0312号

城市广播电视改革发展
——第六届扬州广电杯征文获奖作品集

中国广播电视社会组织联合会　编
扬　州　广　播　电　视　台

责任编辑	王　佳	
装帧设计	刘丽媛	
责任校对	马延郡	

出版发行	中国广播影视出版社	
电　　话	010-86093580　010-86093583	
社　　址	北京市西城区真武庙二条9号	
邮　　编	100045	
网　　址	www.crtp.com.cn	
电子信箱	crtp8@sina.com	

经　　销	全国各地新华书店
印　　刷	涿州市殷润文化传播有限公司

开　　本	787毫米×1092毫米　1/16
字　　数	416（千）字
印　　张	22.5
版　　次	2024年7月第1版　2024年7月第1次印刷

书　　号	ISBN 978-7-5043-9243-5
定　　价	88.00元

出版说明

　　由中国广播电视社会组织联合会、扬州广播电视台联合举办，《中国广播电视学刊》编辑部具体承办的第六届扬州广电杯"城市广播电视改革发展"主题征文活动于2023年2月圆满结束，总计来稿177篇。经初评、终评，评选出一等奖作品15篇、二等奖作品20篇、三等奖作品25篇，现将部分获奖作品结集出版。

《中国广播电视学刊》编辑部

| 目 录 |

一 等 奖

城市传播：城市电视台转型的新基点⋯⋯⋯⋯⋯⋯⋯⋯⋯⋯ 李岭涛 / 3

智媒时代政务新媒体参与社区治理路径研究⋯⋯⋯⋯⋯⋯ 刘良模 / 12

县级融媒体与区域社会发展良性互动的模式构建⋯⋯⋯ 敖 鹏 匡 野 / 21

京津冀广电融媒体跨区域宣传实践与探索⋯ 杨正义 王 锴 孙玉成 / 27

大数据在主流媒体智能传播中的应用⋯⋯⋯⋯⋯⋯⋯⋯⋯⋯ 曾 雄 / 32

城市台新闻客户端内容品质提升策略探析
　　——以"无限台州"App 为例⋯⋯⋯⋯⋯⋯⋯⋯⋯⋯⋯ 周建业 / 38

共青团工作赋能城市广电媒体青年成长成才的路径探究⋯⋯⋯ 周晓晓 / 44

建设性新闻与城市台转型发展之路⋯⋯⋯⋯⋯⋯ 胡旭霞 徐 臻 / 52

地方媒体讲好文物故事的创新路径和经验探析⋯⋯⋯ 王亚男 林 军 / 56

从"沈阳家书"看城市媒体的传播创新与功能拓展⋯⋯⋯⋯⋯ 侯 蔚 / 64

共建共享"一张网" 共融共赢"一盘棋"
　　——河南构建省市县一体化全媒体传播体系研究⋯⋯ 常智明 王锐锋 / 70

种子的力量
　　——武汉广播电视台"新莓视觉"工作室的融合创新实践⋯⋯ 陈 曦 / 76

融合背景下城市台少儿党史教育节目的创新表达
　　——以扬州广电总台《红星照耀我成长》系列节目为例⋯⋯⋯ 陈 寅 / 81

1

以"共情叙事"讲好中国故事
　　——城市广电探索国际传播新路径…………………张雅洁 / 88

加强对侨传播的路径探析
　　——以海口广播电视台《海南华侨》栏目为例
　　…………………………………陈积流　李伟凡　符师轼 / 92

二 等 奖

融媒时代城市广播新闻评论的"塑声强音"之策……………邱乙哲 / 99

城市广电的深度融合困境分析及突破路径………………张秋丽 / 105

城市广电办好涉农节目的要点策略………………………曾　晓 / 111

建设性新闻视角下的应急新闻报道实践
　　——以北京交通（应急）广播为例………………蔡明可 / 117

在推动媒体深度融合中做强地方主流媒体
　　——邯郸新闻传媒中心稳步推进媒体深度融合实践…………韩　雪 / 124

锤炼"钝感"　讲好全媒体时代新闻故事
　　——以《链接·鞍山新闻＋》为例………………张　赫 / 128

应时而动　探索先行　搭建"四全媒体"融合传播框架模型
　　——抗疫视域下扬州广电转型路径的思考…………孙建昶　王刘陈 / 133

媒体融合背景下城市国际化形象的传播研究………………郭　飞 / 137

深耕"好地方"资源　构建主流舆论场……………………陈济扬 / 142

"S-O-R"模型和SWOT分析法在活动案例中的应用
　　——以扬州广电《钥匙博物馆》为例……邢勇强　汪　涛　王浩宇 / 147

把握"新闻＋政务服务商务"创新着力点
　　——无锡广电集团推进媒体融合发展………………邓雁京 / 151

县级融媒体新闻主播转型与培养路径探析
　　——以浙江慈溪市融媒体中心为例…………李　红　邱　晨 / 157

《孙端之战》：新时代"枫桥经验"的艺术化呈现……李　晓　季志良 / 163

城市台深度融合的重点难点与对策建议
　　——以嘉兴台媒体融合发展为例………………沈炳忠 / 170

融媒体建设"宜春模式"中人的融合之思考…………… 张 敏 周 妍 / 177

探索"节目＋政务服务商务"的深度融合
　　——以济南广电为例………………………… 李雪婷 曹春生 / 183

拥抱媒体时代之变
　　——青岛广电媒体融合发展路径的实践与研究………… 祝洪珍 / 186

广电媒体的变与不变
　　——郑州广播电视台公益事业部融合发展探析………… 罗丽铭 / 190

"新闻＋政务服务商务"运营探索
　　——以中山广播电视台为例…………………………… 刘小榕 / 196

"新闻＋"战略在全媒体传播生态塑造中的实践与探索
　　——以成都市广播电视台融媒体"神鸟知讯"为例………… 杨永茂 / 202

三 等 奖

智媒时代城市台新闻舆论引导力提升路径………………… 董圆圆 / 209

中国城市广播电视研究的发展脉络与趋势分析
　　——基于 CSSCI 与北大核心期刊文献的 Citespace 可视化分析
　　……………………………………………… 陈一奔 段鹏程 / 215

全媒体语境下城市广播电台社群化运营策略
　　——以青岛崂山 921 电台为例 ………… 刘嘉诚 甄巍然 张伟超 / 225

"跨界共融、动态交互、内化舆论"
　　——四川省 2021 年度首批县级融媒体中心省级示范点建设实践探究
　　……………………………………………… 田龙过 王 昆 / 232

城市广电纪录片产业化困境及突破………………………… 梁 晶 / 242

全面阅读背景下地方广电媒体内容融合传播的创新
　　——以《运河书房》为例………………………………… 蔡晶晶 / 248

把握"时度效"，融媒体语境下时政短视频这样"破圈"
　　……………………………………………………………… 靳 林 / 254

以人为本：融合一小步，编辑一大步
　　——"扬帆"App 新闻编辑的转型探索………………… 庞丹阳 / 261

文化自信背景下,城市广播电视媒体原创文化节目

　　对区域文化的创造性转化与创新性发展……………………黄朴华 / 266

抓住"短视频"风口,发出融媒时代"广播强音"……………徐蕾红 / 271

从相亲节目到婚庆产业

　　——浅谈媒体融合背景之下广播发展新路径…………………汪　涛 / 277

互联网背景下城市广播电台的生存空间探析……………………汤　戎 / 282

融媒背景下"一带一路"外宣创新路径探析

　　——以连云港广播电视台为例………………………………王凤荣 / 286

互联网思维:城市广电媒体业务创新的前提……………………凌斌逸 / 290

城市广播对农专题的创新实践

　　——宁波台《乡村有约》改版启示…………………………沈世芳 / 296

融媒视域下地方红色文化传播的有效路径

　　——以台州各级融媒体中心建党百年节目为例………周薇薇　王雪梅 / 300

深度融合背景下城市广电"破圈"路径探究……………………徐　杰 / 306

构建广电"真人+虚拟"主播协同服务新生态 ………陈建飞　徐璐科 / 311

传统广播公益传播的"共同富裕观"体现

　　——以温州音乐之声"带新温州居民孩子看演出公益活动"为例

　　………………………………………………………………吕　瑜 / 317

基于 SWOT 分析的城市文旅频道发展探析

　　——以济南广播电视台文旅体育频道为例…………吴海霞　庄　志 / 321

打破旧闭环 搭建新闭环

　　——融媒时代广电城市形象宣传片的困境与突围………………张　巍 / 324

广电自救:"政企银学媒 五位一体"发展模式 ………孟　旭　于旭光 / 329

城市广电如何构建"多位一体"融合发展………………………张天春 / 334

发挥广电融媒"动力" 激发乡村振兴"活力"

　　——以湖南邵阳广播电视台为例……………………杨荣干　杨　婷 / 340

高质量建设县级融媒体中心 更好服务基层社会治理 …沈玉荐　蒲永康 / 347

一 等 奖

城市传播：城市电视台转型的新基点

李岭涛

随着媒体融合向纵深发展，一直处于上有中央台和省级台、下有区县台夹击之下的城市电视台面临更加严峻的竞争局面，如何进行转型成为事关城市电视台生存和发展的关键问题。一方面，城市电视台需要应对全新的外部环境、陌生的媒体运行模式和日益复杂化的受众组成；另一方面，在经济社会发展进入城市竞争时代的背景下，城市传播成为越来越多城市的迫切需求。综合考虑城市电视台的先天禀赋、媒体融合的趋势与方向、城市传播的特点和规律等因素，把城市传播作为城市电视台转型的新基点，不但有利于使城市传播的能力和档次提高到新的水平，而且可以帮助城市电视台走出一条全新的发展之路。

一、明确城市传播成为新基点的必然性

机会稍纵即逝。要准确把握机会，必须清醒地认识到城市传播成为城市电视台转型新基点的必然性。

（一）城市传播亟须解决的问题使然

尽管城市传播近几年来已经有了很大发展，但它自身存在的问题仍然制约着其进一步优化升级。这些问题不解决，将会大大降低城市传播效果。

1.城市传播的主体错位

一直以来，城市传播都是由政府部门主导。从表象看，这种主导导致城市传播一般以宏大叙事、概念解读为主，方式和渠道单一，有的地方甚至把拍一部城市宣传片等同于城市传播。从结果看，导致城市传播多是表面文章而无法深入人心，使城市传播难以发挥应有的作用。主体错位对城市传播发展的阻滞作用巨大，必须给予高度重视。

主体错位可以从传者和受众两个角度分析。在传者方面，一方面城市传播的方式、内容与受众需求有很大差距，城市传播的重点远离城市普通居民的生活，缺少热火朝天的烟火气，因此各地城市传播千篇一律，说教味浓厚，缺少

特色。另一方面没有适应好、利用好万人皆媒的媒体发展趋势。城市居民人多势众，个性化、长尾化视角大量存在，对自己的城市有着独到体验，他们应该成为城市传播的主力军和生力军。但是许多地方的城市传播还没有认识到这一点的重要意义。在受众方面，受众是所有传播活动的主体这一规律被忽视，受众的行为没有被研究，受众的媒体接触习惯没有被关注，受众参与互动共享的需求没有渠道和途径得以释放，导致城市传播成为自说自话的单向传播。这既难以调动本地受众的积极性，也难以增进外地受众对该城市的深入了解，最终出现"传而不通"的后果。单向传播模式造成了官方话语与民间话语间的互动缺位，受众的表达权和参与需求被置于机制设定之外。缺乏受众导向使得城市传播的线性模式不能满足传播对象的角色期待，"政府搭台，民众参与"的良性传播逻辑被割裂。

2. 城市传播的品牌效应发散

我国的很多城市历史悠久、经济发达，有着丰富的文化、经济和科技等方面的资源，利用得好能够对城市传播起到很大的促进作用。但实践效果并非如此。这种资源的丰富性在城市传播中未能有效发挥作用，传播理念东一榔头西一棒槌，自相矛盾。传播内容互不关联，分散化、碎片化严重，导致城市品牌效应难以聚焦，很难从中体现它的核心竞争力和优势。出现这种问题的原因是多方面的。一是缺少整体城市传播顶层设计，导致城市传播没有统一、稳定和持续的理念作指导，难以集聚各方面资源形成传播合力。二是具体城市传播缺少系统规划，导致传播内容要么平均用力，要么肥瘦不均。传播活动要么高举高打，要么久无声息。实践中很少见到逻辑紧凑、节奏适度、效果显著的城市传播。三是传播对象缺少针对性，导致目标模糊，驴唇不对马嘴，不是当地受众不愿看，就是外地受众看不懂，处于一种姥姥不疼舅舅不爱的尴尬境地。四是传播策略缺少创新性，导致很多地方的城市传播互相照搬照抄、模仿雷同，出现"千城一面"的现象，城市与城市之间的同质化明显，辨识度过低。

3. 城市传播的渠道抓手缺失

在受众媒体使用行为越来越多样化的背景下，任何传播活动仅靠一种渠道、一种方式进行都很难达到理想效果。城市传播也不例外。从媒体使用角度而言，城市传播应建立全网分发、全媒体覆盖的传播矩阵。城市传播的方向一般以外部为主，由于本地的媒体大部分都是区域性的，影响范围往往局限于当地，因此城市传播往往依靠外部的渠道，原有的本地媒体在城市传播上很难发挥作用。这导致城市传播难以在渠道使用上有决定性话语权，容易受制于人，无法完全按照自己的规划推进传播活动。以短视频传播为例，抖音等短视频平台的兴起使得越来越多的城市把它作为主要的传播平台，像成都、重庆、西安等网红城市的形象打造很大程度上就是依托抖音等短视频平台实现的，这必然不断强化抖音在与各城市谈判中的垄断性优势，从而让处于劣势的城市在城市传播上的投入负担越来越重。显然，城市传播在这种背景下基本上无法建立自己的传播矩阵。

（二）城市电视台的禀赋使然

城市传播存在的问题亟须找到解决的方法，而媒体融合的纵深发展使城市电视台自然禀赋的内涵和外延越来越丰富，这种禀赋与城市传播的需求具有天然的契合，从而为问题的解决提供了有效路径。

1. 城市电视台的空间突破能够催化城市传播的扩张力

从物理空间看，原来的城市电视台都是区域性媒体，传播范围和受众都局限于当地。媒体融合的纵深发展使城市电视台能够借助于各种新媒体技术、手段和渠道，打破地域限制，实现从"区域性"到"全国性"乃至"世界性"的传播与推广，带领受众进入麦克卢汉所言的"地球村"时代。这种变化与城市传播的需求高度一致，有助于城市传播走出中国，走向世界。从发展空间看，依靠媒体融合，电视媒体的发展手段、路径更加多样，如今的电视媒体不再囿于有限的客厅之内，受众不但可以通过电视机的回放、点播等功能随时选择自己感兴趣的内容，而且可以通过移动媒体突破时空的限制收看内容，更可以借助社交媒体随心所欲地与电视媒体互动。借此带来的城市电视台发展空间的拓展，能准确适应和有效利用受众对城市传播参与互动共享的需求，增强受众对城市品牌的黏性和依赖度。

2. 电视媒体的社交属性能够强化城市传播的渗透力

"电视媒体的社交属性是受众利用电视媒体进行人际交往的、源于电视媒体自身的一种性质特点，这种性质特点能够满足受众通过电视媒体接受信息、交流思想、学习知识、参与活动、融洽关系等物质和精神方面的需求。"[1] 也就是说，电视媒体不仅有大众传播功能，而且有社交属性和人际传播功能。由于受技术等各种条件的限制，电视媒体自诞生以来它的大众传播功能被充分放大，社交属性被忽视或者掩盖。技术进步和媒体融合使得电视媒体的社交属性和人际传播功能得到发掘，从而使得电视媒体能够更加适应大众传播和人际传播越来越强烈的融合趋势。因此，城市电视台能够借助大众传播和人际传播的融合，一方面依靠大众传播扩大城市传播的传播范围，增加城市传播的接收人群；另一方面依靠人际传播深化城市传播与受众的互动，增强与他们的共享共鸣。

---

① 李岭涛、李扬：《电视媒体的发展空间：基于社交属性的思考》，《现代传播》2019年第6期。

3.城市电视台的资源纽带作用能够增强城市传播的市场力

从理论层面看，电视媒体具有政治和经济双重属性、喉舌和产业两种功能，这决定了它在行政体制和市场机制之间可以起到桥梁作用。从实践层面看，城市电视台一般属于事业单位企业化管理，既服从服务于党委政府的中心工作和经济社会发展需求，也作为市场主体参与媒体市场的竞争。这种特殊角色使城市电视台既能比市场化媒体更加到位地理解城市传播的需求，又能比政府部门等原有的城市传播执行机构更加理解传播规律、了解媒体的市场化运行特点，从而有效畅通内外部资源的流动和整合渠道。同时，"推动媒体融合发展、建设全媒体成为我们面临的一项紧迫课题"①，城市电视台也被赋予媒体融合重任，成为建设"四全"媒体的主体，这将进一步增强城市电视台利用移动媒体、社交媒体等为城市传播助力的能力，有助于城市传播矩阵的建设。

4.城市电视台的权威性能够提升城市传播的公信力

电视媒体是党和政府的耳目喉舌，城市电视台都担负着当地党委政府主要信息发布、宣传发动平台的作用，因此在受众中具有较高的公信力、权威性。与之相反，很多新媒体"为获取流量和广告进行恶意营销，有的无中生有造热点，引发社会恐慌；有的冒用权威人士名义，发布谣言误导公众；有的炮制耸人听闻标题，引发群体焦虑和不安；有的恶意篡改党史国史，鼓吹历史虚无；有的诋毁抹黑英雄烈士，消解主流价值观；有的大打色情'擦边球'，影响青少年身心健康；有的大搞'黑公关'敲诈勒索，侵害企业或个人合法权益"②。显然，城市电视台的公信力、权威性与城市传播的目标要求相一致，对城市传播的可信度有着较强的提升作用，有助于提高受众对城市品牌的接受程度、信任程度和忠诚程度。

二、适应城市电视台转型新基点的规律性

作为一个应城市竞争需要而生的新领域，城市传播具有广阔的发展空间。处于越来越严峻形势中的城市电视台应抓住这一难得机遇，主动适应和作为，研究城市传播和媒体融合之间的互动规律，在利用媒体融合推动城市传播的发展中建立自己新的竞争优势。

（一）以受众为出发点，充分把握受众需求

受众是城市传播的核心，也是城市电视台发展的基础。习近平总书记强调，"读者在哪里，受众在哪里，宣传报道的触角就要伸向哪里，宣传思想工作的

---

① 《习近平：推动媒体融合向纵深发展 巩固全党全国人民共同思想基础》，http://www.xinhuanet.com/politics/leaders/2019-01/25/c_1124044208.htm。

② 《国家网信办启动专项整治行动 严厉打击网络恶意营销账号》，http://www.cac.gov.cn/2020-04/24/c_1589274589221739.htm。

着力点和落脚点就要放在哪里"①。受众是城市传播和城市电视台一切活动的出发点和落脚点，没有一定数量的受众作为基础，城市传播和城市电视台的发展就会成为无源之水。因此，城市传播和城市电视台应树立受众导向，从受众的需求出发开展自己的活动。

1. 把握受众需求的变动规律

随着技术变革的增速、媒体形态的演变和媒体竞争的加剧，受众的需求变动呈现新的规律性。一是受众需求上升到新的层次。从不同的阶段看，受众的需求分为以物质需求为代表的基础性需求和以精神需求为代表的发展性需求，受众的需求逐渐由基础性需求向发展性需求过渡，发展性需求开始在受众的需求中占主导地位，特别是受众提高自己、谋求社会承认的需求越来越旺盛。二是技术对受众的意义越来越重要。从实现的程度看，受众的需求分为现实需求和潜在需求，在潜在需求转化为现实需求的过程中，技术正起着更加重要的作用，很多时候甚至是决定作用。这导致受众对技术的依赖程度越来越高。三是受众需求的迭代速度加快。基于技术对受众的重要意义，技术进步的加快必然会以更快的速度把受众更多的潜在需求激发、催化为现实需求，这种新出现的需求有可能成为城市传播和城市电视台参与竞争的蓝海。四是受众需求的长尾化特征越来越明显。整个媒体市场服务能力的提高使得受众的大众化需求基本得到满足，受众主体意识的增强导致他们更加追求个性化、差别化，因此使得他们的需求越来越细分和小众化。五是受众需求的碎片化特点越来越显著。移动媒体已经成为受众身体不可缺少的一部分，这既导致了他们时间的碎片化，也导致了他们需求的碎片化。移动媒体使得受众的碎片化需求能够随时随地随意得到满足，同时又激发了更多碎片化需求。

2. 关注本地和外地受众的差异化

城市传播的受众不仅有本地受众，而且有外地受众。本地受众是城市传播的基础，不但他们的工作生活是城市传播的主要内容来源，是传播活动的载体，而且他们也是城市传播活动数量最大的践行者，他们的参与会使城市传播由原来的政府部门单打独斗转变为万众齐心的燎原之势。因此，受众对城市品牌的认同程度、对城市传播理念的接受程度，决定了他们参与城市传播活动是自发还是自觉，决定了城市传播与城市的经济社会发展、与当地人民群众的生产生活是有机融为一体还是几无关联关系的两张皮。城市电视台应从城市传播的角度提高对本地受众的服务能力，利用媒体融合的成果满足受众各个方面、各个层次的需求，增加他们对城市的归属感、自豪感，进而激发其参与城市传播的

---

① 曹智等：《习近平在视察解放军报社时强调——坚持军报姓党坚持强军为本坚持创新为要 为实现中国梦强军梦提供思想舆论支持》，《人民日报》2015年12月27日。

动力活力，展现城市传播的全民化、规模化、差异化特点。

与本地受众对城市的生存和发展依赖不同，外地受众对城市的忠诚度要低得多。这造成了他们对城市传播的接触、接收和接受主要基于自己的兴趣，不稳定性十分突出。城市传播和城市电视台对此应十分清醒。一是要明确外地受众关注自己所在城市以外信息的原因，如出于旅游、商业合作等需要，做到城市传播有的放矢。二是研究外地受众媒体接触和使用行为特点，做到对他们无盲点精准覆盖。三是实现传播方式、传播内容与其他城市的显著差别化，做到对外地受众需求满足的不可替代性。四是找到城市与外地受众所在城市之间历史文化、百姓生活等方面差异化中的共同点，用具有新鲜感的贴近性引发外地受众的共感共鸣。五是让外地受众参与到城市传播的经济效益和社会效益分配中来。"经济关系是市场经济条件下最可靠、最符合市场规律要求的关系，用市场化的现实利益关系可以大大增强受众的忠诚度。"[①]通过与外地受众形成利益共同体，在城市传播与他们之间建立深入、紧密的价值关联。

（二）坚持虚实结合，展现城市独特魅力

城市的发展包含众多方面和层次，既有理念指导，也有来自基层的实践阐释，这些方面和层次的不同组合形成了一座城市的独特魅力。城市电视台应发挥自己视听兼容和现场感强的媒介优势，在城市传播中做到顶层设计与百姓生活结合、高大上与烟火味共融，彰显城市品牌理论性与故事性、理性与感性有机统一的独有气质。

1. 融入城市经济社会发展进程，让时代性成为城市传播的主题

城市传播归根结底是为经济社会发展服务的，尽管它有一定的独立性，但这种独立性植根于城市经济社会发展进程之中，脱离了这一点，它就会成为无本之木。因此，城市电视台应准确、前瞻性地把握当地经济社会发展的理念、特点、节奏和典型，保持城市传播与当地经济社会发展进程的动态、实时互动，把当地经济社会发展本身作为城市传播的主要载体，从而提高城市传播的针对性和有效性。一是做到理念互通，城市传播的理念要来自并依赖于当地经济社会发展的理念，做到对当地经济社会发展理念形象而准确的表达，绝不能另起炉灶，自说自话。二是做到特点同频，城市传播反映的特点要与当地经济社会发展有相当的一致性，这些特点是真实存在的，是大部分市民所公认的，绝不能凭空想象，按照自己的喜好随便"创作"。三是节奏同步，城市传播的节奏应该决定于当地经济社会发展进程的节奏，自己的节奏既不能过快，过快会让受众觉得城市虚夸；也不能过慢，过慢会让受众觉得城市落后。四是做到典型共享，城市传播能及时掌握并展示当地经济社会发展进程中出现的各种典型事

---

① 李岭涛：《融合背景下电视媒体营销的新常态》，《电视研究》2015年第6期。

迹、案例和人物，既不能对新鲜的典型视而不见，也不能违背真实性原则虚假编造。

2. 聚焦普通百姓生活，让市民成为城市故事的主角

市民是城市的建设者，也是城市发展的受益者和被惠及者，从他们身上体现出来的城市品牌是最不容易被模仿的。城市电视台要从普通百姓的视角出发，真正接地气地贴近百姓的生活、工作及其所思所想，通过对城市中个人或群像生活方式、工作方式的呈现，展现城市的人情味和烟火气。也许只是将镜头对准城市一隅，从细微处着手发现普通人的特质，就能引爆话题讨论，形成与百姓的情绪共鸣。要始终以"人"为核心，人比故事更重要，因为不论什么样的生活形态都由人主导。城市电视台要充分挖掘城市中有代表性的个体，以鲜活的人物形象和真挚的情感表达，呈现每一个个体在时代沉浮中与城市发展共命运的精彩故事，在讲好城市故事中展示城市风采。

（三）适应媒体形态演变规律，提高城市传播能力

从报纸、广播、电视等功能相对单一、形态特征明显的媒体到移动媒体、社交媒体等功能复合、形态特征复杂模糊的媒体，从微博、微信到网络直播、短视频，媒体形态的演变不断加快。在这种演变中，满足受众需求是目的，技术进步是手段。虽然技术变革在媒体形态演变中的作用越来越重要，但是绝不能把手段当目的，为技术变革而变革。也就是说，尽管媒体形态演变客观上对技术变革起到了很大的拉动作用，但媒体形态演变的目的是满足受众不断变化的需求。对媒体形态演变的适应和应用，是城市电视台媒体融合的重要内容，也是城市传播真正实现目的的关键所在。

1. 用媒体形态的多样性回应受众需求的复杂性

媒体形态的多样性是受众需求个性化、差别化和长尾化趋势推动的结果，反过来也为满足这些千人千面的需求创造了条件。不同的受众对不同的媒体有着不同的喜好，有着不同的使用习惯。与原来的钟情于某种媒体相比，现在受众的行为呈现跨网、跨屏、跨终端的特征，这种状态正好适应了受众对媒体使用行为功能复合性的要求。受众希望能够在有限时间内获得更多的满足，或者通过一次行为能够实现多方面的功能。媒体使用行为复合性的趋势是对受众新特点的准确及时反映，让他们在同一时间里能从不同媒体获得单一媒体难以提供的感受，比如通过大屏看高质量的视频内容，通过小屏进行互动参与，等等，从不同的媒体获得不同的满足感。不仅使受众获得信息、娱乐服务，而且能够帮助他们进行社交，甚至带来经济收入。基于受众需求的媒体形态多样性与城市传播的需求有很高的吻合度，对提高城市传播的能力和效果意义很大，城市电视台应该重视媒体形态与受众需求之间关系的变动规律，利用好媒体形态的

多样性实现城市传播与受众需求的精准对接。

2. 用新技术的应用增强受众的体验感

媒体融合的前提和基础是技术的融合。由于技术条件的限制，一道屏幕割裂了受众与电视媒体之间的关系，城市传播与受众，尤其是与外地受众之间更是缺少联系的纽带和桥梁。在激烈的媒体和城市传播竞争中，体验感的优劣决定了受众能否接收、接受传播内容进而对其产生黏性，而让受众参与互动共享是他们获得良好体验感的重要手段和途径。"也许没有什么能像参与那样让读者变得忠诚，有成为集体中的一部分的感觉。"[1] 技术进步为受众的参与互动共享、为密切城市电视台以及城市传播与受众的关系提供了有力保证。例如：在4K、8K等超高清技术支持下，受众抵近观看的效果大大增强，而且能够产生强烈的临场感；依靠三维音频技术，受众享受到逼真的音响效果。因此城市电视台要强化技术与内容的深度融合，利用新兴媒体技术链接用户生活场景，提升可视化、沉浸性、交互式体验。让用户不再是"旁观者"，而是以"见证者"的视角感受城市的发展与繁荣，从而获得内在的情感震撼力。

（四）整合传播资源，形成多层次多渠道规模化传播格局

媒体市场发展的加快使得受众面对的信息越来越多、获取信息的渠道逐渐多样化，这使得城市传播让受众接触自己、选择自己的成本和难度大大增加，城市传播如果没有足够的途径和渠道，将很难使信息到达受众。因此，城市电视台应把自己打造成为各种媒体资源的汇聚和分发平台，由此使城市传播做到对受众在空间上无盲点、在时间上不间断地全覆盖。

1. 本地资源做到全域和全民

城市的一花一草一木都是自身品牌的载体和呈现，城市电视台应充分发挥移动媒体、城市"天眼"监控系统等点多面广、快速反应的优势，建立起遍布全域的城市传播队伍，让每一个市民都成为城市传播者、意见领袖和网红，让大街小巷的变化都不被忽视，都能整合进城市传播中来，都能通过正式的和非正式的、官方的和民间的渠道以规模化、个性化、有节奏、有故事、有温度的方式传播出去，从而实现对各个舆论场、各个圈层的渗透和扩张，实现城市传播的由点到线再到面。

2. 域外资源做到紧密和全面

考虑到技术平台的成本问题，城市电视台应以轻资产的软件平台建设为主，把内容分发作为自己的核心竞争力。一方面，短视频已经成为城市传播发展的风口，"一则短视频带火一座城"的现象屡屡发生。抖音、快手等短视频平台不断助力城市发展，网红景点、网红美食以视频化形式带来的强烈视觉冲击和

---

① 《〈纽约时报〉内部报告：数据时代，媒体需要一场革命》，https://36kr.com/p/1721341870081。

吸引力也让"打卡经济"应运而生。城市电视台应利用资本、本地市场、体制资源等与各种媒体平台、渠道建立紧密关系,增加城市传播对域外媒体资源的整合能力,培育城市传播一直欠缺的市场力和技术基因。另一方面,建立与对当地有好感、感兴趣或者有敌意的域外意见领袖、网红的定期沟通机制,增加他们对当地的了解和理解,使其对当地品牌的传播更有深度,更符合城市传播的整体逻辑,或者改变他们对当地的负面印象。在此基础上,形成层次分明、目标明确、分工科学、渗透面广的城市传播格局。

(作者系北京体育大学新闻与传播学院院长、教授。本文系国家社科基金重大项目"智能化背景下全媒体传播体系建设的理论与实践路径研究"的阶段性成果,项目编号:20ZDA058)

智媒时代政务新媒体参与社区治理路径研究

刘良模

一、问题缘起

（一）基层治理中的智媒体

第 49 次《中国互联网络发展状况统计报告》数据显示，截至 2021 年 12 月，我国互联网政务服务用户规模达 9.21 亿，占网民整体的 89.2%，数字政府成为提升国家治理体系和治理能力现代化的重要支撑。[①] 互联网赋能下的政务新媒体发展态势良好，为基层政务新媒体更好发挥信息服务"最后一公里"作用提供了技术及语境支撑。

自浙江省推行"最多跑一次"改革、数字化改革以来，政务办事效率和公民满意度显著提升。杭州作为浙江省会城市，在政务新媒体发展和建设方面一直处于领先水平。2021 年，浙江省发布的政务公开指数报告显示，杭州指数位居全省第一。在社区政务新媒体方面，通过分析杭州市所辖的社区政务新媒体账号发现，上城区政务新媒体账号和双微账号开通数量均位于全市首位。

随着 5G、算法、云计算等技术的变革，媒体也迎来了"智能 +"的全新场域和传播范式。智媒体在内容生产、传播方式、受众互动等方面表现出典型智能化特点的同时，也给用户带来了全新的体验感知，构建了一个交互式的结构场域，从而为共建共治共享的现代化治理格局创造了内容生产、精准传播和沟通服务等层面的发展契机。如何在新时代智媒体背景下提升社区政务新媒体在基层中的治理效能，成为学界和业界关注的焦点。

（二）社区传播中的微政务

国内学者对社区政务新媒体进行了深入研究。从研究主题来看，主要集中于政务新媒体功能、发展现状与困境、评价体系等方面。例如：艾美华探讨了

[①] 中国互联网络信息中心：《第49次中国互联网络发展状况统计报告》，http://www.cnnic.net.cn/gywm/xwzx/rdxw/20172017_7086/202202/W020220311487786297740.pdf。

基层政务微媒体的传播新路径，指出微媒体在传播过程中的优势与不足；① 陈福平、李荣誉通过线上和线下数据相结合的方式，探索了社区新媒体与社区治理之间的关系；② 毛小娟等学者分析了现有四种社区治理模式与问题；③ 郭慧珍等学者对天津市两个社区新媒体在社区治理中的实践加以分析，总结了提升社区信息化水平的策略；④ 张孟军等从信息技术角度出发，提出未来基层政务媒体应建立具有开放心态和高度政治自信的基层政府媒体。⑤ 综上所述，社区政务新媒体在基层社会治理中扮演关键角色，如何发挥其在社会治理中的优势与功能，建构网络与居民的互动关系，成为打造智慧社区、未来社区的题中之义。

新公共治理理论最早由英国学者史蒂芬·奥斯本（Stephen P. Osborne）提出，强调多元治理主体的协同共治。我国学者俞可平进一步指出，新公共治理"最终的目标就是实现公共利益最大化"⑥。换言之，新公共治理致力于构建公共领域和公共空间，是公民、政府等多元主体协同治理的过程，强调公共对话与公共参与。而智媒体在结构、内容、交往等层面建构起政府、居民与社会组织间的关系意义，为三者提供了互动交往的场域，进而促进社区治理的智能化和数字化，实现基层治理体系的系统重构。智媒体语境下的社区媒介，"为大众传播内容和目标有效下达个体、为沉浸于网络虚拟空间的个体有效上接社会提供了缓冲地带"⑦。如何打通政务信息传播"最后一公里"，构建社区治理中的公共领域，实现政府与居民间的交往互动，成为研究社区政务新媒体发展的关键。

本文以智媒体为语境，结合新公共治理、公共领域等理论，以杭州市上城区政务新媒体账号在信息传播、政务服务和基层社会治理中的实践为样本，从内容形式、服务引导、多元协同治理等角度考察社区政务新媒体参与基层治理的典型表现，进而探究政务新媒体在社会治理实践中的传播困境与优化策略，加强社区政务信息工作，提高服务质量，提升社区政务新媒体参与基层社会治理的能力。本文致力于研究以下几个问题：（1）社区政务新媒体传播现状如何？（2）社区政务新媒体传播是否构建了公共领域？（3）如何提升社区政务

① 艾美华：《微媒体环境下农村基层的传播新路径——以新疆政务微信"最后一公里"为例》，《现代传播（中国传媒大学学报）》2015年第1期。

② 陈福平、李荣誉：《见"微"知著：社区治理中的新媒体》，《社会学研究》2019年第5期。

③ 毛小娟、罗兆均：《新媒体助力社区治理的探索与实践》，《传媒》2021年第2期。

④ 郭慧珍、毛甬津：《社区治理中的新媒体——以天津市阳光壹佰和时代奥城社区为例》，《新媒体研究》2020年第6期。

⑤ 张孟军、张欣：《未来媒体时代基层政务微信的创新》，《青年记者》2020年第24期。

⑥ 俞可平：《中国政治学的主要趋势（1978—2018）》，《北京大学学报（哲学社会科学版）》2018年第5期。

⑦ 姜飞、黄廓：《"传播灰色地带"与传播研究人文思考路径的探寻》，《南京社会科学》2014年第4期。

新媒体传播能力及社区治理水平？

二、社区政务新媒体参与社区治理的杭州实践

本文调查分析了杭州市下辖的 10 个市辖区、2 个县、1 个县级市的政务微信及微博账号情况，选取政务新媒体账号开通数量最多的上城区所辖社区账号为分析样本，探究社区政务新媒体在社会治理实践中的传播困境及实践路径。

（一）样本选择与数据采集

通过对杭州市所辖的社区政务新媒体开通情况进行调研发现，上城区所辖社区政务微信和微博账号开通总数为 59 个，同时开通双微账号的数量为 15 个，双微账号开通率为 25.42%。本文选取上城区账号表现较好的前 10 个社区（见表 1）为样本，对其双微账号进行数据采集与文本分析。为避免数据偶然性，选取 2021 年 1 月至 8 月账号内容为数据样本，从账号活跃度、文章类别、发布形式三个维度分析上城区社区政务新媒体账号的使用现状与现存问题。

表 1 杭州市上城区典型社区政务微信及微博账号一览表

社区名称	微信公众号名称	账号状态	微博账号	账号状态
天运社区	闸弄口天运社区	正常	闸弄口街道天运社	无内容
金兰池社区	凯旋街道金兰池社区	正常	凯旋街道金兰池社区 1991	2015 年停更
景苑社区	凯旋街道景苑社区	正常	景苑社区	2016 年停更
庆和社区	凯旋街道庆和社区	正常	凯旋街道庆和社区	2017 年停更
常青苑社区	采荷街道常青苑社区	正常	采荷常青苑社区	无内容
五福社区	四季青街道五福社区	正常	四季青街道五福社区	正常
钱景社区	四季青街道钱景社区	正常	上城区四季青街道钱景社区	2019 年停更
三堡社区	四季青街道三堡社区	正常	三堡社区	2018 年停更
钱江苑社区	四季青街道钱江苑社区	正常	四季青街道钱江苑社区	2020 年停更
岳王路社区	湖滨街道岳王路社区	正常	湖滨街道岳王路社区居委会	正常

分析发现，以上 10 个社区微信账号均处于正常运行状态，但微博账号使用情况不容乐观，除了四季青街道五福社区和湖滨街道岳王路社区账号正常运行，其他 8 个社区微博账号或无内容或于 2015—2020 年陆续停更。正常更新的五福社区和岳王路社区微博账号 2021 年 1—8 月信息发布总量分别为 18 条和 8 条，平均月发布量 1—3 条，信息发布频率无法满足群众的信息需求。

双微平台在信息传播方面各有优势。微博以评论和转发见长，强调话题性，传播与互动效果好；基于强关系传播的微信公众号，传播方式相对微博灵活性

较差，但优势是可以搭建小程序或政务服务平台，为公众提供服务通道，打造社区居民的掌中宝。智媒时代，微信成为公众较为活跃的新媒体集中地，微信公众号信息更能被受众主动阅读和自发传播，有利于建构居民的"媒介接近权"。在双微账号联动方面，社区大批微博账号停更或更新不及时的现象，导致双微联动所发挥的作用微乎其微。鉴于样本中微信公众号运行良好，本文将着重探索社区政务微信的表现以及在参与治理中的典型表征。

（二）社区政务新媒体传播实践分析

为探究社区政务新媒体在构建公共领域和参与社区治理中的具体实践，本文主要从文章发布量、阅读量、评论量、点赞量以及互动量等数据特征来考察社区政务账号的使用、传播与服务现状。通过分析 2021 年 1 月至 8 月的账号情况发现，上城区社区政务账号在构建公共领域和社区治理实践过程中面临以下挑战。

1. 内容形式单一

首先，信息发布频率不高。从信息发布频率看，10 个社区中只有四季青街道的 4 个社区达到每天 1 篇文章的推送量，其中内容日均信息推送数量最高的五福社区平均每天的发布量有 2.18 篇，三堡社区为 1.68 篇，钱江苑社区为 1.46 篇，钱景社区为 1.04 篇。从提供信息服务社区治理角度看，每天不足 1 篇文章的发布频率难以满足社区居民对本地生活的信息与服务需求。政务新媒体账号内容更新不及时，会弱化区域政务信息的传播效果，不利于政务新媒体的长足发展。

其次，内容供需匹配不足。平台发布量决定信息传播的广度，而阅读量和点赞量则反映出文章内容质量及传播深度。从数据来看，上城区 10 个社区微信账号平均单篇阅读量最高不超过 150 次，大部分处于 20—70 次。与社区常住人口相比，社区微信账号阅读量较低，受众到达率不足。从阅读量和点赞量比值来看，点赞率为 1.71%，说明社区居民对公众号发布的信息内容认可度不高。

对文章进行内容分析发现，同质化现象严重，从其他政务号转发现象较为普遍。如《@ 全体党员：〈榜样 5〉来啦！》，景苑社区、庆和社区以及四季青街道的 4 个社区发布内容完全一致，均转自共产党员网。社区政务新媒体账号文章原创度较低，三堡社区的文章中，仅有《春季护肝在行动：你的身体有警戒吗？》一篇为原创，其他均转自政务号或官方媒体。质量高的内容可推荐转发，但应结合社区实际情况进行内容再生产，否则难以吸引受众的注意力和关注度。信息内容不契合受众需求，很难融合政府与居民间的交往互动。

最后，传播形式单一。对 10 个社区政务账号平台的信息发布形式进行对比分析发现，从信息发布形式看，以图文类为主，占比达到90%以上，互动性较强的H5模式在样本社区中均未被采用，视频形式也只有2%—10%。随着短视频和智媒体的发展，受众的信息接收模式已向视听方向转变，社区媒体的传播形式也应紧贴时代，采用多样化的传播手段，达到精准传播的效果。

2. 服务引导不足

基层政务平台的另一重要功能就是服务引导。经研究发现，社区政务新媒体在服务引导上还需加强。一方面，地域信息传播仍需落地。依据政务账号信息及社区地域性特征，本文将信息发布内容分为新闻资讯、政策通告、活动宣传、安全防控、健康防疫、本地生活六种类型，并统计出各类信息在实际传播过程中的占比情况（见表2）。从数据来看，上城区社区政务新媒体账号内容方面以活动宣传为主，安全防控次之，政策通告与解读方面的信息较少。从软硬新闻角度看，受众只有在硬新闻满足的基础上才会去关注软新闻。社区媒体最大优势为立足于社区本身，为社区居民提供具有地域特色的政务信息与服务，为群众排忧解难，避免产生信息真空现象。从数据表现看，这一优势尚未体现。

表2 杭州市上城区典型社区政务微信账号内容发布类别及占比情况　　单位：%

微信公众号名称	新闻资讯	政策通告	活动宣传	安全防控	健康防疫	本地生活
闸弄口天运社区	0.00	0.00	20.00	40.00	20.00	20.00
凯旋街道金兰池社区	20.00	6.67	26.67	0.00	0.00	46.67
凯旋街道景苑社区	50.00	0.00	37.50	0.00	0.00	12.50
凯旋街道庆和社区	100.00	0.00	0.00	0.00	0.00	0.00
采荷街道常青苑社区	18.18	0.00	45.45	0.00	0.00	36.36
四季青街道五福社区	2.55	9.18	35.71	36.73	5.10	10.71
四季青街道钱景社区	18.09	4.26	38.30	9.57	8.51	21.28
四季青街道三堡社区	27.15	5.96	23.84	16.56	11.26	15.23
四季青街道钱江苑社区	12.98	9.16	19.85	27.48	14.50	16.03
湖滨街道岳王路社区	27.27	54.55	45.45	0.00	0.00	0.00
总占比	14.93	7.19	29.58	23.53	8.99	16.01

另一方面，公共事件应对不足。政务新媒体在发布权威信息、引导网络舆论、宣传防控知识等方面发挥着重要作用，但从数据来看，社区政务新媒体在应对公共事件方面总体表现不佳，健康防疫类信息占比只有8.99%，在疫情防控期间的宣传力度不大，更新频率不高，难以引导公共事件舆情。

在突发事件或公共事件发生时，网上信息真假难辨，各类谣言层出不穷。

根据谣言传播公式 R=I×A 可知,公众与谣言事件关系越密切,信息模糊性越强,越容易助长谣言传播。社区政务新媒体在消除事件不确定性方面发挥着重要作用,因此需加强公共事件应对能力,承担社区信息传播主体责任,增强政务媒体在居民心目中的可信度与影响力,提升服务引导水平和治理能力。

3. 交互关系疏离

交互性和协同性是智媒时代的典型特征,也是社区政务新媒体传播效用的衡量指标。社交媒体在促进平等沟通交流、构建公共领域方面有着天然优势,互动量和评论量从某种程度上可以反映出政府与居民间的沟通情况。但从账号数据表现来看,社区政务号互动与沟通不足,政府与居民间未建构起融合的双向交往关系,容易引发信任危机。10 个社区中,只有 2 个社区发布的文章有评论量,其他 8 个社区的信息评论数量为 0,评论量最高的四季青街道三堡社区,8 个月内发布了 151 篇文章,累计评论量 14 条(见表 3),可以看出群众参与话题讨论的积极性不高。作为政府与群众间沟通桥梁的社区政务新媒体自带行政服务属性,应促进社区治理水平的提升,加强社区居民对本地事务的关注与了解,密切政府与居民间的关系,然而从数据来看,政务新媒体在建构政府与居民良好关系上的表现不佳。

表 3 杭州市上城区典型社区政务微信账号表现情况

微信公众号名称	文章总量	阅读量	评论量	点赞量	互动量
闸弄口天运社区	5	110	0	3	0
凯旋街道金兰池社区	15	599	0	16	0
凯旋街道景苑社区	8	334	0	45	0
凯旋街道庆和社区	1	9	0	2	0
采荷街道常青苑社区	11	86	0	2	0
四季青街道五福社区	196	6169	1	113	0
四季青街道钱景社区	94	6312	0	168	0
四季青街道三堡社区	151	22229	14	381	6
四季青街道钱江苑社区	131	7079	0	175	0
湖滨街道岳王路社区	11	449	0	14	0

(三)社区政务新媒体表现原因分析

从拉斯维尔(Harold Lasswell)的传播五要素来看,良好的传播效果依赖于传受者的双向互动。社区政务新媒体信息传播停留在发布层面,缺乏反馈与互动。对社区政务新媒体在参与社会治理中面临的困境,从传播者与受众层面加以分析,主要原因有以下两点。

1. 模糊化：政务新媒体平台定位不清

首先，从内容层面来看，社区信息传播与居民实际生活契合度不高，无法满足受众需求。社区政务新媒体未能发挥基层账号所具有的信息传播、政策解读和群众服务等功能。以账号表现较好的四季青街道三堡社区为例，分析文章主题及关键词发现，内容以宣传垃圾分类为主，"疫情""健康""党政"等与居民生活密切相关的话题均有所涉及，但仍缺乏对社区治理主体角色的准确定位，需在加强政策解读、社区问题处理及公共事件引导方面作出努力。其次，就运营层面而言，账号运营人员多为社区人员，工作事务较多，还需兼顾运营社区账号。无论是在人力、财力保障上，还是在互联网思维转变上，都存在客观和主观上的困难。因此，对基层媒体账号进行集约整合成为探索社区政务新媒体发展模式的重要路径。最后，从治理层面来看，社区政务新媒体在参与社会治理过程中缺乏互动意识与开放意识。内容推送未结合社区具体问题和社区治理中的重难点，未主动营造双向沟通与互动的氛围，对群众的留言回复不及时，也未留出专门的留言栏或在文末设置引导性的互动话语，这就导致双方处于被动沟通状态，进而影响传播效果。

2. 单向度：社区居民参与度不高

社区治理的核心是"自治"，应充分调动居民积极性。老年群体对社区事务较为熟悉，但普遍存在的数字鸿沟在一定程度上阻碍了该群体通过新媒体参与公共事务；而处于网络主力军位置的青年群体往往对社区事务不太关注，导致社区事务自治的群体失声。因此，社区应提供多种渠道，采用线上线下相结合的沟通方式，如定期举办社区居民座谈会，了解社区居民需求，听取居民对社区治理的意见，并通过社区政务新媒体及时推送居民关心的问题及事态进展情况，以此来调动居民参与社区事务的积极性。社交媒体时代，受众热衷于"网络狂欢"的同时，却忽视了线下的社会公共事务参与，对社区事务的关注度与参与度不高。因此，作为社区治理主体之一，居民应主动参与社区治理与建设，在公共治理中发挥公民作用。

三、建议与思考

通过以上研究发现，社区政务新媒体传播还可深化。智媒时代，可采取共商共建共享模式，利用社区政务新媒体在基层社会治理中的关键作用，应对社区政务信息传播中的挑战，探索上下联动型社区政务新媒体参与社区治理的新路径。

（一）内容生产：契合区域特点的深度画像

坚持内容为王理念，才能获得关注与互动，形成稳定的受众源。对社区账号而言，打造内容力的前提是明确自身受众定位，结合地域特色，针对受众信息与服务需求，深化内容供给侧改革，以优质内容吸引受众，获取良好口碑。从数据来看，文章内容与社区的契合度越高，越接近社区居民关心关注的问题，越能获得关注和反馈。在内容素材来源方面，可以设置公众留言板或提供素材投稿通道，营造居民表达空间，提升内容的契合度。换言之，智媒时代，"视觉听觉叙事的语言特征和独特魅力是平民化、生活化，越贴近生活、越展示百姓的喜怒哀乐就越能实现有效视觉听觉叙事"①。因此，内容生产应契合居民需求，满足社区需要，主动了解公众诉求，增强用户黏性，提升社区居民的参与度。此外，政务新媒体相较于其他网络媒体而言具有较高权威性，其在网络舆论引导和公共风险告知方面发挥着重要作用。对突发和重大公共事件，尤其是与居民生命财产相关的事件，必须及时发布、迅速回应，积极消除受众对突发公共事件的恐慌，引导网络舆论。

（二）技术嵌入：实现政务内容的精准传播

好的传播形式与优质的内容同等重要，应契合受众可视化阅读习惯，向视频化转型，增加吸引力。五福社区微信账号单篇文章点赞量仅为 0.58 个，但一篇关于节约用水的公益视频点赞量达到 33 个，可见丰富传播形式有助于提升传播效果。智媒时代，一方面，可以借助大数据、云计算、算法推荐、虚拟现实、人工智能等技术，以数据、短视频、动画、H5、直播等形式为社区信息内容发布创建多样化的表达语境和传播载体。同时，根据居民个性化的需求，通过算法等技术，进行个性化的适配和推送，进一步提升政务内容传播的精准度和有效性。另一方面，构建政务新媒体矩阵。借鉴融媒体建设"中央厨房"经验，以用户数据为基础，通过先进信息技术，打造多样化的新媒体矩阵，实现信息内容的多元传播。实现与地方政务平台的联通，也可吸收辖区内地方性社会组织、物业公司等机构，实现信息的互通和共享。

（三）关系重构：形塑治理主体的双向对话

根据新公共治理理论，治理的关键在于营造公共领域，实现多方的协同互动。在哈贝马斯（Jürgen Habermas）看来，大众媒介是公共领域形成的重要条件，公民通过媒介表达，在公共领域实现市民交往与政治社会化，从而推动民主的发展。我国学者许纪霖进一步将公共领域作为一个研究范畴和解释框架来研究本土问题。媒体的智能化发展，自有的交互性和融合性为公共领域的构建提供了可能。智媒体通过多元的信息、交往式互动和个性化服务，为社区居民营造了需求和意见表达的公共空间，从而增强了政府、居民、社会组织等多方的交往互动，构建了良好的融合关系。四季青街道钱景社区开办"开

---

① 唐宁、孙延凤：《多元共生：智媒时代融媒体新闻栏目的创新趋势》，《中国广播电视学刊》2022年第1期。

门纳谏，民呼我为"专栏，主动构建政府和居民间的公共空间，听取民众心声，为社区民众解决实际问题，提升社区凝聚力和向心力。此外，良性的互动交往在掌握社区居民实际信息和服务需求、促进政府与民众的互动、提升基层社会治理能力方面发挥着积极作用。同时，就居民个人而言，也应理性表达诉求，主动参与事务，承担公民责任，实现与政府、政务新媒体之间的交往互动，从而构建共治共享的治理格局，促进基层治理现代化，提升居民的安全感、获得感和幸福感。

【作者系浙江机电职业技术学院马克思主义学院讲师。本文系 2022 年度浙江省哲学社会科学规划课题"算法推荐场域中网络意识形态风险及其治理的实证研究"（项目编号：22NDQN258YB）和 2021—2022 年度浙江省文化和旅游厅科研与创作项目"融媒体时代下乡村旅游宣传的逻辑进路及路径优化"（项目编号：2021KYY031）的阶段性成果】

县级融媒体与区域社会发展良性互动的模式构建

敖 鹏 匡 野

自 2018 年全国宣传思想工作会议明确提出"县级融媒体中心"的概念以来，以一体化和纵深化为建设布局的县级融媒体中心建设进程不断推进，在 2020 年底基本实现了区县融媒体中心挂牌落成的全国覆盖，进入由"量"转向"质"的高质量发展模式探索实践阶段。在这个过程中，全国各地涌现出许多实践典型案例，不同案例中的县级融媒体中心通过各自具体的微观探索，为在基层传播格局中构建新型主流媒体这一关键议题贡献了极具研究价值的"实验场"。随着实践的不断深入，对多元探索模式的总结梳理和现实问题基本围绕县级融媒体建设至关重要的一些源头问题，即如何解读基层融媒体的方位坐标（"是什么"）、功能逻辑（"做什么"）[1]、下一步的可行路径（"怎样做好"）。厘清本源，才能更加有的放矢地践行"引导群众和服务群众"的核心目标。无论是聚焦新闻舆论的"集成媒体新机构"[2]，还是发挥服务功能的"治国理政新平台"[3]，其背后隐含的一个基本发展逻辑在于，如何正确理解"融合"与践行"融合"，而县级融媒体本质属性中"融合"的一个重要面向即要融入基层社会的全面发展，与县域社会之间构建起良性互动的共生关系是融媒体建设发展的内在牵引。从而真正释放融媒体建设的势能。

本文立足于当前基层融媒体高质量发展建设新阶段，力求剖析分布在基层架构上的县级融媒体应该如何融入所属区县的发展，其定位和功能价值可以通过哪些方式得以实践，进而如何在县级融媒体与县域社会发展之间构建起双向

---

① 张诚、朱天：《从"集成媒体的新机构"到"治国理政的新平台"——县级融媒体中心的方位坐标及其功能逻辑再思考》，《四川大学学报（哲学社会科学版）》2020 年第 2 期。

② 张诚、朱天：《从"集成媒体的新机构"到"治国理政的新平台"——县级融媒体中心的方位坐标及其功能逻辑再思考》，《四川大学学报（哲学社会科学版）》2020 年第 2 期。

③ 郭全中：《县级融媒体中心建设的进展、难点与对策》，《新闻爱好者》2019 年第 7 期。

良性互动的深度融合共生关系，通过论述县级融媒体与基层社会融合共生的内在逻辑，亦为进入谋求高质量发展阶段的县级融媒体实践路径提供有价值的地方经验参考与理念探讨。

一、深度嵌入：以服务聚合多维资源，联结县域生活场景

引导群众和服务群众是县级融媒体中心平台建设的核心要义，提供哪些服务以及如何有效提供服务是需要首先厘清的问题。依据"新闻＋政务服务商务"的指导运营模式和当前各地的探索经验，县级融媒体所提供的服务范围日益全面贯通县域居民日常生活的各个层面，涵盖信息资讯服务、公共服务、政务服务、商业服务和文化服务等多个领域。县级融媒体需要以媒介服务平台建设为基建，强化媒体与受众的联结，以服务意识串联起县级融媒体的舆论引导、社会治理、文化建设等各项功能的效能共振，深度嵌入区域社会体系，进而实现群众生活多元场景的联通和各类资源渠道的整合。

（一）以信息服务的在地化聚合提升宣传引导的传播力与影响力

在以互联网传播为基础的经济环境下，摆在所有基层县级融媒体中心面前一个直击要害的问题就是如何有效重塑和提升传播影响力。一方面是互联网平台媒体的强势"下沉"战略不断打破基层国有媒体的区域性垄断和行业性垄断优势；[1] 另一方面是县域受众置身于海量丰富的信息环境下，注意力和信息消费时间越来越稀缺，使得位于基层架构上的传统主流媒体的传播力与影响力受到极大冲击。在多元的内容生产主体新格局下，更多新颖多样的新闻类内容实践生产都不再是职业新闻机构的专属。[2] 对县域融媒体机构来讲，其所面临的注意力资源的竞争者不仅有众多不同层级的大型媒体机构和头部内容生产者，更有来自本土的新媒体内容。因此，县级融媒体中心要想在这种注意力争夺战中扳回一局，需要重点思考如何内容创新，如何沉淀用户，如何提升传播效能。而切入点就在于如何结合区域发展特点来提升信息服务质量，以更有针对性的信息内容和信息资源聚合方式精准贴近用户，以在地性信息与公共服务的有机结合提升县域融媒体内容服务的品牌公信力与影响力，一方面要做强本地资讯，另一方面要做精自有传播平台，整合区域内各类服务功能。

（二）以政务服务的网格化嵌入促进基层社会治理效能共振

县级融媒体是在基层体系内实现党和人民群众联结的重要纽带，在当前基层社会日常生活秩序受到互联网平台下沉等因素的影响变迁下，推进基层社会

---

① 郭全中：《国有媒体的资源性发展与转型研究》，《现代传播（中国传媒大学学报）》2021年第5期。

② 王辰瑶：《新闻，新问：如何超越传统新闻学的"职业"取向？》，《新闻与写作》2021年第11期。

治理是县级融媒体中心深度融入基层传播生态的一个重要指向。县级融媒体天然具有的基层架构属性，与本地市场的相互依存性和亲近本地民众的文化心理与情感认同等特点，使其在政治、经济和文化层面都有着参与基层社会协同治理的"先天优势"[①]；同时相较于第三方互联网平台所提供的智慧城市类型服务，县级融媒体以社会效益作为优先考虑的根本立场也更能够以人民利益为出发点设计服务模式。因此在参与社会治理方面，县级融媒体一方面可以发挥媒介自身基本的宣传功能、舆论功能构建基层传播秩序，另一方面能够发挥作为融合平台的联通属性，充分整合县域资源，搭建契合本地发展实际的有效政务服务体系。要发挥融媒体中心的基层社会治理主体效能，关键在于找到与基层社会治理的有效结合点，比如，福建沙县依托融媒体构建网格化管理联动体系，将科学的媒介设计机制与基层组织的管理层级深度嵌套，既助力政务服务精细化，也进一步提升了融媒体中心在区域治理功能体系中的合法性地位。

（三）以文化服务的全景式渗透强化地方文化与基层精神文明建设

文化服务是县级融媒体中心建设规范中一项内嵌的基本职能，需要"为本地用户提供各类文化服务，主要开展文化新闻资讯报道、文化基础设施全方位展示和沉浸式体验、体育赛事资讯和服务、旅游信息服务、地域特色展现、演出活动支持等业务"[②]。在新媒体传播时代，互联网平台各类文化娱乐服务业务线的下沉对县域社会的文化生态结构而言，既注入了多元活力，但同时新的注意力分配规则也给地方文化和价值层面传播带来冲击，对基层架构上承担传播先进文化和促进精神文明建设的县级融媒体是不可小觑的挑战。因此，县级融媒体中心需要不断适应新媒体传播规律，探索成为县域社会中重要的文化枢纽，因地制宜通过丰富的文化服务惠及百姓生活；深度发掘地方文化内涵，做强地方文化开发与整合性的地方文化内容生产及立体传播；以特色文化品牌推进区域文化自信，强化本地民众的地域认知与情感认同；多层次助力构建地方文化生态，注重从文化到文明的进阶，强化基层精神文明建设。

二、赋能共生：在价值共创中助力区域经济社会高质量发展

县级融媒体中心是基层主流传媒机构的一种颠覆式创新变革形态，[③]在整合原有媒介载体和机构设置的基础上拓展和强化功能职责，构建起联结县域社会多元主体的全新价值网络。这个新的价值网络体系意味着县级融媒体的融合实

---

① 沙垚、许楠：《融合人民：县级媒体融合与基层协同治理》，《新闻与写作》2021年第5期。

② 《县级融媒体中心建设规范》，http://www.nrta.gov.cn/module/download/downfile.jsp?classid=0&filename=e961041c73e44644a757b3effe57b050.pdf。

③ 曾繁旭、王宇琦：《重新定义传媒业的创新：持续性传媒创新与颠覆性传媒创新》，《新闻与传播研究》2019年第2期。

践与基层社会发展共处于一个生态系统之中，融媒体中心与政府、企事业单位等主体都是处于协同共存、相互作用的共生环境体系下的共生单元。[①] 强化县级融媒体参与基层区域发展进程中的主体作用，既赋能区域社会的高质量发展，同时也能利用区域社会的发展资源和势能促进自我组织的内部迭代进化，从而进一步提升自身服务助力区域发展的能力水平，推进双边乃至多边共创，实现良性循环。

（一）聚焦区域特色产业发展议题，助力提升县域内生动力

产业是县域社会发展的重要基础，产业的兴旺发展是乡村振兴的核心动力。[②] 因此县级融媒体要寻求在区域社会发展中创造更多价值，融入区域内的产业发展进程是一种极具效能的切入方式。县级融媒体本身是一种搭载链接区域经济社会多元主体的融合性平台，其功能延展贯通信息资讯、基层社群传播生态建构、基层文化建构、政务协同治理、商务繁荣共生多个范畴，是推动乡村振兴和区域经济发展的重要载体，也是区域产业发展和升级进程中的有力抓手和重塑力量。县级融媒体需要深度结合区域发展主线特点，在产业赋能层面清晰定位，立足媒体融合本质优势，找准抓手，聚焦于为区域内核心特色产业发展进程赋能，撬动产业效益与社会效益的协同提升。

（二）强化自身造血机能，提升融媒体机构生长活力

县级融媒体与县域社会的良性互动关系在于能够彼此赋能，在促进县域社会整体发展向好的方向上实现各个参与主体自身的高质量发展。在这个过程中，县级融媒体要获得可持续性的发展动能和生命力，需要找到因地制宜的可持续发展机制，不能一味烧钱或无作为地"等靠要"，而是要主动谋求拓展与县域社会的有机融合共生；不能只被动接受"输血"补给，更应该转变思维强化自身"造血"能力，发挥开拓变革的"创业"精神，打造具有生机活力的新兴主流媒体。这对县级融媒体来说是发展进阶中的关键挑战，也是能够更扎实发挥区域功能和影响力的重生突破，需要县级融媒体在新的传播环境下充分盘活其所能辐射的各类有形与无形的核心资源，通过"造血"提升融媒体组织的自运转能力与可持续发展活力，在赋能服务好区域发展的基础上，也能依靠区域发展的势能和机会实现自身的升级迭代。一方面探索锻造盈利体系，持续创新拓展县级融媒体的生存策略，强化资金"造血"能力，在积极盘活存量资源和传统媒体优势的基础上，主动介入布局直播、网红IP工作室等新业态，与区域文旅业态形成交互联动。另一方面，要重视人才"造血"能力的提升，多举措

① 曲亮、郝云宏：《基于共生理论的城乡统筹机理研究》，《农业现代化研究》2004年第5期。

② 董翀：《产业兴旺：乡村振兴的核心动力》，《华南师范大学学报（社会科学版）》2021年第5期。

强化融媒体队伍的建设与内部成长，打造持续精进的学习型组织，内外并举，重引才更重育才，激发融媒体自身的生长活力。

三、关于县级融媒体加快深度融合的提升方向思考

作为深度扎根基层、服务基层的新型主流媒体，县级融媒体中心如何真正有效融入县域社会发展？从根本上讲，需要探求建构起一套融媒体与基层区域社会发展耦合共生的良性互动关系。一方面，定位于区域社会各类关系节点的重要联结枢纽，以嵌入性[①]的方式构建网络体系搭载多元功能模块，谋求与民众的县域生活实际建立全方位的关联触点，通过融媒体平台将这些关联触点全盘连点成线、成网，构建起基层政府、融媒体中心与基层群众三方主体相互联结的多元服务功能深度嵌套的智能化生态体系。另一方面，在区域社会内以促进产业发展和加强自身造血为抓手将融媒体自身打造成为区域生态中能够持续创造价值的共生单元，实现与区域社会内其他主体的良性互动与协同共振。在与区域发展构建良性互动关系基础上，笔者认为新阶段下县级融媒体中心要加快深度融合需要重点在两个层面上进行提升。

其一，立足在地性凸显本地化，打造县级融媒体机构的竞争优势。竞争优势的构建对县级融媒体来说是一种战略发展层面上的重要保障。县级融媒体在基层传播生态中肩负着重要的功能与使命，深度融合发展的一个目的就是能够有效提升传播力、影响力、引导力与公信力建设。这就需要县级融媒体打造自身竞争优势，从累积管理优质资源、产品定位设计、内容与品牌建设、隔离机制建立等维度入手，构建自身的护城河体系，[②]以维持在变化迭代迅速、竞争主体多元的传媒注意力市场上的有力竞争地位。基于本地化的多元创新是构建县级融媒体自身业务护城河的起点，需要紧紧抱持住深度融入地方发展这条根本生命线，在业务的开展上精准结合区域内百姓的"痛点"和区域社会公共价值的"增长点"[③]，逐渐构建起刚性"被需要"的主体价值和不可替代性，进而能够持续性葆有生命活力并发挥积极作用。

其二，拥抱平台化与生态化，重构价值提供方式体系。中共中央在《关于加快推进媒体深度融合发展的意见》中明确提出，需要加快搭建以先进技术为支撑的、自主可控的全媒体平台。要深入推进这一具有时代使命和中国特色的发展任务，需要建立在对媒体逻辑与平台逻辑的深度理解和把握运用基础上，

① Peter B. Evans. State-Society Synergy: Government and Social Capital in Development, Berkeley:University of California at Berkeley, 1996: 3.

② 王宇琦、曾繁旭：《传媒机构护城河搭建与持续性竞争优势研究》，《当代传播》2020年第1期。

③ 张诚、朱天：《县级融媒体中心嵌入社会治理路径与成效：创造公共价值与矛盾就地化解》，《中国出版》2020年第22期。

能够有效利用平台效能，重塑媒体机构的影响力与公信力。[①] 相当一部分基层融媒体普遍存在着过度依赖第三方平台的问题，究其原因在于自建平台缺乏明显地域化特色定位和核心技术支持，导致盲目建设或是简单模仿下的自建平台流于表面，用户活跃率低，其传播效能发挥更是无从谈起。许多县级融媒体均有意识地加强自有平台的建设，在自主研发的 App 和小程序中实践各种创新举措，发展方向在于要把融媒体打造为集合多元内容、跨领域、多渠道、多样态引导群众、服务群众、服务社会的综合体。平台化与生态化的意义在于实现融媒体价值产出方式的重构，帮助县级融媒体盘活整合县域内各类主体资源，搭建起覆盖供应商、合作伙伴和用户的可持续的价值网络体系，以服务作为融合各项功能的输出面貌，进而构筑起基于融媒体而串联起来的基层社会生态体系。

【作者分别为：福建三明学院文化传播学院副教授、北京大学视听传播中心副研究员；中国传媒大学新媒体研究院助理研究员。本文系 2020 年教育部人文社会科学研究一般项目"人工智能对网络内容生产的影响及其治理研究"（项目编号：20YJC860039）和 2019 年福建省教育厅人文社科项目"产教融合视角下高校融媒体中心建设的路径与策略研究"（项目编号：JAS19337/A201906）的阶段性成果】

[①] 蔡雯、葛书润：《协同与博弈：媒体型平台上的外部内容创作者——基于澎湃号、新京号与南方号的考察》，《新闻记者》2021年第2期。

京津冀广电融媒体跨区域宣传实践与探索

杨正义　　王　锴　　孙玉成

2021年8月23日至24日，习近平总书记考察河北承德后，承德广播电视台为落实好"总书记考察承德时讲话精神"，高站位顶层设计，高标准宣传策划，高质量组合报道，跳出地域局限，利用京津冀优势，成功组织了"追循总书记的足迹、踏寻承德绿色发展"京津冀三地三级广电融媒体协同宣传活动，成为京津冀三地三级广电融媒体2021年落实"总书记考察承德时讲话精神"的协同宣传大事记。

一、创新融合平台催生出跨区域媒体融合项目

为推动广电融媒体由属地融合向跨区域融合发展，2020年9月，经国家广播电视总局批准，由北京市广播电视局、天津市文化和旅游局（天津市广播电视局）、河北省广播电视局联合创建了中国（京津冀）广电媒体融合发展创新中心（以下简称"创新中心"）。承德广播电视台抓住这一既可融入跨区域融合发展，又可参与京津冀协同宣传的机遇，向创新中心申报了"'聚焦京津冀见证十四五'新视听及媒体融合协同宣传活动"项目。

一是项目可成为推动京津冀广电融媒体跨区域融合发展检验的试验场。透过京津冀区域内中央、省（市）、市（区）三级广电融媒体记者、编导的视角，扫描所聚焦地域"十四五"期间京津冀协同发展中在北京非首都功能疏解、交通一体化、产业升级转移、生态环境保护、协同创新、基本公共服务提升、体制改革、区域治理等方面发生的新变化，激发融媒体记者、编导的创作灵感，促进融媒作品的多样化，以达到展示和宣传聚焦地域和营造京津冀协同发展舆论氛围的目的。

二是项目有助于推动"十四五"规划落地落实形成集中宣传的舆论场。项目同步于"十四五"计划的起止时间，即2021年至2025年，周期五年，每年一次，每次一个主题。主题重点关注国家继续深入推进区域协调发展战略。就

承德而言，作为与京津接壤、已融入京津一小时交通的经济圈，其高质量发展必须依托京津冀协同发展这个大局，京津冀广电融媒体协同宣传为京津冀协同发展提供更多可复制、可推广的经验做法，既是媒体融合应尽之责，又是发挥京津冀广电融媒体舆论引领作用之所需。

三是项目将带动探索京津冀广电融媒体跨区域融合巡回承办的孵化器。项目倡导在京津冀三地各级广电融媒体巡回承办，既可一地逐年连续承办，也可逐年异地交替承办，还可每年各地错时多次承办。进而形成巡回、互动的新视听和媒体融合区域协同类宣传项目品牌，为加快推动"十四五"期间京津冀协同发展，发挥出新视听和媒体融合的更大作用。

项目得到了创新中心的认可，2020年11月20日，在创新中心第一届理事会第一次会议上进行了项目推介。2021年10月13日，在北京举办的第二届中国广电媒体融合发展大会上，作为创新中心支持项目举行了启动仪式，京津冀三省市广播电视局领导共同启动了项目。

二、媒体融合项目孵化出跨区域协同联动活动

从"'聚焦京津冀 见证十四五'新视听及媒体融合协同宣传活动"项目可以看出，既有京津冀地域横向的维度，又有"十四五"时间纵向的长度，还有媒体融合导向的深度。其孵化出的活动自然是京津冀广电媒体融合协同联动的大型活动。需要主办方和承办方周密策划，充分准备，精心组织；还要提前沟通，广泛动员，诚心邀请。在京津冀各级广电融媒体间营造踊跃参加的浓厚氛围。所以，经过承德广播电视台前期近半年的筹备，在创新中心启动项目后，立即于2021年10月18日至21日在承德举办了活动。

一是上级重视为活动提升了高度。活动由创新中心支持立项，成为京津冀广电融媒体向区域融合发展的一项工作，在广播电视国家级层面上得到了关注。同时活动征得河北省委宣传部、河北省广播电视局、中共承德市委、承德市人民政府领导的支持，得到了河北省委宣传部支持举办的批复。由河北省广播电视局、河北省广播电视协会、中共承德市委、承德市人民政府主办，承德市委宣传部、承德广播电视台、承德市广播电视协会承办。

二是受益于媒体参与为活动拓展了广度。活动面向京津冀区域的中央、省（市）、市（区）三级广电融媒体发出邀请。鉴于2021年10月疫情防控要求，参加的媒体限定在15—20家。经过京津冀三省市广播电视局的动员和鼓励，用承德人的真情邀请，有中央广播电视总台、京津冀三省市广播电视台和京津冀所属市、区等19家广电融媒体记者、编辑汇聚承德，开启了"聚焦京津冀 见证十四五"首站之行。

三是得益于社会支持为活动增加了力度。活动得到了承德市发改委、工信局、旅游和文化广电局、文物局、乡村振兴局、双滦区、塞罕坝机械林场等单位的大力支持、积极配合。各单位高度重视，主要领导亲自部署、主管领导亲自到场、相关同志周到服务。让京津冀各广电融媒体记者们感受到了承德的发展，感受到了承德的热情，看到了承德今后的希望。

整个活动中。京津冀三地三级广电融媒体领导、记者共计150多人参加。

三、协同联动活动策划出跨区域融合宣传主题

"'聚焦京津冀 见证十四五'新视听及媒体融合协同宣传活动"项目，以媒体融合为基准，以交流互鉴为形式，以主题报道为根本。归根结底此项目的实施是要为主题报道服务。承德广播电视台下半年在推进项目落实的进程中，恰逢2021年8月23日至24日习近平总书记考察承德。将认真学习贯彻落实"总书记考察承德时讲话精神"作为活动最大、唯一的主题固然有其深厚的政治基础和宽泛的报道空间。既可激发媒体人踊跃参与，又可提高活动的政治意义。所以，2021年度将活动的主题确定为"追循总书记的足迹、踏寻承德绿色发展"，重点确定了三个方面选题方向。

一是深挖塞罕坝精神内涵，聚焦承德绿色发展。在京津冀协同发展战略中，承德是习近平总书记定位的水功能涵养区，总书记考察承德的第一站就是塞罕坝机械林场，这些足见总书记对弘扬塞罕坝精神、加强生态文明建设的重视和对承德绿色发展的殷切希望。为此，活动的第一项内容是沿着总书记考察的路线实地踏访塞罕坝机械林场，围绕中国共产党人精神谱系——塞罕坝精神、塞罕坝第三代务林人二次创业、承德发展绿色清洁能源产业等，各融媒体一同寻找答案。

二是深挖大贵口典型经验，聚焦农业产业发展。总书记在承德考察全面推进乡村振兴走进的大贵口村，在承德乡村振兴发展中具有典型意义。进一步挖掘大贵口村农业产业发展，报道村民的幸福生活，是活动确定的第二个方面的选题。围绕"承德山水"农产品区域公用品牌、脱贫攻坚与乡村振兴有效衔接、精品特色民宿旅游新亮点等，各融媒体共同精准发力。

三是深挖承德文化与传承，聚焦新时代新发展。习近平总书记在承德先后走进承德避暑山庄、承德博物馆。承德避暑山庄底蕴深厚,在民族交往交流交融、宗教与社会相适应、传统文化保护和传承、人与自然和谐相处等方面具有重要历史价值和时代意义，以及所蕴含的中华优秀传统文化基因给予高度评价，成为活动第三个方面选题。围绕文物保护与传承、自然风景与人文历史交相辉映，并由此衍生出的"承德好礼"系列旅游商品等，各融媒体竞相捕捉镜头。

受活动时间限制，这三个方面选题内容成为参加活动的各家广电融媒体在落实"总书记考察承德时讲话精神"追循的重点。活动中，各家广电融媒体尽

情释放出创作激情，贡献其媒体智慧。在京津冀区域内掀起了将"总书记考察承德时讲话精神"转化为京津冀多家融媒体同频共振的宣传热潮！

四、融合宣传主题聚焦出跨区域协同传播效果

"'聚焦京津冀 见证十四五'新视听及媒体融合协同宣传活动"项目因媒体融合而立项，更因融合传播而精彩。项目实施中，先是新媒体传播纷纷开路，后是传统媒体传播重兵压阵，再后是融媒体集中整合传播再次冲锋，在京津冀三地三级广电融媒体展开了一场落实"总书记考察承德时讲话精神"的持续一个多月的宣传战，打出了一组跨区域媒体融合、协同传播的团体组合拳，成为京津冀三地三级广电融媒体协同宣传影响广泛的活动。截至 2021 年 11 月底，各广电融媒体播发广播电视新闻、电视专题、新媒体作品共 63 篇。

一是新媒体传播成为标配。以互联网为传播手段的新媒体，是这次活动中进行推送传播的最大亮点，其推送作品突出了"短、快、新、全、广"的优势和特点。活动中，承德广播电视台专门成立了新媒体作品创作专班——花絮组，从各广电融媒体入承报到，到离承返程，每个时间节点、每个参加的广电融媒体都有短视频作品及时推送。短则十几秒，长则几分钟。实现了当天拍摄、当天生产、当天推送。累计制作、推送短视频作品 47 篇。其中，活动结束当日中午推出的 3 分 44 秒总花絮片——《再见承德》，集纳了各广电融媒体元素和活动的轨迹，成为欢送各广电融媒体返程回家的伴手礼。各广电融媒体在新媒体作品创作推送中也都下足了功夫，或为活动进行时、或为报道前期预热、或为报道作品融媒解读推送，形成了新媒体作品铺天盖地的传播态势。

二是跨媒体推送格外添彩。推动媒体由属地融合向跨区域融合发展是实施"'聚焦京津冀 见证十四五'新视听及媒体融合协同宣传活动"项目的主要目的。其表现形式应该是融媒体间安排的行动既要有联动，还要有互动；融媒体间生产的作品既要有独创，还要有共享。即媒体融合提倡的"你中有我、我中有你"。活动采访中"你中有我、我中有你"得到了充分展现。除此之外，活动传播中实现跨媒体推送是这次活动的意外收获。如长城新媒体、北京市大兴融媒体中心、廊坊广播电视台等新媒体作品，被"学习强国"平台、央视频、人民日报新媒体、北京日报新媒体等平台推送，成为活动的添彩之作。

三是融媒体创新引领未来。"'聚焦京津冀 见证十四五'新视听及媒体融合协同宣传活动"项目之所以被创新中心支持立项，创新是赋予其应有的使命。作为以广播电视为根基的传统媒体向融媒体融合发展，只有不断创新，才能永立潮头，引领未来。围绕这一命题，首先，坚持以视听平台为统领的融合理念。各广电融媒体充分发挥视听制作的先天优势，每条新闻、每部专题都是上乘之作。如北京广播电视台的新闻系列报道，从京津冀协同发展的大局入手，揭示出一脉相承的地缘关系和落实"总书记考察承德时讲话精神"的重要意义，对京津冀区域都具有指导价值。其次，坚持以移动平台为通道的融合导向。通过各参加媒体的网络平台、手机 App、微信公众号等推送活动的新媒体作品，激发出相互点击的热情，使各广电融媒体的网络链接被打通，一个跨区域的移动传播平台初见雏形。如邢台广播电视台制作的活动短视频——《遇见承德》，以第三者的视角审视承德之美，在移动平台上收到了意想不到的传播效果。再次，坚持以技术体系为支撑的融合之路。广电靠技术起家的固有属性，成为广电融媒体技术创新的优越条件，此次活动将部分智能技术植入采、编、播、审工作中，使融媒体生产流程异常顺畅、受众体验反响良好、工作效率明显提高。最后，坚持以建立机制为保障的融合定位。属地融合靠自己，区域融合靠机制。"'聚焦京津冀 见证十四五'新视听及媒体融合协同宣传活动"项目本身就是机制的再造过程，今后要进一步构建起常态机制，还需要在创新中心指导下，京津冀各级广电融媒体共同努力。

总之，"聚焦京津冀 见证十四五——追循总书记的足迹、踏寻承德绿色发展"新视听和媒体融合协同宣传活动，是京津冀三地三级广电融媒体由属地融合向跨区域融合发展的有益探索，是落实"总书记考察承德时讲话精神"协同宣传的具体实践，是讲好中国故事、加快推进"十四五"高质量发展的宣传创新。

（作者分别为：承德广播电视台总编辑、高级编辑；承德广播电视台编辑；承德广播电视协会秘书长、主任编辑）

大数据在主流媒体智能传播中的应用

曾 雄

随着大数据、云计算、人工智能等新一代信息技术的深度应用，今日头条、抖音等算法型内容推送平台基于大数据底座，通过沉淀行为数据，构建用户画像，实行算法推荐，实现了信息传播由"人找信息"到"信息找人"的转变，牢牢抓住了用户。[①]据 QuestMobile 数据显示，2021 年 12 月字节系 App 活跃渗透率达到 73.4%，较 2020 年 12 月增长 13 个百分点，其中，抖音月活用户达到 6.72 亿，用户日均使用时长 101.7 分钟，移动互联网平台通过算法推送机制，持续提升自身对用户时间的占据。[②]在此背景下，主流媒体也应该主动顺应技术变革的大趋势，及时跟进新的信息传播技术研发与应用，将大数据应用于媒体智能传播，通过建设融合平台，研发打造大数据智能应用体系，构建新的传播模型，"由以前单向的、线性的大众传播模式转变为互动式、场景式的精准传播模式"[③]，实现主流新闻的"信息找人"，提升主流媒体智能传播能力。

一、打造基于大数据底座的融合平台

2020 年 9 月，中共中央办公厅、国务院办公厅印发的《关于加快推进媒体深度融合发展的意见》指出，"要推动主力军全面挺进主战场，以互联网思维优化资源配置，把更多优质内容、先进技术、专业人才、项目资金向互联网主阵地汇集、向移动端倾斜，让分散在网下的力量尽快进军网上、深入网上，

---

① 杨余：《"融媒体+城市服务"融合平台：力争成为城市媒体深度融合发展的典范——专访长沙市广播电视台（集团）党委书记、台长、总编辑、董事长曾雄》，《中国广播影视》2022 年第 8 期。

② 《QuestMobile2021 中国移动互联网年度大报告》，https://www.questmobile.com.cn/research/report-new/222。

③ 杨余：《"融媒体+城市服务"融合平台：力争成为城市媒体深度融合发展的典范——专访长沙市广播电视台（集团）党委书记、台长、总编辑、董事长曾雄》，《中国广播影视》2022 年第 8 期。

做大做强网络平台，占领新兴传播阵地"①。然而，随着移动互联网流量红利见顶，新媒体领域基于传播载体的快速迭代和用户增量拓展阶段已经过去，在用户总量保持高位和增量放缓的总体趋势下，用户注意力日益成为稀缺资源，移动互联网流量越来越贵，自建App的获客成本不断升高。据相关统计数据，一个普通App的下载安装成本为100—200元，而一些中低频用户使用率的App获客成本或高达300—1000元。因此，大多数主流媒体自建的新闻App往往注册用户量比较少，用户活跃度比较低，主流传播效果欠佳。

数字经济时代，数据资源成为关键生产要素。大数据技术广泛应用于社会各领域，信息化已经进入以数据深度挖掘和融合应用为主要特征的智能化阶段。主流媒体建设新型融合平台，应该以大数据底座为基础，在数据层面打通融媒体传播、政务服务、生活服务等功能，让自身融入与社会民生息息相关的城市数字基础设施，成为市民百姓日常离不开的城市功能，这样才能最大限度地聚拢和服务本地用户。长沙市广播电视台（集团）以城市大数据驱动媒体深度融合，依托长沙"城市超脑"数据底座，在长沙市政府官方唯一的城市政务服务平台基础上搭建了"城市服务＋融媒体"融合平台，作为其前端应用的"我的长沙"App于2019年11月正式上线运营，当年年底注册用户就达到150万，2020年底注册用户达到300万，2021年底注册用户超过580万，保持着稳定高速的用户增长。

通过在城市政务服务平台的基础上搭建融媒体平台，可以在数据层面和底层技术架构上将城市服务功能与融媒体功能打通。一方面，作为政务办事和城市服务平台，依托城市大数据"超级大脑"构建跨层级、跨系统、跨部门、跨业务的一站式"互联网＋"城市服务的总入口。"我的长沙"App通过不断汇集市民用户高频刚需的城市服务，如社保查询、公积金、公交地铁乘车、警务预约等，目前已汇集各类政务服务、社会服务和公共服务1790项，整合打造了"置业住房专区""教育入学专区""人才就业专区"等场景化网办服务，累计服务市民用户超过3亿人次。另一方面，作为融媒体平台，通过本地新闻资讯的精准高效传播，以及研发上线融媒体内容产品，充分调动用户参与和互动的积极性，提升平台用户活跃度。"我的长沙"App通过持续迭代升级，全面融合打通了城市服务和融媒体功能，平台用户活跃度和用户黏性大幅提升，日活跃用户数增长了35%，平台最高日活跃用户数达到114万，用户日均使用时长也较改版前翻了一番。

通过基于大数据底座的融合平台建设，主流媒体构建了自身的全媒体传播

---

① 《中共中央办公厅 国务院办公厅印发〈关于加快推进媒体深度融合发展的意见〉》，http://www.xinhuanet.com/2020-09/26/c_1126542716.htm。

矩阵，并重建了自身与用户的连接。比如长沙广电"城市服务＋融媒体"融合平台，就是以"我的长沙"App为主体，同时推出了小程序、微信公众号、视频号等，实现了城市服务、融媒体内容及用户数据的全平台打通，形成了覆盖广泛的全媒体传播矩阵。目前，"我的长沙"App注册用户超过670万，"我的长沙"小程序用户突破530万，"我的长沙"微信公众号粉丝量超过67万，融合平台覆盖长沙地区超过2/3的常住人口，加快实现政务服务移动端、城市服务聚集端、新闻资讯触达端"三端合一"，持续推动了主流媒体与大数据、城市和社会民生的深度融合。

二、建设数据智能应用体系

新一代信息技术重塑了新闻内容生产流程和信息传播模式，智能技术广泛参与媒体内容生产，算法推荐机制成为移动新媒体的主流传播方式，推动信息传播从"传播者本位"向"用户本位"的转变，让用户成为信息的主人。作为第一家应用推荐算法的互联网内容平台，根据《今日头条算法原理》介绍，其推荐系统是拟合一个用户对内容满意度的函数，这个函数需要输入内容、用户特征、环境特征等三个维度的变量，来推测推荐内容在这一场景下对这一用户是否合适。

习近平总书记指出："要探索将人工智能运用在新闻采集、生产、分发、接收、反馈中，全面提高舆论引导能力。"[①] 主流媒体建设运营融合平台，汇集用户数据之后，如何发挥大数据的价值，提质主流新闻传播？这就需要搭建起数据智能应用体系，持续提升平台数据挖掘、数据标签、用户画像等方面的智能化水平。以"我的长沙"App为例，通过建设运营"城市服务＋融媒体"融合平台，在合法依规前提下，按照"原始数据不出库""数据可用不可见"的原则，将长沙广电数据中台与长沙城市超级大脑用户数据打通，依托长沙城市超级大脑的大数据资源和强大算力支撑，开发利用城市大数据资源，探索实现城市服务的个性化，以及融媒体内容的千人千面、精准推送。

（一）构建数据标签体系

内容标签和用户标签是推荐系统的基础。为构建更加合理便捷的推荐系统，一方面要建设融媒体内容标签体系，通过特征工程算法分析理解图文、视频、UGC短视频等融媒体内容的特征，对平台聚合的各类融媒体内容打上精细化标签；另一方面要建设用户标签体系，通过平台用户的基础数据和行为数据，区分用户的人口属性、社会属性以及政务办事行为、阅读行为等，脱敏后打上多维度多层次的用户标签，进行用户画像。2023年，"我的长沙"平台共有三级

---

① 《习近平主持中共中央政治局第十二次集体学习并发表重要讲话》，http://www.gov.cn/xinwen/2019-01/25/content_5361197.htm。

标签数 6636 种，累计标签数据 3884 万条，覆盖用户 650 万人。

（二）建设融媒内容管理系统

随着新型主流媒体平台上的自制内容和聚合内容大幅增长，做好内容安全管控，确保数据安全、内容安全和意识形态安全是第一位要求。以长沙广电建设开发的具有自主知识产权的融媒云内容管理系统为例，它可以支撑融媒平台的内容编辑展示、内容安全审核、内容运营与精准推送等功能，系统支持对本地内容、第三方入驻机构和 UGC 上传内容进行基于人工智能的内容理解、内容质检及人工三审，并提供用户分群管理和推送规则配置功能，可以按照不同用户标签组合进行用户分群并主动推送相关资讯，实现从内容定制、智能质检、精准推荐到内容运营的全流程管理。

（三）研发独有算法模型

通过开发用户画像管理、内容标签管理、运营规则管理、智能推送管理、数据统计等功能，完善平台基于城市服务大数据和融媒体大数据的数据智能应用体系，持续优化打造基于用户办事行为的智能推荐算法模型，即"城市服务＋融媒体"平台通过用户办事行为来沉淀数据、挖掘数据，进行数据标签和用户画像，根据不同应用场景进行人群圈选、内容组合，针对不同人群制订不同推荐规则和运营策略，把用户标签与城市服务和融媒体内容标签进行精准匹配，实现融媒体内容与城市服务的智能推荐。

三、构建智能传播模型

新一代信息技术推动形成了新的传播平台（渠道）和传播模式，新的传播场景、传播形态层出不穷。以推荐算法为代表的大数据智能应用体系的建构，让用户从移动互联网的海量信息中解脱出来，智能化搜索、汇聚并推荐与用户需求最契合的内容，实现智能传播的"信息找人"。"智能传播是指将具有自我学习能力的人工智能技术应用在信息生产与流通中的一种新型传播方式。"[1] 主流媒体构建智能传播模型，就是要将大数据、人工智能技术与自身的主流资讯传播和媒体服务场景紧密结合，实现自身传播效能和媒体功能的最优化，全面建立"新闻＋政务服务商务"的新型主流媒体运营模式。

（一）主流资讯个性化推送

通过对资讯的内容理解，将内容标签与人群标签进行智能匹配，实现精准推送，大幅度提升本地主流新闻资讯的传播效率，将党和政府的声音精准送达目标人群。"我的长沙"App 依托用户数据标签体系，设置"80后""90后""00后"浏阳区域、天心区域、两周年用户等人群包，将不同新闻资讯推

---

[1] 张洪忠、兰朵、武沛颖：《2019年智能传播的八个研究领域分析》，《全球传媒学刊》2022年第1期。

送到不同人群包，例如：平台将某本地新闻资讯推送至"80后"目标人群包，有效送达 192571 人，点击量 5708 人次，点击率为 2.96%。目前，平台对本地资讯的精准推送，用户点击率基本保持在 3%—4%。

（二）城市服务与融媒内容关联推荐

基于城市大数据底座，融合打通城市服务与融媒体功能之后，依托高频城市服务的稳定流量，提升融媒内容的传播覆盖面。通过对城市服务界面的优化，把融媒体内容有机融入办事服务流程，比如在"我的长沙"App 公积金和社保查询、户政办理等服务页，增设办事攻略（视频）、服务问答以及与服务事项相关联的新闻资讯。此外，平台可以根据用户办事行为数据，精准推送相关资讯和服务，例如：平台向新办理了机动车驾驶证业务的用户推送交通法规、周边交通、车检预约等相关服务和资讯，形成"服务带资讯、资讯带服务"的良性循环。

（三）深度嵌入社会民生场景的融媒体产品

主流媒体深度融入城市社会民生，以用户为中心，走好全媒体时代群众路线，推动解决老百姓衣食住行、生老病死等各方面问题，更好地发现、了解和满足用户需求，让市民百姓参与解决身边的问题，推动新型主流媒体嵌入城市基层社会治理体系。例如："我的长沙"App 推出的社情民意调查，围绕文明创建、人才新政、强省会战略等市民群众关心关注、市委市政府全力推动的重点工作，让市民用户在线参与建言献策，形成相关调研报告并通过平台反馈到政府相关职能部门，为政策制定及实施提供决策参考。比如"毕业后，你为什么选择留在长沙？"的在线调查参与人数近 4000 人。此外，发挥媒体公信力、舆论监督、舆情引导的功能，研发推出了"我要找记者"等一系列融媒体产品，让市民用户通过平台"一键直达"找到记者，进行新闻线索爆料、维权法律咨询、民生问题投诉等，并在线实时了解监督记者调查采访和问题解决的全过程。该产品上线一个月，后台访问量超过 5 万人，累计有效新闻线索近 2000 条，通过记者跟踪采访报道为市民用户解决身边问题。由此，平台可以在与用户持续互动中了解诉求，找准服务群众的"最大公约数"，将自身打造成让党委和政府放心、为老百姓解决问题的城市平台。

在数字经济时代，主流媒体深度融合发展需要牢牢抓住数据这一核心资源，建设基于大数据底座的融合平台，将大数据、人工智能技术应用于信息传播，研发独有的推荐算法构筑核心能力，以智能传播手段拓展主流传播场景。推动媒体与大数据融合，实现主流资讯个性化精准推送；推动媒体与城市融合，将城市服务与融媒内容进行关联推荐，实现"服务带资讯、资讯带服务"；推动媒体与社会民生融合，通过研发打造融媒体内容产品，深度融入社会民生，嵌入基层社会治理体系。依托大数据智能化应用推动主流媒体的传播模式变革，持续拓展新型主流媒体传播影响的深度和广度。

【作者系长沙市广播电视台（集团）党委书记、台长、总编辑、董事长】

城市台新闻客户端内容品质提升策略探析

——以"无限台州"App 为例

周建业

随着媒体融合进程的加快，手机新闻客户端已经成为各城市台新媒体新闻宣传的主渠道和融合转型发展的主平台，同时也成为区域媒体竞争的主战场。虽然城市台新闻客户端历经多年发展，但在内容建设上还普遍存在原创不足、特色不够以及与同级主流媒体新闻客户端同质化严重等问题。究其原因，主要在于大多城市台全媒体生产体系还未真正形成，导致新闻客户端原创内容生产不足，内容产品核心竞争力不高。对城市台来说，新闻客户端内容品质的提升虽是老话题，但依然是新课题。

"无限台州"App 是台州广电集团于 2016 年 1 月上线，以"新闻 + 服务"为定位的手机新闻客户端。近年来，集团坚持守正创新和"内容为王"的理念，探索"3 × 5"内容品质系统提升路径，持续推进"无限台州"新闻客户端内容拓面增量、提质增效，不断提高客户端的内容抓力和供给效率，大力提升平台价值和吸引力，取得了传播力和影响力的"双突破"，巩固了"无限台州"在区域新媒体新闻传播中的优势地位。

一、夯实全媒生产之基，提高内容产品原创率

城市台新闻客户端内容抓力在哪儿？单靠全国性和全省性热点题材的转发以及本地联系式的编发显然是不够的，因为用户获取此类信息的渠道多、途径广。城市台新闻客户端要想真正抓住用户，还是要靠张扬接近性优势、"一网打"式地做大做强本土内容。原创性是新媒体的生命力。原创内容选题面越广、品质越好、首发率越高，抓力自然越强。而鉴于城市台实际，原创度的提升关键在于内容生产的全媒化、集约化。城市台只有大力推进"真融"进程，真正构建起全媒体生产体系，向全媒体生产要原创率，向集约化生产要首发率，才能推动新闻客户端内容原创度的大幅提升。

针对新闻客户端原创内容产品产能的提高，台州广电集团立足于全面推动全媒体内容生产，实施"五管齐下"的策略。

（一）提升技能，赋能全媒体生产

围绕"创、说、拍、摄、写、剪、编、评"的全媒体技能，集团分层级高密度开展系统培训和实践，创意与动手能力并重，实现新理念、新知识、新技能培训覆盖全体采编人员，并设计多样载体，积极开展岗位比武、单项技能竞赛等活动，推动采编人员学以致用、用以促学，掌握"十八般武艺"，为全媒体生产奠定技能基础，从而提升新媒体原创内容生产力。

（二）更新理念，引领全媒体生产

集团通过对全体采编人员融媒技能的培训提升，引导采编人员在新技能的掌握、新领域的熟悉、新规律的把握、新趋势的认同过程中，重塑新闻理念、表达理念、传播理念，树立全媒体、融媒化思维和转型发展的共同信念，积极向全媒体记者、编辑转型，自觉做好新媒体内容的订制化生产。

（三）再造流程，促进全媒体生产

按照全媒体策划、全媒体采集、全媒体播发和多方式呈现、多渠道发布以及多业务发展的"三全三多"要求，各内容生产主体大力推动生产流程再造，凸显"三优先"战略，即"移动优先""短音视频优先""直播优先"，所有重要新闻无特殊情况必须确保新媒体首发快发，并在策划传播手段时，优先考虑短音视频和视频直播。

（四）创新机制，保障全媒体生产

集团层面建立集群（中心）融合生产考核机制，对全媒体生产重点指标进行一月一通报，并纳为年度考核的主要内容；集群（中心）层面在原有绩效考核基础上，建立健全全媒化生产导向的考核激励机制，凸显全媒体绩效导向，实行全员绩效考核，调动采编人员开展融媒生产的积极性，为全媒体生产流程的落实和新媒体原创内容生产提供有力保障。

（五）加强策划，提升全媒体生产

在拓宽选题面和全渠道选题线索汇聚的基础上，集团"中央厨房"落实立体实时策划与热点跟进机制，精心开展选题策划，推动全媒体选题面最大化，并以策划视角开掘独家选题，努力提高新媒体原创选题的广度；在继续做强做新图文报道的基础上，全力拓展形态面，以策划力提升表达力，做大做强短音视频、视频直播、融媒评论等样态的原创内容，提高相关样态的首发比重。

以全媒体选题、全媒体策划、全媒体采编、全媒体播发为核心的全媒体内容生产在台州广电已成常态。全媒体采编力量不断壮大，同时全媒体理念不断强化，全媒体内容生产的策划与实施能力不断提升。各内容生产单位新媒体内容生产量能得到充分释放，新媒体原创内容生产力明显提高，客户端原创内容体量快速提升。2021年，"无限台州"首页日更平均原创率首破50%，与前一年同比，原创条数和占比均翻番；2022年上半年，原创率持续增长。实践证明，对现有生产体系进行更新迭代，建立全媒体生产体系是城市台推动新闻客户端内容品质提升的重要基础支撑。

二、发挥广电视听优势，提高核心产品产出率

城市台新闻客户端如何打造自己的内容核心竞争力？拼技术、人才、资金等，大多城市台都力不从心。其实，城市台发展新媒体，最大优势还在于视音频领域。随着视频传播成为现代传播的最高形态，短视频传播成为视频传播的基本方式，短视频领域成为各级主流媒体融合转型的主战场，这种优势更趋明显。所以说，加大视听等既有优势的转化与创新力度是城市台新闻客户端快速打造内容核心竞争力的一条捷径。

面对激烈的竞争环境，立足视听产品创制、现有优质节目内容等自身优势，台州广电集团较早形成以短音视频等五方面为抓手培育客户端竞争"利器"的思路，较快形成了客户端核心产品生产传播的阵势和强势。

（一）让短音视频成为主打产品

各集群（中心）把短音视频的创制作为日常全媒体策划的重中之重来抓，短音视频的生产做到每天有策划、有部署；建立短音视频生产考核倾斜机制，做到每个采访组有任务、有激励，充分调动记者在短音视频生产方面的主动性和创造性；建立以短音视频为主的"二次开发"机制，围绕所生产的广播电视新闻、生活、文艺等内容，调取有开发价值的音视频素材，进行二次开发和推送。多措并举，实现短音视频批量化生产，凸显广电新媒体核心竞争力。

（二）让视频直播成为常规产品

各集群（中心）大力实施团队大直播、小组微直播"两轮驱动"，既要"大块头"，更要轻量化，大力提高视频直播频次，使视频直播成为"无限台州"内容发布的常规形态。重点直播项目组建专业化直播团队，负责视频直播重点项目的策划实施并积极拓展新闻类直播之外的直播形态；采访部门做好日常微直播的组织实施，微直播不图"大而全"，强调新闻现场的带入和核心信息的传播，以小而多强化"无限台州"的视频直播定位。

（三）让融媒评论成为特色产品

集团层面组建融媒评论创新中心，整合集团内外资源，开展融媒评论发展的全新布局，开启融媒评论的系统创新与实践，推动评论形式、手段、方法和传播渠道创新，以"竖屏评说＋图文"为形态，把"视、音、图、文"有机融入评论产品当中，打造《台州"屏"论》《大志暖评》《方言"竖"评》等一批

有创新意义的融评专栏和重点产品新样态，把握融评创新的先机，使融评矩阵成为"无限台州"引导舆论的"一面旗帜"。

（四）让视频监督成为拳头产品

集团以《台州深观察》《大民讨说法》两档电视舆论监督栏目的全媒体采制为基础，大力推进新媒体舆论监督的常态化，不断增强新媒体对市委、市政府中心工作的推动力以及自身影响力，并加强建设性舆论监督类报道的新媒体自采，加大对其他电视舆论监督类报道的二次开发力度，在保证"时、度、效"的前提下，打造"无限台州"视频化舆论监督的持续威力。

（五）让"应用创新"成为新锐产品

集团下属各内容生产主体积极把握新媒体的创新脉动，每月制订产品创新规划，确定月度创新重点项目，大力推进VR、AR、MR和流媒体、超高清等新技术应用创新，实现内容策划与新技术应用的有机融合，在报道内容、报道形式、传播渠道等方面不断突破，打造更多即时性强、共享性强，技术应用效果好，传播效果好的全息化、可视化和沉浸式、交互式内容产品。

目前，短音视频、视频直播、融媒评论、视频监督等视频类产品已经达到"无限台州"日更原创内容的一半以上。这些视频类产品以融媒化、轻量化、直播化、品牌化的显著特点，顺应了"视频优先""时效优先""移动优先"的媒体融合发展趋势和"短、实、新"的新媒体传播规律，成为"无限台州"的鲜明标签，有力提升了"无限台州"的核心竞争力。

三、强化创新创优意识，提高重点产品精品率

海量信息时代，优质内容依旧是稀缺资源，主流声音依然是刚性需求。媒体是新闻产品的生产者，不论媒介生态如何变化，传播技术如何发展，都应坚持"内容为王"，以生产传播优质内容为己任，不断提高优质内容的有效供给，增强媒体平台的影响力。城市台新闻客户端作为主流媒体的重要传播平台，要始终保持内容定力，在质量和效率之间找到平衡点，用心用情打造精品佳作，走深走实精品化路线，当好高质量原创内容的生产传播者。

近年来，台州广电集团坚持以优质内容塑造客户端品牌价值，大力实施精品战略，强力带动"无限台州"的提质增效。

（一）打破思维局限，突破创新"瓶颈"

集团在强化采编人员精品意识的同时，全员开展系统的思维拓展训练，聘请专业老师开设思维拓展训练营，讲解创新思维的原理和方法，打开采编人员的"脑洞"，激发创新思维的潜能，起到拓展思维能力的作用。同时，强化采编人员互联网思维和媒体融合思维的学习与实践，结合融媒体技能学习提升机制，开展有针对性的培训和实践，让采编人员尽快树立融合创新所需的新思维、

新观念。

（二）推进全员策划，促动全员创新

集团建立"五级策划"机制，让创意成为全员的习惯，成为内容生产的一个重要环节和融媒精品生产的"发动机"。编委会及各集群（中心）每月乃至每周研判近期本市亮点和热点，开展全媒体重点产品和议题设置的策划，制订创意计划与传播策略；各专门策划小组围绕重点项目计划或自主研发项目，灵活机动开展策划活动，制订细化方案；重点产品、拳头产品、新型产品的实施实行项目团队制，项目团队申报项目获批或接到指定项目任务后即开展微观策划，制订实施方案；采编人员除了参与相关重点产品和新产品的创意策划，还要重点做好单个报道产品的微观策划。

（三）制定品质标准，完善评价体系

集团层面成立课题组，参照国家级、省级相关评奖标准和日常积累的实践经验，制定各类新媒体报道的品质标准。"快"的基础上强调"好"，"好"的基础上追求"精"与"新"；优化全媒体考核机制，凸显量质并举和精品导向，完善与工作态度、策划创意能力、新思维新技术应用、实施能力和传播效果相配套的绩效评价体系，凸显"创意""品质""实效"的鲜明导向，让创意与品质成为产品的标配，激励采编人员在日常报道中抓精品、出精品。

（四）推行工作室制，培育"双创尖兵"

集团以建设短音视频、融媒评论工作室为切入，发动各类人才申报组建工作室，根据集团融合创新计划，遴选不同载体、样态、品类的工作室进行创建，完善各工作室方案并确定牵头人，在各类型人才自由组合的基础上，配齐相关人才并建立相应考核激励机制，确保有目标、有经费、有创新、有考核、有长效，充分激发团队协作的内在活力，打造融合创新、生产精品的新型组织。

（五）突出项目带动，强化示范引领

集团大力推动新媒体创新创优的项目化、日常化，把新媒体放在创新创优工作的头等重要位置，围绕中国新闻奖、浙江新闻奖、浙江广播电视政府奖等新媒体奖项的类别与要求，尤其短视频现场新闻、短视频专题报道、移动直播等门类，做到有规划、有项目、有团队、有推进、有跟踪、有评价、有激励，对精品实施团队"高看一眼、厚爱三分"，给予人财物充分保障，按季策划、滚动推进项目，在项目推进中锤炼团队，在示范引领中营造新媒体创新创优的浓厚氛围。

"无限台州"以优质内容为体、融合创新为魂、用户体验为尺，基本实现周周有爆款、月月有精品的目标。"正能量＋大流量"的爆款产品不断涌现，直播和短视频产品本端最高阅读量分别达到 900 万＋、200 万＋，2021 年"烈日救鲸""捐橘助科研""台湾姑娘寻根记"等相关产品全网阅读量均达 1 亿 + ；融评专栏《台州"屏"论》荣获"浙江新闻名专栏（新媒体）"，直播和短视频作品连续三年双获省新媒体作品奖一等奖，其中短视频现场新闻作品《微视频｜彻夜救援 台州无眠》还荣获第三十一届中国新闻奖二等奖。在优质内容的支撑与拉动下，"无限台州"用户数、活跃度、阅读量连年攀升，已经成为区域最具影响力的新媒体平台。

四、结语

城市台新闻客户端的内容建设永远在路上，其内容品质的提升永无止境，需要不断地做大做强原创与特色内容，以优质内容构建内容优势，从而以内容优势赢得竞争优势。当然，对作为传统媒体的城市台来说，新媒体内容品质的提升其实也是一条转型之路，道阻且长、行则将至。"内容为王"不是"唯内容为王"，我们还需树立"用户为本""技术为先""运营为上"的理念，而且只有充分认识到三者与"内容为王"之间相辅相成的关系，真正做到以用户为中心、技术为支撑、运营为手段，城市台新闻客户端内容品质的提升之路才能越走越宽、越走越远。

【作者系浙江台州广播电影电视集团（总台）党委书记、总裁（台长）、总编辑】

共青团工作赋能城市广电媒体
青年成长成才的路径探究

周晓晓

　　互联网时代下传媒技术革新迭代、新媒体迅猛发展，城市广播电视媒体生存发展环境面临前未有的挑战，也带来了城市广电媒体融合的一场转型革命。习近平总书记指出，"媒体竞争关键是人才竞争，媒体优势核心是人才优势"①。在城市媒体融合改革的生存关键期，在城市媒体转型发展的奋斗新征程，研究探索青年成长成才的新路径，是城市媒体融合发展的迫切需要。"如何更好把青年团结起来、组织起来、动员起来"②，为推动融合发展而奋斗，是城市广电共青团青年工作必须回答的重大课题。

　　一、习近平总书记重要思想是城市广电媒体开展共青团工作的根本遵循

　　"青年工作，抓住的是当下，传承的是根脉，面向的是未来，攸关党和国家前途命运。"③党的十八大以来，习近平总书记从党的事业薪火相传、后继有人的战略高度出发，以马克思主义政治家、战略家的深邃视野和宏大格局，提出了一系列富有方向性、时代性、开创性的关于青年工作的新观点新论断新要求。④当下，城市广电媒体生存发展比以往任何时候都要严峻，比任何时候都更加需要党的思想指引。把深入学习宣传贯彻习近平总书记关于青年工作重要思想作为长期重大政治任务，构建常态化长效化学习宣传贯彻机制，是为党

---

　　①　《习近平在党的新闻舆论工作座谈会上强调 坚持正确方向创新方法手段 提高新闻舆论传播力引导力》，https://news.12371.cn/2016/02/19/ARTI1455884864721881.shtml。

　　②　习近平：《在庆祝中国共产主义青年团成立100周年大会上的讲话》，http://politics.people.com.cn/n1/2022/0510/c1024-32418816.html。

　　③　习近平：《论党的青年工作》，中央文献出版社，2022，第164页。

　　④　贺军科：《如何做好新时代青年工作》，《求是》2020年第10期。

培养城市广电媒体青年从业者的根本遵循，是做好城市广电媒体共青团工作的行动指南。

（一）对标为党育人的政治高度，始终坚持"党管青年"的大任重责

习近平总书记指出："中国共产党立志于中华民族千秋伟业，必须始终代表广大青年、赢得广大青年、依靠广大青年，用极大力量做好青年工作，确保党的事业薪火相传，确保中华民族永续发展。"[1]习近平总书记从政治高度定位青年工作。《中长期青年发展规划（2016—2025年）》鲜明提出"坚持党管青年"这一重大原则。城市广电媒体是党和人民的喉舌，是重要的宣传思想文化主阵地，坚持党管媒体，坚持正确政治方向、舆论导向和价值取向，坚持马克思主义新闻观，坚守媒体深度融合发展的正确方向，从根本上来说都是政治工作，共青团组织先要从思想上抓好城市媒体青年聚焦主责主业、为党履职尽责的使命感。

（二）对标担当尽责的实践厚度，始终坚持"奋进新征程、建功新时代"的根本任务

习近平总书记多次指出："青年一代有理想、有本领、有担当，国家就有前途，民族就有希望。"[2]强调"无论过去、现在还是未来，中国青年始终是实现中华民族伟大复兴的先锋力量"[3]，这些重要论述，结合当下我们广电青年和青年工作对行业事业产业的发展也具有极端重要性和很强针对性，有助于我们更加深刻地理解青年工作的职责使命、政治意义、内在价值，进一步增强共青团组织做好青年工作的责任感紧迫感。"现在，青春是用来奋斗的；将来，青春是用来回忆的。"[4]党和人民事业发展离不开一代又一代有志青年的拼搏奉献，城市广电媒体发展需要一代又一代有为青年的接续奋斗，城市广电媒体必须动员和激励组织内部最有生气、最有闯劲、最少保守思想的青年群体，在新的奋斗征程上踔厉奋发、勇毅前进，为城市广电纵深推进媒体融合转型释放青春的能动力和创造力。

（三）对标锐意改革的创新强度，始终坚持"走在时代前列、走在青年前列"的发展要求

习近平总书记指出，"青年是标志时代的最灵敏的晴雨表"[5]，强调"要深入

---

① 习近平：《在纪念五四运动100周年大会上的讲话》，https://www.12371.cn/2019/04/30/ARTI1556627564195443.shtml。

② 习近平：《决胜全面建成小康社会 夺取新时代中国特色社会主义伟大胜利——在中国共产党第十九次全国代表大会上的报告》，《人民日报》2017年10月28日。

③ 习近平：《在纪念五四运动100周年大会上的讲话》，https://www.12371.cn/2019/04/30/ARTI1556627564195443.shtml。

④ 习近平：《论党的青年工作》，中央文献出版社，2022，第23页。

⑤ 习近平：《论党的青年工作》，中央文献出版社，2022，第70页。

研究当代青年成长的新特点和新规律，把准方向、摸准脉搏，大力推进团的组织和工作创新"[1]，"紧跟党走在时代前列、走在青年前列"[2]。加快推动媒体融合发展，是以习近平同志为核心的党中央对新时代宣传思想工作作出的重要战略部署，习近平总书记指出："加快推动媒体融合发展，使主流媒体具有强大传播力、引导力、影响力、公信力，形成网上网下同心圆，使全体人民在理想信念、价值理念、道德观念上紧紧团结在一起，让正能量更强劲、主旋律更高昂。"[3]当前，媒体融合是互联网引领媒介转型的一场革命，以互联网为核心的科技浪潮改变着现代人的生活方式，更颠覆了城市媒体的生长生态。从这几年的实践看，媒体融合搞得好的，往往是善用青年人才；我们要改革创新体制机制，充分激发内部创新创造活力，鼓励年轻人到移动主战场上大显身手。

二、充分研究当代城市广电媒体青年成长的新特点、新规律，准确把握做好新时代城市媒体青年工作面临的新机遇、新挑战

当代青年呈现出许多与父辈不同的鲜明特点，青年工作的现实基础发生深刻变化，共青团工作要充分认识做好青年工作面临的新机遇和新挑战。

（一）基本形象分析

《新时代的中国青年》勾勒了当代青年的主流群像，指出新时代青年生逢中华民族发展的最好时期，充分享有国家发展红利，已经成为"平视世界"的一代。新时代的城市广电青年普遍拥有较高的学历水平，展现出强烈的自信自尊，为青年工作实现更高水平发展奠定了坚实的精神基础。需要注意的是，当代青年理想主义的色彩淡了，享乐主义、拜金主义等思潮开始在青年中蔓延，顺风顺水环境下也使得一些青年经不起挫折等，这些问题凸显了培养青年时代担当、奋发精神的重大现实意义。

（二）从业现状分析

人才，是城市媒体发展的核心要素，城市广电媒体的青年人才现状是受媒体内外环境诸多因素交织影响，传统媒体骨干人才流失、新型人才储备不足、融合转型人才紧缺，成为困扰制约城市广电传统媒体融合转型发展的掣肘。为了更精准地掌握扬州广电青年的从业状况，扬州广电于2022年6月进行了专项调研。本次专项调研以40周岁以下青年员工为对象，覆盖内容生产、产业经营、技术保障和综合管理等城市媒体全流程部门，涉及青年队伍的基本情况，青年所思、所想和所求，对集团（总台）未来发展建议等多个维度内容，共回收有效问卷421份，深度访谈三十余位青年。调研发现，"新生代"城市广电青年

① 习近平：《论党的青年工作》，中央文献出版社，2022，第54页。

② 习近平：《论党的青年工作》，中央文献出版社，2022，第41页。

③ 习近平：《加快推动媒体融合发展 构建全媒体传播格局》，《求是》2019年第6期。

在国家媒体融合战略、互联网技术冲击、市场快速迭代等多重因素影响下，遭遇更多的职业竞争挑战。第一，职业责任感不强，城市媒体对青年的入职教育、职业培训不够重视，导致青年缺乏新闻情怀和对媒体工作的敬畏感、事业心，媒体工作的使命感责任感没有在青年心中扎根。第二，职业认同感不强，薪酬待遇偏低，发展空间受限，职业成就感和荣誉感下降是人才流失的动因。第三，职业归属感不强，媒体融合转型带来了专业知识更新的"代际压力"，青年员工面临职业压力和职业焦虑，造成了消极"内卷""躺平"现象。

三、媒体融合背景下共青团工作赋能城市广电媒体青年成长成才的路径方法

做好新时代党的青年工作，必须始终高举习近平新时代中国特色社会主义思想伟大旗帜，切实加强各级党委对青年工作的领导，把围绕中心、服务大局作为工作主线，不折不扣、持之以恒将习近平总书记关于青年工作的重要思想贯彻到青年工作的全过程各方面。城市广电青年工作必须不断增强青年工作引领力、组织力、服务力，建立直通青年人思想的服务器，打造青年人才成长的生态链，构建同频共振融合发展的共同体。

（一）培育思想政治工作的定力，以引领力培育媒体青年理想信念的政治本色

理想信念是共青团思想政治教育工作的核心和重点。扬州广电共青团工作的实践探索是，努力夯实思政工作的定力，竭力提升思政工作的引领力，构筑"引"力强大的思想教育磁力场，打造带"领"强劲的思想建设服务器，把习近平新时代中国特色社会主义思想贯彻到青年思想政治工作的学习思考全流程、贯彻落实的全周期，让团组织的思想政治教育工作引领力效应更好地作用于城市媒体青年锤炼忠诚的政治品格。一是高擎思想旗帜，理论武装入脑入心。习近平总书记深刻指出："只有思想上精神上的吸引力和凝聚力，才是内在的强大的持久的。"[1]媒体青年在思政教育和理论武装方面的要求更高，广电共青团组织始终要把学习宣传贯彻习近平新时代中国特色社会主义思想作为青年工作的首要政治任务，运用全媒体传播、青年化表达和艺术化形式，打造思政精品活动项目，推动党的创新理论进青年头脑。扬州广电团组织创新开展了"青春心向党 建功新时代"学习思"享"会，持续推进"青年大学习"网上主题团课学习，"五四"期间给团员青年上专题团课，把政治学习策划成青年人分享心得、共享思想的主题活动，把学习现场设计成沉浸式活跃的交流平台，把大理论细化为小选题，把传统的学习宣读研发为互联网线上的技术互动小程序，让青年人听得懂、坐得住、学得进、有心得。这些活动和平台渐渐形成了共青团青年思想工作入脑入心的引力磁场，使青年人在思想深处把坚定理想信念与职场"扣

---

[1] 习近平：《论党的青年工作》，中央文献出版社，2022，第30页。

好人生第一粒扣子"结合起来，思想上学懂弄通做实有了定盘星，行动上踔厉奋发有了指南针。二是牢记初心使命，红色教育有声有色。时代考卷常出常新，唯有筑牢初心使命，坚持党性原则、紧跟党的步伐、牢记党的嘱托，才能坚持党管青年在城市广电媒体共青团工作中的具体实践。在价值观念多元、传播手段多样的移动互联网背景下，青年工作既要守稳方向、守住立场，也要因势而变、与时俱进，"精准滴灌""靶向供给"。扬州广电团组织打破思维定式和路径依赖，通过话语体系转换、网络技术运用等方式触达青年，为打造"青年思想建设服务器"做了积极的探索。"青年思想建设服务器"是扬州广电共青团创新青年思想政治引领的路径方法，基于结果导向提出的组织层面设计策划推进落实青年思想教育全流程控制全周期管理的系统体系。扬州广电团组织充分依托集团所属研发团队，先后自主研发了"扬州广电青团子"微信互动平台、"一战到底"党史团史知识竞赛网络答题平台、"晒晒你的五四气质"网络互动等多个互联网平台活动。每次的思想建设活动，都当作一次学习教育项目来实施：从活动立项、项目策划、青年调研、UI设计、宣传推广、晒图传播、视频制作到数据分析、效果评估，公众号推广总结，形成全流程全周期的常态化工作机制，以到达青年思想教育有声有色、既"活"又"火"。"百年五四 薪火相传 晒晒你我的五四气质"网络互动活动，广电青年与五四精神实现了一次跨越时空的链接，更深刻地理解了五四精神的时代内涵和当代价值，激励广电青年牢记使命传承榜样，以青春之我、奋斗之我的实际行动不懈奋斗。青年兴则国家兴，青年强则国家强，每一个青年都应该成为社会主义建设者和接班人。2021年推出"青春心向党 打卡庆百年"主题活动，组织100余位青年分别走进扬州4个红色地标，精心策划排练不同场景不同形式的红色精神表演展示，以共读诗词、齐唱红歌、同诵散文、合打快板等青年人喜闻乐见的形式回望历史、学思践悟，思想深处打动了青年、赢得了青年。活动制作4部打卡短视频，先后在"扬州广电青团子"微信公众号、"扬帆"App、学习强国多渠道展播，实现红色精神的N次传播和延伸，彰显了扬州广电青年传承红色基因、砥砺初心使命、赓续报国激情的青春力量。从顶层设计看，"青年思想建设服务器"是团组织与青年最直接的带领；从技术层面看，"青年思想建设服务器"是团组织与青年最便捷的带领；从效果导向看，"青年思想建设服务器"是团组织与青年最精准的带领。"青年思想建设服务器"，将青年思想建设的"带领"效应脱虚向实寓教于乐，"服务器"功能强大了，对青年思想的引领力、辐射力、带动力才会更强。

（二）赋能融合发展的合力，以组织力淬炼青年踔厉奋发的业务成色

坚持为党育人是共青团的政治使命和根本任务。扬州广电团委有团员青年

近 500 名，他们是广电人才队伍的重要组成部分。以融合为导向，凝聚发展合力，做好党建带团建工作，既是在为他们的成长铺路架桥，也是在为广电的未来谋篇布局。扬州广电打造党建带团建的组织力，构建"五带"机制，促进双向赋能，推动党团育人链条衔接贯通，把政治历练贯穿培养青年的全过程，把岗位奉献作为成长主渠道，让更多的年轻人在广电发展中踔厉奋发、成长成才。第一，汇聚发展合力，强化组织赋能。党建带团建，核心在"党"、关键在"带"，作用于"团"。扬州广电集团党委始终把共青团工作纳入党的总体建设规划，专门组织召开党建带团建工作交流会，研究解决工作中存在的困难和问题，为未来发展谋篇布局；对党建带团建工作明确工作标准、制定具体举措、跟踪评价与考核，做到党团配套联动，相互促进。第二，注重提质增效，强化机制赋能。结合扬州广电工作实际，党组织从思想、组织、队伍、业务、项目五个方面上带，切实履行政治责任。一是思想上"带"，党组织通过多种形式，坚持不懈地对团员青年进行理想信念教育，用党的创新理论武装头脑，引导他们树立正确的世界观、人生观和价值观。二是组织上"带"，完善团组织制度建设，定期召开联席会议，明确党建带团建工作方向，做到党团组织同步设置、工作同步开展。三是队伍上"带"，不断加强团的后备干部队伍建设，壮大党的后备力量，把对优秀团员青年的培养，作为党组织吸纳新鲜血液的重要渠道。四是业务上"带"，实现党团资源同步共享，抓好党建带团建与业务提升的双驱动。五是项目上"带"，结合岗位实际，开展特色活动，为优质团的项目提供接口和支持，发挥党员带团员机制效用。第三，打造品牌活动，强化成效赋能。2017 年起，扬州广电持续组织开展"我年轻，我奉献"青年主题活动，激发和鼓励广电青年提高专业水准、追求卓越品质、勇于创新变革、应对时代挑战。活动开展 6 年来，一直与媒体融合发展紧密结合，解放思想、激活思路、摒弃陈旧观念、惯性思维，每年一个主题、每年一个重点，共收到 456 份提案，135 人次参与竞演，由活动评选出的优秀创意团队获得集团全力支持，体验了节目项目方案从提出创意到孵化落地的全过程。活动列为集团重点工作，党委班子成员是项目方案终评官、部门中层是专家团队、月度办公会集团党委主要领导亲自布置推进、各部门积极自主参与，充分调动了年青一代爱岗敬业的工作热情，形成了不甘平庸、追求卓越的良好工作氛围。经过六届的发展，从方案评选、现场竞演、青年训练营、业务分享交流会到名师带高徒、青年轮值主席团，从思维建模到实践锻炼、从方案创新到项目变现，从 1.0 版本到 3.0 版本，"我年轻，我奉献"主题活动以开放的姿态，不断自我完善自我升级自我进化，已经逐步成长为扬州广电媒体融合的创新实验场、"人才蓄水池"。组织力作用于"五带"机制，组织力强化了品牌活动，从不同维度锻造了党团联动贯通的育人链条，形成了扬州广电青年成长成才的组织生态氛围。危机中的广电构建了好的体制机制和环境，青年人才拥有了好的生态和土壤，人才潜力创造力得以激发释放，广电深度融合转型发展才有希望。

（三）激发创新成长的活力，以服务力夯实媒体青年实干担当的作风底色

在大局下思考、在大局下行动，提高服务大局和中心工作的贡献度，是青年工作的重要逻辑。高质量融合转型发展是城市广电的发展大局和中心工作，扬州广电青年工作自觉在中心任务中找准结合点，在组织力量上摸准着力点，在服务成长上抓准切入点，用创新充分激活青年在融合发展最前沿实干担当的生力军和突击队作用。一是担当"全程在线"。在城市广电融合转型发展的征途上，没有现成的路径可走，没有成功的案例可循，大家都在苦苦探索实践。要培养融合转型发展匹配的青年人才，扬州广电的思路是在实战中、在项目中锤炼年轻人。2022年创新推出的"青年轮值主席团"活动就是践行这一思路、推动青年培养与融合发展同频共振的初步探索。活动通过给青年人才搭建一个有实战有挑战的舞台，不断激发他们的创新意识和担当意识，让有思想、有魄力、有担当的广电青年脑力激荡、交流互动、学习分享，并逐渐形成一个不断进阶的扬州广电青年文化精神：绝对忠诚、胸怀全局、立足岗位、担当作为。参与青年表示，"青年轮值主席团"就像一个训练营，又一次激发青年人在媒体融合最前线乘风破浪、披荆斩棘的激情，它让青年人相信，融合发展需要青年也能成就青年，在扬州广电，奉献的青春会一棒一棒接续，梦想的风帆将向着未来的征途继续起航。二是实干"即时应答"。奋斗是青春最亮丽的底色，行动是青年最有效的磨砺。2021年扬州疫情之战中，在集团（总台）党委的坚强领导下，扬州广电团组织广泛动员青年参与战"疫"，充分展现了"请党放心，战'疫'有我"的实干应答。内容生产部门青年承担起宣传责任，自愿吃住在单位进入"战时"状态，保持24小时值班；技术部门青年在疫情流调最早公布时，用两天时间拼力研发，迅速上线"扬州疫情实时信息"微信小程序，方便市民实时查询全方面疫情信息。广电青年踊跃报名参加志愿服务，无缝对接"猎鹰号"硬气膜实验室建设、运营保障任务，以一支勇担当、能坚守、乐奉献的团队，创建了全新的核酸检测实验室保障服务模式，为扬州疫情"侦测"主战场筑牢基地安全运营防线。广电青年以砥砺实干的作风底色，在"急、难、险、重、新"任务中作出了应有的贡献。三是服务"走新暖心"。扬州广电青年工作者把深入青年作为工作常态，了解青年所思、所忧、所盼，加强对年轻人的"传帮带"教育，帮助青年实现从学生到专业媒体人的身份转变、观念塑造，帮助青年解决操心事、烦心事。常态开展婚恋交友、情绪解压、兴趣拓展等活动，例如："让育儿更从容，让关系更和谐"

分享会、"一切为了你 一起向未来"职工子女夏令营活动，精准聚焦解决青年爸妈带娃难题，青年们真切感受了广电的温暖，他们说："有种幸福叫单位帮你带娃。"这些活动形成了正向循环，使得更多有事业情怀的青年人才坚守媒体行业，与广电同频共振，在推进媒体融合向纵深发展的新征程中迎难奋进。

（作者系江苏扬州广播电视台副总编辑）

建设性新闻与城市台转型发展之路

胡旭霞　　徐　臻

当前，我们正面临百年一遇的大变革，舆论生态、媒体格局、传播方式发生深刻变化。在全新发展时期和全媒体传播背景下，我国城市台在功能定位、特色优势、运行模式、发展路径等方面也发生重大深刻变革，面临严峻挑战和难得机遇。以前，城市台的主要功能定位是当好宣传喉舌、开展社会教育、提供文化娱乐和资讯服务、发展广告影视等文化产业。在当前"全程媒体、全息媒体、全员媒体、全效媒体"和"共建共治共享"建设法治国家、提升社会治理能力水平背景下，城市台既要发挥舆论宣传中的定海神针和压舱石的作用，通过深度融合提升核心价值观在全媒体特别是在新媒体端的传播效果，更要直接服务城市党委政府中心工作，发挥广电媒体及其新媒体的独特优势，构建区域社会治理平台和党委政府推动重点项目的工作抓手，依托智慧广电技术系统打造数字智慧政府服务平台。根据新时期城市台定位功能转型变化，牢固树立建设性新闻理念，大力开展建设性新闻实践，已经成为城市台的立台之本、核心功能、价值所在。

近几年来，国内学界对建设性新闻做了不少研究，但主要是介绍国外的相关理论和实践情况，对国内新闻单位包括城市台开展建设性新闻实践的研究刚刚起步。什么是建设性新闻？唐绪军认为，建设性新闻是中国特色社会主义新闻理论的重要组成部分，所谓建设性新闻就是在新媒体时代立足于公共生活的一种新闻实践和理念，聚焦于解决社会问题，强调在报道社会问题时，要致力于寻求并建立一套可以付诸实施行动的解决方案，媒体的报道要激发对话和参与社会治理，推进社会问题的解决。[①] 有学者梳理认为，建设性新闻的核心理念主要集中在以下六个方面：一是问题解决导向，建设性新闻要求新闻报道不仅能够揭示问题，同时也需要提供"问题解决导向"的报道框架。二是面向未

---

① 唐绪军：《"建设性新闻"研究丛书总序》，社会科学文献出版社，2019，第2页。

来的视野，建设性新闻要求报道新闻事件不仅立足于当下的情势，更看重未来的发展趋势。三是包容与多元，建设性新闻力求在报道中涵盖多元的声音，调和新闻事件的利益攸关方之间的冲突。四是赋权，建设性新闻需要通过报道为民众"赋权"，在多方对话和互动中寻求共识和解决方案。五是提供语境，建设性新闻要求在报道争议和冲突时充分挖掘事件背后的深层次原因，提供充足的背景和语境，引导公众全面理解新闻事件背后的张力，倡导舆论场的理性讨论。六是协同创新，广泛吸纳公众和政府、社会组织等的广泛参与和协同合作，以实现对公共领域和社会共识的维护。[①] 殷乐认为，建设性新闻可以更好地贯彻落实习近平总书记指出的"要善于运用媒体宣讲政策主张、了解社情民意、发现矛盾问题、引导社会情绪、动员人民群众、推动实际工作"。在传播形态和民主渠道构建上，不仅可以对既有的民生新闻、帮忙节目、问政节目等进行整体升级，还可以充分发展基于融媒体平台的新型联动，如民主恳谈会、民意直通车、网络议事厅、人大代表工作站和政协委员联络站等。[②] 从近几年城市台的实践看，建设性新闻主要有五种节目形式：以电视问政等为代表的建设性舆论监督类节目；以市民圆桌会、请你来协商等为代表的汇聚民智民意的互动协商类节目；以全媒体政务直播等为代表的政务公开类节目；以《他山之石》影像内参为代表的咨政类节目；以北京卫视《向前一步》为代表的打造公民课堂的公共传播类节目。

做大做强建设性新闻是城市台当前提升传播力影响力引导力的关键一招。在当前社会组织动员渠道、社会信息资讯传播方式已经发生而且还将继续发生深刻根本变化背景下，城市台如何成为有影响力传播力引导力的区域主流舆论阵地？表面看目前城市台普遍存在的影响力传播力降低、受众规模下降、广告经营断崖式崩塌、经营运行难以为继是报道手法呆板、节目形式陈旧、经营理念落后、优秀人才缺乏等原因所致，深层次看是新闻理念、媒体优势认识不清所致。传统新闻理念和节目形式与新媒体相比是用短避长，与新媒体的快、广、活相比，城市台缺乏优势。从传播发展阶段看，广播电视已从大众传播向公共传播转型跃升。建设性新闻是广播电视在公共传播时代重塑社会角色的一种新闻理念和实践。从当下急剧变化的媒介生态和传播格局看，城市台既要办好联播类时政报道、宣传类节目，更要发挥广电媒介和区域媒体的优势，做大做强建设性新闻。宁波市鄞州区广播电视台从2018年起陆续推出了15场电视问政、"民情面对面——局长问政公开赛"、把问题摆到现场的"群众考干部"乡镇巡

---

① 史安斌：《建设性新闻：历史溯源、理念演进与全球实践》，《新闻记者》2019年第9期。

② 殷乐：《新闻媒体担当"发展全过程人民民主"的建设性角色》，《中国社会科学报》2021年8月19日。

回活动、聚焦民生实事项目代表票决制的"向人民报告"、政协委员议事"请你来协商"等建设性新闻节目，成为地方党委政府推动工作的抓手和推进社会治理的平台，成为永不闭幕的人大政协参政议政大会。绍兴广播电视台2016年起组织对区（市、县）"晒亮点 比业绩"考评进行全市域、全过程、全媒体"三全"直播，用直接生动的"全媒直播"方式促进"晒比"考评工作更加公开透明、规范有序，以此激活政务考评的双向互动，让政务直播成为凝心聚力的"吸铁石"。从这些台的实践看，正是通过做大做强建设性新闻，在体制内人群和区域广大群众中的传播力影响力有了明显提升，"影响有影响力的人"有了实现的途径。建设性新闻实践也使深度融合有了更好的切入点和爆发点。比如鄞州台2019年"局长问政公开赛"直播视频共有82.4万观众点击收看，相关报道阅读量达到23.4万；绍兴台"晒亮点 比业绩"考评全媒直播实现了跨平台融合互动性传播，3天阅读量超过160万，在线视频观看超过65万人次；绍兴网络电视台、"今日绍兴"移动新闻端以及"视听绍兴"微信公众号推出特别专题滚动刷屏，3天共计发出5000多张照片、300多条小视频，3万多网民参与直播互动，线上线下互动热烈，在新媒体传播能力上实现了攀升。

做大做强建设性新闻是城市台围绕中心服务大局新的切入点、主战场。在当下传播生态格局下，城市台的宣传教育引导功能仅靠传统新闻报道已难以实现，特别是党的十九届四中全会提出"完善党委领导、政府负责、民主协商、社会协同、公众参与、法治保障、科技支撑的社会治理体系"。社会治理需要政府、社会、群众共建共治共享，从城市管理到城市治理，从善政到善治，无论是民主协商还是社会协同，包括政府主导与公众参与，都需有公信力、权威性和通达政府与民众及社会各界的平台和渠道，因此，地方党委政府不仅需要媒体当好喉舌，更希望媒体报道事实、传递善意、促成公共讨论、促进社会协同，使媒体成为善政善治、共建共治共享的开放平台和独特力量。北京卫视播出的《向前一步》开创了电视媒体深度参与政府工作的先河，从多个维度积极参与并推动社会治理进程，被写进2019年北京市政府工作报告，实现了公共利益最大化。也有学者指出，在媒体角色和功能上，建设性新闻从报道者到帮助者再到协调者、社会治理协同者，从关注、报道走向帮助、建设，逐渐升级社会治理的参与度。媒体结构上可以真正的全媒体平台形式展开，利用融媒体平台搭建舆论引导平台、政务平台、服务平台，联结民众和政府，协调各方力量在推进建设性报道、建设性监督的基础上参与社会治理。[①]

城市台具有做大做强建设性新闻的独特优势。从广播电视媒介特色看，相

---

① 殷乐：《新闻媒体担当"发展全过程人民民主"的建设性角色》，《中国社会科学报》2021年8月19日。

对报刊等平面媒体，广电媒体特别是电视媒体视频叙事生动直观、形象鲜活、一目了然，是电视问政类、互动协商类、政务直播类、咨政调研类、公共传播类等建设性新闻节目的最佳载体和传播介质。从城市台区域性媒介特点而言，与中央台、省级台相比，城市台传播覆盖区域明确可控，与本级政府治理范围完全重合，最接近区域群众，也最能引发区域群众关注互动。与商业社会媒体和自媒体等网络媒体相比，城市台更具公信力和权威性，更贴近当地党委政府。广播特别电视通过视频叙事，可以把文字或图片难以讲明白的基层社会治理问题，通过电视节目形式得到准确直观的传播，而各台的新闻客户端等智融化新媒体平台，与区域受众实现无缝连接、即时互动。因此，相较报业和社会性媒体，做大做强建设性新闻城市广播电视台具有独特的优势。

建设性新闻是城市台运营模式转型发展的可行路径。原来城市台主要靠制作播出节目吸引眼球，通过吸引眼球换取广告投入，从而进行运行。这种模式目前碰到极大挑战，现在城市台主要靠占屏费和公信力变现途径获得经费维持运行，而且即使这样也难以长久。城市台主要靠财政支持。因此在节目内容布局上就必须突出建设性新闻内容，使城市台的节目栏目成为当地党委政府推进重点任务的工作抓手和主要领导的施政平台。鄞州台正是得益于做强做大建设性新闻，区财政在经费上对鄞州台运营经费进行托底，从人事、薪酬、产业和资源配置等方面对台里的运行给予保障。在全国媒体经营收入普遍下滑的情况下，鄞州台经营性收入 2018 年、2019 年连续两年实现 27% 和 24% 的增长，为后续的发展提供了坚实的保障。绍兴台通过政务直播常态化、问政全媒化，树立了广电权威可信的形象，也让党委政府和社会各界对广电媒体高看一眼、厚爱一分，有助于广电动员组织社会资源，争取更多的支持，在严峻的形势下推进融合转型。

（作者分别为：宁波广播电视集团老少广播副总监；浙江卫视编导）

地方媒体讲好文物故事的创新路径和经验探析

王亚男　林　军

地方媒体要想讲好中国故事，必须要结合新的时代精神，讲好地方的故事，只有深耕地方土壤，挖掘地方故事，构筑立体化的叙事模式，才能挖掘故事的内容核心。[①]

厦门是一座拥有高颜值的现代化城市，更是一座拥有深厚文化底蕴的城市。厦门广播电视集团选择讲好文物故事作为切入口，挖掘地方故事，通过持续创新，展现传播力、吸引力与影响力。近几年，先后推出《文物传奇·听见历史的声音》广播系列报道、《厦门宝藏》融媒文化栏目、《古物无言》系列电视节目、《闽南通·奇幻博物馆》系列专题片、"云游侨博"联合直播等融媒产品，并通过"文物传承跑"等一系列线下活动来引导受众感受中国文化的内在精神和核心价值，树立保护历史文化遗产与弘扬中华优秀传统文化的意识，获得对中国文化的深度认知。

文物故事中蕴藏着怎样的"流量密码"？作为地方媒体，厦门广播电视集团的做法中又有哪些亮点和创新点？

一、让文物"活"起来、"动"起来

文物作为历史文化的物质载体和实物见证，是民族的象征、文化的标记，具有重要的历史、艺术和科学价值。

2022年5月27日，中共中央政治局就深化中华文明探源工程进行第三十九次集体学习。习近平总书记在主持学习时强调："文物和文化遗产承载着中华民族的基因和血脉，是不可再生、不可替代的中华优秀文明资源。要让更多文物和文化遗产活起来，营造传承中华文明的浓厚社会氛围。要积极推进文物保护利用和文化遗产保护传承，挖掘文物和文化遗产的多重价值，传播更多

---

① 刘占龙：《地方媒体如何"三化"讲好中国故事》，《中国地市报人》2021年第8期。

承载中华文化、中国精神的价值符号和文化产品。"①

如何将沉寂在史料文献、历史长河的文物瑰宝挖掘出来,让文物"活起来""动起来"?建立文物故事叙事逻辑,创意表达文物元素,从文物蕴含的历史故事和深刻内涵中汲取营养,把包含其中的精髓提炼出来、展示出来,是厦门广播电视集团讲好文物故事"守正创新、出新出彩"的重要路径。

(一)建立文物故事叙事逻辑,古今"对话"彰显文化自信

600多年的明代古城墙,静卧在思明区老城中;位于鹭江道的大清一等邮局,看惯车水马龙;重建的兴泉永道署碑记隐匿于城市高楼背后;陈化成祠、虎溪岩棱层洞摩崖石刻群在巷弄深处无声地诉说着历史……作为厦门历史最为悠久的老城区之一,思明区历史底蕴深厚,文化遗产资源丰富,有不可移动文物多达324处,其中市级以上文物保护单位就有125处。一处处文物点是城市的"根",充分体现了城市历史文化核心价值和深厚的历史文化积淀。

2019年至2021年,厦门广播电视集团广播中心联手厦门市思明区文化体育出版局推出《文物传奇·听见历史的声音》百集系列报道,聚焦文物点背后一段段凝聚历史的古老往事和人文故事,将其前世今生娓娓道来。《文物传奇·听见历史的声音》以广播最擅长的声音为支点,以贴近受众的视角,精耕细作音频内容,每期报道中,记者与特邀嘉宾一同实地走访,走近文物,传播既有温度又接地气的内容,让受众充分了解文物点的历史价值和保护现状,既抓住了听众的耳朵,增强认同度、信任度、喜爱度,也让文物借助广播"飞入寻常百姓家"。

厦门广播电视集团厦门卫视《闽南通》栏目推出《古物无言》系列节目,每周一期介绍三处厦门的不可移动文物。节目组通过前期踩点、资料收集、专家拜访,层层筛选,从厦门两千多处不可移动文物古迹中,精选出全市六区部分不可移动文物作为节目的"主角"。为确保每期选题有历史、有故事、有亮点、有力量,《古物无言》系列节目充分挖掘这些不可移动文物的历史背景,邀请与文物古迹相关的专家学者、家族后裔等,亲口讲述其背后的故事和承载的人文精神。

上述两组系列节目的叙事逻辑是一致的,分为四级:第一级是弘扬历史文物中的核心价值观;第二级是彰显文物保护和利用的重要性;第三级是创意表达含有厦门元素的故事;第四级是今人与文物古今对话展现自信。《文物传奇·听见历史的声音》和《古物无言》的内容生产通过这四级的叙事以客观中立的视角呈现出了厦门的文物图景,从语境和价值观层面将中华文明的深厚底

---

① 《把中国文明历史研究引向深入 推动增强历史自觉坚定文化自信》,http://dangjian.people.com.cn/n1/2022/0530/c117092-32433355.html。

蕴展现得淋漓尽致。通过人与物的古今对话，原本在公众眼里有距离感、陌生感的文物得以"说话发声"，变得生动鲜活起来。随着受众对广播电视的收听收看和新媒体产品黏性阅读的持续，他们对文物故事产生的强烈关注逐步变成一种文化自觉，形成了整体关心文物保护的氛围和整体保护传承历史文化遗产的价值取向。

（二）以主持人 IP 带动，助推文物故事的创新表达

博物馆是历史的守护者，也是历史的讲述者，用一件件文物便可串联起中华上下五千年的恢宏历史。

2020 年 11 月至 2022 年 6 月，厦门广播电视集团广播中心厦门综合广播与厦门市博物馆联合策划，匹配各自优势资源，推出融媒文化栏目《厦门宝藏》。栏目内容集新闻性、故事性、音乐性为一体，用高清短视频讲述文物故事、展示厦门历史文化。栏目每一季都推出 8 位广播主持人变身馆藏文物代言人，在精心设计的转场里，进行移动播讲和视频录制，揭开厦门市博物馆"镇馆之宝"的神秘面纱。

在拍摄《厦门宝藏》之《厦门，一座并非普通意义的城》短视频时，主持人谢文龙从厦门市公安局大院旁一条小巷沿着长约 120 米的石头城墙缓缓而上，介绍厦门古城遗址，带领受众一同见证厦门岛内仅存的建城证据和厦门 600 年海防历史。随着镜头切换，主持人移步换景到厦门市博物馆，讲述厦门古城遗址内出土的古炮和兵器的故事，重现当年古城墙上金戈铁马、战火硝烟的情景。

受众一开始关心的可能是主持人的独特的表达，但随着"言"和"谈"的深入和场景转换、影像变化，他们逐渐被主持人带出的文物故事、充满谈资的历史、跌宕起伏的内容以及精美的画面所吸引，进而聚焦主题主线，对内容产品产生了共鸣。[①]

《厦门宝藏》以短视频为载体，厦门广播电视集团广播中心闽南之声广播同期推出的《闽南宝藏——咱的文化密码》节目则以互联网短音频为主打，重点展现改革开放以来社会各界对闽南地区各项文物挖掘、保护、传承、宣传的工作成果。主持人以"文物守护人"的身份，对 14 个位于"海上丝绸之路"起点的厦门、漳州、泉州的博物馆所收藏的国家一级文物进行现场探访，对话博物馆负责人、知名文史专家等，通过 14 期短音频节目将文物进行故事化演绎、生活化表达、闽南化呈现，展现"海上丝绸之路"文化、闽南精神。每一件文物在"文物守护人"的"讲述＋演绎"下，都显得很生动，它们不再是

[①] 林军：《新型广播构建策略探析——以厦门广电集团广播中心为例》，《现代视听》2021年第4期。

冷冰冰的展览品，而是有血有肉有情感的历史见证者。

主持人是媒体形象代言人，品牌主持人具备"蓄水池"的能力，其长期影响力的沉淀能够潜移默化地对用户进行情感渗透，使用户对主持人和优质内容产品产生信任。①

两组产品的生产理念和传播策略是："优质内容 + 品牌主持人 + 互联网传播"，即主持人"搭台唱戏"，精准捕捉受众的兴趣和关注点后，用别出心裁的思路去融合包装优质内容产品，助推文物故事的创新表达和在互联网场域的有效传播。由此实现主持人品牌价值最大化赋能文物故事内容，将主持人驱动转化为内容产品驱动，激发受众对内容产品的认同，拉近与受众的情感距离，提升受众的分享欲，进而实现传播增值，达到良好的传播效果。

"让收藏在博物馆里的文物活起来，不能仅仅停留在文物的呈现形式层面，还要深入价值层面。"② 因此，主持人在引导受众了解馆藏文物的同时，也在潜移默化中把文物所蕴含的历史价值、文化价值、审美价值、科技价值和时代价值放在每一个推介环节的"C 位"，"以物带观"润物细无声地将正确的历史观、价值观、文化观等输出给受众。

（三）融合多种形式，实现传播全方位效果最大化

为了将文物故事讲好，让文物在互联网时代"动"起来，厦门广播电视集团以产品联创的方式在互联网上推出专题片、原创海报、视音频、移动直播等融合创新产品，输出多形式、多维度、多视角的内容精品。

《奇幻博物馆》专题片，让镇馆之宝——亮相：从 2018 年起，厦门卫视每年历时数月走访厦门、泉州、三明等地的博物馆，策划制作推出《奇幻博物馆》系列专题片在网络播出，讲述承载灿烂文明、传承历史文化、维系民族精神的珍贵文物藏品背后的故事，其中不乏国宝级文物"泉州湾宋代海船"，还有"德化窑素三彩达摩坐像""中国工农红军军用号谱"等国家一级文物，更有首次公开的"李陵茂完税执照"等镇馆之宝。系列专题片播出后，各家博物馆给予好评，赞扬节目让馆内文物焕发新生。与此同时，也收到大量网友的热情反馈。

创新联合直播，"云游侨博"带来好效果：2020 年 5 月到 6 月，厦门广播电视集团携手中国华侨历史博物馆推出"云游侨博"系列网上直播活动，用闽南话讲解馆藏文物、介绍文博知识、带领网友了解中国人移民海外的历史。为提升直播效果，厦门广播电视集团串联华侨博物院、陈嘉庚纪念馆、集美鳌园和鼓浪屿钢琴博物馆等厦门具有侨文化特色的资源，通过联合直播的方式与北

---

① 林军：《新型广播构建策略探析——以厦门广电集团广播中心为例》，《现代视听》2021年第4期。

② 《让文物活起来》，http://www.xinhuanet.com/shuhua/2020-12/30/c_1126925675.htm。

京同步进行直播。4 场直播累计在线观看人数 1030696 人次，单场直播观看人数最高突破 30 万人次。"云游侨博"网络直播除了在"看厦门"App、央视新闻＋、华人头条等同步推发，也通过厦门卫视海外平台，让海外的闽南乡亲透过熟悉的乡音畅游侨博展馆，了解华侨华人在海外的早期生活。

文物"海选"，6 万件文物中精选珍品，厦门市博物馆馆藏文物约 6 万件。厦门广播电视集团广播中心在推出《厦门宝藏》栏目前，与厦门市博物馆专家一同"海选文物"，细数馆内珍品，并通过广播微信小程序"i 听厦门"设置专栏，展示"海选"过程和深挖文物故事的意蕴，让传播兼具故事性、趣味性、历史性，更多的文物也通过这样的方式"脱颖而出"被公众知晓。同时，配合文物"海选"活动，主办双方开展"把厦门宝藏带回家网络专场直播"和"《寻宝大玩家》探秘厦门宝藏"活动，由主持人带领受众探秘厦门市博物馆，在找寻文物"传奇"与"仪式感"中，在游戏化的互动方式里，受众有了穿越时空之感，获得体验感、参与感、满足感。通过直播，馆藏文物的故事和受众感受交融在一起触达了更多人群。

起到异曲同工之效的还有厦门广播电视集团广播中心与"故宫鼓浪屿外国文物馆"在每年国际博物馆日举办的"到博物馆吃茶去"网络直播活动。从寻常巷陌到深宫大院，从书斋厅堂到花园庭院，在镜头的挪移推进中，博物馆展品借一盏闽南功夫茶"穿越千年"——展现，让受众在茶文化与文物故事里沉浸式地体验文化的多元与融合。

通过融合了多种形式的互联网传播方式，文物元素被进一步强化，文物故事被赋予了更接地气的故事想象空间和更贴近公众的文化内容，这将更有利于文物价值的挖掘、历史文化遗产的传承和发展。

（四）线上线下相结合，让文物"出圈"

跑步打卡文物点。近几年，厦门广播电视集团厦门文广体育有限公司与厦门大学、厦门市思明区文化和旅游局以"奔跑中，寻找城市记忆"为主题，连续举办多届文物传承跑暨"寻根厦门记忆·守护思明文物"行动。百名跑者以历史文化名街中山路为起点，用脚步丈量开元印记线、厦港文化印记线等 5 条不同线路，在全国、省市级文物保护单位和未定级文物点打卡，从不同角度感受厦门在历史长河中一点一滴的积累印记。

文物守护认领。厦门广播电视集团与志愿者团队合作，打造线下"文物守护认领"活动，通过媒体宣传，让更多人成为"文物守护"志愿宣导团成员，发挥文物知识宣传志愿者的重要作用，把文物保护及宣传触角伸到各个角落，让更多人关注和讲述身边的文物故事，并定期开展"文物寻迹"直播活动，推动公众参与寻根记忆，用脚步丈量城市历史。

当然，文物"出圈"不是最终目的，而是通过文物传承跑、文物守护认领等线下活动带来的趣味性引导，让更多人关注文物、认识文物、了解文物、读懂文物背后的意蕴，产生守护情感的共鸣。

二、讲好文物故事实践带来的启示

从厦门广播电视集团的具体实践来看，地方媒体要讲好文物的故事，需要做好"加法"，创新文物故事讲述和传播的方式，才能构建起完整、有效的文物故事传播体系。

（一）优质内容 +

优质的内容是讲好文物故事的前提和基础。

第一，在故事题材上要选择具有趣味性、娱乐性、实用性、故事性的文物作为对象，尤其是一些深藏库房里不为常人所了解的文物，解读其背后鲜为人知的文明密码及传奇故事。要通过透物见史、见人、见精神的方法，挖掘文物背后过去的历史文化信息、当前的保护现状和未来的传承规划；要力争在主题鲜明、引人入胜、跌宕起伏的文物故事中，带领受众充分领略其不朽的价值与魅力。

第二，在故事形式上要跳出传统解读思路，将文物故事化、故事人物化、人物细节化、细节生动化，诠释好文物的内涵，拓展好文物的意义，使文物变得有生命、有温度、有人情。只有故事具有可读可听可看性、指导性、艺术性，传播才能更响亮。

第三，要注重场景化表达，重视文物和文物点的场景化内容搭建，从历史的角度讲解文物，从文化传承的角度讲解文物，从与大众生活紧密结合的角度来解读文物；要将文物放到不同场景，通过多角度、多维度展示和解读，让受众如临其境，愿意看、喜欢看、看得懂、记得住。

第四，在语态表现上，要摒弃学究气重，平铺直叙，通俗性、知识性、趣味性不足的问题，注重魂、势、情、趣，通过语言艺术让文物的历史故事变得生动具体，让传播鲜活起来。尤其要用最基础的群众语言、最接地气的口述深入浅出地道历史、讲文化、谈变迁、说情怀，在说和话、讲和谈、描和绘、叙和述之间寻觅亮点，在熟悉的话语体系中彰显魅力与亲和力。

第五，"一方水土养一方人"，每一片土地都孕育着其独特的历史文化。要讲好独具特色的厦门文物故事，需要立足当地特色、闽南历史文化，更加深入挖掘文物的时代背景、特殊寓意，也要在内容和形式中着重增强地域文化特色元素，既观照本土真实的风情、人物和情感，又兼顾广泛性、热点性，才能让公众喜闻乐见，内心有所触动。

（二）传播方式 +

进入互联网时代，日新月异的大众传媒、新媒体，互联网信息技术快速发展，日臻成熟的大数据、云计算、人工智能等信息技术的发展，给文物故事的传播提供了更多样化的平台和方式，这也要求我们适应技术和公众文化消费的变化，不断创新文物故事传播的平台和方式。[①] 创新文物故事的生产和传播方式是讲好文物故事的重要突破点。作为地方媒体，该怎么做呢？

第一，在移动端传播发力，生产一批具有深刻文化内涵、故事新颖好看、制作精良的融合创新产品，是推动传统文化的内容创新性传播转化的重要手段。微电影、微广播剧、网络专题片、互联网视音频节目、移动网络直播、动画、动漫、电子书籍、讲座、活动、文创产品等产品的创新生产都是可行的实践路径，最终实现的是，抓住现代技术发展的红利，不断突破技术瓶颈，助推文物故事传播的融合性、沉浸式、体验化、趣味化、视音频化、互联网化的目的。

第二，地方媒体要适应新媒体和互联网时代文物故事传播的新趋势，用好自我优势资源，敢于善于用社会资源来宣传推广融合创新产品。比如，厦门广播电视集团策划制作的"文物故事"系列融媒产品在厦门广电网、"看厦门"App、"i听厦门"等自有平台上发布的同时，也将微信公众号、微信视频号、新浪微博、腾讯企鹅号、头条号、抖音、快手、B站、YouTube、Facebook等平台作为宣传推广的重要阵地同步宣发，通过其便捷的传播速度、良好的传播反馈和极强的互动性扩大"文物故事"的关注度和影响力。

第三，注重对外传播的可沟通性。中国与西方处于不同的话语体系，在跨文化传播中应熟悉西方的主流价值和叙事方式，寻找中西方文化的共性，以共享价值构筑共同的意义空间。[②] 这就需要媒体在YouTube、Facebook等海外平台的传播中，在具体的内容生产中，选择国际受众关注的选题，如"海上丝绸之路"、列入世界文化遗产名录的鼓浪屿的文物点等，并提供多语言的旁白和字幕来提升对外传播的可沟通性。这些文物故事及其背后所承载的价值理念更容易与全球受众产生沟通，发生共鸣。

第四，注重发挥非官方媒介的力量。社交媒体时代，话语权逐渐向民间转移，[③] 媒体要充分考虑讲述文物故事的主体的多元化趋势，通过宣传和舆论引导，创造积极的认知环境，充分鼓励自媒体的内容生产者进入传播场域，展开多元立体的视角，成为文物故事的讲述者，将自媒体的有效力量激活发挥，进一步扩大传播声量。

三、结语

① 陆建松：《如何讲好中国文物的故事——论中国文物故事传播体系建设》，《东南文化》2018年第6期。

② 李连璧：《YouTube平台上在华外国人如何演绎中国故事》，《传媒》2022年第5期。

③ 李连璧：《YouTube平台上在华外国人如何演绎中国故事》，《传媒》2022年第5期。

文物承载灿烂文明，传承历史文化，维系民族精神。如何让文物活起来，让新闻动起来，是广大文物工作者义不容辞的责任，也是广大新闻工作者的历史使命。① 传播、弘扬好中华优秀传统文化，让丰厚的、悠久的历史文化真正"飞进"寻常百姓家，是新时代广大新闻工作者必须研究的课题和职责所在。

作为地方媒体，面对新时代、新要求，要立足深远，紧跟时代发展大局，和政府保护决策产生同频共振；要牢牢树立精品意识，不断挖掘优质题材，用心策划实施，用力打造精品，用情倾力传播；要着力文物故事的年轻化、网络化与分众化转型，持续开拓创新文物故事传播新平台和文物故事讲述新方式；要以内容和文化为牵引，与文博界实现更紧密协作。只有在创新中实现突破，在推进中实现带动，我们才能做文物守护的践行者、传播者和引领者，进一步凝聚更加强大的文物传承与发展的力量，推动文物文化融入现代生活。

（作者分别为：厦门广播电视集团广播中心主任；厦门广播电视集团首席记者）

---

① 王曦辉、娄恒、郭俊华：《盘活馆藏优质IP，讲述精彩文物故事》，《新闻战线》2021年第21期。

从"沈阳家书"看城市媒体的
传播创新与功能拓展

侯　蔚

2023 年 3 月新冠疫情再度袭来,在沈阳万众一心决战决胜的关键时刻,"沈阳家书"不胫而走,进而演化成为一场全城书写的活动。首先是沈阳市防控总指挥部先后写给全体市民三封家书,二十多天时间,市民的家书如雨后春笋,无论是市民儿女回复给城市母亲,还是更多前线写给家里、街坊写给邻里、丈夫写给妻子、孩子写给长辈,"沈阳家书"成为九百万沈阳市民的"对话体"战"疫"记录,在慢下来的节奏中,这饱含人性温度的传递,引燃了沈阳人民坚定战"疫"的必胜信念,完成了一场万众一心的大爱奔赴。全城书写、同心战"疫",这强大动能的集结,背后有一个强有力的推手助力,那就是沈阳广播电视台以深度策划释放的强大信息生产、内容传播和舆论引导能力。截至 5 月 1 日,沈阳广播电视台共计制作"沈阳家书"全媒体作品 1700 余条,全网直播点击播放量超过 10 亿次。人民网刊发的专题报道《现象级产品从哪里来?从"沈阳家书"看沈阳广电的融合发展之路》,评价"沈阳家书"为现象级传播。"沈阳家书"项目在创意表达、产品形态、传播路径、融合观念上对传统广电传播不拘一格的整体创新,彰显了主流媒体的责任担当,发挥出非常时局下家书暖心、家书暖政的独特作用,为地方媒体打造文化品牌,淬炼城市精神的主流价值传播带来启示,给公共危机治愈与常态化社会治理中的城市媒体角色勾勒出全新的轮廓,为探索中的媒体转型之路拓展出了崭新的价值空间。

一、友圈破圈:一石激起千层浪

2022 年 3 月 23 日,沈阳市疫情防控指挥部给市民的第一封信发出后不久,沈阳作家赵凯在自己的微信朋友圈里发出了给城市母亲的一封回信,这封家书的大致内容,是说作家本人于 3 月初响应"非必要不离沈"的号召,调整了出差计划,选择居家抗疫。他生动地描述了自己的居家生活:"每天,全家人在一起,亲密相处。孩子上网课，妻子在手机上买菜，把红萝卜和胡萝卜弄错了，她有点生气，我开导她：胡萝卜、红萝卜，都是萝卜，这是两个长相非常标准好看可爱的萝卜，是萝卜中的帅哥靓妹。"赵凯用生动的笔触述说了大家的共鸣，这条朋友圈一经发出即刻获得众多圈中好友的点赞和热评。沈阳广电将这条朋友圈及反响在当天的《沈阳新闻》等多档新闻节目及多个新媒体平台、账号发布，深度策划的"春风有信 共享家音——'沈阳家书'大型文化传播活动"随之启幕，与此同时，"沈阳市民战'疫'家书征集""沈阳战'疫'文化志愿者征集"两项活动也适时推出。随着后续三个阶段媒体策划的相继发酵、传播覆盖和主题延展，"沈阳家书"的话题热度持续升温，成为疫情期间浸润北方乡土，唤起全网共鸣的"现象级"传播。

家书送暖，散尽春寒。沈阳市委市政府战"疫"的果敢决策、笃行不怠的意志、科学防控的部署、人民至上与生命至上的坚守得到市民的一呼百应，很多市民纷纷拿起笔写下饱蘸深情的字句。参与写家书的除了市民个人，也有社区、机关、企业，"慢下来"的生活、"静下来"的心情、"稳下来"的从容、"扛下去"的意志付之笔端、跃然纸上。

在另一端，由主持人、记者、朗诵爱好者、演员、教师、学生、机关干部、社区工作者等组成的沈阳战"疫"文化志愿者也在沈阳广电的征集令下迅速集结。利用资源优势，沈阳广电还邀约众多像鲍国安、宋春丽、于和伟、王丽云、雷佳音等艺术家、演艺明星加盟，沈阳广电的激情传播激活了辽沈作家、辽宁籍演艺人士的桑梓之情与英雄主义情节，仅作家就有一百多位书写了百余封家书。百余名文化志愿者群体参与家书产品的制作，以一己之长为一纸家书转化出丰富多样的产品形态。

平凡是时代的底色，当平凡人的一封封家书被以音视频、图文、诗歌、音乐、绘画、书法、微剧等多种艺术形式灌溉，突破传统单一纸质属性的家书因形态的生动和演绎的鲜活而变得更具传播穿透力，沈阳广电也在家书产品的精细再造与多维创新中完成了其源源不断的素材积累、内容示范、价值升级。《沈阳家书 我读给你听》《家书夜话》多个栏目承载沈阳家书的文化产品在屏、网、微、端、报中出现，家书的书写、诵读、传播成为沈阳疫情防控大节奏下一个动人的旋律，无数平凡人以大众书写文体成就了一个非常时期独特的文化景观，这景观经由媒体嫁接、整合多种资源的合力托举，铸就了新的城市传奇。

二、民心破防：一尺春阳暖时光

一封家书展信佳，给熟悉的人、深爱的人、感激的人，给送快递的人，给运垃圾的人，给陌生的或仅有一面之缘的人。给逆行的光、迎战的勇、互助的暖，给义不容辞的挺身，给不慌不忙的坚强，"沈阳家书"让一座城市迸发出一份柔软而深刻的共情。人们在家书中取暖，在家书中互勉，也在家书中理解家人的相濡以沫、睦邻的点点温情。

沈阳广电将家书背后的沈阳故事——铺陈：大东区的魁星社区把暖心蔬菜包送到了独居老人的手上，90 岁的刘庆吉老人手写了一封家书给社区，老人家说："有人惦记我，让我觉得很感动。"这份惦记，是战"疫"中"两邻文化"释放出的一份温情。

这个春天，有点难。有些计划推迟了，有些节奏暂缓了，连买菜的小事也变难了。但皇姑区崇山中路百鸟公园门口的超市一直开着，店主不在，只留下简短的字条："疫情期间店内所有商品免费，居民朋友请酌量取用。"那算是把顾客当成了自家人的最短家书吧。

五年级小学生周大堡在家书里描绘了一个不上厕所、不怕危险、不惧寒冷的"超人妈妈"，他奋战在战"疫"一线的医生妈妈，是在以自己的行为成就孩子成长中的家国情怀与英雄梦想。

忽接家书新暗喜，更于封外写精神。封封蕴含着热度的家书中，既有"出入相友，守望相助"的情真意切，又有"岂曰无衣，与子同袍"的慷慨豪情，更有"相知无远近，万里尚为邻"的生动写实。沈阳广电以家书为情感载体，在海量诵读传播的基础上着重挖掘家书中隐含的沈阳故事和精神价值，通过接地传播与接力传播，使公众从中感知人性的温度，也汲取精神的涓涓细流。2022 年 4 月 23 日，正值第 27 个"世界读书日"，也是沈阳市第十四届全民读书季正式启动的日子，沈阳广电精心打造的"春风有信 共享家音——'沈阳家书'云上诵读会"精彩亮相，以诵读"沈阳家书"的方式打开 2022 年沈阳春天的城市书单。

"沈阳家书"在战"疫"期间的不胫而走，使中国源远流长的家书文化也再次进入公众的视野，沈阳广电通过举办"尤念家书——首届'沈阳家书'文化传播论坛"将家书的历史文化厚度引入节目。《星火成炬 家书燃情》《尺牍咏志 雁帛抒怀》《薪火相续 文明鼎新》三场论坛中一大批作家、文艺评论家、心理学家、文化学者、媒体观察员穿越古今解读家书文化，那久远生命温热中的桑梓之情、至亲之爱、劝学养德、家国情怀在静下来的氛围中被再次点亮。在人们疲于宅居太久的焦虑时刻，城市媒体厚积薄发、贴地飞行，以"沈阳家书"带给公众心灵慰藉和心理疗愈的同时，更以家书背后丰厚的文化给养和人文力量感染一座城，塑造一座城，"沈阳家书"如一缕春风，吹绽满城芬芳。那些挺身而出的勇敢、守土有责的坚毅、义薄云天的豪迈、守望相助的深情、安静自处的智慧是城市以人文涵养精神，焕发出的夺目光彩。城市广电，也从每一条街巷、每一个家庭这一城市"神经末梢"从容自洽的和谐镜像中，看到自身以精神感召力与传播影响力润物无声柔性"文治"的生动影像与文化自信。

三、社情破冰：一声懂你沁芳芬

2022年春天，沈阳战"疫"中最早出现的家书是3月23日起沈阳市防控指挥部先后写给全体市民的三封信，非常时期沈阳市委、市政府向全市发出的三次战"疫"号召令、动员令以"致全体沈阳市民的一封信"的形式发出，"官书"变身"家书"，字里行间，清晰的战"疫"决策部署中透着对市民家人般的呵护叮咛，沈阳广电敏锐地意识到这是特殊时期开启城市管理全新对话方式的最佳时机，这对城市公共卫生事件的应急管理、应急传播有着非同寻常的意义。于是，一个推动政府与市民、政府与企业之间"家书式问候""家书式鼓励""家书式动员""家书式沟通"的"对话体创建"的媒体行动由此展开。

"家书式号召"激发出"家书式响应"。市委市政府在战"疫"吃紧关头连续发出给市民的三封家书后，一位市民在回信中说："春寒料峭，收家信三封。第一次您唤我'勠力同心、守护家园'，第二次您嘱我'坚持到底、共克时艰'，第三次您吹响'众志成城、决战决胜'，我愿随行前往，风雨同舟。"

铁西区神瑞社区"小巷总理"李亚男在写给城市的家书中说："核酸检测敲门行动中，社区居民帮着扯线、装灯、送水、送菜，夜幕下的采样点亮起来，社区工作者的心也暖起来。"

"感人心者，莫先乎情，莫始乎言，莫切乎声，莫深乎义。"志愿者向大后方传书报平安，携手并肩，共赴民忧。老百姓向逆行者寄语道珍重，心心相印，勠力同心。小微企业、个体工商户受到的直接冲击最大，他们的状态怎么样，有哪些急难愁盼的问题，沈阳家书也反映了他们的心声：一方面，他们迎难而上，斗志不减；另一方面，也期许政府给予更多的关爱和扶持。在这样的呼吁声中，沈阳市支持小微企业的"纾困扶持政策措施12条"应声发布。

如何把政令通达化作春风暖语，如何让社情民意成为咫尺心声，在全市战"疫"进入攻坚阶段后，春耕时不我待、复工只争朝夕，"沈阳家书"项目第三阶段的传播重点也转向家书中的政民对话与政企对话。"家书体"中政府的大义明理与市民的顾全大局，政府复产复工的总体步调与企业决不言弃的坚定合拍，都借助融合传播的影响力，引领着战"疫"这一阶段的主流舆论。

通政情、传心声、表民意、达民心。战"疫"中的沈阳家书是"试金石"，试出了人间大爱，精诚所至，金石为开；家书是"黏合剂"，联结了百万人民，决战决胜，共迎春来；家书是心桥，引上下同欲；家书是纽带，促政通人和。沈阳广电以传播为媒，让发布政情与抒发民意的一封封家书展开云中对话，将指挥的定力与行动的战力汇成万众一心的合力，也让一项项战"疫"措施有的放矢、精准发力。因为相信所以托付，因为支持所以勇敢。沈阳广电与家书传播同步推出的"沈仲平"署名言论"七论沈阳家书"字字珠玑、掷地有声,《最是家书抵万金》《星火成炬锦书来》《春风百里万巷亲》《尺素满载英雄志》《精神赓续铸乡魂》《沧海扬帆担信风》《共赴家国报春晖》,一条条饱含情感温度、思想深度、文化厚度的新闻时评以动情入理的舆论引导,铸牢战"疫""大家庭"的坚强共识,也擦亮城市主流文化品格的价值坐标。

四、融媒破题:一片丹心刻新竹

"沈阳家书"是一座英雄城市的浪漫诗性,是城市文化性格的集中表达,这份怦然心动萌发于今春,澎湃于初夏,还将醇熟于金秋,温暖北方的冬季。只要我们的笔不停、爱接续,这份情愫就会陪我们走过春夏秋冬,人生四季。沈阳广播电视台也正在筹划将沈阳家书这份珍贵的文化记忆由"云中锦书"变为"展馆典藏",将其媒资立档、积字成书、作品入馆;由"尺素传情"到"星火成炬",将这个战"疫"期间公益传播的"激情项目"转化为"常态IP",持续延展"沈阳家书"的文化生命力,点亮系列公益传播的现实时空,让时光沉淀、生活淘漉与奋斗磨砺薪火相续。

历时48天的"沈阳家书"项目实现了疫情宣传"大流量"与"正能量"的完美结合,媒体对这一传播实践的价值挖掘不会随着疫情的结束而结束。家书这种背对背的、时空延迟的、充分展示个体心理情感空间的表达在当下碎片化、即时通信、阅后即焚的时代能够彰显怎样的存世价值;家书这枝"昨日的玫瑰"如何与目前微信、视频、直播等现代通信和交互方式相融共存,建立人与人之间、人与城市之间更有效、友善、多元的联结关系;作为家书文化的倡议者和这一主题活动的开启者,如何将这种探索进一步拓展与深入下去……面对中央及省级媒体职能的不断下沉,城市广电也亟须在信息传播的边界追寻和放大"独有的领域"以区别于强势的同行,经营出一份收获累累的"自留地",去开拓地方媒体"贴地转型"的新疆土。在城市治理不断遭遇新风险挑战的背景下,与地方各级政府机构和群团组织建立良性的常态化策动,以深扎本土、洞悉民意的传播属性和深耕真情、唤发共情的文化力量,去激活和丰富一座城人性化管理的智慧,在众生喧哗的流量逻辑以外化解焦虑,以服务的精准去响应和触达市场主体的需求,并引导企业与市民生活生态更紧密、更亲切的结合——这种结合也将拓宽企业在属地生存发展的契机。同时,用更具文化感染力、地域亲和力的沟通对话让市民百姓与各级地方政令心有灵犀、上下同欲,这既是城市广电在融媒转型期的一个突破口,也是地方媒体重新梳理自身职能、脱胎换骨打造品牌的一个方向。

一片丹心刻新竹。从暖心到暖政,以"沈阳家书"为代表的媒体策划展现了城市广电以情感联结一座城、影响一座城的匠心与活力,也展现出地方媒体内容生产的巨大潜力和媒体职能拓展的更大空间。城市媒体作为基层社会主流意识形态的引领者和本土民生服务的重要参与者，在媒体融合的探索中，更需要厘清与脚下这片土地的关系，在城市基层治理与公共社会服务一体化的进程中找寻新的媒体定位与坐标，通过政务平台与媒体平台的相融共生，提高城市政务管理效率和精细化管理水平，实现媒体信息传播、舆论引导、基层治理、公共服务四位一体的功能整合。城市媒体的竞争力，要在当代社会错综复杂的城市管理命题与发展命题中发掘，要在打破媒体传统业务体系的观念重构中实现。

（作者系沈阳广播电视台副总编辑）

共建共享"一张网" 共融共赢"一盘棋"

——河南构建省市县一体化全媒体传播体系研究

常智明 王锐锋

党的十九届四中全会通过的《中共中央关于坚持和完善中国特色社会主义制度 推进国家治理体系和治理能力现代化若干重大问题的决定》提出,"建立以内容建设为根本、先进技术为支撑、创新管理为保障的全媒体传播体系"①。河南省锚定"两个确保",实施"十大战略",在县域,以项城为代表的 104 个县级融媒体中心一呼百应、集结成"网",成为全国县级媒体融合的领头雁、新标尺;在省辖市,以"正观""i 许昌"为代表的新型传播平台一息千里、连接成"线",成为辐射和带动地市传播的桥头堡、新标兵;在全省,以"大象云""大河云"为代表的主流媒体阵地一辞同轨、聚合成"点",强化省级平台的入口和节点功能,打造信息传播及综合服务总平台,成为引领中原地区全媒传播的排头兵、新标杆。围绕全程媒体、全息媒体、全员媒体、全效媒体"四全理念"的内涵和精髓,夯实内容建设、技术运用、管理创新等全媒体传播体系构建的三个结构性工作重心,从组织、流程、功能、管理架构入手,探索打造上下贯通、差异发展、协调联动、共建共融、共享互利的一体化全媒体传播体系,成为当前河南新闻舆论工作领域深化改革的一项重要课题。

一、在内涵上:以"四全理念"为引领,不断丰富全媒体传播内核精髓

全媒体建设从理论到实践不断深化。"党的十八大以来,以习近平同志为核心的党中央深刻把握时代发展大势和信息化趋势,作出了推动传统媒体和新

---

① 《中共中央关于坚持和完善中国特色社会主义制度 推进国家治理体系和治理能力现代化若干重大问题的决定》,http://www.xinhuanet.com/politics/2019-11/05/c_1125195786.htm。

70

兴媒体融合发展的重大决策部署。"①从党的十八届三中全会提出推动媒体融合发展的重大任务,到"十四五"规划建议提出实施全媒体传播工程的重要目标,一系列远景规划"标志着媒体深度融合发展已从顶层设计,进入全面落实的新阶段"②。从"物理相加"迈向"化学相融",从"百米浅海"迈向"万丈深蓝",全媒理念、全媒传播、全媒工程的架构已然形成。

全媒传播从业态到拟态不断拓展。认识的主体、介质、客体要素,传播的"传""连""受"环节,"四全理念"的提出,不仅涵盖了传统意义上的报刊台网微端等"多业态""多模态""多渠道"物理介质,更深入阐释了全媒体系"数连万物、智造媒体"的技术内涵和多拟态的逻辑架构。同时,也从社会关系学角度深刻阐释了"群众路线""开门办台"理念在平台建设中的现实意义和应用价值,继而丰富和完善了马克思主义新闻观在新时代核心价值体系建设中的多维理论思考。这不仅仅是主流舆论宣传阵地建设的技术性问题,更是社区信息枢纽、服务平台建设的综合性社会问题。

全媒体系从蓝图到架构不断完善。"万人操弓,共射一招,招无不中。"在内涵上,要不断丰富和挖潜好"四全理念";在格局上,要不断推进和完善好内容、技术、创新"一体两翼"协同发展机制;在结构上,要不断统筹和协调好省、市、县主流平台阵地体系建设;在目标上,要不断拓展和夯实好"引导"与"服务"功能。要因势而谋,转观念、创理念;要应势而动,建平台、做产品;要顺势而为,拓格局、谋体系。顺应全媒体趋势、把握全媒体规律、抓住全媒体特点,由点到面逐步展开,最终育树成林、百业成圈。

二、在架构上:以"平台战略"为关键,不断完善全媒体传播逻辑运维

紧跟党中央战略步伐,落实中宣部决策部署,河南省加快推进媒体深度融合发展"三年行动方案",勾勒出全媒体传播的平台框架,中原地区具有鲜明特色的骨干新型纵向架构传播体系构建正有条不紊地推进。

一是以全省104个县级融媒体中心为基础。紧扣融合主题,紧贴技术主线,紧抓机制完善,紧跟服务保障,落实"一地一端"战略。河南广播电视台承建全省县级融媒体中心技术平台建设两年来,如期建成了覆盖全省、互联互通的技术支撑平台体系,104个县(市)"云上"系列App全部上线。"一次采集、多元生成、多端传播、多屏共振"的融合生产制播机制在县域平台领域运作日趋完善,逐步实现了"正能量""建得全""管得住""用得好""连得牢""转得稳"。同时,积极落实好与省级平台总体策划的联动与互动,担当起让党和

① 王君超:《加快推进媒体深度融合发展》,《人民日报》2020年12月21日。
② 耿磊:《实施全媒体传播工程 加快推进媒体深度融合发展》,《新闻战线》2020年第24期。

政府的声音走进千家万户、打通县域传播"最后一公里"的职责使命。

二是以全省 18 个省辖市融媒体平台为骨架。改革全省 18 个省辖市宣传配置，突破报业、广电媒体在政策、体制、机制、流程、资源等方面的瓶颈和障碍，因时因地因策制宜，组建全新的省辖市融媒体中心。在技术上，依托省级平台，建成集信息采集、生产、分发、交互、研判于一体的地市级媒体版"中央厨房"，探索"一云多厨房"架构在省辖市的应用与落实；在平台上，构建地市内容生产资料库、用户库，围绕当地党政以及特色文化宣传，用心用情用功设计产品与服务；在功能发挥上，强化本地服务和社交互动，"建成本地主流舆论阵地、综合服务平台和社区信息枢纽"[①]。加强上下联动以及横向合作，打造以宣传报道为核心、深度服务为延伸的多元业务平台体系，切实发挥好省辖市融媒体平台在一体化传播体系中的"纽带"和"辐射"功能。

三是以河南省"云媒中心"建设为主导核心。省级综合型、复合型、开放型主流媒体平台阵地建设，是省市县一体化全媒体传播体系构建的重点步骤和关键环节。第一步，依托"大河云"，推动河南日报报业集团构建以八大中心为主导平台的运营体系，打造以互动问答为特色、以大数据和人工智能为技术支撑的"顶端新闻"客户端；依托"大象云"，推动河南广播电视台构建以时政新闻视频为重点、以短视频为发力点的传播体系，聚合广电内部优质资源，着力打造新媒体综合视频传播服务平台"大象新闻"客户端。第二步，对河南日报报业集团、河南广播电视台所属优质媒体资源进行跨平台整合，打通底层元数据，将两家各自的调度系统进行有机融合、统分结合，围绕资源统一调度、应急指挥调度、舆情分析研判、用户数据汇集、传播效果分析等功能发挥，打造省市县一体化传播体系的指挥中枢平台——河南省"云媒中心"。第三步，按照"重大主题宣传策划协同能力提升、应急指挥调度及时高效、舆情研判及预警精准性更高、稿件及用户等关键数据规模化汇聚和良性共享"的功能性要求，"云媒中心"技术平台通过安全策略部署、标准接口汇聚、大数据技术分析、智能内容处理筛选，配合统一用户认证服务、用户协作服务以及即时消息服务等设计，采用低耦合、高聚合、高扩展的顶层架构思路，实现对"大河云""大象云"以及 18 个省辖市融媒体平台、104 个县级融媒体中心等业务平台的统一管理。在业务流程上，图文、音视频新闻媒资及稿件的采编、制作，依旧由各业务平台在"私有云""专属云""边缘云"上进行，河南省"云媒中心"通过标准化接口汇聚相关数据，在建立安全保障机制的前提下，对最终产品保留一键发布、一键删除的应急处置管理权。第四步，不断完善与"云媒中心"相

---

① 《国家广播电视总局印发〈关于加快推进广播电视媒体深度融合发展的意见〉的通知》，http://www.nrta.gov.cn/art/2020/11/26/art_113_53991.html。

配套的体制机制改革，通过市场的竞争机制和调节功能，完善全媒体系内部各层级、各平台之间的权责利益关系，通过共建共享、共融共赢，真正实现省级平台在协同策划、指挥调度、数据共享、舆情管控等领域一体化的核心功能。最终打造以省级平台为主导，以省辖市融媒体中心为连接，以县级融媒体中心为补充，覆盖全省的信息汇聚、生产、分发等全媒体传播体系。

四是以央媒及全国头部互联网平台渠道为龙头。实施"联播"工程，河南省市县一体化全媒体传播体系上下打通以后作为一个基础平台，在技术标准和端口衔接上，必须与中央媒体平台保持高度一致，强化联动与合作，坚持无缝对接、靶向传播，抓大机遇、做大策划、用大平台，以高质量宣传抢占央媒"联播"，提高河南正面宣传的到达率、转载率、点赞率。同时，实施"推播"工程，全方位、多角度拓展打通全国头部互联网平台渠道，把准不同平台调性，抓住爆点规律，优化融合传播，与全国全网受众一道，寻找共情共鸣最大"公约数"，奏响共振共感最强"同期声"。

五是打造区域特色全方位协调联动体系。县级融媒体中心、省辖市融媒体平台、河南省"云媒中心"、央媒及全国头部互联网平台渠道上下打通以后形成一个基础平台，坚持"一盘棋"统筹、"一平台"发展、"一张网"管理、"一站式"传播，发挥省级"云媒中心"总技术平台、总调度平台、总服务平台优势，在内容生态构建、技术体系健全、流程机制完善、转型路径探索等方面，通过各种技术的集成，聚合各类垂直应用，努力建成省市县一体化超级移动客户端平台阵地体系，实现横向交流共享、纵向协调联动。

三、在格局上：以"改革创新"为驱动，不断夯实全媒体传播联动生态

以技术为引领实现功能协调联动。发挥5G+AI技术引领，激发改革创新动能。河南省"云媒中心"平台系统具有打通各方面数据并提供各种数字化内容制作工具和制作流程的"数字级""数据级"能力，通过"大中台、小前台"组织模式，对"大象云""大河云"以及18个省辖市融媒体平台、104个县级融媒体中心等，以标准化接口实现数据汇聚和业务垂直管理，通过公共接口完成与第三方平台的广泛对接，实现包括指挥调度、宣传策划、发布系统、舆情分析、指令调度、运营管理、媒资管理等相关业务的横向打通，不断夯实全媒体联动生态网络，实现管理有力。

以改革为抓手完善系统机制适配。生产关系总是通过一定的系统功能和机制模式反作用于生产力。全媒工程的实施，需要进一步深化改革，在全媒体系内部进行机构优化，调整部门设置及人财物资源配置，按照移动互联要求，进行一体化组织架构再造，实现从"管控"向"协同"的转型。对整个体系而言，

需要不断完善媒资、数据、用户等资源共享机制，不断完善融合生产传播等联动机制、流量及市场效益等分配机制、财务和编制等政策保障机制，目标是实现体系内外各平台、各要素、各环节之间的有效关联以及智能化匹配，形成联动效益，进一步激发融合的潜力动力活力。

以创新为动力提升多态服务转型。"服务群众"功能是"四全理念"的应有之义。围绕用户、数据、物联网、新基建等关键元素，以创新为动力，全媒体传播体系自主可控移动传播平台不断探索完善"新闻＋政务＋商务＋服务"运营模式，项目制、工作室制、"揭榜挂帅"等全新的制播流程，MCN、直播带货、直播公会等全新的运营机制，参股、控股、混改等全新的商业模式正逐步成型，进一步明晰高质量、一体化、产事业协同发展的路径，助力全省"大文化、大融合、大资本、大经营"战略蓝图。

四、在目标上：以"服务群众"为关键，不断拓展全媒体传播一体格局

第一，互动的平台体系将持续贯彻落实群众路线。基于移动互联网参与性、互动性、社交性特征，河南省市县一体化全媒体传播体系对"四全理念"的阐释，在于通过便捷入口机制的完善以及智能辅助工具的加持，让整个平台体系成为新传播环境下听民意、解民忧、集民智、聚民心的全新渠道和重要窗口。通过不同资源的聚合，通过媒介与受众连接关系的颠覆性改变，会聚广大网民和人民群众的力量，不仅是群众路线在互联网领域的生动体现和创新表达，更是"开门办台、开门办报"理念的重要体现。这是一个良性循环。

第二，联动的阵地体系将持续打通内宣与外宣。全球互联网技术让传播难以区分内宣和外宣，尤其是平台的搭建，主体受众在线化、数据化改造以及主流媒体发力点的转移，让内宣与外宣正在合二为一。一体化联动平台通过大小屏渠道共振、内容共创、数据共享，形成相互导流、链路完整的宣推机制，通过自发及人为机制形成传播"爆点"，由点成线、由线带面，变单一平台传播为全网传播，变区域交互为全域覆盖，最终形成网上网下步调一致、内宣外宣理念统一的主流舆论格局。这是一个良性互动。

第三，协动的生态体系将不断拓展全媒工程内涵。"1+2+18+104+N"所具有的开放性、跨界性、统一性、共享性、闭环性等特征，以及与互联网、物联网的连接，正形塑着包括新文旅、新文创、新基建、新智慧项目未来的发展框架。资源配置"一揽子"、策划联动"一体化"、内容生产"一平台"、分发传播"一张网"、精准服务"一站式"、智能协同"一系统"的省市县一体化全媒体传播体系，围绕共融共建、共享共赢深度挖潜，合作的模式与路径不断拓展，多种元素更加高效适配，逐渐成为参与社会治理更强大的主体力量。这

是一个良性格局。

五、结语

河南省锚定"两个确保",实施"十大战略",瞄准"四全媒体"目标靶向,智能配置云、网、边、端、业等要素,围绕引导群众、服务群众的目标,站在"中国之治"和新时代互联网社会治理的高度,来构建省市县一体化全媒体传播体系。以政治高站位,把牢全媒体传播意识形态引领的"总开关";以改革为抓手,把握全体系引导协调联动的"新节奏";以创新为动力,激活全领域技术应用的"主动能";以市场为遵循,提升全行业转型发展的"总效果"。抓好省级联动平台系统建设"一个中心",建强用好县级融媒体中心和省辖市融媒体中心"两个基本点",抓好内容建设"一体",同时做好技术运用、管理创新"两翼",特别是对中原文化、黄河文化的深度挖掘与弘扬,对新时代融合传播模式的构建与提升,对产业增长点的孵化与培育等,都形成了新思路,拓展了新路径,培育了新模式。

（作者分别为：河南广播电视台总工程师、技术部主任；河南广播电视台法治频道副总监。本文系 2021 年河南省哲学社会科学规划委托项目"省市县一体化全媒体传播体系建设"的阶段性成果,项目编号：2021WT15）

种子的力量

——武汉广播电视台"新莓视觉"工作室的融合创新实践

陈　曦

2020年7月，武汉广播电视台以体制机制改革为切入口，以发挥人才积极性、创造性为着眼点，在新媒体·外语频道成立"新莓视觉"工作室。"新莓视觉"设虚拟摄影部和虚拟小视频部，采取工作室＋虚拟部门的形式，集中力量进行新媒体创意产品的内容生产，打造武汉广电媒体融合"排头兵"。2021年，"新莓视觉"工作室获得全国TV地标年度优秀融媒体团队称号。

一、一粒种子破层出圈，助力新媒产品既"活"又"火"

"新莓视觉"工作室融合创新的特点主要表现在：一是通过对内容生产关键岗位人才的放权与激励，突破既有体制机制下用人、分配等制度的束缚，激活新媒体生产力。二是坚持创意先行、融合先行，推出一系列全息化、沉浸式、交互式的内容产品，与体制外的市场主体同台竞争、同题竞争，有效提升生产力、传播力、影响力。三是在充分利用广电传统优势的同时，着力发掘特色优势，基于广电栏目内容进行拓展延伸，生产文字、海报、H5、长图、短视频等各类融媒体作品。工作室的优秀创意作品倒灌回广电IP，提升了广电主题宣传的丰富性和内容的可读性，受到用户热烈欢迎，在武汉地区掀起了一股"新莓旋风"。

"新莓视觉"工作室的人员来自全台各部门，打破了现有部门设置，实现"跨部门"的组织方式，在不影响原部门工作前提下，根据业务专长、资源、兴趣等特点，自由结合成内容主创团队。如："新莓视觉"工作室采用招募的方式，招募有兴趣的同事自愿参加"新莓视觉"工作室下设的虚拟部门——摄影部，反响热烈，作品频出。如《00000，暴雨洗礼的武汉高考圆满结束！》《堤上来的20张图，两边划开，你看见了谁？》《圆圆的月亮，慢慢爬上来》《大片看武汉》等产品，深度发掘摄影部摄影资源，全力培育全能型采编人才。这样的组合方式跨越了现有部门的设置，激活了传统媒体的内生动力，凝聚了团队的核心竞争力，使专业人才和核心骨干发挥特长。每一个产品中，摄影师跨界成为采编记者，编辑跨界成为技术人员，创新跨界，适应融媒体新技术。这些新媒体产品一经推出，受到了用户的重点关注与一致好评，产品的传播率与转化率较高。

2020年，武汉是全国关注的焦点，全国人民为"热干面"加油！为更好地向党中央和英雄的武汉人民汇报，讲好英雄城市的英雄故事，向伟大抗疫精神的实践者致敬，武汉广播电视台"新莓视觉"工作室全面承接执行大型活动"英雄的城市 英雄的人民——武汉市抗击新冠疫情先进事迹报告会"，该活动在武汉市一共举办三十多场次，持续半年。从方案策划到大屏主视觉呈现，从舞美设计，到现场音乐创意，工作室成员紧密团结、精诚合作、排除万难圆满完成活动策划、执行、宣发任务。首场报告会于2020年10月9日在武汉会议中心举行。报告会上，掌声如潮，近两小时的报告会引发全场观众热烈反响，不少人感动落泪。

本次报告会，武汉广播电视台新媒体携央媒和本地头部媒体，全网造势，为报告会站台打CALL。10月9日，《人民日报》、央视新闻全平台（客户端、微博、头条、抖音、腾讯新闻、B站、快手）等中央级媒体及本地头部主流媒体第一时间进行转载，掀起一波波全网关注、全市联动、全民热议的传播高潮。该报告会直播及系列新媒体产品在参与报道媒体的App、微信、微博、网站总阅读数近千万人次。

二、破解用人痛点、难点，激活全员能效攻坚克难

工作室的业务跨界倒逼人才多元技能的提升，为广电媒体培养具有互联网思维，具备全媒体生产、传播、运营、管理等相关能力，胜任全媒体流程与平台发展要求的全媒专家型人才。在这样的人才选拔与激励机制促进下，有效激发了广电人的创新活力，有效整合技术资源、人力资源和品牌优势。工作室"跨界"合作，从前期策划、视频制作，到活动执行、后期活动宣发，工作室成功承办执行多项大型活动，创作多个新媒体产品。

2021年4月，"新莓视觉"工作室首次与央媒合作，在2021年4月8日武汉重启一周年之际，推出了4个短视频：《看，这就是武汉》《这抹红，正当时》《它们不是数字》《家，就在武汉》，分别从经济发展、社会治理、生态环境、招才引智四个方面展示英雄武汉经历疫情之后，在全国支援下浴火重生，交出优异答卷。视频于4月8日在新华每日电讯微信公众号、新华网App、新华网同步推送，一经推出，反响热烈，各大省市媒体纷纷转载，全网总点击量突破一亿。

2021年是中国共产党成立100周年。5月，由武汉广播电视台出品，"新莓视觉"工作室执行制作推出重大主题重点宣传产品《红色宝藏——手绘百年》新媒体系列长卷。该产品共6期，突出讲述100年来中国共产党在武汉地区的光辉革命历程。6期分别是《来！穿越这扇门》《滴答！那一年，那一天，10：00》《从春日到炎夏，两次非常会议定风波》《武汉，我们一定要回来》《这里是武汉人民广播电台！收到，请回答》《看时代大潮滚滚，无愧英雄本色》。该项目历时3个多月，集合史料整理、文案策划、人物造型、场景设计、音效、音乐、配音等创意制作，参与人员众多，工作量极大。产品推出后热度值迅速飙升，被众多新媒体客户端全网转发。

该产品在策划思路上力求推陈出新，在表现形式上与众不同，突出视觉原创性、艺术性、专业性、独特性，是本次新媒体艺术视觉宣传报道的关键。单一平面的表现形式已经不足以承载厚重的历史主题，因此在策划、制作该产品的过程中，主创着重突破形式壁垒，将手绘、视频、音频等多种视觉语言融于一体，既增加产品的厚度和深度，又给用户以视觉上的新体验。

绘《红色宝藏》画《百年长卷》，是第一次全流程使用新媒体手绘的艺术形式去表现重大的党史题材，整个作品像素分辨率达到 504092×1080，互动技术特效创新200余处，配音20余条，音效制作30余条，人物造型设计500余个，场景模型设计2000余个，渲染及制作时间长度约1000小时，原创手绘长度和制作规模都创新媒体历史纪录。"手绘"是贯穿系列产品的重要艺术表现手段，手绘专业独特性在新媒体领域没有太多可以借鉴的经验，对本次创作是挑战也是探索。

由于题材重大，传统绘画作品转化成新媒体交互视觉呈现方式工序繁杂，必须在创作中严谨细致，力求精益求精，因此在创作初期我们对党的重要领导人历史面貌、声音、背景、配音、道具、历史场景等做了大量史料查阅收集整理的研究工作。在创作过程中把原本静止单一的平面艺术进行声、画、乐、文多层交互，形态交融，传统绘画和新媒体技术相互融合，丰富长图的可视化、交互性，取得了很多意想不到的艺术效果。

为深入贯彻习近平总书记考察湖北、全国两会参加湖北代表团审议时的重要讲话精神和党中央关于区域协调发展的决策部署，加快建成中部地区崛起重要战略支点，2020年12月1日至2日，省委第十一届八次全体会议提出，着力构建"一主引领、两翼驱动、全域协同"的区域发展布局，加快"建成支点、走在前列、谱写新篇"，打造全国重要增长极。2021年5月19日，武汉城市圈同城化发展第一次联席会议在武汉召开，共同签署了同城化发展合作框架协议。为更好地展示武汉城市圈的发展成果，"新莓视觉"工作室担当重任，全程宣传策划制作本次会议的重要先导片《同心筑同城 共当主引擎》，从支点、前列、新篇三个方面细数黄石、鄂州、孝感、黄冈、咸宁、仙桃、潜江、天门、武汉等九座城市的城市形象口号，武汉城市圈九城同心，正在把"蓝图"变为"实景"！片子播出，受到湖北省委、武汉城市圈各城市领导的一致点赞与好评。

从创意新媒体产品到大型活动的承办，"新莓视觉"工作室根据项目特色，灵活选用和组建团队，极大地提升了工作室的执行力和创新力。同时，在激励政策上，每月武汉广电评选优秀稿件，给予融媒体产品主创人员相应的激励政策和奖金支持，极大地提高了主创人员的积极性、主动性和创造性。

三、内融外创培育广电IP，创造媒体融合全新样本

如何整合传统媒体的内容资源优势和新媒体及时性、互动性强的特点，一直是媒体融合发展需要面对和解决的问题。"新莓视觉"工作室在充分利用广电传统优势的同时，着力发掘特色优势，工作室基于广电栏目原有内容进行拓展延伸，融合先行，生产文字、海报、H5、长图等各类融媒体作品。

"新莓视觉"工作室坚持策划为先，推出一系列交互性强、视觉效果好、传播率高的新媒体创意产品，受到广泛关注。其中，有紧跟新闻热点策划的新媒体产品，如：《聚焦党代会 | 未来五年，武汉这样干》《一起"数"见武汉城市圈》用新颖的交互方式，让用户耳目一新。《我们开学了！活力满满的第一天！》《开学了！健康第一课：从戴口罩开始》等产品则是与武汉广播电视台新闻综合频道紧密联动，展示"融"媒体风采。工作室的这些优秀作品倒灌回广电IP，提升了广电IP的丰富性和内容的可读性。

"新莓视觉"工作室坚持"内融外创"的探索之路，对内深度融合，突破壁垒，对外积极创新，不断拓展。2021年底，"新莓视觉"工作室受邀为武汉城市圈同城化办公室量身定做《九城同心千帆竞》武汉城市圈同城化年度总结汇报片，该片立意高、创意新，内容权威，制作精良，受到了省市领导的一致肯定，武汉城市圈反响热烈。2022年初，"融进来，创出去"是"新莓视觉"工作室内容外溢一大特点，用内容生产为拓展，以城区资源为动力，从台内融合走向台外创新，将"新莓"旋风刮全武汉全域。"汉阳萌'虎'"等创新方案层出不穷，头脑风暴持续燃烧，拉开了"区媒"牵手合作的新模式。同时，"新莓视觉"工作室先后与多个城区签署城区宣传合作协议，将助力城区创意新媒体产品的生产与制作，"区"动力活力四射，为每个区站台打CALL。2022年，"新莓视觉"工作室还将与中共武汉市委网信办合作，运营打造"映象武汉"微信视频号。立足本地、面向全国、辐射全球，吸引年轻人的目光，让更多的人了解武汉、认识武汉。

面对媒体融合的时代命题，作为武汉广播电视台的第一个新型媒体组织形

态——融媒体工作室,武汉广播电视台"新莓视觉"工作室作为改革的试验田,紧紧抓住时代、行业及未来的发展机遇,以转变理念思路为前提,以优化体制机制为核心,以整合内容资源为基础,以重塑生产流程为关键,探索融合新模式,为传统媒体转型升级提供新的突破口。

（作者单位：武汉广播电视台新媒体外语频道）

融合背景下城市台少儿党史教育节目的创新表达

——以扬州广电总台《红星照耀我成长》系列节目为例

陈 寅

庆祝中国共产党成立 100 周年，是党和国家政治生活中的一件大事，是 2021 年舆论宣传工作最突出的主题主线。2021 年 2 月 20 日，习近平总书记在党史学习教育动员大会上的讲话中强调："要抓好青少年学习教育，着力讲好党的故事、革命的故事、英雄的故事，厚植爱党、爱国、爱社会主义的情感，让红色基因、革命薪火代代传承。"[①] "从小学党史，永远跟党走"主题活动也被教育部列为 2021 年提升思想政治工作质量的重点工作。2021 年 7 月起，扬州广播电视总台推出庆祝中国共产党成立 100 周年特别节目——《红星照耀我成长》。该节目为 20 集系列节目，以习近平新时代中国特色社会主义思想为引领，按照"找准选题、讲好故事、拍出精品"的要求，从少年儿童的心理和审美出发，通过主人公全程参与的"沉浸式"体验，让一座城市的红色记忆在孩子们的心中扎根，帮助青少年学生扣好人生的第一粒扣子，打好人生底色，筑牢信仰根基。该系列节目在叙事方式和结构上进行的有益探索，为少儿党史教育提供了全新的解读方式，实现了对少年儿童受众的思想和审美的双重引领，尤其是对地方党史中红色基因的挖掘和激活，对城市台少儿节目重大主题宣传质态的全面提升具有一定的参考价值。《红星照耀我成长》在 2021 年度江苏省电视社教奖评选中荣获少儿节目一等奖，同步推出的新媒体产品在 2021 年度江苏省广播电视媒体融合奖评选中荣获新媒体创意互动特别奖，《中国共青团》杂志、江苏省广播电视局在官方公众号做专门推荐介绍。

一、突出主题主线，活化党史故事，沉浸式叙事手法激活红色基因强大精神力量

《红星照耀我成长》聚合扬州台不同门类创作人员，组成跨界融合的编导团

---

① 习近平：《在党史学习教育动员大会上的讲话》，《求是》2021年第7期。

队，以"亲子真人秀+嘉宾访谈+戏剧演绎"的表现形式，展现了一名刚加入中国少年先锋队的女孩在父亲带领下，学习地方党史、探访红色地标、重温历史、了解历史、铭记历史的心路历程。一百年风雨兼程，一世纪沧桑巨变，寻访星星之火之路，就是寻找初心之路。节目选取了建党百年不同历史时期，扬州这片红色土地上20个代表性人物、事件和场景，将其作为突破口，打造少年儿童喜闻乐见的党性和人性兼具的励志故事，记录不同时代英雄人物的动人身影，所有寻访的口述历史、相关物证也将沉淀出一份专属于扬州城的红色初心。

（一）双向时间轴交叉，搭建完整叙事空间

从节目的叙事结构看，《红星照耀我成长》最大的亮点是采用正反双向时间轴来讲故事，两者相互交叉关联又相对独立。正向时间轴的叙事呈现出"亲子真人秀"和"嘉宾访谈"的样貌，是节目核心内容的主要线索。而反向时间轴上，编导组创新性地还原历史场景，利用戏剧舞台，带领广大少年儿童展开一场穿越时空、探寻榜样人物足迹的心灵对话，是节目核心价值观的体现。今天的小朋友了解历史过程中遇到的困惑由历史当事人"亲自"解惑，历史人物对"未来"的无限憧憬由今天的人一一告知，不同时空的人物在节目里"见面"，将本不可能相交的历史和现实两个时空一体化，将党史"活化"变为现实。

《红星照耀我成长》双向时间轴的叙事结构，成功借鉴了电影、戏剧的表现手法。父女打卡红色地标展开的传统线性时间叙事链，和穿越后戏剧演绎的故事插叙段落，两条叙事线路中各自的故事都可以独立成篇，但又都是保持节目完整性的重要组成部分。编导团队在后期包装中刻意渲染了年份和历史镜头迅速翻动的画面作为正反时间轴"双向奔赴"的发动机，利用时间框架中的年份交替，使得现实和虚拟的故事错落有致，节奏张弛有度，增强了戏剧张力。不同视角的平行设置让节目在宏观叙事上为党史教育提供权威的理论基础和事实根据，而深入挖掘地方资源又让孩子们的党史学习亲切自然、触手可及，从小切口表现大主题，用小故事讲解大道理。

（二）多重人物设置，全方位还原历史真实

整部系列片的故事从主人公小一加入中国少年先锋队，爸爸送给她一本封面上有小红星的日记本说起。家庭是人生的第一个课堂，父母是孩子的第一任老师。节目中的父女在实际生活中也是父女，这使得节目中表现出的人物情感的流露和情绪的推进，更加真实可信。镜头不断给出爸爸的党徽和女儿的红领巾等特写，强调主人公的身份设定，加深观众的印象，形成强烈的带入感。身为党员的爸爸代表的是青少年一代思想引路人的角色，他带领女儿打卡扬州红色地标、了解地方党史，就是引导少年儿童学会用马克思主义立场、观点、方法观察问题、分析问题、解决问题，坚定正确政治方向，坚定听党话、感党恩、跟党走的人生追求。

父女俩既是"亲子真人秀"的主人公，又是节目主持人，巧妙承担起节目内容和思想输出的重要功能。轻松活泼的对话、沿途的秀丽风光，不同于呆板的说教形式，节目的台本设计完全从孩子的角度出发，以少年儿童观众更加容易接受与理解的方式呈现，让孩子们想看、爱看。

在每一个历史遗址、纪念场馆，编导团队都安排了嘉宾们对相关史料的深入剖析与阐释，访谈嘉宾的权威解读，赋予一档少儿党史教育节目应有的政治高度和理论深度。《红星照耀我成长》每一集的内容各不相同，所以在访谈嘉宾的选择上呈现出各具特色又非他莫属的特征。例如：《"建国号"飞向延安》连线的嘉宾是"八二〇"起义飞行员周致和烈士的女儿黄波，《月塘地下交通站》现场讲解员是当地"网红"党史专家巫晨，《朱自清：巷陌深处的春天》的讲述人是中国舞蹈最高奖"荷花奖"舞剧《朱自清》的主演周晨，《三江营，黎明前的炮火》邀请的嘉宾是发起为三江营烈士寻亲的江都区退役军人事务局副局长顾立新……每一位访谈嘉宾不仅给小朋友们讲述了一段历史、一个人物，同时又结合自己的思考对历史真实背后的内涵进行发散，对整个节目的主题升华起到了画龙点睛的作用。

《红星照耀我成长》的第三组人物，是在时空穿越的戏剧演绎中，编导团队根据相关的真实事件精选出的特定历史人物。这些特定历史人物大部分都是由扬州广电的优秀主播倾情演绎，他们本身在当地具有的"明星效应"树立了节目的品牌形象，助力红色文化有效传播，带动身边群众参与党史学习教育积极主动、走深走实。例如：《"建国号"飞向延安》中"八二〇"起义飞行员周致和烈士的扮演者孟祥坤，自己也曾经采访过烈士的女儿，演绎中他感同身受，多次泪洒片场。主播的专业功底让每个历史人物的塑造叫得出、立得住，实现了新时代与旧时光的双向跨越，打破了时间的限制，把振聋发聩的炮火硝烟、大义凛然的慷慨赴死、惊心动魄的地下斗争……立体而生动地呈现给广大观众，艺术性地展示了英雄生命中的"高光时刻"。

三组人物的设置，就是三种不同叙事角度的代言，从三个不同维度同时为观众打开追寻历史的窗口，各司其职缺一不可，有效扩大了节目的信息容量，使党史教育层次更加丰富、更富有人情味，学习党史的过程变得更加亲切、真实，创新更"走心"。

二、现实虚拟结合，场景时空交错，多形态叙事结构引发少年儿童强烈情感共鸣

《红星照耀我成长》作为一档少儿党史教育节目，开创性地建立起一个独特的多形态并存的少儿节目样式。从叙事场景来说，有户外探访、场馆访谈、舞台演绎，父女俩是节目中的"自由人"，他们在不同场景穿针引线，串联起每个故事中不同的历史时空，将嘉宾访谈和演员表演无缝对接，让每个党史故事变成一幕生动的戏剧，也为观众营造出身临其境的观看体验。

（一）故事讲述诗性唯美

《红星照耀我成长》虽然以少儿为主要受众人群，但是呈现出区别于常规少儿节目的视觉效果。该节目借助对画面的影视剧化处理，将节目中虚实两条线的故事、实景和舞台不同的场景以及人物情感等进行戏剧性描绘，创造出一种少儿节目全新的视听语境。

《红星照耀我成长》展现主人公小一入队是选用一组音乐电视般的镜头来表现。画面从五彩缤纷旋转的小风车开始进入，画外音是孩子的笑声，一脸稚气的小一举着小风车从林间小路蹦跳着入画，童真的味道扑面而来。紧接着，利用大树遮罩转场，小一戴上了红领巾，手里的小风车变成了封面上有一颗小红星的日记本，服装也变成相对成熟的白衬衣加藏青色背带裙。然后是高机位俯拍，大树下小一夹着日记本若有所思从远处走来。这组画面传递出党和国家高度重视关心下一代工作，呵护青少年茁壮成长，在他们的心灵中描绘正确世界观、人生观、价值观的思想图景的内涵，也为整部系列片的风格定下了基调。

在《红星照耀我成长》戏剧演绎的创作中，编导团队始终将"残酷现实的诗意表达"作为目标。在《曹起溍：用生命诠释信仰和忠诚》这集中，父女俩"穿越"以后，看到的是本台少儿节目主持人生姜哥哥饰演的扬州地区中共组织创建人之一曹起溍。舞台在环屏配合下，营造出20世纪20年代老扬州幽暗潮湿的小街场景，一盏破败却依然明亮的油灯在不远处亮着，这暗夜里的光芒象征着曹起溍这样的革命先驱正是当时迷雾中的中国的引路人。在《"建国号"飞向延安》的舞台场景设置上，环屏和舞美还原出绿杨旅社的旧日繁华，道具陈设刻意做旧，伴随电闪雷鸣的音效加入，产生一种谍战剧既视感，使"八二〇"起义前夜人物内心又紧张又期待的情绪得到了很好的烘托。

另外，在革命故事的讲述中，为了提高节目的可视性，对一些没有留下影像和图片资料的段落，以沙画短视频的形式进行了有效的补充。沙画采用更趋于东方传统审美的水墨风格，加上沙画色彩与生俱来的怀旧特质，历史的厚重感扑面而来。在《曹起溍：用生命诠释信仰和忠诚》中，"曹起溍"讲述的人民群众掩护他藏身獾子洞的故事，在《江上青：赤诚丹心，催人奋进》中，江上青与一批热血青年在平民中学创办《写作与阅读》传播革命火种的场景等，节目中都采用了沙画来表现。党史材料里的文字，通过现代手法在屏幕上变得栩栩如生。

（二）人物塑造有血有肉

《红星照耀我成长》20集有20个不同的故事，涉及的人物非常多。特定历史背景不可改变，选取什么样的人物、什么样的角度来讲故事？节目的创作原则是，凡是史料记载丰富，有耳熟能详的革命故事的人物，尽量还原。例如：《三江营，黎明前的炮火》真实还原了三江营战斗179团宁波籍机炮连连长陈清水和卫生员黄章水战斗牺牲的故事，也为后面节目中烈士寻亲的内容作铺垫。凡是历史记载较少，又不可回避的人物，就选择关联人物切入。例如：《炮火中定格"我送亲人过大江"》一集中，当年的大辫子颜红英年事已高没有办法参加节目录制，于是编导团队将拍摄《我送亲人过大江》那张历史照片的记者邹建东作为主角，用一张经典老照片打开一段传奇。凡是只留下历史事件过程，缺乏个体活动记载的，就设计一个"旁观者"或"讲述人"。《月塘地下交通站》的主要人物设计很巧妙，编导团队根据当地的党史专家提供的众多故事，创作出"小花"这样一个人物，她不是历史上的真实存在，但是她身上体现了当年众多交通员的优秀品质。"小花"以亲历者的身份在戏剧演绎的舞台讲述了当年地下斗争的惊险和残酷。

《红星照耀我成长》在对历史人物的塑造上充分考虑到少儿受众的心理，英雄人物通常会以父亲、老师、大哥哥、大姐姐等形象出现，人物的台词抛弃演讲体，都是朴素的生活语言，避免了英雄人物过于"高大上"给孩子们造成距离感。这些历史人物在戏剧演绎的舞台上看似平常，却自带英雄主义的光辉，生动、细腻、丰满、传神，每一位人物在故事的演绎和历史的讲述中自然而然地走进观众内心。

"艺术可以放飞想象的翅膀，但一定要脚踩坚实的大地。"[1]《红星照耀我成长》在设计"穿越"剧情的时候，除了父女俩从2021年穿越到过去的年代，在一些特定的故事里还会把历史人物"带到"当代，完成他们未了的心愿。例如：《"建国号"飞向延安》这集，父女俩穿越到1945年，听到"八二〇"起义飞行员周致和烈士讲他特别思念女儿，直到牺牲他都没能见到最小的女儿一面，于是就带着他"来到"2021年，并且与已经75岁的小女儿黄波视频连线，完成了真实故事里父女俩的心愿。《月塘地下交通站》在演员的选择上，交通员"小花"的扮演者就是实景探访中带领学生参观地下交通站旧址的小余老师。故事中的"小花"不识字，她的心愿是请穿越过去的小一教她写名字，而现实中的小余老师就正好是传播知识的人民教师。当时空来回切换的时候，观众看到当年的"小花"穿越70多年依然青春，今天的小余老

---

[1] 习近平：《在文艺工作座谈会上的讲话》，http://www.xinhuanet.com/politics/2015-10/14/c_1116825558.htm。

师见证并经历的盛世正如当年的"小花"们所愿。以"小人物"写"大时代"，以"共同记忆"写"历史瞬间"，让个体命运和情感与国家历史和事件"迎头相撞"。①这样的设计不仅丰满了人物形象，而且瞬间点燃观众的"泪点"，引发感情强烈共鸣。

（三）仪式感营造回味悠长

在《红星照耀我成长》系列节目中有两个桥段，是每集都会出现的具有"仪式感"的重要内容。其一，小一每次探访一个历史遗址、纪念场馆以后，都会和现场的嘉宾、相关人员以及其他参观群众合影留念，通过特效，每一张"打卡"照片都会化成一颗小红星飞进她的日记本。其二，每一集的尾声，小一都会打开日记本写日记。晚风温柔，城市万家灯火，在这样宁静祥和的环境背景里，小一写下对革命先辈的崇敬，写下对峥嵘岁月的感悟，更写下"请党放心，强国有我"的铮铮誓言。参观"打卡"和写日记，都是来源于孩子们生活中最常见的举动，通过节目的强调和放大之后，成为隆重的仪式，起到对每一集主题再提炼、再升华的效果。

该节目在扬州电视台城市频道播出，"扬帆"App同时上线，视频的网络点击总量近40万次。《红星照耀我成长》还以H5的形式，同步推出线上打卡红色地标的新媒体创意互动活动，激发起广大网友的热情。H5页面设计以扬州地图为背景，20颗闪烁的红星对应着当地的红色地标，点开红星，便可以看到关于该地标的文字与视频。截至2021年12月底，有5万多名学生和家长参与了打卡活动。学生和家长们不仅热情参与网上"打卡赢小红星"的游戏，还纷纷留下自己的打卡日记，将自己观看节目和探访红色地标之后的内心感受反馈给节目组。还有一些观众会在评论区规划小一下一站的探访线路，提供更多红色地标的背景资料，讲述自己与某个历史人物或者地点的渊源。受众和用户直接参与到节目创作与生产的流程，"四全媒体"视域的舆论引导呈现新的格局，全方位、多层次、融合性的传播过程和传播效应构成了另一个维度的"仪式感"。理论宣讲与身临其境体验融为一体，有效提升了思想政治引领的针对性、实效性，于"润物细无声"之中，增强了重大主题的宣传效果，展现了主流媒体的责任担当。

《红星照耀我成长》制作团队还与共青团扬州市委合作，在全市开展"寻访红色印记，做新时代好少年"青少年党史学习教育暨红领巾寻访系列活动，走进小学、幼儿园开展10场落地活动，线上线下互动、课内课外同步，实现"真学、真懂、真信、真做"，引导青少年在学思践悟中厚植爱党、爱国、爱社

---

① 尹鸿、梁君健：《在多向选择中创新突破——2019年国产电影创作备忘》，《当代电影》2020年第5期。

会主义的情感，让红色基因生根发芽、代代传承。

三、结语

习近平总书记指出，中国不乏生动的故事，关键要有讲好故事的能力。[①] 文艺作品要通过故事、情节、人物的塑造去打动人、说服人，通过春风化雨的方式传递思想和价值。《红星照耀我成长》作为一档融合背景下城市台少儿党史教育节目，把习近平总书记"革命传统教育要从娃娃抓起"的指示落到实处，积极探索少儿节目重大主题宣传的新路径。节目紧扣"讲好建党百年的扬州故事、书写一城奋进的家国情怀"的全媒体创作理念，多角度解读中国共产党百年精神谱系，深挖地方党史背后感染人、教育人、鼓舞人的红色故事，让红色文化从符号、理念变成一个个鲜活生动的光辉形象。这为创新青少年党史教育探索出一条"打造互动式精品力作，运用融媒体手段广泛传播"的新路，构建起少年儿童喜闻乐见的学习党史的新范式，"为推出更多思想性、艺术性兼备，传播力、影响力俱佳的网络视听精品"[②] 提供了一次成功的实践。

（作者单位：扬州广播电视台）

---

① 习近平：《在中国文联十大、中国作协九大开幕式上的讲话》，《人民日报》2016年12月1日。

② 聂辰席：《牢记初心使命 传承红色基因 推动网络视听奋进新征程 实现新跨越》，《中国广播电视学刊》2021年第7期。

以"共情叙事"讲好中国故事

——城市广电探索国际传播新路径

张雅洁

随着中国国际地位的不断提升，主动向世界全面、真实地展示自己，提升国际话语权迫在眉睫。近些年，我国媒体的外宣成绩斐然。2022年虎年春晚红遍全球便是有力证明，近200个国家和地区的媒体关注了春晚，传播互动量达1968.2万次。

在国际传播中，各城市广电积极"走出去"，致力于中国文化、中国故事、中国声音的传播，作品数量和质量都呈上升趋势。本文以扬州广电近几年获得国家、省级对外传播大奖的作品为例，探讨城市广电如何以"共情叙事"讲好中国故事，提升国际传播能力。

一、海外受众文化差异大，城市广电国际传播优势难发挥

城市广电数量庞大，每年节目播出总量近4000万小时。各地丰富的人文资源，独特的地方文化，鲜活的时代实践，这些城市故事是中国故事的资源宝藏，也是城市广电国际传播的优势所在。

然而，海外受众是一个多样、复杂的群体，不同的文化背景、宗教信仰，他们的价值观与判断标准有很大差异。比如：红色在我国象征喜庆，在西方则是一个贬义词，象征着危险，容易产生歧义。再则：国内节目"重说理轻故事"的叙事窠臼，见事不见人，不符合海外受众的视听习惯。2020年9月，国家外文局发布的第七次"中国国家形象全球调查"显示，在没有接触过中国媒体的海外受访者中，中国视听内容存在着"中国媒体的报道可信度不高"（19%）、"话语表达方式不地道，看不明白"（18%）、"需要付费"（9%）、"节目种类少"（9%）、"不善于讲故事，内容不吸引人"（8%）和"形式不新颖"（5%）等众多问题。①海外受众的态度从一个侧面反映了我们的外宣作品"水土不服"。

---

① 朱新梅：《统筹国内国际两个市场，加快国际传播能力建设》，《中国广播电视学刊》2021年第9期。

二、"共情"是城市广电抵达海外受众最近的距离

世界文化多元化，但总会有交集之处，比如悲欢离合、喜怒哀乐，这些人类最基本的情感是相通的。心理学有一个术语叫"共情"（empathy），也称为神入、同理心。所谓共情，指的是一种能深入他人主观世界，了解其感受的能力。美国共情力专家亚瑟·乔拉米卡利将之定义为：理解他人的能力。将共情运用到国际传播上，就是媒体站在海外受众的角度换位思考，以情感的沟通、价值的共鸣跨越藩篱，让传播双方见之动心、触之生情。习近平总书记在国际交往中很擅长"共情"。他为了阐述命运共同体，列举东南亚、非洲、欧洲和中国的谚语："水涨荷花高""独行快，众行远""一棵树挡不住寒风""大河有水小河满"。用各国生动的比喻说理，拉近了不同文化人们之间的心灵距离。

三、"共情叙事"中的信息符号

传播发生时的关系看上去很简单：两个人（或两个以上的人）由于一些共同感兴趣的信息符号而聚在一起。① 我们国际传播中的"共情叙事"，打动受众的关键在于找准信息符号。扬州广电的实践发现，越是生活化、接地气的信息符号，传播效果越好。

（一）以"烟火味"共情

有生活的地方就有烟火，烟火味中包裹着世间所有美好的情怀，可以穿越时光，穿越国界。这也是《舌尖上的中国》在海外掀起中国美食热潮，"90后"姑娘李子柒用短视频记录三餐四季、吸引海外千万粉丝的重要原因。一瓢饮一箪食，就像打开的一扇扇窗户，让世界感受到蕴含在烟火气味中的中国传统文化。

《山高水长》是扬州广电拍摄的一部以中韩文化交往为主题的纪录片，时间跨度达六百多年。如何在漫长的岁月长河中梳理出让两国受众认同的信息符号？重大事件、时间节点、人物等，这样的叙事让受众有距离感，被摄制组一一否决。最终，摄制组决定，由主创人员在几百个小时的素材中，分别挑出让自己感到温暖的画面。不约而同，大家选出来的画面都有烟火气，这就有了《山高水长》的叙事符号：六百多年前，韩国金正喜来到中国拜访了经学大师阮元，阮元拿出了最好的茶叶"龙团胜雪茶"招待忘年交，氤氲茶香中开启中国文化东传之路；韩国学者郑墡谟，毅然投奔到南京大学教授张伯伟门下，他说，是老师的"东坡肉"让他终生难忘，当年他最大的愿望就是和老师一边吃肉一边谈学问；韩国书画家文凤先夫妇和他们的儿子都是中国画论大家周积

① [美]威尔伯·施拉姆、威廉·波特：《传播学概论》（第二版），何道宽译，中国人民大学出版社，2010，第43页。

寅教授的学生，二十多年让这个韩国家庭念念不忘的，是求学时，每个周末师母做的南京风味的家常便饭。小视角、平民化、跌宕起伏的人物命运与两国间的友好往来，在袅袅的烟火中娓娓道来，是那么真诚和谐，在海外收获粉丝无数，并获得了中国广播电视大奖·对外传播类大奖。

共情叙事的信息符号"烟火味"，包含的不仅是生活的滋味，对故乡故土的留恋，对亲人朋友的牵挂，还有个人的梦想、家国的责任，千般滋味糅合在一起，怎能不让海外受众感同身受、与之共鸣。

（二）以"文化"共情

文化交流互鉴有利于文明进步，但是，在以英语为主导的文化世界，中华文化的传播还是有着重重阻隔。如何突破？并不是凭嗓门吼，而是要"润物细无声"。我国《易经》中说：同声相应，同气相求。而以对待"文化"的责任与态度作为与世界共情的信息符号，也是能够"相应相求"的。

《又见"宋刻"思溪藏》是扬州广电拍摄的纪录片，讲述的是中日两国专家七年呕心沥血，成功修复、补全佛学经典宋版《思溪藏》的故事。节目没有过多的旁白，而是默默地记录，让画面的张力表达情绪：为了一个线索，中日专家没日没夜地奔走调研；为了考证一个缺漏，两国学者不眠不休；为了原大原样复原，雕版传人的拳刀一丝不苟；为了寻求优质宣纸，出版团队一次又一次走进深山老林。最终，当关闭了近二百年的转轮藏之门被轻轻打开，当千年前的经书《思溪藏》整齐地呈现在中日两国专家面前，所有人的眼眶都湿润了。文化是全人类的遗产，对文化遗产抢救与守护的责任也是不分国界的。有日本受众留言：那一刻，共情于一个寻梦、追梦、圆梦的真实旅程之中……自己感受到了历史脉搏的跳动。

相同的感动也出现在纪录片《穿越汉籍"朋友圈"》中，一位来自韩国的大学教授面对阮元像行了两次跪拜大礼。他用隆重的大礼表达了对中国学者的尊重。中国的记者在拜谒韩国大家金正喜纪念馆时，同样也是深深鞠躬，以此表达敬意。这两次大礼圈粉无数。文化的交流只有双向互动，彼此尊重，才能承载得起更多的国家元素，在国际传播中发挥更大的作用。

（三）以"理念"共情

"理"在中国汉字里是象形字，指玉石的天然纹路。古人用智慧告诉我们，自然界的规律是天然就存在的，比如环境保护、可持续发展，不会因种族、文化、国家之分而发生改变。但是人类对这些规律的认识是一个循序渐进的过程。以"理念"作为信息符号，抓住客观的、大家共同认知的理，或者是人类共同的困惑、共同的反思，因势利导，会收到意想不到的传播效果。法国摄影师贝特朗筹备 15 年，跨越 50 多个国家，拍摄的环保纪录片 *HOME* 就是证明，节目在 181 个国家播出。让世界为之震撼的，是贝特朗通过镜头告诉我们，地球拥有着怎样惊心动魄的美丽，遭受了怎样触目惊心的毁坏。

比起 *HOME* 恢宏的场景，扬州广电的纪录片《蒋永庆和他的鸟儿们》则从微观视角出发，让受众感受到人与自然唇齿相依的关系。拍鸟成痴的蒋永庆被扬州人称为"鸟叔"，扬州广电跟拍了他整整 3 年，记录下他与鸟儿的不解之缘。后期制作时，节目以小鸟为信息符号，通过蒋永庆的镜头，记录了首次在扬州越冬的两只鹬鸟，从恋爱、成婚、产蛋、孵化，到共同抵御旱涝灾害等 8 个故事。鸟儿不会撒谎，哪里空气清新、草木丰茂、物厚饵丰、水源清澈，哪里就是它们的家。节目向受众展示的是中国江淮生态大走廊生态建设的成果，用鸟儿的生动故事，表达了节目主题：人类只有一个地球，各国共处一个世界，每个人都要珍惜地球母亲孕育滋养人类的共同家园，把牢生态文明建设"生命线"，尊重自然、顺应自然、保护自然，为推动构建人类命运共同体作出贡献。节目在日本播出之后，迅速被本土超过 90% 的主流媒体转载，受众反响强烈。

四、讲好中国故事，城市广电要遵循国际传播规律

媒体国际传播能力的建设涉及媒体诸多机制的变革。相比西方传媒机构，我国国际传播整体竞争力还不够强大。城市广电的内容产品在"走出去"的时候，还需要综合考虑以下几个因素。

首先，是海外平台的选择。要与所在国家的主流媒体及平台合作，借网出海，其结果事半功倍。眼下，有不少城市广电为"走出去"搭建平台，像扬州广电的"在扬州感知中国"（Find China in Yangzhou）国际传播矩阵，但这些平台的发展壮大还要假以时日。其次，"走出去"的内容产品要具备新媒体特性，便于图文、视频多平台发布，多渠道抵达各层次受众，提升节目影响力。最后，一定要强化互动。"无互动不媒体"，衡量故事成功与否的一个重要标准，就是海外受众能否与我们形成良性互动。

五、结语

让中国故事走向世界，让世界听懂中国故事，是我国国际传播的根本目的。对城市广电而言，要遵循国际传播的基本规律，以诚相见，练就过硬的讲故事基本功，让城市里的那些真实动人的好故事跨越语言障碍、文化纷争，让世界听见、看见，使海外受众不仅了解到中国的历史文化，更能够感受到当下中国的智慧与速度，从而为中国改革发展稳定营造有利的外部舆论环境。

（作者单位：扬州广播电视台）

加强对侨传播的路径探析

——以海口广播电视台《海南华侨》栏目为例

陈积流　　李伟凡　　符师轼

对侨传播是国际传播的重要组成部分，其传播对象包括华侨、国内侨眷及海外华人等。据统计，分布在世界各国的华侨及海外华人总数目前已达 6700 多万，他们都有着独特的经历、独特的身份、独特的情感和独特的作用。对侨传播一直受到国内媒体的共同重视，中央广播电视总台开设对侨传播的频道、频率和网站，为服务海外华人华侨、加强他们与祖籍国的合作交流发挥着重要作用。

海南总人口数为 1081 万人，海外华人华侨大约有 400 万人，占海南总人口数的 37%，是我国三大传统侨乡之一。海口广播电视台充分利用海南特色资源优势，加强与海外华人华侨的合作交流，有针对性地策划推出了《海南华侨》栏目。栏目开播 5 年多来，一直以全球琼籍华人华侨为对象，聚焦海内外华人华侨关注的热点话题，全方位介绍海南及祖国的发展变化，讲述世界各地琼籍华人华侨的奋斗故事，多视角展现琼籍华人华侨心系家乡、不忘桑梓的家国情怀，在有效加强国际传播能力建设、扩大国际话语权的同时，也为加强琼籍华人华侨与家乡和祖国的合作交流带来了实实在在的成果。

一、强化针对性，以"共情"理念提升国际传播效果

国际传播重在针对性，而"共情"理念则是强化对海外华人华侨传播针对性的一个重要着力点。"研究表明，共情是良好人际关系形成的一种重要沟通机制，对双方的成功交流发挥着关键作用。"[1]坚持"共情"理念有助于提升国际传播效果。

华人华侨、归侨侨眷一直以拳拳赤子之心深爱着家乡和祖国，他们不论身在国外还是国内，都以各种方式积极参与家乡建设，成为经济、社会、文化建

---

[1]　张勇锋：《民心相通的传播机理》，《中国社会科学报》2020年11月19日。

设和国际文化交流的重要力量之一。拥有双重文化感受的华人华侨参与节目，能够以更加符合外国受众接受习惯的方式在华侨题材节目中讲好中国故事，[①]潜移默化地创造出"共情"传播效果，吸引更多中国声音的倾听者，为国际传播架起有效沟通的桥梁。

在把握"共情"传播方面，《海南华侨》做出了不少有益尝试。2016年10月，在栏目开播仪式上，观众们看完第一期节目《三代人的乡愁——泰国华侨陈修炳》后情不自禁，动容落泪。许多华人华侨表示，在观看《海南华侨》节目的过程中，大家常常会有"回家"的感觉，置身其中仿佛找到了精神归宿。2016年12月，《海南华侨》专访人物——泰国侨领陈文秋——受到节目浓郁乡情的感召，组织436名泰国乡亲分乘三架专机回国寻根问祖，创下历年来海外社团与海南往来的规模之最。"共情"理念不仅面对海外，还面对国内各大著名侨乡。为讴歌华人华侨参与家乡建设的感人故事，展现侨乡巨大变化，丰富国际传播内容，《海南华侨》开展了"自贸港侨乡行"大型系列采访活动以及"走进中国侨乡"采访活动，通过华人华侨的亲身经历，讲述中国、讲述海南的发展成就，呈现中国的变化、家乡的变化，使国际传播的真实可信度倍增。

二、以小众"朋友圈"为杠杆，撬动大众传播、推动国际传播

在以手机等移动终端为主要载体的信息传播时代，无论是传统媒体还是新媒体，要想扩大国际传播影响力，仅仅依靠传统的大众传播手段是不够的，需要更多杠杆式的助力，比如微信"朋友圈"就能够在关键的点位把传播潜力发掘到更大。

以《海南华侨》为例，栏目成立之初，非常重要的一项工作就是组建有杠杆效应的微信工作群，在这些属于"朋友圈"的各类工作群中，"海外侨领群"是最重要的一个。侨领"在中国或者国外出生，成长在中国家庭，对中国文化有一定的理解和认知，同时他们又长期学习、工作和生活在国外，受过海外文化、生活习惯等的影响"，"经过多年发展，这一群体在所在国的政治、经济、社会等各领域拥有一定的话语权"，"他们能够以恰当的方式、更加准确地将中国的信息传递给海外的受众"。[②]如此一来，有效强化了可信度与影响力，在促进中外政治、经济、人文等各项交流合作中发挥了积极作用。尽管侨领"朋友圈"是小众的，但其作为节目海外传播渠道的一种延伸，能够充分借助侨智、侨力这一杠杆，发挥"朋友圈"免费、精准、双向交流和传播速度快等诸多特

① 高楠：《跨文化语境下广播节目主持人如何讲好中国故事——以〈环球华人〉节目为例》，《新闻研究导刊》2020年第11期。

② 高楠：《跨文化语境下广播节目主持人如何讲好中国故事——以〈环球华人〉节目为例》，《新闻研究导刊》2020年第11期。

点，突破海外侨领人际传播的局限，使海内外华人华侨发挥信息传播"中转站"的作用，通过新媒体传播，强化国际传播。

到目前为止，依托微信"朋友圈"的特殊作用，《海南华侨》先后策划完成了"一带一路"看海南华人华侨系列采访活动第一站到第四站，完成了《百镇千村》侨乡行以及《侨企之路》《百年老宅》《庆祝中国共产党建党100周年系列专题》《侨乡美食》《海外琼籍会馆展播》《直通江东》《风从南洋来》等一大批特别节目。其中，"一带一路"看海南华人华侨系列采访活动堪称亮点，前4站已完成对马来西亚、新加坡、柬埔寨、老挝、印度尼西亚、文莱、泰国、缅甸等"一带一路"沿线国家的采访。借助这些走向海外的面对面交流活动，节目增加了大批鲜活生动的人物素材，集中展现了琼籍华人华侨身上勤劳智慧、坚忍不拔的优秀品质，让观众感受到中华文化强大的包容性和适应性，更看到全球背景下各民族文化在碰撞中的融合与并存，成为各沿线国家民众认识中国，了解和参与"一带一路"建设的一个新载体。

三、向央媒输送"好故事"，放大地方对侨节目国际传播效应

在融媒时代，单一媒体的作用是十分有限的，媒体与媒体之间的合作关系不仅需要横向融合，也需要纵向交流。早在2017年，中央电视台国际频道《华人世界》节目组就发现：《海南华侨》播发的华人华侨人物故事有很强的国际传播感召力，于是主动联系《海南华侨》约稿，希望能够提供更多海外华人华侨"好故事"。栏目组已先后向中央电视台国际频道推送40多期人物故事。中国国际广播电台《全景中国》等其他央媒栏目也频频对《海南华侨》给予关注，先后选取《海南华侨》人物故事20余期（篇）进行播放和刊登。央媒助力，对侨节目的国际传播效应不断放大。2017年，由《海南华侨》送稿的新加坡海南鸡饭经营者黎才忠的故事在央视播出后，许多旅居海外人士特地慕名前往他的"黎记鸡饭店"品尝海南鸡饭，使黎才忠的鸡饭店从此声名大震。

在地方台与央媒的纵向交流合作中，央媒发挥其国际平台以及重点网站知名品牌的雄厚实力，地方台华侨类节目很好地发挥了侨乡特色资源以及在地域、人力、后勤等多角度支持的时空优势。对地方台华侨类节目来说，这是"借船出海，合作共赢"，使海外华人华侨的精彩故事有了更为广阔的传播空间。在对当代琼籍海外华人华侨形象的塑造和心理层次的挖掘过程中，所传达的"自立自强""团结友爱""勤劳勇敢""爱国爱家"等中华传统文化观念，展现了中华民族的优秀品质，触动无数海外华人华侨情感共鸣，在形象建构以及传播文化价值观上具有深远的意义。

四、把握"危机效应"，让国际传播有温度

危机所产生的社会效应为传媒设置了特定的传播环境，是传媒选择传播行

为的重要依据之一。2020 年初,新冠疫情暴发,本来是非常不利于跨国采访的,但《海南华侨》栏目组准确把握疫情危机所产生的特定传播环境,以海内外乡亲"亲情互动、守望相助"为主线,策划推出一批特别节目,让国际传播更有温度。疫情初期,考虑到海南当地抗疫物资十分匮乏,《海南华侨》栏目组在与省市统战部门、侨联组织沟通协调后,向全球琼籍海外华人华侨社团发出倡议:为支持家乡海南抗疫献爱心!此举得到积极响应。据不完全统计,从 2020 年 1 月 26 日发出倡议到 3 月 30 日短短两个月时间,就有来自 20 个国家和地区的海外侨团侨胞参与捐助,并将折合人民币 555 万元的 267 万件稀缺抗疫物资运达海南,另外还收到折合人民币 394.8 万元的抗疫捐款。这些物资和捐款,充分展现了海外乡亲的大爱情怀。进入 2020 年 5 月,国内疫情得到有效控制,但全球疫情开始蔓延,世界各地形势日趋严峻,广大海外琼籍侨胞的安全与健康无时无刻不牵动着海南亲人的心。为了驰援远隔千山万水的同胞,海南省涉侨部门抗击疫情统筹办公室先后 5 次筹集抗疫物资,发往新加坡、加拿大、苏里南、新西兰、波兰、马来西亚、阿联酋、德国等 21 个国家和地区的 44 个侨社和组织,捐赠口罩 41.23 万个、手套 30 万只。这场爱心互动,被《海南华侨》制作成《大爱无疆 侨界万心共同抗击新冠肺炎疫情》《共担危难 情塑英雄——海南侨界抗击新冠肺炎防疫纪实》等系列抗疫纪实专题节目和近 50 条抗疫新闻资讯,在国际传播中如一道道暖流,感动海内外无数人。

五、运用"多平台 + 全视角"手段,实现立体化国际传播

海外华人华侨题材类节目在国际传播领域的成功,不仅可以促进节目品牌的提升,更可以让媒体向"多平台 + 全视角"方向转型发展,提升传媒市场竞争力。

有着先天优势的海外华人华侨题材类节目在逐渐提升国际影响力的同时,能够稳扎稳打继续将蛋糕做大。第一,可以在践行"共情"理念方面继续拓展,为宣传侨文化打造更好的节目平台。第二,可以依托海外侨领人脉资源成立顾问团,并推荐到政府有关部门担任"自贸港大使",打造一个宣传、解读海南自贸港招商政策的特殊推介平台。第三,可以为媒体延伸产业链做准备。几年来,《海南华侨》分别在泰国、柬埔寨、印度尼西亚、马来西亚、中国香港等国家和地区设立《海南华侨》栏目海外办事处,并在海南省内建立了蔡家大宅、兴隆热带花园、荔枝树等拍摄基地,构筑起海外华人华侨题材类节目的产业延伸平台。第四,可以与海外媒体携手合作,打造国际传播全视角立体平台。比如《海南华侨》分别与《华人头条》、"马来西亚推送群"、马来西亚《有你》新媒体、马来西亚天娱电视台、柬埔寨 PNN 电视台、老挝团中央网站等建立了战略合作伙伴关系或达成合作意向,让节目在境外媒体落地,并在脸书(Facebook)、

推特（Twitter）、优兔（YouTube）等平台开设账号，使融媒节目的国际传播力大大增强。

六、结语

习近平总书记强调，要深刻认识新形势下加强和改进国际传播工作的重要性和必要性，下大气力加强国际传播能力建设，形成同我国综合国力和国际地位相匹配的国际话语权，为我国改革发展稳定营造有利外部舆论环境。[①] 总书记的指示明确了中国媒体面临的重要任务，也为广大媒体人指明了前进的方向。

"当今中国正上演一个个精彩动人的中国故事，改革开放波澜壮阔、经济发展方兴未艾、'一带一路'合作共赢、社会进步日新月异……"[②] 新形势下，海口广播电视台将进一步贯彻执行习近平总书记的重要指示，不断强化《海南华侨》栏目的针对性和吸引力，为展示真实立体全面的中国、为我国改革发展稳定营造有利外部舆论环境继续努力奋进。

（作者分别为：海口广播电视台台长；海口广播电视台节目中心主任；《海南华侨》栏目制片人）

---

① 《习近平在中共中央政治局第三十次集体学习时强调 加强和改进国际传播工作 展示真实立体全面的中国》，《人民日报》2021年6月2日。

② 解放军报评论员：《讲好中国故事——论认真学习贯彻习主席在全国宣传思想工作会议上的重要讲话》，《解放军报》2018年9月2日。

二 等 奖

融媒时代城市广播新闻评论的"塑声强音"之策

邱乙哲

随着融媒时代的到来，人们的信息接收习惯出现颠覆式的改变，这些变化反作用于包括城市广播媒体在内的传统媒体，倒逼城市广播媒体信息传播进行大刀阔斧的融媒转型改革。[①] 广播新闻评论作为城市广播媒体的重要新闻形式之一，在融媒环境下已经悄然发生变化，但是广播新闻评论如何基于生态之变实现凤凰涅槃，重振雄风，已经成为一大课题。

一、融媒时代广播新闻评论传播生态特征分析

融媒时代的到来使广播新闻评论进入了全新的发展蓝海，让这一传统的新闻评论形式看到了光明的前路。在当前传播环境下，城市广播媒体要想借助融媒技术提升影响力、拓展覆盖面就必须重视"新闻评论"的作用，而广播新闻评论也正在融媒语境下呈现出"新意"。

（一）传播渠道大拓展：以"电波＋互联网"构建矩阵传播

传统的广播新闻评论主要依靠频段电波对外传播信息，人们也只能通过收音机来进行接收。随着融媒时代的到来，广播信息除了通过频段向外传播，还能将广播新闻评论数字化后上传至网站或其他新媒体平台，通过网络对外传播。比如：广州广播电视台于2018年上线了"花城FM"客户端，除了聚合传统广播频率，客户端还包含资讯、有声读物等优质内容。此外，广州广播电台还登陆微信小程序，借助微信平台的传播力传播资讯。再如：杭州交通广播在融合发展中紧握移动互联网传播红利，以建设开通"开吧"客户端为起始，分别在微信、抖音、今日头条、微博等平台开通官方账号，打通各媒介传播资源建立起联通主流渠道和新媒体渠道的传播矩阵。这种模式为其他城市广播融媒发展提供了很好的借鉴，值得其他地方电台学习。

实际上，除了"广州广播电台""杭州交通广播"，还有许多地方电台已经

---

① 侯月飞：《广播录音评论如何增强可听性》，《新闻世界》2020年第12期。

入驻喜马拉雅、QQ音乐、网易云音乐等第三方音频平台，借助新平台的传播力提升电台声音的"广度""亮度"。这就是广播新闻评论渠道新、平台新的最好体现。

（二）内容生产大转变：内容题材生活化，话语方式接地气

传统的广播新闻评论内容框架较为狭窄，在内容选材方面以政策解读、政策宣传、时政新闻为主，这些内容占据了评论节目的大半篇幅。[①] 而且，这类题材与人们日常生活相去甚远，无法引起人们的收听兴趣。近年来，随着各类新媒体平台的出现，人们的审美品位、审美趣味有了较大变化，广播电台也开始注重评论节目的选材和内容打造，使节目内容更加亲民、更加实用。广东新闻广播旗下的《成峰观点》就以"贴生活、接地气"为主要特色，其内容选材大多与群众生活息息相关。例如：2020年五四青年节期间，《后浪》视频在网络上广泛传播，《成峰观点》以"不管后浪还是前浪，奔涌才是浪"为题对"后浪"的现象进行了深入的评论。又如：对政府机构频繁要求开具"奇葩证明"的现象，《成峰观点》以"'我妈是我妈'奇葩证明还会出现吗？"为题对此社会现象进行了评论，并对这种现象的治理提出了可行策略。同样是广东新闻广播旗下的评论节目《学说天下》也将关注重点放在了日常生活中的"家长里短"，利用碎片化的方式对百姓关注的议题进行阐述、评论，不仅符合融媒传播需求，而且语言幽默、风趣，十分接地气。再如：沈阳广播新闻节目《三言两语》就十分善于使用"接地气"的题材发表独到的见解，让听众有耳目一新的感觉。而且该栏目的语言风格也十分口语化，将书面用语改为"口语"不仅令人感到亲近，而且更易理解。浙江新闻广播除了专注传统新闻业务，还开发了一批"接地气，贴民生"的广播节目，《行走范特西》《房不胜防》《二狗有话说》等节目涵盖民生、音乐、娱乐等领域，满足群众个性化的收听需求，受到了广泛欢迎。

（三）受众群体大更新：受众群体"全民化"，互动形式多元化

在通信技术尚不发达的年代，"广播"似乎是老年群体、司机群体、知识分子的专利，而且受技术限制人们与广播节目的互动方式也极为有限，以拨打热线电话、撰写书信等方式为主。随着融媒时代的到来，广播通过各类新媒体渠道打破了"受众圈层"的坚壁，让广播得以拓展到其他人群中。从当前技术发展来看，理论上只要持有移动智能设备，人们随时随地都可收听广播，而且不受时间、空间限制，这也导致了当前人们收听时间不固定的现状。

此外，人们参与节目的方式也更加多样，比如：评论区留言、在线互动等，

---

① 郭全中：《智媒体如何打造——以中央广播电视总台"人工智能编辑部"为例》，《青年记者》2020年第4期。

新渠道的融入不仅为受众发出"声音"创造了便捷的条件，而且节目组也能根据受众的反馈及时对节目进行调整，使节目更加契合受众所需。同时，主持人下场与受众进行互动交流还能更好地对网络言论进行引导，践行好自身作为主流媒体的舆论引导责任。例如：在庆祝中华人民共和国成立70周年之际，湖南广播电视台制作推出的《我家住在解放路》广播节目，就为其他城市广播媒体在传受互动方面做出了优质示范。该节目除了在广播频率播放，还在微博上开通了"我家住在解放路"话题，推出了声音海报、互动H5等融媒产品，让当地群众广泛参与其中。除了"线上"互动，湖南广播电视台还在"十一"国庆节来临之际在微博上设置"十一打卡解放路"话题，吸引游客和当地群众前往解放路打卡、拍照。《我家住在解放路》虽说是一档传统的广播节目，但其传播范围不仅限于广播媒体，还拓展至电视、社交平台、线下活动等，有效提升了信息传播速度和广度。

（四）传播技术大迭代：技术赋能焕新生，AI主播成潮流

成功打造智媒体，需要基于技术在理念、智能传播、产品、生态系统等方面进行系统化升维。[①] 在融媒时代，广播的传播已经突破了电波频段的限制，随着技术的进一步革新，现在的广播电台已经焕然一新，除了依靠无线电波，还可依靠互联网进行传输。此外，随着人工智能技术的发展，在广播新闻评论中也可以引入智能机器人进行播报。目前，AI主播已经运用至视频新闻节目的播报中，并取得了不错的效果。例如：早在2018年，上海广播电台就将AI机器人运用至广播节目中，《十万个为什么》的主持人"嘿哈博士"就是智能AI，它不仅可以帮助人们辨别各种谣言，而且对人们感兴趣的议题，只要告诉它关键词，它就可以利用大数据技术筛选出相关信息，做出最客观的判断。可以说"嘿哈博士"就是传统广播媒体拥抱新技术的最好代表。相信在不远的将来，随着AI技术的不断发展，广播新闻评论节目也能让AI机器人走到台前，成为评论节目的一大助力。再如：2021年8月8日开通的"张家口市5G智慧电台"，是河北省首个利用人工智能技术打造的广播频率。该频率创新了传统节目播报形式，利用智能技术进行生产、审核、播发，可以为当地群众播报新闻、天气、路况信息、音乐等节目。"人工智能"的使用让电台编辑从繁琐复杂的工作中解脱出来，可以投入更高价值内容生产中。此外，广播电台还可以利用智能技术在网络中迅速筛选出热点话题，电台编辑部根据这些热点迅速制作出评论节目，极大提升了广播新闻评论的时效性，进一步提升其舆论引导能力。

---

① 林军：《"小程序+"让广播在新媒体时代传播更"广"——以厦门广播为例》，《传媒》2020年第20期。

二、融媒时代城市广播新闻评论的"塑声强音"之策

融媒时代的到来，给传统的广播新闻评论带来了深刻的变化，也提供了崭新的发展机遇。广播新闻评论如何紧抓机遇，重塑城市广播媒体的评论力、传播力、引导力，发挥好新型主流媒体新闻评论的作用，已经成为城市广播媒体发展的关键课题之一。笔者认为，融媒时代，城市广电新闻媒体要做好做强新型广播新闻评论，重塑权威评论，发出时代先声，主要做好以下几点。

（一）坚持"动力内生"，以精品化内容构建重塑融媒评论力

前文阐述过，许多融媒技术已经运用至广播新闻评论节目中，但是这些技术赋能也仅停留在表面，广播新闻评论的内核仍旧有许多问题。有的节目在评论话题时总是"不敢说"，将评论浮于表面难以直击重点。还有些节目为适应受众碎片化收听需求，将节目剪辑成段，这就造成内容不完整的现象。还有些节目在评论时总拿"套话"来敷衍，表面上看什么问题都谈到了，但细细想来又什么都没说，而且这些"套话"还能反复使用。

对此，广播节目制作者首先要确立"内容为本"的思想，在融媒时代广播新闻评论的核心竞争力关键在于对新技术的运用，更在于对精品内容的打造。对此，广播新闻评论可以从以下几方面进行探索。第一，广播电台要大力应用新技术，对受众群体精准画像，利用技术来研判受众的喜好和关注，对受众喜好和关注进行大力发掘，制作出符合受众需求的评论节目。第二，评论节目在符合受众需求的同时，还要把好内容关、质量关，坚决抵制节目的低俗化、庸俗化倾向。第三，还要充分发挥广播新闻评论的舆论引导能力，以符合主流价值观、充满正能量的内容来引导民众。例如："中国之声"出品的《新闻有观点》节目就为城市台广播新闻评论节目做出了示范，该节目紧抓当下前沿热点话题，积极回应社会关切。节目以阐述新闻事件作为开端，深入浅出地向听众解读新闻事件深层内涵，为听众提供优质价值信息、深度思想内涵。该节目还利用融媒渠道传播，很好地兼顾了新闻评论的时效性和权威性。

（二）创酿"评论新风"，以"生动事""趣味言"构建评论传播力

传统媒体过于生硬的语言风格不利于和受众建立良好的联系，不利于传受之间的互动，长此以往会与受众脱节最终失去受众。此外，在向受众阐述问题时，过于生硬的语言不利于大众理解，其传播效果极为有限。而且，迈入新媒体时代，受众对那些呆板、枯燥的节目都较为抵触，反而对那些"近生活、接地气"的表达极为喜欢，广播媒体应该更新理念，勇于创酿"评论新文风"，多走活泼路线，以"生动事""趣味言"来革新固有的呆板形象。此外，广播新闻评论的内容雷同化也是问题之一，不同评论节目在对同一事件进行评价时，往往看法一致、观点一致、解决策略也一致，这就让大众只能看

到事件的一面，而无法触到更深入的信息，"听觉疲劳"更是不可避免。

因此，广播新闻评论要在未来的发展中勇于创新，勇于借鉴，不仅横向借鉴，还要纵向借鉴。比如：央视的新闻评论节目《主播说联播》就因其贴近的语言形式广受群众喜爱，城市广播新闻评论可向《主播说联播》学习，敢于使用多种语言形式，以更贴近生活的风格来获得民众青睐。此外，目前网络上部分网友的评论内容既风趣幽默又有见地，广播新闻评论节目可以选读这些内容，以此来丰富节目的表现形式。另外，在对热点事件的解读上，制作者可派遣记者实地采访深挖事件背后的信息，或邀请专家、大V、普通群众做客直播间，以不同的视角来对事件进行阐述和解读，尽量做到内容的"千人千面"，这样的节目不仅新颖，而且也更为入耳入心。

（三）坚持"互动引导"，以高频交互分享增强评论引导力

由于"广播"是通过声音传递信息的，传受之间"未见其面，只闻其声"，所以"广播节目"对传受互动有着更高的要求。随着融媒时代的到来，技术驱动力为广播媒体的互动"添砖加瓦"，使其互动方式和频率较之前有了质的飞跃。[1] 但从互动现状看，当前评论节目的交互方式极为有限，仅限于播放网友评论、观点，对更多样的互动形式没有进行探索和研究。此外，目前广播新闻评论节目未能实现有效的分享传播，未能让节目内容触及更远的地方。而在融媒语境下受众不再是单纯的接收者，更是信息的传播者，如何让精彩的评论节目得到广泛的分享传播，使其发挥更大的社会效益和影响力，这就需要制作者进行深入研究。

对此，广播媒体可利用时下最流行的传播模式来加强传受互动频率。比如：当发生重大题材新闻时，广播新闻评论可利用网络平台进行"滚动式"评论，吸引网友参与。此外，广播电台还可以借助直播平台进行直播评论，让主播从"幕后"走到"台前"直接与受众进行面对面的交流。网友可以发送弹幕、在评论区评论等方式和节目进行互动。这样广播新闻评论不仅加强了传受间互动，而且也能通过互动来提升受众的分享率，使广播新闻评论能触达更多的受众。例如：南通广播电台于2020年3月19日开办了一场别开生面的直播活动，直播邀请到了3位南通市崇川区检察院的检察官，3位检察官就2019年度该院所审理的金融犯罪案与广大群众分享，而且还列举了8起较为典型的案件，希望民众可以通过这场直播来加强防范意识。再如：杭州新闻广播旗下的《博文天下》节目立足于丰富题材、前沿话题、深度解读，每期节目除了为大众解读新闻事件，还选取一些热点话题邀请听众一起进行探讨，倾听不同人的看法和意见。

---

[1] 李松林、张彩：《社交媒体时代广播新闻评论的激活与赋能》，《中国记者》2020年第7期。

三、结语

综上所述，融媒时代的到来使城市广播迎来了全新的发展时代，也促使广播评论节目在"变中求变，变中求新"。但在此之前，评论节目要改正自身缺陷，再从内容、形式、风格、互动等方面进行改进，注重评论内容的价值性、思想性，根据听众需求不断创新语言结构，构建独具特色的评论风格，而后再借助融媒技术让广播新闻评论重新回归人们的视野。在不远的未来，广播新闻评论节目一定能在融媒技术的驱动下呈现出全新的样貌，更多样、更多元的节目形式也将一一呈现给受众。

（作者系上海师范大学影视传媒学院副教授，上海戏剧学院博士研究生）

城市广电的深度融合困境分析及突破路径

张秋丽

技术的每一次进步都会引发媒体发展进路上的变迁，4G 技术的出现催生了新媒体时代的到来，短视频、H5、移动互联网都得到了快速发展，与此同时，人们的信息接收习惯也被深刻地改变。随着媒体融合进程的逐步深化以及 5G 技术的普及，人工智能、VR、AR、高清直播等多种科幻小说中的技术也迈向市场，城市广电融合转型进程又一次遇到了挑战。对传统广电媒体而言，要在融媒体时代发展壮大，就要找准定位，盘活资源，激活潜力，打造品牌，用好、用活人才队伍，为他们创造良好转型环境，打造一支优秀的全媒体人才队伍。[①] 对此，本文将从融合转型中遇到的问题出发，再从移动端突破、创新盈利模式、机制综合改革等方面进行深入探讨，为城市广电深度融合突破提供可行方案。

一、城市广电深度融合现状分析

自媒体融合转型正式开始以来，在政府的大力支持和扶持之下，城市广电媒体积极通过各种方式进行融合转型，内容和渠道都在不断升级，也取得了一定的成果和经验，部分城市广电的融合转型也是差强人意。

（一）传统媒介被替代，冲击城市广电社会影响力

传统传播媒介被替代，几乎是所有城市广电媒体在新媒体时代所面临的发展难题。在传统媒体时代，城市广电主要依靠广播、电视两个渠道进行传播，而人们所接收信息的主要渠道也来于此，此时的城市广电媒体在社会中拥有极强的权威性和公信力。随着互联网技术的逐步发展以及门户网站的出现，网络逐渐成为人们取得信息的主要渠道之一，此时广电的社会影响力有所下降，但人们仍习惯通过广电媒体获取信息。

---

① 刘利永、刘明河：《传统广电记者系统性转型全媒体人才的路径》，《青年记者》2021年第20期。

随着 4G 技术的出现以及智能移动设备的发展，互联网变得可"移动化"，此时诸多新媒体平台出现在市场上，而且迅速聚拢了一批忠实用户。随着新媒体平台的快速发展，信息传播形式以及人们接收习惯都开始发生变化，人们越来越习惯通过短视频平台和社交媒体来获取信息，新媒体平台的即时发布和快速传播的特征也满足了人们对信息的需求。而城市广电由于地区限制及信息传播的滞后性逐渐被年轻群体抛弃，其社会影响力也逐步缩减。

（二）广电转型表层化，未能触及融合转型实质

自媒体融合转型拉开序幕以来，城市广电媒体通过开通社媒账号、建设手机客户端等方式积极进行转型，但这种转型方式仍旧处于表层，未能触及城市广电的内部体制。[①] 目前，城市广电的体制机制仍旧适用于传统媒体时代，在融媒环境下显得水土不服。然而，城市广电要想进行体制改革必须上报上级单位审批之后才能进行，而审批、审核工作又非一日之功，体制的限制大大拖延了城市广电的融合转型工作。

虽说，许多城市广电为更好地实现融合转型专门开设了新媒体部门，但由于专业人才、专业技术、专业设备的缺失，所生产出的内容产品不受大众青睐，也就难以在新媒体平台构成影响力。而且，城市广电的许多新媒体人员都是内部"转业"构成，对新媒体传播特点认识不足，在打造新媒体内容时只是简单搬运或照抄，无论内容形式还是内容创意都满足不了大众的需要。由此可见，城市广电专业生产能力非常缺失，无法创作符合移动互联网传播特点的内容。转型的表层化使城市广电未能触及融合转型实质，无法在融媒时代形成社会影响力，更无法与日新月异的商业平台竞争。

二、城市广电深度融合困境分析

在广电媒体融合转型中，国家级广电与省级广电一直都处于头部位置，不仅融合新产品更新迭出，而且媒体影响力和传播力也在不断提升。而城市广电由于缺少可借鉴的经验在融合转型中遇到了平台融合不足、变现模式不明、体制机制不适配等现实问题，这对城市广电媒体的深度融合之路造成了一定阻碍。

（一）平台融合效果不佳，社会影响力缺失

主流媒体的融合转型实际上是不同平台之间的融合，在城市广电的深度融合中，微博、微信、手机客户端已成为"标准"，几乎所有的城市广电都在利用"两微一端"平台来实现融合转型。但是，许多城市广电在融合中也只是"照猫画虎"没有建设起自己独特的风格，不仅推送内容不贴近，而且也无法通过议程设置来吸引粉丝互动交流。

---

① 徐杰：《深度融合背景下城市广电"破圈"路径探究》，《中国广播电视学刊》2022年第6期。

首先，城市广电在内容生产环节中还沿用的是传统媒体的"旧流程"，没有将互联网传播的新思维、新技术融合至内容生产环节中，这就导致广电媒体的内容仍旧是自说自话，与市场需求脱节。其次，虽说城市广电媒体已经开通了"两微一端"借助移动互联网来传播信息，但实际上只是将传统媒体"单向输出"的特质迁移至互联网中，未能根据平台传播特点的不同进行分别生产。最后，许多城市广电打造的客户端还停留在内容输出上，但市场需求证明单纯内容输出的客户端已不受大众青睐，大众更需要的是集信息服务、政务服务、商业服务等多种服务项目于一体的客户端，还要融入人工智能与大数据技术为大众提供更精准、更多样的信息服务。只有如此，城市广电才能迅速聚拢一批忠实粉丝，从而提升自身影响力。

（二）变现模式不明，无法实现持续经营

目前，我国城市广电媒体尚处于自给自足的经营模式，虽说当地政府部门会给予广电媒体一定的资金扶持，但对处于新媒体环境下的城市广电来说仍是杯水车薪。在新媒体环境下，流量就是金钱，没有流量就等于无法实现内容变现，城市广电媒体的经营自然也就难以为继。实际上，从新媒体的传播特点出发来看，新媒体环境下媒体的变现模式将是多样化的，媒体可通过广告位售卖、带货直播、MCN 计划、版权出售、知识付费、垂直服务等方式进行变现。但实际上，我国的城市广电构建起变现模式的媒体可谓是"凤毛麟角"，大多数广电媒体仍旧依靠广告合作与活动合作来实现盈利。

实际上，在新媒体传播环境下城市广电应充分发挥自身优势，以优质内容生产为抓手为大众提供优质的内容产品，以内容来吸引忠实用户，将用户关注转化为流量从而实现广告变现和活动变现。但同时广电媒体还要注意，在客户端或者两微平台进行广告投放时，还要注意广告的可关闭性，降低广告投放对普通用户造成的干扰，避免因为广告、活动投放过多让用户对媒体产生逆反心理。

（三）体制适配性不足，难以实现深度融合

媒体融合发展对城市广电媒体来说，无疑是为其指明了一条全新的发展路径，而且自 2014 年开始"融合转型"已正式上升至国家层面，地方政府也开始颁布各种政策来支持城市广电进行融合转型。但是，地方广电在享受政策扶持的同时，在转型中也受体制的拖累，无法实现深度融合。目前，城市广电的融合转型工作已从"全面铺开"向"纵深转型"发展，媒体融合工作需要相匹配的体制机制予以支持。[1] 许多城市广电在转型中由于技术、财力、人力的缺失导致许多两微账号、手机客户端暂停更新，使城市广电深度融合工作陷入停

---

[1] 杨亚初：《城市台"广电+"的创新构建与实践路径》，《新闻战线》2021年第17期。

滞阶段，这些问题都映射出城市广电内部机制与深度融合需求的不适配。

为了满足深度融合需求，城市广电媒体采取了一条"事业＋企业"的管理模式，简单来说，城市广电在体制上还属于事业单位范畴，但内部管理体系实行的是企业化管理。这种管理机制改变了原来"按岗定薪"的结构，采取的是企业化"多劳多得，绩效薪资"的结构，在一定程度上激发了内部人员的工作积极性。但在实际运营中，由于内部机制的限制、内容审核流程过长、内部部门壁垒尚存等原因，导致运行效率低下、优质内容较少。在新闻内容生产方面，由于层层审批的审核机制，导致新闻内容生产滞后，远远落后于商业平台，往往新闻刊发之后就变为"旧闻"无法有效吸引大众。再者由于部门之间的壁垒，城市广电无法集合"同好"力量建设融媒工作室专攻垂直领域，所以城市广电媒体垂直内容较为缺乏，无法吸引垂直领域受众，更无法聚拢起忠实的粉丝群体。

三、城市广电实现深度融合的突破路径

在深度融合中，城市广电必须紧抓传统优势，以新思维、新方式为主导突破目前的发展困境。首先，城市广电要充分发挥传统内容优势，深耕优质内容，为大众提供优质的内容服务；其次，紧握新媒体产业多元化风向，大力拓展业态范围，同时还要努力推进内部体制改革实现深度融合。

（一）搭乘移动传播东风，建设自有融媒生产平台

新媒体传播时代实际是以"移动为先"，所以在城市广电深度融合过程中要搭乘移动传播的东风，建设自有融媒生产平台，努力提升内容生产效率，为大众提供更多元、更优质的内容服务。早在 2018 年乌鲁木齐广播电视台就将电台、电视台以及新闻综合门户网站"红山网"进行融合成立了乌鲁木齐融媒体中心，成功聚合优质资源建立起"一次采集，多种生成，多渠道传播"的生产模式。2019 年 3 月乌鲁木齐广电上线了"红山眼"手机客户端，该客户端以新媒体技术为架构，融合权威性、实效性、服务性于一体，为当地群众提供资讯投放、电视广播、政务服务、便民服务等项目，目前已成为乌鲁木齐市权威、实效的融媒体平台。此外，客户端还融合直播模块和点播功能。"直播模块"能够链接乌鲁木齐广电新闻综合频道、维吾尔语综合频道的直播信号，当地群众通过移动设备就可实时观看电视直播；"点播功能"则向大众提供电视台各栏目的点播功能，使人们随时随地都可收看电视栏目。

由此可见，融媒平台的出现既融合了城市广电广播与电视的优质资源，其根植于移动传播的优势，又极大弥补了二者新媒体渠道传播的劣势，使城市广电的优质资源转化为新渠道传播力，极大增强了城市广电作为地域内主流媒体的权威性和公信力，同时政务服务和便民服务项目的出现使城市广电真正做到

了触及生活、触及基层，在吸引大众的基础上又赢得了社会美誉。

（二）多元素融合发展，促进广电媒体业态拓展

城市广电的深度融合，不仅是广电媒体融媒产品、服务项目的多元化，更是广电媒体经营项目的多元以及业态的拓展。而要想促进城市广电媒体业态的拓展，就要重塑产业格局，实现人力、物力、财力的融合发展。

例如，在庆祝中国共产党成立100周年之际，苏州广电于2021年7月24日举办了第二季"传媒之夜"活动，该活动区别于以往"逛吃逛吃"的单一模式，融入了广电内容、夜市经济、文旅商业、传统文化等多种元素，为广大群众打造出集舞台表演、露天电影、直播带货、夜市消费、文化展览等多元素融合的消费娱乐项目。在"传媒之夜"活动中不仅能欣赏到江南古风古韵的景色，品尝到软糯香甜的姑苏美食，在直播间还能欣赏到传统技艺和非遗产品，在宣传姑苏当地传统文化的同时也实现了产品的销售。此外，苏州广电还非常注重对文化场景的构建，不仅打造起陪伴几代人的电视塔模型，用磁带搭建起光影时空墙，此外还设有小人书专区、套圈游戏等怀旧元素，这些元素不仅将中年群体带入儿时的旧时光，也给年轻群体带来不一样的新鲜感。在活动中苏州广电还围绕"建党100周年"的主题，设置了红歌快闪、专题纪录片播放、影像长廊等活动，充分将苏州广电近年来的精品内容呈现在大众眼前。在宣传"红色文化"丰富大众游览体验的同时也提升了苏州广电的品牌形象。此次活动除了在活动现场举办，还向苏州各区县辐射，形成了全城联动的宣传效应。

此次"传媒之夜"活动实际上是苏州广电多元融合发展的结果。首先，从内部来看。在活动中苏州广电坚持"移动优先"的原则，将旗下电台、电视台、新媒体、户外广告等资源充分融合，再以创意视频、公众号推文、手机直播等形式进行宣传推广，极大提升了宣传效果。同时，苏州广电还融合旗下的电影公司、艺术馆、俱乐部等产业共同推广，在文旅产业相互融合中形成全新的业态形式。

其次，从外部资源来看。苏州广电凭借自身权威、公信的优势，融合了多种外部资源。比如，在"传媒之夜"夜市现场，不仅有姑苏当地的美食，还有文创产品、生活家居、特色物产等多种元素，各大行业凭借苏州广电这一平台集合在一起，实现了多元跨界融合，为游客提供了多样化的游览体验。

再次，从人力资源来看。此次活动也是一次人力资源的融合，苏州广电在此次活动中打通部门壁垒，各部门人员协同合作，明确分工。100多名员工组建起多个项目小组，分工协作，在既定时间内完成既定的工作任务，展现出苏州广电内部人员超强的沟通、协作能力。

最后，从技术层面来看。"传媒之夜"也是广电内部技术的融合。2020年新冠疫情期间，苏州广电为拓展产业范围，技术部门研发出"苏州广电直播""嗨苏州"小程序，该小程序成为苏州广电又一个重要的传播平台。在此次活动中，苏州广电利用这些新平台贯通线上、线下环节，实现了集直播带货、购买链接、在线支付、在线抽奖等活动的开展。

（三）改革原有体制，助推广电深度融合

在城市广电的深度融合中，体制改革是非常重要的环节，只有体制与融合发展需求适配，城市广电才能真正变成"融媒体"，而不是表面融合。[①] 所以，在城市广电深度融合中要积极推动体制改革，以新体制助推深度融合。

首先，由于城市广电体制限制，在体制改革时必须寻求上级领导单位同意才可实行，所以，在体制改革中城市广电要努力寻求地方政府支持，在政府的指导下重塑内部体制助推深度融合。

其次，城市广电在体制改革中还要具备探索精神，在不断探索中寻求一条适合自身的改革路径，从而实现融合转型的持续深入。例如，广东广播电视台在体制改革中就重塑内部体制机制以"事业部＋工作室"的方式打通部门壁垒，将全媒人才合在一处加强优质内容的生产。2022年广东广播电视台已经成立了22个垂直类、服务类、平台类融媒工作室，这些工作室的成立不仅丰富了广电媒体内容矩阵，同时也避免了同质内容的出现。

（作者系西南大学新闻传媒学院副教授）

---

① 陈虹、杨启飞：《生产与联动：我国广电媒体深度融合的空间建构逻辑》，《当代传播》2021年第3期。

城市广电办好涉农节目的要点策略

曾 晓

自古以来，我国都是一个以农业为主的国家。无论是古代还是现代，农业一直是我国第一产业，在我国经济体系构成中扮演着重要角色。自新中国成立以来，我国各级政府都非常重视农业生产工作，出台了许多"惠农政策"，帮助我国农业向新、向好发展。除了政策扶持，主流媒体也开办了许多涉农节目帮助农民了解政策，提升农民科技素养。特别是随着"五通"工程的开展，网络和宽带也成为农民朋友获取知识、了解世界的重要渠道。传媒技术的发展以及农民群众文化品位的提升，旧形式的涉农节目已经不能满足农民群众对精神文化的需求。那么，城市广电应如何将新技术、新形式融入涉农节目中，创新涉农节目内容形式，使其成为农民群众坚实可靠的信息来源，为我国的乡村振兴作出贡献，是城市广电未来需要深入思考的问题。对此，笔者认为可从有用、有味、有人、有型、有道五方面进行努力。

一、城市广电涉农节目要"有用"

农业是我国第一大产业，农业的发展不仅关乎民众的温饱、社会的稳定，而且是我国实现社会、经济稳步发展的基础，更是我国实现脱贫致富、全面小康的必然要求。自新中国成立以来，我国政府十分重视对农业的扶持工作，"三农"问题一直是我党工作的重中之重。"三农"问题包含农村、农业、农民三个方面，不仅是加快我国农村、农业发展的基础，更是我国实现和谐稳定的必然要求。[①]

城市广电涉农节目作为农业信息的输出渠道，首先要给农民群众带去有价值的信息，能使农民群众从节目中汲取资讯或者知识。简单来说，涉农节目的根本就是要"有用"，要真正站在农民群众的角度思考问题，必须要把增加农民收入、改善农民生活作为落脚点，为农民群众谋取福利。也只有"有用"才

---

① 包小莉、胡宗仁：《"三农"新闻的"四新"报道》，《新闻战线》2020年第13期。

能充分发挥节目的内涵价值,才能真正代表农民群众的利益,更好地服务于农民,成为农民朋友喜闻乐见的节目。也只有如此,涉农节目才有存在的价值和意义。例如,《魅力乡村》作为江苏淮安电视台于2010年开播的节目,同时也是淮安台第一档涉农节目,在开播十多年中,一直深入传播"三农"信息、传递农业科技知识、解读农业政策法规,而且还向农民群众介绍致富窍门,普及科学知识,讲述创业成功典型故事,展现在农村创新发展中涌现出的典型故事和典型人物。此外,浙江上虞电视台《希望的田野上》节目也聚焦农民群体的致富经验和信息,节目涉及"三农"问题的各方各面,内容丰富、事例典型,具有较高的服务性。再如,央视2001年开播的涉农节目《致富经》,至今已有二十余年,该节目一直致力于报道乡村中涌现出的致富明星,将他们的成功经验和创新方式传达给普通群众,给予农民群众思想上的启发以及经营创新的启示。

二、城市广电涉农节目要"有味"

涉农节目一定要具有贴近性,不仅要贴近生活更要贴近田间地头,要能从泥土的芬芳中收集素材。这就要求涉农节目要"有味",这里的"味"是指"农味",这也是涉农节目和其他类型节目最大的区别。曾经有部分涉农节目,特别是科普类农业节目显得十分"专业",经常会引用一些农业专有名词,而这些名词对文化程度并不高的农民朋友来说无异于在听"天书",他们在收看完节目后往往不知所云。例如,节目在普及一些农药时,往往会采用专有名词,并没有使用"常用名"称呼,这就导致农民朋友在购买时无从下手。另外,还有些涉农节目并不贴近实际生活,让农民朋友觉得节目"假大空",从而产生逆反情绪。

对此,要让涉农节目"有农味",就必须真正做到"为农民发声,让农民发声"。要做到这点就必须要求记者俯下身来深入田间地头,在采访中要以农民群众为主体,让农民群众结合实际说出自己的成功经验或者失败教训,切忌在采访中自说自话。因为农民群众的经验教训都是在平日的务农实践中总结出来的,他们所总结的经验教训通过电视广而告之,具有极高的借鉴意义。如果记者自说自话不仅会"露怯",而且会给人以班门弄斧的感觉。此外,农民总结的经验教训都是来源于生活的,是能够看得到、摸得着的,具有极强可信度,这也有利于提振农民朋友对涉农节目的信心。

随着我国社会经济的不断进步,农民群众的心理诉求也在不断发生着变化,"三农"问题也随着社会的发展展现出新的样貌。① 要了解农民群众的真正诉求,仅靠坐在办公室看文件、看报告远远不够,要深入乡村之中与农民群众亲切交

---

① 姜晓庆:《地方电视台如何做好农业节目》,《中国有线电视》2019年第8期。

流，切实了解他们的真实需求。只有这样的报道才是真实的、客观的，才是有"农味"的。这样的涉农节目才更加真实、有针对性，所报道的内容才真正符合农民群众的需求，才更具权威性和说服力。

首先，除了"让农民发声"，涉农节目还要敢于"为农民发声"，在采访报道中要让农民群众对着镜头将自己的诉求真实表达出来，通过电视让主管部门和社会所知晓。只有这样的涉农节目才是农民群众所需要的，也只有真正地帮助他们才能让农民群众对节目产生信赖，拉近农民群众和节目之间的距离。

其次，除了站在农民立场考虑问题，涉农节目还要邀请农业领域的专家，将农业生产的新技术、新方法通过节目传达给观众。随着"科技兴农"理念的不断深化，农民群众的科技意识在不断提升，但由于受知识水平和培训条件限制，农民群众接受正规农业知识培训的机会较少，更遑论接触专家、学者。随着新媒体的崛起，农民吸纳知识的渠道得以拓宽，但是在目前的各类新媒体平台上对农业类知识的传播十分罕见。为了解决农民对科技知识的需求，涉农节目可以定期邀请专家、学者，给农民群众普及当前较为前沿的农业技术。此外，涉农节目还可根据时令的不同，有针对性地邀请专家在节目中做客，向农民群众普及防治病虫害的方法。例如，2020年2月始于非洲沙漠的蝗灾已经蔓延至巴基斯坦、印度，且大有向我国侵入之势，对此，涉农节目可以邀请相关专家向农民普及防治蝗灾的先进方法。只要知识先进实用，就一定能留住观众，也才能真正使涉农节目走入农村，服务农民。

最后，除了以上两点，涉农节目还要为农民群众解读与农业相关的惠农政策。要将书面的政策以通俗易懂的方式传达给农民群众。真正让农民群体掌握政策、吃透政策、用活政策。近年来，从中央到地方出台了一系列惠农政策，使农民群众得到的政策实惠越来越多。但也有很多农民群众对相关的政策不了解、不明白，对此，涉农节目可以邀请当地政府相关部门工作人员，让他们以通俗易懂的方式对惠农政策进行解读，使每位农民朋友都能真正了解政策，并灵活运用到具体的生产活动中，使惠农政策能够真正落地发挥实效。

三、城市广电涉农节目要"有人"

要想做好涉农节目，除了要有一颗服务于农业的热忱之心，还要打造一支真正懂"三农"问题的专业队伍。[1] 只有如此才能收集到农民群众真正需要的节目素材，才能使涉农节目真正服务"三农"，更好地助力我国新农村的建设工作。

第一，涉农节目的编辑、记者要基本掌握一些农业的基础知识，这样在采

---

[1] 袁丽媛：《主流媒体对"三农"新闻舆论的引导路径探析——以〈农民日报〉"两微一端"为例》，《新闻爱好者》2017年第10期。

访时才不会"露怯",也只有这样才能真正掌握好涉农节目的切入点,真正了解农民所需、所求,使涉农节目喜闻乐见。

第二,涉农节目的主持风格也要尽量"本土化"。我们知道,观众对一档节目感兴趣,除了节目的内容和风格,主持人的主持风格也是很重要的"加分项",主持人的个人魅力、个人形象以及主持风格能够对节目起到决定性作用。在涉农节目发展过程中,曾经有一段时间节目对主持人外形的选择出现了误区,那时的涉农节目主持人基本都选择"颜值"较高的帅哥、美女,而且在播报时采用的是字正腔圆的普通话。这样的农业节目不仅外形上与一般农民群众相去甚远,而且在语言使用上也不贴近农民生活,这样就容易造成观众和节目之间的疏离。

涉农节目主持人除了要有个人特色,还要具有"本土化"特色,不仅在外形装扮上要贴近农民朋友,而且也可使用当地方言进行采访,以拉近自身和农民群众之间的距离。例如,央视七套《乡村大世界》和《乡土》栏目主持人毕铭鑫就为涉农节目主持人树立了很好的榜样。作为中国最早的一批涉农节目主持人,他的主持风格幽默随和,脸上常常挂满善意的笑容,他在节目中从不穿西装,一般身着中式服装或具有当地特色的服饰,并常常深入全国各地农村进行实地采访,从而被观众们誉为"中国航空里程最多的主持人"。由于他长期坚持不懈地创新以及充满个人魅力的主持风格,也被大家称为"农民主持人"。虽然《乡村大世界》和《乡土》是央视制作播出的涉农节目,但这两档节目的成功可为地方电视台的成功提供有益借鉴,值得地方广电涉农节目学习。再如,亳州广播电视台涉农节目《走进农家》的主持人"海峰哥"和"打岔的"在平时采访中就十分注意与农民朋友亲近,他们在当地已经成为农民朋友眼中的明星,以至于他们在田间地头采访时往往能引起众人的围观,他们二人轻松幽默的主持风格很受当地观众喜爱,《走进农家》节目收视率也一直位居亳州电视台自创栏目的榜首。

四、城市广电涉农节目要"有型"

城市广电涉农节目要做到"有型",就要对收视群体、节目内容、表现形式等方面做出深入调研,真正了解观众的需求,只有这样才能真正发挥电视媒体的优势,综合使用出镜画面、配乐、字幕、动画等表现手法,以农民群众喜爱的形式,做出生动活泼的涉农节目。例如,为了解决新冠疫情期间农民群众接受专家指导的实际困难,助推春耕工作的顺利进行,北大荒农业频道于2020年2月26日推出了《现代农业新技术系列科普动漫片》,该节目是我国首次以动漫的形式来展现农业科学技术,它将农业科学技术与东北民俗完美结合,再以动漫的形式传播至千家万户,该节目不仅通俗易懂,而且轻松愉快,以寓教于乐的形式传播了前沿技术，易于农民朋友接受，同时也提升了农民群众学习科技、运用科技的热情，极大推动了春耕工作的开展。该节目除了在北大荒卫视播出，还在"桦川印象"微信公众平台播出。此外，江苏卫视的涉农节目《新鲜农村》进行了节目的全面升级，将节目的文字、图片、音频、视频、动画等媒体信息都进行数字化升级，极大提升了节目的质感，给观众带来了全新的视听体验。

涉农节目的"有型"还体现在创新节目形式方面。目前的涉农节目主要以直播间直播、记者采访为主，而广东珠江频道的《乡村振兴大擂台》则以综艺的形式呈现涉农节目。节目除了"打擂"的模式，还引入"真人秀"元素，每期邀请"博主"深入乡村亲身体验广东省各市在乡村建设方面取得的成果，同时也会指出建设中存在的问题，不仅增强了节目的可看性，而且让节目变得更加"有用"。在节目最后还会邀请嘉宾和观众一起投票，选出其中最优秀的乡村。《乡村振兴大擂台》还融合了对民俗风情、地方文化的展示，在展现乡村建设的同时也让观众了解到当地丰富优秀的文化资源，从而推动乡村旅游业的发展。可以说，《乡村振兴大擂台》节目真正做到了"有用""有型""有味"，真正将涉农节目推广到大众面前，在满足农业需求的同时也满足了大众的娱乐需求。

五、城市广电涉农节目要"有道"

实践证明，传统的传播渠道已不能满足人们日常获取信息的需求，更无法满足时代发展所需。[1] 随着智能移动设备的普及，许多农民朋友用上了智能手机、平板电脑，有的农民朋友已经开始利用直播进行农产品的销售。所以，涉农节目如果还是故步自封仅靠"电视"这一个渠道进行传播，对涉农节目本身的发展以及"科技兴农"的需要来说是远远不够的。特别是在移动互联、智能媒体高度发达的融媒传播环境下，涉农节目更应跟上时代发展，采用新渠道、新方式进行传播，借助多种渠道传播涉农信息，帮助农产品打开销路。

由此可见，城市广电的涉农节目要"有道"，这里的"有道"指的是节目要创新传播渠道，构建起多维的传播矩阵，借助电视、网络、移动设备等渠道来传播农业信息，让农业资讯被更多的农民朋友看到、听到。例如，广东新闻频道就于2021年在《午间30分》节目中开辟了《乡村"曼"游记》栏目，该栏目的创办十分符合当下互联网传播规律。除了在传统电视渠道进行播放，还通过公众号、视频号、抖音、B站、人民号、学习强国等平台对外传播，建立起了跨平台、跨圈层的多维传播矩阵。通过多渠道、多方式宣传广东在乡村建设方面的新举措、新思路。节目主持人经常深入乡村采访当地群众，通过采访

---

① 米厚民：《拓宽"三农"问题报道空间》，《中国记者》2020年第2期。

来分享他们的成功经验,展现了当代乡村的巨大变化。此外,《乡村"曼"游记》栏目还与"粤品优选"平台进行合作,推广广东当地的优质农产品,为农产品打开了销路。再如,2020年6月合肥广播电视台公共频道派遣主持人深入巢湖当地农产品公司,以直播的形式为当地农产品打开销售。主持人在直播时不仅向观众普及了当地"稻虾共作"的新模式,还在直播间品尝了当地特产的龙虾,并向观众介绍了7种龙虾的做法。这种直播方式不仅有效提升了巢湖当地农产品的知名度,为农产品打开了销路,而且让消费者更清楚地知晓农产品生产、制作中的每一个环节,让农产品的推介更加客观、真实,有效推动了当地农产品的生产和销售,值得其他地方媒体借鉴学习。

六、结语

综上所述,城市广电在制作涉农节目时只有真正考虑到涉农节目的独特性以及收视群体的特殊性,使栏目变得更"有用""有味""有人""有型""有道",才能使涉农节目真正变为农民群众自己的节目,使涉农节目在新时期焕发新的生机。

此外,在制作涉农节目时还要注意收视时段的选择,由于农民群体作息时间的特殊性,所以其收视时段也存在着一定的特殊性。比如,夏季农忙时节农民群众早出晚归,晚8点的"黄金时段"可能许多农民朋友还在田间劳作,并没有时间收看节目。因此,夏季农民朋友收看电视的时间一般在晚饭后到休息前,涉农节目的播出时间也最好调整为晚8点至晚10点。而在冬季,农民朋友劳作时间较短,涉农节目的播出时段可在晚6点至晚8点。午间时段因为农民朋友一般要午休和准备下午的劳作,收听收看时间极为有限,所以一般推荐将涉农节目放在下午至晚间播出。只有将农民的作息时间纳入考量范围,才能保证节目收视群体的最大化,避免出现因为播出时间不合理而失去观众的现象。

（作者系华中科技大学新闻与信息传播学院博士研究生）

建设性新闻视角下的应急新闻报道实践

——以北京交通（应急）广播为例

蔡明可

当前，"应急管理"受到国家的高度重视，以习近平同志为核心的党中央多次对我国应急管理体系及能力的现代化建设、民众的应急知识素养的提升作出重要指示。

在融媒体环境下，社交媒体的发展使人人都能成为信息发布者，然而主流媒体应急新闻制作与传播的重要性也日益凸显，在新冠疫情等应急事件的信息发布与及时处置方面发挥了积极作用。尤其是北京交通（应急）广播本着"建设性新闻"报道理念设置议题，努力以正面的舆论信息引导公众消解负面情绪，树立信心，形成积极稳定的舆论环境，有助于民众齐心协力共渡难关。应急新闻的"建设性"探索对我国社会的积极作用日益凸显，其理念、逻辑以及方式也被越来越多的业内人士关注和探讨。

一、建设性新闻倡导"建设性"价值理念

建设性新闻（Constructive News）最早于 20 世纪初出现在欧美新闻业界，丹麦记者乌瑞克·哈根洛普（Ulrich Haagerup）2008 年提出"建设性新闻"概念，认为"建设性新闻"是对传统新闻框架的调适与补充，是对新闻生产标准的影响。[①]2011 年，凯瑟琳·吉登斯特德（Cathrine Gyldenstcd）提出了关于建设性新闻的六个基本理念：问题解决导向、面向未来视野、包容与多元、赋权、提供语境和协同创新。[②]此后，美国的学者凯伦·麦金泰尔（Karen McIntyre）提出"建设性新闻是在坚持新闻核心价值的同时将积极心理学技巧应用于新闻工作中，以生产更有成效且具有参与性的报道"[③]。

---

① Ulrich Haagerup. Constructive News:How to save the media and democracy with journalism of tomorrow. Aarhus University Press:2017-12-15.

② 史安斌、王沛楠：《建设性新闻：历史溯源、理念演进与全球实践》，《新闻记者》2019年第9期。

③ 殷乐、高慧敏：《建设性新闻：溯源、阐释与展望》，《新闻与写作》2020年第2期。

"建设性新闻"指的是媒体着眼于解决社会问题而进行的新闻报道，是传统媒体在公共传播时代重塑自身社会角色的一种新闻实践或新闻理念。[①] 与西方旧有的新闻观念相比，建设性新闻更为丰富、理性，按照清华大学史安斌教授等学者的研判，西方兴起的"建设性新闻"，是解决当下西方报道困境的新范式，可以作为冲突报道和负面新闻的一种平衡策略。[②] 因此，"建设性"价值理念在"流量至上"的时代也迅速获得了学理认可，这一理念与我国传媒界所坚持的正面宣传理念具有内在一致性。我国新闻事业坚持马克思主义新闻观，新闻报道以"正面宣传为主"，符合马克思主义新闻观的内在逻辑。同时，我国的"建设性新闻理论"并非照搬西方新闻概念，而是在马克思主义新闻观及习近平新闻舆论重要论述的指导下界定的，也是切合中国特色社会主义建设实际的。"建设性"新闻首先要坚持党性原则，要坚持以人民为中心的工作导向，坚持党性与人民性相统一，其最根本的内涵是坚持正面宣传为主，坚持创新，统筹好舆论监督与正面宣传。

二、应急广播播出机构肩负"告知"与"治理"的双重责任

应急新闻报道是在突发事件发生时的一种新闻报道形态与操作规程，当自然或社会突发事件发生的时候，各类的应急信息需要迅速传送到千家万户，广播具有点对面传播的独特优势，以及调度灵活、接收简便、传播快速的特点，能够在第一时间将应急信息同时传达到所有的终端，因此利用广播电视传播应急信息、发布预警消息，是世界各国普遍采用的手段。[③]

（一）我国应急广播播出机构发展现状

从 2009 年国家广播电影电视总局提出建设国家应急广播体系至今，应急广播已经成为国家应急体系和公共服务体系的重要组成部分。2017 年，国家新闻出版广电总局印发了《全国应急广播体系建设总体规划》，明确了建立应急广播体系的基本原则及定位：要求建成中央、省、市、县四级全国应急广播体系，向公众提供灾害预警和信息发布、政策宣讲等服务。应急管理受到国家的高度重视，以习近平同志为核心的党中央多次对我国应急管理体系及能力的现代化建设、民众应急知识素养的提升作出重要指示。2021 年是"十四五"的开局之年，又正值广播电视行业转型升级、深度融合的关键时期，应急广播体系的打造，也面临着诸多的变化和新的机遇。

目前我国的近 40 家应急广播为交通广播，2020 年初新冠疫情发生后，各

① 唐绪军：《建设性新闻：社会治理的媒体担当》，《新闻与写作》2020年第2期。

② 史安斌、王沛楠：《建设性新闻：历史溯源、理念演进与全球实践》，《新闻记者》2019年第9期。

③ Eric McLuhan. Media ecology in the twenty-first century. Explorations in Media Ecology，2019，18（4）.

地应急广播充分发挥作用，及时发布权威信息、稳定社会舆论民心。"赛立信融媒体云传播效果数据显示，在战'疫'开始后的1月24日至3月2日，所有省级交通频率在云端的在线直播累计点击量超4200万次，与2019年春节期间相比，累计点击量上升了32.5%。其中，北京交通广播、广东交通之声、河北交通广播、江苏交通广播网、黑龙江交通广播、浙江交通之声的点击量均在300万次以上，较2019年春节期间上升幅度达15%以上。"①2020年11月，国家广播电视总局、应急管理部印发《关于进一步发挥应急广播在应急管理中作用的意见》（以下简称《意见》）。《意见》指出，应急广播体系是国家社会治理的重要基础设施，是打通应急信息发布"最后一公里"、实现精准动员的重要渠道。要充分发挥"畅通播发渠道""加强预警预报""强化覆盖到达""完善呈现效果"的作用。②

（二）北京交通（应急）广播提供优质发布平台

北京交通广播（FM103.9MHz）于2017年7月被北京市政府授予"北京应急广播"资质，频率在"突发事件预警信息的及时发布、应急知识和防灾救灾技能的科普宣传、应急管理权威发布与政策解读、重大突发事件新闻和对城市交通运行造成影响的突发事件信息发布以及实现京津冀应急管理和城市安全运行领域的信息交流共享"等五方面发挥作用。

据中国广视索福瑞媒介研究数据显示，北京交通（应急）广播（下文统称"北京交通广播"）在包括国家级广播频率在内的北京广播市场中，节目收听率和市场份额均长期占据首位，自承担应急广播任务后，2018年至2020年市场份额保持年增长3.1%，2021年1—10月市场份额已达42.3%。近年来，北京交通广播持续提升融媒体传播力。据新榜数据统计，北京交通广播微信公众号传播力连续3年（2018年、2019年、2020年）超过全国99.7%的运营者。

（三）应急广播播出机构以引导治理实现专业价值

全媒体时代的传播流发生了极大变化，从以前的点到面单向传播变成多节点的网状传播，人人都在互联网时代拥有"麦克风"，社会共识的构建有了新路径。应急事件发生后，"告知"已不再是主流媒体特权，主流媒体需要本着责任感和专业性，强调积极性和参与性，关注舆情、引导"治理"，体现媒体的专业价值。广播作为应急广播播出机构不仅要发挥主流媒体的专业性、权威性优势，同时也要符合新闻传播学规律，将传播学的理论、新知运用于实践，对报道给社会带来的影响做出综合判断，以维护最广大人民群众利益为宗旨，调动社会资源参与应急援助，推动应急体系良性运转。

---

① 王效杰：《国家应急广播体系规划与建设》，《中国广播》2020年第10期。

② 赵景仁、张月红：《数说国内广播抗疫传播效果》，《中国广播》2020年第4期。

北京交通广播作为新闻媒体及北京市唯一的市政府授权的应急广播播出机构，在传播实践中，既要及时发布真实、权威的信息，有效监测舆情，又要积极引导舆论，稳定民心，协助政府有效应对。因此，"建设性"应急新闻报道要求记者有较高的政治觉悟、政治站位，熟悉我国相关政策法律，并在此基础上有较高的驾驭危机报道的能力，把传播新闻与引导舆论有机地结合起来。

三、应急新闻实践不断丰富建设性新闻理论

应急报道考验一个媒体的专业水准和协同能力，北京交通广播在多年的探索中不断实践并丰富了建设性新闻理论，依托建设性新闻报道思路，协同社会资源，将应急信息发布、舆论引导融入现代社会治理体系。

（一）在危难中传递积极情绪，为救援赢得舆论支持

应急报道中的"积极性"与新闻的"建设性"在内涵上具有一致性，荷兰记者在实践中，创造性地将积极心理学运用于新闻报道，强调积极取向，关注人类积极向上的心理状态，强调人的幸福与和谐。这种观念运用到北京交通广播的应急新闻报道中，体现为避免过度突出消极负面的信息，强调人文关怀，促进公众自身与社会整体的健康发展。

在应急新闻报道中，北京交通广播始终倡导从积极心理学的角度共商解决方案，引导对事故或危险的正确处置方法。频率王牌节目《一路畅通》每天早晚高峰时段各播出 2 小时，平均每小时接报道路拥堵信息、交通事故信息 20 条次。为回应广大市民对事故频发、道路拥堵等城市交通问题的关注，《一路畅通》每周三开设子栏目《治堵大家谈》，致力在美德、正能量、爱和未来等心理机制下解疑释惑，使用公域流量激发个体道德、凝聚共识，进而促进特大城市交通拥堵问题的解决。主持人、专家与听众以"今天好停车吗"为互动话题，展现北京市智慧停车建设成果，深入实施道路停车改革方面的创新及停车综合治理的效果；话题"我开车被罚得最重的一次"以"不愉快"的罚单入题，讲解了北京交通执法总队互联网执法、科技执法的原则，对机动车驾驶员安全行车做出温馨提示。再如 2021 年 7 月 20 日，河南遭受特大暴雨，7 月 21 日，北京交通广播记者赶赴灾区，除了发回救灾动态报道，还在建设性新闻的逻辑下制作《睡吧，宝贝！》和《我们不走，是最大的承诺！》等短视频作品，全网播放量分别为 1068 万次和 340 万次，作品分别聚焦一名女婴被北京救援队的武警战士救出后，在其怀中熟睡，身旁战士用帽子为孩子遮阳的画面以及北京消防员在新乡某小区，对不能一次撤离的受灾群众的感人承诺。这些细节片段、深度采写，还原了救援人员"豫"你同在、共渡难关的决心，在正能量的主题下反映救灾措施，也能够提升灾区群众应对困难的信心。2021 年 8 月 16 日晚9 点，北京市海淀区突降暴雨，旱河路附近有两人被困车中，不幸溺水身亡，

北京交通广播记者第一时间发回现场救援情况，并于次日制作音视频图文的全媒体报道《两个王军的雨夜救助》，介绍了 16 日当晚参与营救的群众中两位同名同姓、名叫王军的热心人，他们的努力与遗憾引发了公众对应急常识的思考。

广播作为一种社会融合工具，其传播的"声音"媒介特性与人的心理健康紧密地联系在一起，通过广播提升心理健康的意识越来越受到关注，被看作是一种"心理治愈"的工具，[①] 广播媒体的这种声音优势与心理安抚功能，利于传递建设性的积极情绪，在应急报道中有其显著优势。

（二）记者、主持人以参与者的身份推进问题解决

传统新闻学强调新闻的客观性，因此记者的身份是"记录者"，能避免主观性对新闻报道产生的影响。但北京交通广播在建设性新闻实践中要求记者在坚持新闻客观性、不偏离新闻事实的前提下，传播信息并辅助问题解决，甚至为问题提出解决的方案，从而推动整个社会朝积极的方向发展，记者角色在此意义上转换为"参与者"。2021 年 1 月底，一辆时速高达 199 公里的电动自行车狂飙在三环主路上的视频引发网友关注。记者暗访多家北京电动自行车门店，深入改装圈交流 QQ 群，了解到大量内幕消息，制作的报道《时速达到 199 公里！电动自行车怎么还在"爆改"？》引起了交管部门、消防部门、电动自行车行业、法律界对电动自行车改装的重视，并最终促成 11 月 1 日北京禁止超标电动车上路行驶的新规出台。据统计，2021 年 1 月至 10 月，北京交通广播共制作录音新闻 2108 篇，应急新闻报道 737 篇，在 737 篇应急新闻报道中有 353 篇含有应急处置方案、应急科普知识等建设性内容，占到新闻总量的 16.7%，且这一类新闻报道的全网阅读量和影响力也高于其他类型的新闻事件报道。以 2021 年 1—9 月北京市重大应急事件为例（详见下表），北京交通广播的报道体现了记者在事件解决方案和防范意识提升等方面的努力。

2021 年 1—9 月北京交通广播对重大应急事件的建设性报道

日期	题目	全网阅读量
2021 年 9 月 25 日	电动自行车引发火灾 5 人殒命！充电能否停止任性？记者深度走访北京多个小区	191.3 万
2021 年 9 月 22 日	北京 472 路公交车发生交通事故，造成 1 死 4 伤，没有信号灯的斑马线前，你礼让了吗？	720.5 万
2021 年 9 月 7 日	对外经贸大学一名学生校内被快递货车碾轧身亡，专家提示校园交通安全亟待全面提升	70.5 万
2021 年 8 月 17 日	海淀旱河路强降雨致两人遇难，车内进水应及时弃车逃生	2781.1 万

---

① 《国家广电总局 应急管理部印发〈关于进一步发挥应急广播在应急管理中作用的意见〉的通知》，http://www.nrta.gov.cn/art/2020/12/1/art_113_54055.html。

日期	题目	全网阅读量
2021 年 8 月 10 日	演员于月仙车祸离世，不同车速下遭遇大型动物应该怎么办？	3009.6 万
2021 年 5 月 2 日	接触网挂异物导致京广高铁部分列车停运，异物清理难在哪儿？	62.6 万
2021 年 3 月 21 日	最强沙尘来袭！这次"漫天黄沙"为什么这么"强"？	247.1 万

（三）带动公民参与，促进个人与社会健康发展

北京交通广播发挥应急广播"平战结合"的特点，在日常知识普及中让"防患未然"优于"亡羊补牢"、"自救"优于"他救"的理念反复触达受众，从理念的转变开始带动受众参与应急行为演练。在紧急情况下，清晰的思维和科学准确的自救方法能将个人与社会的损失降到最低，这也是建设性新闻的要义所在。基于这个理念，北京交通广播生产大量内容询问公众建议，充分调动受众对建设性方案的参与意识并转化为参与行为。2021 年 9 月 17 日，北京一公交司机在人行横道上失误操作，造成 1 死 4 伤的重大交通事故，北京交通广播随即推出《文明驾车，礼让行人》系列报道，并通过新媒体答题互动的方式倡导驾驶员养成礼让行人的习惯，活动历时两个月，共吸引 756059 人参与学习礼让行人的相关规定，答题 3 次以上的用户达到 18.4%，督促公众形成礼让行人的自觉。

四、应急新闻注入建设性内涵将产生新的价值向度

主流媒体具有站位高、公信力强、覆盖广等传统优势，在应急报道的整个流程中，本着"建设性"理念将这些优势充分发挥，更能体现主流媒体机构的专业价值，并在未来的社会治理体系中将此价值不断放大。

（一）重塑主流媒体的社会共治路径

随着互联网的发展，主流媒体的传播渠道逐渐被平台型媒体和社交媒体所侵蚀，其社会"压舱石""定盘星"的作用面临被解构的风险。[①] 对应急广播而言，建设性新闻标准有利于在传者和受者之间建立互信关系，不仅可以提升应急体系发布的触达效果，也可让媒体获得丰富立体的信息来源，加之专业记者对信息的客观筛选，促成应急播出机构成为信息收集的前端。

北京交通广播经历 28 年的发展沉淀，与受众间已非简单的"互联"关系，而是"互信"关系，频率每天接报的道路通行、交通事故、极端天气、火情等事故线索超过 200 条，真实度超过 95%，体现了应急新闻的社会公众介入，使

---

① [西]西尔维亚·奥尔梅多·萨拉、[西]帕洛玛·洛佩兹·维拉弗兰卡：《广播也是一种心理治愈的工具》，李静译，《中国广播》2020 年第 4 期。

得播出机构同时兼具应急信息源的功能。

（二）促进从业者的身份自觉

对记者而言，建设性新闻标准可强化应急广播从业者的身份自觉。新闻从业者也是社会主义建设者，以"建设"的姿态去客观报道新闻、真实反映问题、正面引导公众情绪、推动社会良性发展、维护最广大人民群众利益，这也符合马克思主义新闻观的要求，具有科学性及合理性。

记者充当应急报道"解题人"的角色，意味着记者要发现问题并探究解决方案，考验的是记者的专业性和思辨性。同时，"建设性"理念要求记者对一篇报道在认知和行为层面的效果有研判，这将促使记者不断研究洞悉新媒体时代用户接收信息的心理变化，思考在人们更倾向于接收及时性、碎片化、轻松化的信息背景下，如何提炼加工信息，采取更加灵活多样的报道形式，从而不断提升自身的专业素养。

（三）推动媒体现代化转型

对媒体发展而言，建设性新闻标准强调社会治理的媒体责任，将推动流程再造及现代化转型。在应急新闻传播中的建设性视角是市场化自媒体与主流媒体的差异化本质的体现，建设性报道的流程升级为"发现问题—传播信息—分析思考—集纳建议—提出方案—二次传播"，加大了媒体对应急新闻的分析力与传播力，使媒体智库的发展趋势成为可能，进而将专业媒体的优势放大。

随着公众应急素养的提升，应急类内容提供将成为市场刚需。在内容繁荣的新媒体时代，应急广播媒体可以和相关领域优质自媒体合作，充分整合资源，发掘应急内容生产潜力，并将应急媒体的内容传播功能进行拓展——面向未来的现代化应急广播播出机构不仅是一个简单的内容生产方，同时也是知识提供方，是整个城市应急体系当中重要的建设者。

（作者系北京广播电视台交通广播中心主任）

在推动媒体深度融合中做强地方主流媒体

——邯郸新闻传媒中心稳步推进媒体深度融合实践

韩　雪

地方主流媒体正呈现出生态平台化的趋势。市级新闻传媒中心已不能再单纯作为一个内容输出者，而应该是内容生产的组织者，多媒体内容的整合者，区域中心新闻的整合平台、分发平台。

一、以媒体融合形成宣传大平台，以中心工作组合宣传大战役

邯郸新闻传媒中心融合创新方式方法，围绕中心、服务大局，推出一系列重磅报道。一是创新主题宣传，建党百年宣传形成强大声势。策划开设了《奋斗百年路 启航新征程》《新春走基层 幸福都是奋斗出来的》等一系列全媒体专刊、专栏，累计发稿 2000 余篇，其中日报策划的《建党百年特刊》，受到中国记协通报表扬。邯郸音乐广播策划推出的《永远跟党走》音乐党史课，在全市范围内开展巡演，现场和直播观看人数突破百万，引起社会各界强烈反响。市四大班子领导组织专场收看并给予高度评价，入选了中组部全国党员干部远程教育平台，《人民日报》、新华网等央媒进行了全方位推送。二是省旅游产业发展大会报道形成规模效应。开设《喜迎第六届河北省旅发大会》《祝贺第六届河北省旅发大会在邯郸召开》等专栏，共抽调近百人奔赴宣传一线，开展"智慧媒体采风行·省旅发大会""旅发一线党旗红"等集中采访活动，制作 100余条系列短视频、5 部电视专题片，18 条短视频被新华社等媒体转载。承担摄制旅游产业发展大会专题宣传片《英雄太行山 中国红河谷》，在各媒体平台以及全市各景点、户外大屏等处不间断播出，形成了强大的规模宣传效应，受到邯郸市委主要领导肯定。三是坚守防汛一线，展现媒体力量。面对 2021 年时间较长、雨量较大的汛情，派出 7 支采访分队，实时刊发各地党员干部群众科学部署、积极应对、众志成城、抢险救灾的感人故事和典型事迹。日报、晚报、广播、电视及各新媒体平台分别开设《人民至上、生命至上》《来自防汛一线

的报道》等专栏，推出 400 余篇重点报道。四是典型宣传引领社会正能量。先后推出邯郸医务工作者援助抗疫系列报道，推出防汛工作中的王志全、守堤人徐俊峰、全国脱贫攻坚先进个人和集体、最美政法干警等一系列模范典型。重点策划了省优秀共产党员范爱保先进典型，制作三集系列报道《一片丹心护青山》，推出重磅通讯《眷恋满怀护苍翠》，并创新宣传形式，策划制作范爱保先进事迹情景报告会，在 32 个市直部门巡讲，受到广泛好评。

全媒全阵全力融合，聚声聚频聚心发展，深入构建"统筹策划、一次采集、多种生成、多元传播、科学评价、有效应用"的融合媒体全新业务模式，打造多媒一体的新时代宣传新格局。邯郸新闻传媒中心以技术平台为依托，以报纸、广播、电视传统传播渠道为基础，以手机客户端、微信公众号、官方微博、官方抖音号等 N 个新媒体平台为重点，构建融媒传播矩阵。一是打造立体传播平台。以互联网思维推进传统媒体平台与新媒体平台的协调互动、深度融合，打造报纸、电视、广播、网络多维一体的传播矩阵，实现同一稿件全媒体传播，不仅增加受众人数，缩短发稿时间，进一步增强主流媒体的话语权、影响力、传播力。特别是新媒体平台实现了影响力的快速增强，粉丝数量增长近 1000 万。二是扩展舆情服务。利用媒体大数据技术优势，为全市网络舆情安全提供支持，实时对网络进行监测，对负面舆情做到早发现、早介入、早处理。加强与外地舆情研究机构、高校及相关部门联系，建立合作机制，建立起舆情专家库，增强分析研判能力。加强与中央、省、市网信部门及公安部门沟通合作，拓宽舆情处置渠道，提升舆情处置能力。三是新媒体平台展现融合活力。现有新媒体平台总受众接近 2000 万，其中"新邯郸""掌上邯郸""冀云邯郸"3个客户端总下载量超过 350 万；邯郸新闻网、邯郸广电网等一批微信公众号粉丝量达 200 万。民生大视野、中原新闻网、邯郸观察、清晨热线等 20 余个抖音账号总关注量达到 1500 万。策划"抖音邯郸""快手邯郸"等话题，吸引300 余家单位入驻，话题累计点击 41 亿次，单条点击量 875 万次，视频观看超过 1.5 亿次。策划推出"成语之都 太极之乡·邯郸——一座等了你三千年的城"城市宣传语短视频推广活动，在年轻网民中形成较大影响。此外还重点培育打造全媒体直播品牌，在重要时间节点、大型会议活动、突发事件等报道中引领网络舆论。

二、以融合思维推进部门做大项目制，在推进"项目"工作中稳步推进媒体融合，做大做强主流媒体

以项目制的形式整合宣传力量，融合各种手段做好重点报道。邯郸新闻传媒中心成功组织实施"飞越老区""滏阳河生态修复工程巡礼"大型融媒报道，以立体、多样的全媒体方式，全方位展现了红色老区、滏阳河高质量发展的美丽蝶变；圆满完成了"邯郸纪录小康工程"数据库建设与维护工作，实现了与省数据库的全面对接；几个移动客户端按计划完成了技术升级，进一步丰富了政务、民生、社交等功能；《太行号角》纪录片摄制组辗转 8 个省（市），采访 200 余人，历时一年多完成影片摄制工作，目前已送中央广播电视总台和国家广播电视总局审核，即将在央视播出；做好了承接市直政务新媒体平台建设与运维的准备工作；报纸数据化项目稳步推进，已完成全部 12 种报刊，超过 25 万个版面的录入工作，正在搭建数字化阅报系统。

以项目制形式组织重大宣传战役。制作河北省第六届旅游产业发展大会汇报片《英雄太行山 中国红河谷》是 2021 年的一项重要工作。新闻传媒中心组织原电视、报社、广播的得力干将，组成策划撰稿、组织拍摄、后期编辑美化 3 个专组，进行融合大背景下的大片创作。组建 4 支拍摄团队，分赴涉县、磁县、峰峰矿区等地，摄制镜头总时长超过 60 个小时。摄制中运用 4K 拍摄、空中无人机、地面延时镜头、灵眸移动镜头、夜景航拍等先进拍摄手法。从空中到地面全方位展示了红河谷的文化、生态、经济全貌。后期编辑制作中，引入中央人民广播电台著名播音员进行配音，邀请专业音乐编辑进行背景音乐、音效的设计和制作，组建 3 支后期编辑团队分别对汇报片三大块内容进行剪辑包装。在包装设计中注重吸纳新技术手法，突出时代元素，注重视频艺术综合表现力，运用动态特效字幕、特效地图等多种手段让片子内容更形象、更生动。

三、迎接挑战，向深层次融合，完善新形势下新型主流媒体新业态，"新闻＋政务服务"业态呈现良好发展势头

一是大数据产业发展强劲。邯郸新闻传媒中心在区域研究、行业分析、公共事务、城市管理等方面累计推出报告 400 余篇。推出的《第六届河北省旅游产业发展大会媒体传播力报告》《2021 邯郸市防疫大数据系列报告》，受到市主要领导的肯定和批示。承担了"邯郸纪录小康工程"数据库的搭建及运维，成功录入相关数据信息 2 万余条，位居全省第二。

二是舆情业务持续增长。制定服务制度 100 余项，撰写内参 50 余篇，呈报市领导 28 篇，其中 16 篇受到市委主要领导的批示肯定。服务单位扩展至近百家，共推出舆情周报、月报、季报、年报等 1000 余期，参与 30 余个舆情处置。

三是政务活动形式多样。先后联合全市百余家市直单位和县（市、区）举办政务活动近百场，占比达 35%。《邯郸问政》栏目，全年共直播 14 期，问政 15 家单位，总关注度超 6000 万人次，共收到跟帖、留言、热线等 9 万余条，首次写进《政府工作报告》，被评为市践行网上群众路线"四个十"优秀平台类十佳单位。《党建邯郸》《教育之窗》等 41 档联办节目进一步精细编排、优化制作、丰富形式，影响力持续提升。

四是民生服务影响广泛。《清晨热线》开设《我为群众办实事·民生实事微心愿》栏目，受理各类问题5000余件，解决4820件，回复率100%，解决率达96%以上，受到群众高度关注和省市领导肯定表扬。《民生大视野》结合问政追踪看落实，聚焦医疗医保、道路交通、小区物业、消费纠纷等热点、难点问题，播发综合性节目192期，解决问题1700余件，受到省广电局的通报表扬。

四、建设区域性新型主流媒体平台，整合社会资源，做内容生产的组织者、多媒体内容的整合者、产业资本的引导者

在人人都有摄像机，人人都是传播者的时代，摄像头无处不在，闪光点无处不在。在这样的传播格局下，区域新闻中心平台的建设，将为产生更多振奋人心的新闻好作品创造便利。2021年一则短视频《众人拉绳营救群众》成为爆款，社会反响热烈，当日点播量超15万次，点赞6600多人，转载传播广泛，是一篇让人眼前一亮的好作品。这条短视频的现场采访是通讯员完成、平台编辑播放的。通过社会力量发现生动鲜活的新闻"大鱼"，发现"沾泥土""带露珠""冒热气"的新闻线索，效果显著。

《直播邯郸》是邯郸广播电视台开办的一档大型直播民生综合类节目。节目宗旨是关注邯郸民生热点，反映百姓生活亮点，引导社会舆论焦点，做好政府与群众联系的桥梁和纽带，为建设富强邯郸、美丽邯郸营造积极的社会舆论氛围。节目日播，每期时长30分钟。基本架构由"今晚头条""头条热榜""今晚速览""今晚看点""抖音热榜"，以及不定期子栏目"直播现场""今晚故事""今晚会客厅"等组成。就节目定位来看，服务成为其主要内容，在服务中强导向是其内容的主要特点。就节目的内容来源、呈现方式、融合传播等生产方式来看，主要体现出新闻聚合、新闻集纳的平台特点。平均每期播出22条新闻，其中，4条为自采，3条为县区融媒体中心提供编辑，10条为头部网站合作单位提供，5条为权威媒体刊播。整合社会资源占70%左右。《直播邯郸》已成为一个内容的整合者、新闻的编辑者，同时也成功地成为舆论导向的引导者，在融合发展中站稳了主流媒体的地位。

（作者单位：河北省邯郸新闻传媒中心）

锤炼"钝感" 讲好全媒体时代新闻故事

——以《链接·鞍山新闻+》为例

张 赫

　　全媒体时代，时不我待，千帆竞发。面对海量信息的冲击，如果没有"见事早、行动快"的职业敏感，不但影响新闻价值的发现与挖掘，甚至会与重要信息失之交臂。要想讲好全媒体时代的新闻故事，不仅要以敏感思维去发现、识别和捕捉新闻，还要保持定力，谋定后动，选取最佳的角度、时机和最适宜的新闻生产方式，在"钝感"思维的锤炼中实现新闻价值的最优化，形成独特的新闻品位。实质上，新闻"钝感"的锤炼，也体现着新闻供给侧结构性改革的要求，要做到有保有压，不输出"过剩产能"，避免形成无效供给。从某种意义上说，这一实践和认识对资源条件和生存空间相对有限的地市级媒体启发更大。当媒体的市场化程度越来越高，当独家新闻不再成为媒体竞争的制胜法宝，以"钝感"思维讲好新闻故事，使其更具吸引力和冲击力，就成为地市台谋求生存和发展的手段之一。鞍山市新闻传媒中心旗下鞍山电视台于2020年11月推出综合新闻节目《链接·鞍山新闻+》。笔者以此节目为例展开分析，为全媒体时代地市台的新闻故事讲述寻找可行的方向与路径。

一、转换新闻生产视角："钝感"锤炼中的空间拓展

　　"钝感"一词，来源于日本作家渡边淳一的《钝感力》一书。他在书中提出，钝感是从容面对生活中的挫折和伤痛，坚定地朝着自己的方向前进，是"赢得美好生活的手段和智慧"[①]。将"钝感"这一概念移植到新闻的采制和传播中，并不是将其与新闻敏感对立，而是作为新闻敏感的补充与延伸。尤其是地方台，要想实现电视新闻的优化与创新，首先要转换新闻生产视角，除了对新闻价值、报道时机和报道效果做出及时有效的判断，还要在"做第一"还是"做唯一"中做出理性选择。通过"钝感"思维的锤炼，努力创作大主题、小切口、意

---

① [日]渡边淳一：《钝感力》中文版序页，青岛出版社，2018。

蕴深、有创意的新闻精品。

鞍山，是世界有名的"钢都"；鞍钢，是"共和国钢铁工业的长子"。近年来，鞍钢的改革发展引来社会各方关注，同时也成为媒体的聚焦点。对鞍山的新闻人来说，从一个包含数十个生产环节、生产历史超过百年的钢铁联合生产企业中，选取受众最关注的素材，是一种政治责任，更是一份职业责任。从 2020 年 10 月下旬开始，鞍山市新闻传媒中心组成精干的电视报道团队，历时近 8 个月，采制完成了 16 集大型系列报道《钢铁是怎样炼成的》。这组作品首次以"探寻、见证、发现"这一零距离的体验方式，沿着采矿、炼钢、轧钢等钢铁生产工艺环节，全方位、深层次地介绍钢铁生产流程，为观众展示了一个"在你身边，却从未真正走近"的鞍钢。作品展现了鞍钢各厂矿的光辉历史、技术力量、创新成果和发展成就，讴歌了数代鞍钢人创新实干、奋斗自强的精神，充分体现了新闻故事细节化、生活化、人文化和趣味化的特点。作品在《链接·鞍山新闻+》栏目播出时，在鞍山地区引发较强的社会反响。"学习强国"App 辽宁平台 16 集连载，全国主平台 5 集连载予以关注。

很长时间以来，由于受到狭隘的新闻功利性的影响，很多新闻人往往从"一厂一店"的角度衡量新闻价值，更多着眼于部门工作，习惯于"上指下派"，缺乏独立思考的精神和宽阔的时空视野，致使新闻格局狭窄，作品缺乏深度。系列报道《钢铁是怎样炼成的》赢得成功，首先在于转换了新闻的生产视角，更加强调新闻导向的宏观意识。看待问题的角度，从关注微观、中观，向关注宏观转变。正所谓"不谋全局者，不足谋一域"。其实，新闻生产视角的转变，在很大程度上正是一种跨界意识的实践、一种"钝感"思维驱动下的"视域融合"。就是善于从经济新闻中发现其中的社会意义，同样，也善于从社会新闻中挖掘其中的经济意义。在经济与社会的角度互换中，拓展了新闻资源的广度与深度，地市台的新闻创作也有了"闪转腾挪"的表达空间。

正如知与行的辩证统一，表达空间的拓展，也为新闻"钝感"的锤炼提供了更多的可能。"慢工出细活儿"，用工匠精神打磨作品，恰恰是讲好新闻故事的要诀。2020 年 11 月起，鞍山电视台制作的系列微纪录片《老照片》在《链接·鞍山新闻+》节目中重磅推出。该片每集 5 分钟，用 1000 余张老照片，讲述了 1949 年到 1954 年鞍钢恢复建设时期劳动者的情感故事和奋斗历程。作品采用小人物映衬大时代、小切口呈现大主题的叙事方式，将时间的碎片化和空间的连续性融为一体，让事件的瞬时化和历史的整体性互为补充。这种以小见大的立意方法和拼贴画式的结构，深度挖掘出了新闻主角身上的时代印记，以全新视角阐释了大国匠心。正因为"钝感"思维的引领，《老照片》中的一个个似乎已经"过时"的新闻故事，才有了新角度、新立意、新手法，才有了更多的信息量和更深的内涵，从而成为鞍山电视荧屏带给广大观众的最大惊喜之一。

显然，这个在"钝感"锤炼中拓展的表达空间，是一个重要的转折点。在这里，那些没有做到"第一"的所谓的"旧闻"，也会因为独特而新颖的视角立意而做到"唯一"。这个广阔的表达空间，就是新闻的活力源。

二、转换新闻生产方法："钝感"锤炼中的矩阵效应

2021 年 8 月 11 日，《链接·鞍山新闻＋》栏目《振兴脚步》中播出了长消息《以小搏大，中成永续的单项冠军之路这样炼成》，报道的对象是在鞍山创业八年、夺得同行业技术领先优势的辽宁中成永续水工科技有限公司。10 月22 日，《链接·鞍山新闻＋》另一谈话类栏目《新闻背后》播出了《新商机，水知道》，再次将镜头聚焦到这家公司。《振兴脚步》着重报道了中成永续以全新的发展理念和国际领先的技术，专心打造细分行业的"单项冠军"的成功经验；《新闻背后》则以访谈形式讲述了中成永续的经营者回乡创业的温情故事。两期节目互为表里，相得益彰，既抓到新闻的"第一落点"，又为深度报道建链延链。这种"合纵连横"的报道策略，正是新闻"钝感"在实践中遵循的锤炼方法。

"合纵连横"是战国时期纵横家宣扬并推行的外交和军事政策。这种纵横捭阖的战略思考，更加适合于全媒体时代新闻报道模式的转型。如今，媒体融合，平台共享。横向上体现为报纸、广播、电视和网络媒体采写制播方式的深度融合，纵向上则体现为同一新闻事件的多侧面解读。这种立体化的报道策略，在《链接·鞍山新闻＋》节目中有过多次成功的实践。

近年来，鞍山的一些优秀企业以增强创新能力为根本途径，加快结构调整和新动能培育，在促进传统产业转型升级和实现经济高质量发展中作出突出贡献。为贯彻地方党委政府中心工作部署，助推鞍山全面振兴全方位振兴，鞍山电视台以《链接·鞍山新闻＋》栏目《振兴脚步》为核心，以不同的栏目、不同的新闻报道形式，聚焦地方经济创新创业典型，深度报道本地企业成功发展经验，打了一套新闻报道的"组合拳"。为提升节目品牌价值，提升收视率，采编人员在巩固节目效果、增加新闻深度的基础上，进一步挖掘新闻资源，拉长报道链，实现信息多次利用，力图产生集群效应。

在具体操作中，记者编导们首先实现地方经济深度报道的新闻前置，通过广播新闻和电视新闻，对《振兴脚步》中报道的企业做提示性和预告性的报道，起到"且听下回分解"的吸引作用。然后，在《振兴脚步》中，通过全新的系列报道形式，全面呈现优秀企业和企业家的成长历程和发展模式。接下来，记者编导们还对地方经济报道中的创新创业人物及其故事做补充式和后置式深入

报道，进一步优化《振兴脚步》采访流程，挖掘报道深度。将具有故事性的新闻主角与《新闻背后》这一品牌栏目结合，做访谈式或传记式解读，增加节目的可视性。另外还通过地方经济报道的建链、延链尝试，借助"鞍山云"App、广播等媒体，尤其是电视《鞍山新闻》《链接·鞍山新闻+》两档品牌节目的联动采访播出，横向发力，凸显矩阵效应。如此前有提示，中有解读，后有深化，新闻的影响力、感染力成倍增加，为鞍山"抓发展、促振兴"营造了良好的舆论氛围。

可见，在当前媒体产业边界和传播渠道的不断延伸扩展中，新闻"钝感"的锤炼，可以完成对新闻信息的多元化解读，从而构建一个广覆盖、深推进的充满活力的信息矩阵。在这一矩阵中，生态互联，同频共振，新闻的传播力、影响力和公信力得到全方位提升。

三、转换新闻生产理念："钝感"锤炼中的价值坚守

2021年国庆期间，电影《长津湖》让国人重燃激情岁月。10月3日，东北一家网络媒体率先报道，《长津湖》主角之一伍千里的原型、而今93岁的李昌言老人在女儿陪同下，到影院观看《长津湖》。消息一出，一度引发媒体跟风关注。其实，早在一年前，鞍山电视台便组建创作团队，跨城拍摄，采制了以李昌言等7位抗美援朝老兵为主人公的微纪录片《致敬最可爱的人》。在2021年10月25日抗美援朝71周年纪念日当天，这部微纪录片在《链接·鞍山新闻+》中正式播出，取得了良好的传播效应。

无思想，不新闻。媒体之争，说到底还是新闻理念之争。在这个众声喧哗、人人都是自媒体的"微时代"里，我们的微纪录片《致敬最可爱的人》在这场媒体竞争中之所以独树一帜并完美收官，就在于我们不仅追求"术"的技能转化，更追求"道"的价值坚守。也就是说，我们锤炼新闻"钝感"，更要在渠道多元、受众细分、信息海量的舆境里，坚守新闻初心，做到既仰望星空，又脚踏实地。

时下，以劳动者为主角的短视频在抖音、快手等平台大受欢迎。这一新鲜的生活记录方式，以生产流程简单、制作门槛低和参与性强等特点，让人们见识到了人间生活的趣味与温暖。同时也应看到，为了追求流量，一些短视频陷入缺乏规划、内容肤浅的误区。短视频的一时风靡，也给我们带来了深刻的启示：作为地方台，要在这丰富的精神文化活动中争得一席之地，就要既注重流量，更注重质量，从"思想"这一宝贵的资源中汲取养分，精良生产。

从2021年"五一"开始，《链接·鞍山新闻+》推出的栏目《凌晨一点》，以致敬劳动者为主旨，选取"凌晨一点"这个特定的时间，每期节目都将镜头对准这一时刻依然在城市大街小巷打拼奉献的普通一线劳动者。比如8月31

日播出的《陆港之夜》，在 6 分 8 秒的时长里，节目聚焦为城市发展振兴不眠不休的陆港夜晚，突出"彻夜坚守、只为等待黎明的迸发"这一主题。节目一改以往此类经济新闻"内行不爱看，外行看不懂"的两难境地，真切感人。此外，《凌晨一点》中播出的《装台》《在水中央》等精良之作，都打破了主题报道的固有思维模式，为地方台讲好新闻故事树立了新的标杆和样板，也为传统媒体赢得了生存空间。

"拍谁谁看，谁拍谁看"，这是一段时间以来一部分传统媒体，特别是地方台新闻宣传报道的尴尬写照。究其原因，就是在新闻报道中只见物不见人，数字多、术语多，物质多、精神少。因而，锤炼新闻"钝感"就十分必要且具有现实意义。在电视新闻故事的讲述中，它的效果往往更像海明威（Ernest Miller Hemingway）提出的"冰山原则"①，音画简洁生动，思想充沛深沉，在可感性和可思性的巧妙结合中，观众会因为感动而共鸣，从而挖掘出作品的思想意义。新闻故事也因为"钝感"的锤炼，更好地发挥引导舆论、丰富生活和服务经济等多种社会功能。

如今的全媒体时代，舆论生态、媒体格局和传播方式都发生了深刻变化，在如此背景下，只有做出有思想、有情怀、有温度、有品质的新闻，才能记录时代精神，促进社会文明。作为地市级传统媒体，鞍山电视台独辟蹊径，在工作实践中摸索出一条生存和发展的路径。在用新闻敏感捕捉时代脉搏的同时，更可以用新闻"钝感"的锤炼去拓展空间、扩大影响、守望初心，从而延长新闻生命，讲好新闻故事，实现新闻品位的提升。

（作者单位：辽宁鞍山市新闻传媒中心）

---

① [美]欧内斯特·米勒尔·海明威：《午后之死》，现代出版社，2019，第180页。

应时而动 探索先行 搭建"四全媒体"融合传播框架模型

——抗疫视域下扬州广电转型路径的思考

孙建昶　　王刘陈

一、"四全媒体"的时代召唤、深远意义

网络媒体的兴起，尤其是移动互联的大行其道，倒逼传统媒体进军网络，推进融合传播。应时而动，近年来，各地传统媒体加速融合步伐，推进深度融合。在传统媒体的融合实践中，创新之举层出不穷。配置中央厨房、启用人工智能、打造媒体矩阵……无论是内容更新还是技术革新抑或是形式创新，都停留在"局部改革"层面，没有完整意义上的广电媒体改革样板。以新闻舆论传播力、引导力、影响力、公信力这"四力"为评价标准，目前，国内还没有探索出行之有效的提升主流媒体"四力"的融合传播框架模型。

媒体改革任重而道远，2019年，站在新的时代背景下，习近平总书记提出"四全媒体"理念，这为各地重新构架媒体格局提供了理念遵循。媒体融合既需要摸石过河的"小碎步"，也需要大步流星的"大踏步"。2020年，突如其来的新冠疫情无疑就是各地媒体融合改革的"催化剂"，这一重大公共卫生事件刺激了所有媒体的"神经"，以扬州广播电视总台为例，疫情之下，媒体自身上动求变、应急转变，以"四全媒体"理念框架为指导，构建起适应新形势、新要求的全新融媒体生态格局。以案例践行理论，以现实支撑理念，抗疫视域下的扬州广电转型路径为"四全媒体"理念探索出了具体操作路径，也为"四全媒体"这一理论的全面践行提供可参考、可借鉴的现实依据。

二、"四全媒体"的维度破局、创新路径

传统广电媒体在新闻的呈现形式上比较单一，大多数由自身的媒介性质决定了它的传播形式以及传播途径。比如：广播媒体，一般都是主打声音，所呈现出来的作品大多数都是"只闻其声"；电视媒体，一般都是以"画面＋声音"

的形式呈现。如今，融合传播时代，"四全媒体"对新闻的呈现形式更加融合化、多元化，不拘泥于某种单一的传播形式和传播媒介，"你中有我，我中有你"是其典型特征，它可以是文字、图片、视频、声音、画面、动漫、图表、H5等任意一种或者多种表现形式，然后自由组合、立体呈现，更加多元、多变、多彩。

"表现手法"的多样化极大地丰富了传统媒体的呈现方式，让呆板的信息和新闻更加"可观""可感""可近"，不仅是"表现手法"的迭代升级、丰富多样，融合性的"表现手法"还进一步拓宽了新闻内容的库容量和表现空间，这种多元化能够满足不同年龄、不同职业的受众需求，给人以耳目一新的感觉。以扬州广电为例，在2020年这场声势浩大的疫情防控阻击战中，扬州广电坚持"危中寻机"，依托"四全媒体"理念组建广播、电视、新媒体一体化运营的融媒体新闻中心，通过体制机制改革，搭建全新媒体融合采编播流程，充分发挥联合报道、资源整合、区域协作的特有优势，创新内容形态，满足不同受众对信息的多样化、个性化需求。这种大部制的融合改革不仅发挥了传统媒体固有的传播范围广、传播速度快、引导能力强等优势，又充分发挥了新媒体传播矩阵的多样态、多路径、深渗透、广触达的立体化传播特点，在疫情防控新闻宣传中发挥了特殊的作用，彰显传统主流媒体在重大突发事件中的责任担当。

（一）"四全媒体"的时空破局

所谓"全程媒体"，就要打破时空之维，从而实现媒介传播的空间零距离、时间零差距，它实际上是一种"全天候"的主流媒体。在新冠疫情发生前，扬州广电及时成立"融媒体新闻中心"，以体制创新实现传统媒体的时空破局，改变了传统媒体的新闻流程与传播议程，广播电视全天候坚守，传递权威信息、传播主流声音，切实提高了传播力、引导力、影响力、公信力。

（二）"四全媒体"的角度破局

所谓"全息媒体"，就是要打破角度之维，不再以独特的、孤立的视角看待新闻事件，而是从融合传播的角度，实现对新闻事件立体式、多维度、全视角的传播，它实际上是对传统新闻表达方式的一次重构。如何形成"全息媒体"？扬州广电从内容着手进行破局，在抗疫报道中，传统媒体肩负更大的使命任务，比如疫情信息的及时发布、舆论的正确引导、谣言信息的治理、防疫科普知识的全民普及等，这些内容都依赖传统媒体的权威发布，在这些内容的发布上，传统媒体义不容辞承担着不可或缺的媒体责任，甄别真假信息、纾解负面情绪、稳定社情民心，这些都需要传统媒体发挥"主心骨"作用。有关疫情的新闻随时插播，实现直播常态化、滚动式呈现；有关疫情的专题报道温情化、系列式呈现；有关疫情的新闻评论深度化、要点式呈现，让受众能够拨开表象看清实质。

在此次抗疫报道中，扬州广电充分彰显专业性、权威度和信任度，以其实际行动表明：传统主流媒体仍然是公共事件的重要参与者，是推动社会进步的重要力量。

（三）"四全媒体"的主体破局

所谓"全员媒体"，就是要打破主体之维，摒弃"一家之言"，呈现出"人人都有发言权、个个都有麦克风"的特点。为实现"全员媒体"，扬州广电以疫情为"战场"，集结、整合电视、广播、新媒体的记者，统一部署、全员出动，实现多种媒介间的多向互动，大屏小屏间的同频共振。不仅如此，在疫情舆论方面，扬州广电积极动员社会力量直接参与新闻报道，政府公职人员、专家、医护工作者、志愿者等，每个人都是新闻素材的"供货人"，新闻事件的"见证者"，也是新闻报道的"传播者"，全民参与，形成社会共识的"最大公约数"，这也成为打赢疫情防控战的一大"法宝"。

（四）"四全媒体"的效能破局

所谓"全效媒体"，就是要打破效能之维，不只是发挥媒体的某一项效能，更加集成化、系统化，它具有集成内容、社交、服务功能的特点。扬州广电用多元技术手段，借力融媒体矩阵传播，衍生推出一系列抗疫主题的融媒体新闻产品，以信息流的形式广布在传统媒体端及互联网空间，成为抗疫阻击战传播中的中坚力量，让已经分散的受众注意力重新向传统主流媒体回归和聚拢。2020年疫情期间，扬州广电的新媒体"扬帆"App，不断涌现出爆款作品。仅仅两个月时间，"扬帆"App就出现了1篇百万+作品，8篇10万+作品。

（五）"四全媒体"的框架破局

"四全媒体"的构建不仅仅是要实现时空、角度、主体、效能四个维度的革新，而是要把这四个维度的媒体改革有机串联，形成一个"采—编—传"一体化、全链条的框架模式。扬州广电以组建融媒体新闻中心为改革起点，将媒体融合向纵深推进。在具体操作中，融媒体新闻中心通过每天召开的编前会统领新闻的采编、制作，中心总监负总责，副总监轮流值班，每周由1名副总监值班，主持编前会的运转，具体负责本地新闻的采编组织与协调，确保移动优先战略的实施到位、确保采编播发各个环节的有序运行，从而真正实行移动优先、统一采集、多元分发。

三、"四全媒体"的现实瓶颈、未来前景

在融媒体深入推进的背景环境下，主流媒体的表达方式、舆论引导方式都应彻底改变，不能再继续以往单一的信息供给，而应自发构建主导框架。只有建立了极具竞争力的主导性框架，才能满足不同受众主体的多元化需求，才能起到与传统媒体相匹配的舆论引导力。

依据"四全媒体"理论推进的媒体改革，不是孤立地从时空、角度、主体、效能四个维度进行创新，而应构建一个紧密联系、协调一致的模型。该模型是对"四全媒体"四个维度的整体化，并以此反映出受众对融合传播媒介的高度认同，是使用与满足理论在"四全媒体"传播环境下的具体体现。

这个模型的构建应该打破以往的常规思维，摒弃传统的封闭思想和狭隘观念，应当更加开放和包容，具备一定的整合性，应从以往一味依赖权威媒体信息发布，逐渐转变为在新媒体引导和促成机制重新建构的背景下，构建新的信息高地和舆论高点，主动参与引导社会舆论的走向，积极发挥主流媒体在融媒体环境下、新媒体介质下的中流砥柱作用。

在推进媒体融合的当下，地方广电媒体在践行"四全媒体"的具体操作中，很难将"四全媒体"四个维度高度统一、一体化推进，很难构建符合中国地方广电转型发展的"四全媒体"操作模型。

从纷繁复杂的舆论表象背后探索出符合媒体融合发展的切实可行的创新路径。疫情期间，扬州广播电视总台以具体实践为样本，以"解剖麻雀"的方式方法，深入分析此次城市媒体的融合转型作为，梳理、归纳城市媒体在改革发展中的突出问题、现实瓶颈，对抗疫中的前瞻做法、先进经验进行提炼和分析，多维度、多层次剖析"四全媒体"的"落地举措"，积极探索城市媒体转型发展的症结所在、突破方法。

尼尔森网联媒介研究 2020 年 2 月 13 日发布的收视数据表明，扬州广电触达率为 96.17%，占据全国城市台首位。新媒体运营平台后台数据表明，扬州广电"扬帆"客户端自疫情以来，新增用户 25513 人，同比增长 71.5%，环比增长 86.4%；整个疫情防控期间，"扬帆"用户日平均启动次数已经达到 8.5 万次，同比和环比分别增长 117.3% 和 115.7%，日活率比疫情发生前增长了近一倍。仅仅两个月时间，"扬帆"App 访问量 972 万次，已达到 2019 年全年访问量的八成。

在整个抗疫报道中，扬州广电积极探索融媒体传播路径，吸纳新媒体的传播形式，采用多元的技术手段，借力融媒体矩阵传播，衍生推出一系列收获口碑和影响力的融媒体新闻产品。以"四全媒体"理论框架为基础，全面剖析一个城市广电媒体疫情期间的转型发展，扬州广电以现实的案例为支撑，丰富"四全媒体"理论，从纷繁复杂的舆论表象背后探索出媒体融合发展切实可行的创新路径。不仅以具体实践诠释了"四全媒体"理论的前瞻性、科学性、专业性，更为全国各地传统媒体构建"四全媒体"打开了一扇窗。

（作者单位：扬州广播电视台）

媒体融合背景下城市国际化形象的传播研究

郭　飞

城市形象是城市软实力的重要彰显,对一座城市而言,形象是品牌、是灵魂。良好的城市形象不仅要在国内得到塑造与传播,同时,也要积极推动其走出国内,走向国际,打造具有国际影响力的"至美之城"。当然,城市国际化形象塑造与传播需要媒体的广泛参与,新旧媒体融合参与为城市国际化形象传播提供了新思路,开辟了新路径。城市国际化传播应适应时代发展潮流,懂得利用新兴的媒介传播技术为新时期、新形势下城市国际化形象传播拓宽平台,保驾护航。

一、媒体融合背景下城市国际化形象传播的必要性

(一)新时期我国各大城市向国际化城市方向迈进的必然性抉择

在新时期,世界各国之间的联系日益密切,区域间的经济、文化、科技等交流也日趋频繁与成熟。对中国城市而言,构建国际化城市形象已然成为各城市适应新型国际形势的必然要求。再者,媒体融合加速了国际间的交流与合作,城市国际化显然成为不可逆转的时代潮流。特别是在我国加入 WTO 之后,国内诸多城市都希望尽早迈进国际化城市行列,于是,他们开始加大国际化城市建设力度。制定国际化城市建设规划,根据规划落实,不断进行新的建设路径尝试等对国内各大城市来说已然屡见不鲜。经相关研究显示,我国 200 多个地级市中,有 180 多个城市建立了国际大都市的宏伟目标。与此同时,全国已经有 650 多个城市正在按照自己的设定与规划,努力建设国际城市形象,加强对外国际化宣传,并积极向国际化城市方向迈进,而江苏扬州便是其一。

(二)贯彻党和国家关于"文化软实力提升"相关政策的必然要求

习近平总书记在党的十九大报告中指出,要"加强中外人文交流,以我为主、兼收并蓄。推进国际传播能力建设,讲好中国故事,展现真实、立体、全面的中国,提高国家文化软实力"。城市形象是国家文化软实力中不可或缺

的重要组成内容，在强化对外交际的过程中，要向国际友人展现友爱、热情、温馨、和谐的中国国家形象，必然需要从对外城市形象塑造上下功夫。特别是在新旧媒体融合之下，国际友人有更多机会、更多路径、更广平台了解中国，了解中国的人和事，了解中国的城市。在此背景下，只有打造具有国际影响力的城市形象，展现立体的中国、立体的中国城镇才是城市国际化发展的必然路径。江苏省扬州市贯彻党和国家相关政策，在城市对外形象传播方面找准自我定位，整合各类优势资源，并在实践中创新对外传播模式，取得了相当大的成效。

二、新形势下扬州城市对外国际化形象传播的积极实践

（一）立足城市品牌文化，有目的构建城市外宣的多阵地

2020年11月13日，习近平总书记在扬州考察调研时指出，扬州是个好地方，依水而建、缘水而兴、因水而美，是国家重要历史文化名城。当下，扬州以其独特的魅力被冠以"三都一城"的美誉。所谓的"三都一城"，即"世界运河之都""世界美食之都""东亚文化之都"，这"三都"皆承载于扬州"一城"之身。在进行对外国际化形象传播中，好地方有实践，扬州立足自身特色的品牌文化，联合了国内外各大媒体、网络等构建了城市对外宣传的多阵地。近年来，扬州依托中国新闻社、《华盛顿邮报》、美国《国际日报》等多个不同定位的国际媒介，立足扬州品牌文化，打造了对外宣传的多阵地。例如，2017年，美国当地时间8月23日，美国《国际日报》刊发了"魅力扬州专版（聚焦扬州瘦西湖景区）"，向全球华人乃至全世界各族人民介绍扬州这一"旅游城市形象"。除此之外，扬州也善于同国内各大电视媒体以及网络媒体进行合作，以借助各媒体力量实现国际形象的对外宣传。例如，中国日报网、上海日报社、大洋网、通网等均成为扬州市对外形象宣传的阵地与平台。

（二）创新形象传播载体，积极尝试对外城市形象传播新模式

随着微信、微博、博客、抖音等新兴媒介（移动客户端App）的迅速崛起，扬州在国际形象宣传方面充分发挥了新旧媒体融合的重要作用。具体来说，即扬州借助新旧媒体融合，进行形象传播载体与模式更新，让对外城市形象建设更具实效性。自2018年开始，扬州广电总台在扬州公共外交协会的支持与帮助下，先后开展了一系列的对外城市宣传活动，这些活动可圈可点，有力地推动了国际化城市形象传播。2018年7月，扬州广电总台与扬州公共外交协会推出了"外籍人士看扬州"微视频大赛。大赛通过在扬外籍人士视角与镜头，传播扬州声音，讲述扬州故事，宣扬扬州文化，展示扬州形象。"外籍人士看扬州"十分注重新旧媒体的融合传播。扬州广电总台通过旗下"扬帆"App进行微视频大赛的专题展播推出，共推出66部精彩的视频作品，部分优秀微视

频还被"学习强国"App收录。与此同时,"扬帆"App还推出了"最具网络人气作品"评选活动,这种移动客户端的使用有利于更多人参与到扬州城市形象传播中来。再者,借助一些微信、微博、抖音等传播载体,扬州广电总台实现了"外籍人士看扬州"微视频大赛手机屏、电视屏等多屏互动,让城市对外形象塑造更立体、更智慧、更科学。

(三)打造系列"精品",以城市发展特质吸引更多外国友人

发展中的扬州具有自身独特的气韵与气质,其在打造系列"精品",彰显发展特质方面进行了诸多的实践尝试,以期通过此方面实现树立国际化城市形象的目的,继而吸引更多外国友人。为了实现扬州美食文化在国际上的传播,扬州打造了"舌尖上的公共外交",通过书籍发行、视频推送、媒体融合等方式打造了"美食文化传播"的精品。例如,在美食的国际传播过程中,扬州邀请了国内外知名媒体对其所举办的一系列关于美食文化的活动进行报道、宣传等。再如,扬州的中国淮扬菜博物馆善于搭乘"自媒体"快车,利用微博、微信、抖音等平台进行对外宣传,有力地促进了美食文化的国际传播。扬州有"一城三都"的美誉,为了让外国人更好地认识扬州,体验扬州文化之美,感受扬州气韵之独特,2019年以来,扬州广电总台和扬州公共外交协会先后策划推出"爱上扬州"和"洋眼看扬州"系列活动,让外籍人士经过真实体验看到更加真实、更加独特的扬州,借助网络媒体扩大扬州对外形象宣传的影响力,让扬州文化漂洋过海。

三、基于媒体融合背景的扬州国际化形象传播的新路径

(一)组织媒体公共外交,以公共外交助推城市国际形象传播

在新时期,城市公共外交在国际化形象传播过程中所发挥的作用是不容小觑的。从习近平总书记的外交实践可知,在构建新型国际化关系中,各国之间的人文交流显得尤为重要,而公共外交便是实现人文交流的必然路径。毋庸置疑,任何一个国家的发展都离不开"国之交",而"国之交"在于"民相亲",这是公共外交的基本宗旨。当然,在整个公共外交中,媒体发挥着重要的作用。"公共外交"与"城市国际化形象传播"之间有着惟妙惟肖之关系。为了构建国际化大城市形象,扬州市借助媒体之力,组织丰富多彩的公共外交活动,促进"民相亲",继而最终实现城市国际化形象塑造与传播的目的。例如,2019年扬州广电总台所策划与实施的"外籍人士看扬州"微视频比赛活动,以及后期的颁奖典礼活动等,均是以品牌媒体活动来助推城市公共外交,继而为塑造良好的扬州国际城市形象发力。最后,这些公共外交活动均取得了良好的效果。在新旧媒体融合背景下,扬州市要想进行国际化形象的创新性传播,就要打破传统思维,立足"城市公共外交",多致力于公共外交媒体活动打造,以公共外交活动策划与实施促进国际化形象的广泛传播。

（二）注重城市各方联动，构筑城市国际化传播大格局

在媒体融合背景下，扬州进行国际化形象传播应与时俱进。注重城市各方联动，打造全方位、宽领域、多层次城市对外宣传大格局十分必要和重要。一方面，这是扬州市贯彻党中央关于城市对外形象建设政策的真切体现。另一方面，也是扬州进一步迈出国内平台、迈向国际领域，实施更有效对外宣传工作的必然选择。同时，这也是扬州对外宣传工作朝着健康、可持续发展方向行进的最佳选择。扬州在进行外宣工作开展、国际化形象传播的过程中，一定要树立一种"全市外宣一盘棋"的思想，做到城市各方联动。要充分发挥扬州市政府主导作用，使其能科学引领对外宣传工作小组。除此之外，涉外宣传所涉及的各部门，无论是政府，还是社会组织，均应发挥应有的价值。扬州国际化城市发展，应该有清晰的发展定位，并且要在对外传播中体现区域的特色优势。对外宣传格局要宽泛，要多层次，要整合旅游、经贸、文化、艺术、新闻出版、体育、历史等各方对外宣传的资源，并调动各类媒体与人为力量，形成扬州国际形象对外传播的强大助推力。

（三）选择精品外宣内容，让城市形象传播凸显出重点

扬州市国际化形象传播是一项大工程，不仅要考虑到借助何种平台、载体、模式进行传播，更要考虑到国际化传播的内容。经典、真实，具有代表性的外宣内容，在城市对外形象塑造方面往往能达到事半功倍的效果。反之，则不然。因此，做好一个城市的国际化传播，一定要选择具有代表性的精品外宣内容，让城市形象传播凸显出重点、凸显出特色。城市外宣应该注重挖掘城市的内涵和特质，要将其代表性的"东西"呈现给世界人民。在扬州的对外城市宣传中，"三都一城"的扬州有很多可供挖掘的城市外宣"点"。例如，可聚焦"世界运河文化之都"这一层面展开宣传。早在 2014 年，美国的《国际日报》便就"扬州大运河申遗成功"进行了特别报道，次年，扬州大运河"申遗"历时八年最终成功。在对外形象塑造中，可借助外媒进行"世界运河文化之都"的宣传。再如，扬州市又称"月亮城"，其蕴含着丰富的月亮文化，在对外宣传中，也同样可聚焦这一文化特色，打造更加立体、鲜明的国际化城市新形象。总之，国际形象传播要凸显重点，要呈现经典，要彰显特色。

（四）巧妙利用新兴媒体，让城市对外传播手段更灵活

传统媒体如电视、广播、报纸等的信息传播效果有待提升。随着新媒体、新的数字终端不断出现，城市在进行国际化形象塑造与外宣上，要多利用新兴媒体与数字终端，打造全媒体融合的传播载体。扬州市要实现更高质量的城市对外形象传播，就必须加大新旧媒体融合的力度，搭建新兴媒体与客户端使用平台,在国际化形象传播方面抢占"速度"先机。扬州市应加大对相关网站"对外频道"的建设力度,以不断提高扬州对外传播的能力。除此之外,扬州市还要实现电视媒体与网络媒体的结合,不断深化与新华网、人民网、中国新闻网、环球网等知名网站的合作,拓宽扬州对外形象宣传的路径与平台。当然,以上所涉及的均是国内媒体、网站等,为了能够借助"海外之音"传播扬州国际化形象,一定要注重拓宽海外社交媒体传播渠道,如加强与美国国际日报社、日本共同通讯社、路透社、法国新闻社等各大媒体的通力合作。当然,还要借助一些新兴媒体,如手机快报、移动终端、数字出版、动漫影像等让更多海外受众感知扬州魅力,体悟扬州文化。可见,实现媒体融合是城市国际形象传播的新路径。

综上所述,在媒体融合背景下,新旧媒体互不相让,各争芬芳,自媒体、多媒体、跨媒体等各具优势,这让信息传播更智能、更广泛、更实效。塑造与传播国际化城市形象要挣脱"以往过分依靠旧媒体传播方式"的桎梏,要懂得搭建"新旧媒体融合"之快车,全方位实现城市对外国际形象的塑造。扬州在借助新旧媒体进行自我形象传播、城市外交、国际形象塑造方面可谓是佼佼者。它借助媒体融合之力,向全世界人们展示了"强富美高"的新扬州新征程,塑造了奋进中的中国城市形象,使得扬州城市形象更好地走进"友城"民众生活的各个方面,提升了国际化城市影响力。

（作者单位：扬州广播电视台）

深耕"好地方"资源 构建主流舆论场

陈济扬

2020 年 11 月 13 日，习近平总书记在扬州视察时，称赞"扬州是个好地方"。这既是对扬州过去成绩的赞许，也是对这座城市未来的期望。如今，扬州已先后获得"世界运河之都""世界美食之都""东亚文化之都"称号，这三块响当当的金字招牌不但生动勾勒出了扬州的城市地位和品位，也是我们不可多得的宝贵的新闻资源。在新的舆论环境之下，地方主流媒体理应积极主动作为，充分挖掘资源，创新传播手段，持续放大"一城三都"的品牌效应，才能具备强大的传播力和引导力，才能牢牢占据舆论引导、思想引领、文化传承、服务人民的传播制高点。

一、呼应国家战略，聚焦运河巨变

大运河文化带和大运河、长江国家文化公园建设，是以习近平同志为核心的党中央做出的重大决策部署。扬州的运河三湾景区，是打造大运河国家文化公园的先导工程，也是大运河文化带江苏示范段示范区和中国大运河文化集中展示区。扬州依托运河原点城市的特色优势，精心打造了一批运河文化地标、经典景观和重大文旅项目。作为地方主流媒体，宣传好扬州在大运河文化带建设中的举措和成绩是我们义不容辞的责任。怎样讲好运河故事？我们认为，不应满足于"规定动作"，还需要有更多的"自选动作"，才能让我们的节目策划更有高度、报道更有深度、传播更有力度。

2021 年 6 月 16 日，作为保护、展示和利用大运河文化的标志性建筑，扬州中国大运河博物馆在运河三湾建成开放，当天会举行"大运河文化发展论坛暨扬州中国大运河博物馆建成开放"活动。按"规定动作"，对活动进行电视和网络同步直播即可，但我们认为，这是一个难得的向中外嘉宾展示扬州大运河文化带建设成果的机会，应充分发挥地方电视媒体资料丰富、资源独特的优势，将直播效应充分放大。为此，我们设计了诸多"自选动作"，以当天的既定活动为基础，我们将直播时间向前和向后延伸，同时设立了直播室，邀请扬州大学中国大运河研究院教授作为嘉宾走进演播室，对运河三湾的水工智慧、扬州大运河文化带建设的最新进展、扬州中国大运河博物馆的地位和作用等方面内容进行了深入浅出的解读，并配以 VCR 短片进行穿插播放，增强直播的可视性和丰富性。此外，博物馆由中国工程院院士、中国建筑西北设计研究院总建筑师张锦秋规划设计，按照张院士的设计理念，博物馆旁的大运塔，与扬州南部的高旻寺天中塔以及古运河宝塔湾畔的文峰寺文峰塔构成"三塔映三湾"的格局。为此，我们利用 VR 全景技术将"三塔映三湾"的美景在扬州广电旗下的"扬帆"App 进行呈现，供网友在收看直播的同时点击欣赏，增加直播的互动性。当天上午，直播通过扬州广播电视台新闻频道、新闻频率以及"扬帆"App 同步进行，取得了良好的融合传播效果。

大运河文化带的建设推进既为扬州发展提供了难得的机遇，也给扬州市民的生活带来了巨大变化，让百姓更有获得感。因此，我们的宣传工作在"亲水"的同时更应"亲民"，即在反映项目建设进展的同时，应将镜头更多对准生活在运河沿线的百姓，反映他们生活环境的改善、生活水平的提高。一方面，我们积极做好日常新闻报道，注重挖掘重点题材，讲好运河故事。2021 年 5 月 9 日，在扬州广电的精心策划下，央视《新闻联播》头条以《在习近平新时代中国特色社会主义思想指引下——扬州三湾：古运河畔换新颜》为题，用 4 分 17 秒的篇幅，对扬州运河三湾的生态变迁进行了专题报道。报道极大提升了扬州城市的知名度、美誉度，扬州在大运河文化带建设这一国家战略中的地位作用进一步彰显。另一方面，我们还在电视文艺领域积极探索和尝试，用专题节目的形式全景展现运河两岸百姓生活的变迁。2022 年 7 月 12 日，扬州广电推出大型文化诵读类节目《运河书房》，以经典诵读为桥梁，传承古典文化、反映时代变迁。在节目呈现上，我们以"运河"为线索，以沿岸的居民生活、非遗展示、旅游景点等为切入点，全景展示大运河文化带建设的成就，彰显扬州文化魅力，展现运河沿线人民的美好生活。节目分为诵读经典、故事访谈和云端收录等三部分，充分利用融合传播手段，将电视频道、广播频率和新媒体平台充分互动，引导专业主持人与民间诵读爱好者共同参与，讲述运河故事。此外，节目中还融入群众体验、演绎、互动等多种形式，为大运河文化带的建设发展献计献策。

二、创新融合传播，彰显"三都"魅力

当前，注重融合传播已经成为媒体人的共识。在长期的工作实践中，我们认为，融合传播不应是传统媒体手段和新媒体手段的简单相加，而应该互为补充、互相引流、相得益彰。如果我们能够针对不同的传播内容，根据融合传播的特点在具体传播方式上进行创新或升级，就会收到事半功倍的效果。

每年4月18日举办的"中国·扬州'烟花三月'国际经贸旅游节"是扬州著名的品牌活动，活动以旅游搭台、经济唱戏，成为扬州汇聚八方宾朋、成就好地方好事业的重要载体。然而，2022年的"4·18"有点特殊，新冠疫情在全国各地多点散发，疫情防控形势严峻复杂，原定当天节庆活动的许多中外嘉宾不能前来，开幕式规模因此大大压缩，签约仪式有不少也改成网上举办。防疫松不得，发展等不起，作为地方主流媒体，如何应对新情况新问题，让2022年的"4·18"系列活动宣传既热闹又出彩呢？我们觉得，烟花三月是扬州最美的季节，作为同时拥有"世界运河之都""世界美食之都""东亚文化之都"三块金字招牌的古城，我们更有责任把扬州的美景美食和灿烂文化向全国各地的人们作推介，让更多人了解扬州、喜爱扬州、投资扬州。为此，我们策划了"烟花三月·云游扬州——百城百媒2022春季联合直播活动"，这场直播活动和以往"4·18"直播最大的不同在于融合传播方式的创新升级。中国视协城市电视台工作委员会，共有110家城市电视台作为成员单位，扬州台是第五届会长台，我们依托中国视协城市电视台工作委员会，建立了一个"云游扬州直播工作群"，在群里向110个城市电视台发出了活动邀请函，邀请他们在4月30日当天上午9点18分同时打开直播窗口，用各城市电视台的官方App对活动进行网络直播，直播的视频信号和相关物料由扬州台提供，我们在群里还公布了直播负责人以及技术负责人的电话，以解决前期工作中的统筹和技术问题。经过精心策划和筹备，4月30日上午，"烟花三月·云游扬州——百城百媒2022春季联合直播活动"如期进行，扬州台城市频道、"扬帆"App进行融合直播的同时，武汉台、长沙台、成都台、南京台、洛阳台、贵阳台等全国100多家城市电视台也同步开展线上直播。在80多分钟的直播节目中，扬州台多名主持人在瘦西湖、平山堂、三湾公园、东关街、北湖湿地公园等十多个扬州代表性景点通过多点连线的方式展开直播，扬州的打卡地标、传统美食以及扬州三把刀、扬州非遗等特色内容悉数亮相，主持人亲自推介、亲身体验，嘉宾生动讲解，将扬州2500多年的历史与人文娓娓道来。为进一步提升直播黏性，我们还设置了互动环节，全国各地的网友只要在收看直播时扫描屏幕上的二维码就可以参与互动，并有机会获得由扬州瘦西湖景区提供的电子门票。

事实证明，这样借助外力进行融合传播的创新举措，收到了出奇制胜的效果。根据各平台提供的数据，当天的直播共吸引全国各地近千万网友收看，对于彰显扬州"一城三都"的城市魅力起到了很好的宣传促进作用。经过"4·18"这场直播活动，也让我们看到了一个融合传播的新模式。目前，我们的直播工作群已经成为城市电视台之间共建共享的平台，并联手直播了五十多场各地举办的特色活动。

三、挖掘特色文化，讲好扬州故事

扬州是一座有着 2500 多年建城史的城市，2022 年也是扬州荣膺国家首批历史文化名城 40 周年。我们要讲好扬州故事，就必须挖掘扬州特色文化这座"富矿"。利用现代传媒理念和融合传播手段对扬州文化进行梳理、包装和传播，让扬州成为记得住乡愁的好地方，是我们始终探索和努力的方向。

淮扬菜，"中国四大菜系"之一，扬州、淮安作为淮扬菜之乡，先后荣获"世界美食之都"称号。围绕把传统美食文化发扬光大这个主题，经我台和淮安台共同商议，两地广电媒体联手策划了《淮扬味道》系列短视频项目。该项目的特点是双城联动、双屏互动、互通共享，计划拍摄 100 集，由扬州台和淮安台各制作 50 集，扬州台制作《淮扬味道》之《寻味扬州》，淮安台制作《淮扬味道》之《寻味淮安》。两地制作的短视频分别在扬州台和淮安台的电视频道播出，也同时在两台所属的官方 App 进行推送，供网友点播。在内容呈现上，两地电视人聚焦两地共通的特色食材及菜品、两地淮扬菜大师的精湛技艺、两地的餐饮老字号以及淮扬菜文化等主题，从不同视角展现淮扬菜的独特魅力。2022 年 5 月 1 日，《淮扬味道》正式上线。《寻味淮安》第一集介绍的是当地百姓餐桌上的常备菜——蒲菜，而《寻味扬州》第一集则选取了扬州的特色野生蔬菜"洲八样"。精美的画面、精细的制作，充满烟火气的表达方式，一下子就抓住了两地观众和网友的心，让春天的滋味铺满了餐桌。这样的尝试也让我们信心更足，接下来，扬州台和淮安台还将在"世界美食之都"主题歌曲创作征集、举办淮扬菜网红主播大赛等网络营销推广活动、举办百姓最喜爱的家常菜评选、淮扬菜展示体验平台打造等多个层面联手发力，让淮扬美食文化得以弘扬和传承。

扬州传统文化积淀深厚，"非遗"种类丰富。目前，扬州有联合国教科文组织"人类非物质文化遗产代表作" 3 项，国家级非遗代表项目 20 个，省级非遗代表项目 61 个，市级非遗代表项目 231 个。对非遗文化，我们认为，在日常宣传、活动宣传的基础上，我们还可以用一种更独特的视角、更符合传播规律的方式进行系统反映。经过精心谋划，我们推出了一档沉浸式融媒体季播节目《运河扬家匠》，通过扬州广电 20 位主播向 20 位非遗大师拜师学艺的方式，对扬州地区的非遗项目进行集中展示。节目重在一个"新"字，呈现方式有创新、传播手段有创新、节目形态也有创新。20 位主播通过拜师学艺、行走采风、新媒体发布、情境快闪、现场主持、线上带货等手段，走遍了扬州的运河沿线，体验了非遗文化，感受到了匠人匠心，也让抽象的非遗文化活了起来。结合新媒体特点，节目还积极尝试跨屏传播，现场不设观众席，引入"云观众"概念，参与观众可以在线通过摄像头连接到节目中，实时向非遗大师提问，也可以设置问题考验主播，在节目推进过程中，"云观众"既是节目的见证人，也是节目演进发展的参与人。同时，我们还将节目中生动有趣的内容制成短视频在手机端发布。例如，国家级非遗富春茶点制作技艺的徐永珍大师制作的"千层油糕"到底有多少层？世界级非遗扬州剪纸大师张秀芳是如何剪出梅、兰、竹、菊的？栏目还为非遗大师开设抖音号，使其参与到主播直播中推介扬州非遗。年届七旬的杨明坤是国家级非遗扬州评话传承人，他的抖音号"皮五爹爹"的粉丝量在短时间内就超过 6 万人，充分彰显了扬州非遗的魅力。《运河扬家匠》栏目推出后，取得了较好的传播效果，平均收视率数据为尼尔森 10.33、索福瑞 18.21，位居扬州本地自办节目收视率前列。"扬帆"App 平台上，节目共收获 163 万次的点击转发量，在本地的观众和网友当中掀起了"非遗热"。

谱写新时代新篇章，是新闻媒体的职责使命。"扬州是个好地方"，有着得天独厚的新闻资源，作为地方电视媒体，我们必须始终保持人民情怀，围绕中心工作、聚焦百姓生活，深入挖掘好地方好故事，宣传地方改革发展的成果。只要我们具备全媒体思维，适应分众化、差异化传播趋势，遵循新闻规律、创新传播方式，就可以将我们精心制作的新闻和文艺作品传播、推送给更多用户，从而在融合传播中提振和拓展传统媒体的影响力，让主流声音牢牢占领舆论场，让主流媒体抢占舆论制高点。

（作者单位：扬州广播电视台）

"S-O-R"模型和SWOT分析法在活动案例中的应用

——以扬州广电《钥匙博物馆》为例

邢勇强　　汪　涛　　王浩宇

媒体的发展日新月异，媒体的竞争甚嚣尘上。但活动营销一直是媒体经营的重要抓手。笔者发现，在过往很多的活动案例中，项目负责人更加注重对宣传内容的策划和活动流程的把控，而缺失了对活动甲方的客观分析。这就导致，宣传的针对性不强，活动效果欠佳，事倍功半。

而扬州广电在近年的活动营销过程中注意到了这一点的缺失，继而在活动的谈判和前期策划中加强了对甲方的调研和分析，然后根据分析结果来开展下一步的工作，在实际操作中取得了一定的成效。2020年四季度执行的活动《钥匙博物馆》就同时应用了"S-O-R"模型和SWOT分析法两个工具从不同的维度来进行分析，从而使得活动的经济效益和社会效益都取得了一定的收获。这个案例在2021年10月举办的第五届全国广播超级碗优秀案例评选中获得了最高奖——十佳案例奖。这也是扬州广电连续五年斩获十佳案例奖。

一、活动的目标及使用的方法

（一）活动目标

1.宣传项目甲方项目案名，打响品牌知晓度

2.精准引流更多有消费力的人群到达活动现场

3.通过活动设计让参与活动的人员产生购买欲望形成高效转化

（二）使用方法

1.大密度、多形式融合宣传

2.颁发有仪式感的博物馆共建人证书，吸引更多亲子家庭到场

3.通过活动动线安排，让所有人参观了高质量、高性价比的样板间，促使更多冲动消费欲望的产生，形成了高效的转化

二、活动案例核心创意

本案甲方的案名：金鑫国际KEY2城际首站。这是一个小公寓房产项

目。核心词"KEY2"的意思：公寓户型设计极为合理，买一套得两套，两把钥匙。

我们针对关键词"钥匙"，策划了一个在项目现场快闪性质的"钥匙博物馆"共建活动，只要你来捐献4把钥匙，就可以获得装帧精美的由扬州广播电视台和甲方共同颁发的博物馆共建人证书和其他伴手礼。通过这种新颖且极具仪式感的活动方式，吸引了众多家长带着孩子驱车来到项目现场参与活动，体验了项目本身的众多优势亮点。而这些家长本身就是有着一定消费能力的城市中坚力量，有能力为自己的冲动消费买单。

三、活动案例创意最终实施情况

（一）宣传期15天，活动落地30天，吸引了近万组客户到访

（二）30天内，卖出近百套小公寓

（三）在业内和媒体圈引发广泛关注和讨论

四、使用其他媒介对广告效果产生影响的营销推广手段

（一）优质图片、创意文案朋友圈传播

（二）炫酷短视频朋友圈传播

（三）主播、达人担任推荐官，提前打卡宣传

（四）整合甲方投放的其他公众号、视频号、抖音平台矩阵进行炒作宣传

五、活动案例的实施效果

（一）15天宣传收获50万元现金广告进账

（二）良好的宣传效果使得行业内其他客户投放量增加，活动后两个月的投放量同比增长30%以上

（三）形成了一个思路，"无中生有"地制造一个热点来进行有效引流和转化

把仪式感做足，未来可以复制各种各样的博物馆，前提是充分挖掘出甲方的项目特点，再寻找到有机结合的呈现形式，就能起到很好的效果。

六、SWOT分析法在本案例中的应用

SWOT分析法是由20世纪80年代美国旧金山大学的韦里克教授提出来的一个方法，它特别适用于内外部竞争环境和竞争条件下的商业态势分析。

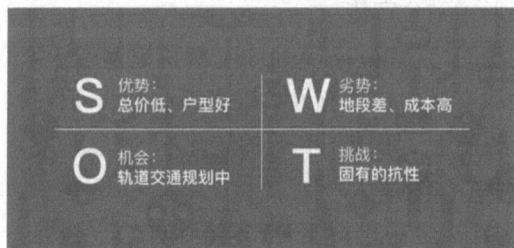

S 优势：总价低、户型好　　W 劣势：地段差、成本高
O 机会：轨道交通规划中　　T 挑战：固有的抗性

　　首先，我们分析了这个案例中的甲方，这是一个小公寓的楼盘。它的优势是总价比较低，一套小公寓的房子 50 万元左右，但是它的户型结构非常好。花 50 万元买了一套房子，它的设计是你可以拿到两把钥匙，后期使用中可以一套自己住，一套出租。

　　其次，我们分析甲方的劣势是地段比较差，成本比较高。

　　再次，我们来分析它的机会，虽然甲方所处的区位在城市的边缘地带，但是中长期轨道交通的规划中有一个站点在项目的门口。

　　最后，我们分析它的挑战，大众固有的认知是小公寓都在二手市场很难出手，升值的概率比较小。

　　通过 SWOT 分析法分析清楚之后，作为活动的承办方，我们就要清楚做这个活动要有什么目的？

　　在我们的认知里，做一个好的活动，目的就是要尽可能地放大甲方的优势。而分析优势就是要分析优势背后的消费心理。在这个活动当中，总价低、户型好是甲方的优势所在。50 万元，城市的高净值人群大概率都会有这笔资金，当他们被活动的精准宣传有效地引流到活动现场时，发现这个房子非常便宜，而且户型还挺好，就极有可能产生一瞬间的冲动消费心理。

　　如果他们现场产生这种冲动消费心理，再有甲方工作人员在旁边持续地跟进宣讲价值卖点，最后就很有可能产生消费的行为。

　　在活动中我们设置了四把钥匙换一张证书的宣传重点和亮点。每一个扬州人都有机会成为这个钥匙博物馆的共建人。

　　我们和甲方共同在证书上聚集了一个媒体矩阵，由传统媒体、强势媒体、新媒体一起来背书这张博物馆共建人的证书，使得这张证书更加具有仪式感。接下来，我们就要引流精准人群到活动现场来获取这张证书。

　　在扬州这种百万人口量级的城市，如何做到精准引流呢？我们应用到了"S-O-R"模型。它是一个在学术界已经应用了将近 100 年的理论模型。

七、"S-O-R"模型在本案例中的应用

"R"代表的是行为,活动要求城市高净值人群到现场来打卡、点赞、评论、转发、冲动购买,甚至是告诉自己身边的亲朋好友来重复购买。

"O"代表的是心理,城市的高净值人群为什么要来活动现场产生那些我们需要的行为?是什么样的心理促使他们来产生这样的行为,我们通过前人对这个模型的研究,分析寻找到了一个自我展示动机的心理。这个高净值人群需要这些行为来展示他们在城市里所属的高端阶层。

"S"代表刺激,我们给来参与活动的人一个有仪式感的身份——博物馆共建人,当他们拿到证书,可能90%以上会在朋友圈里晒出来。他们在生活中有形形色色的社会身份,但不是一个博物馆的共建人,那么他必须到现场才能拿到这个共建人的证书,所以是因为这个仪式感刺激,让他们产生了想要展示自我的动机,最后到达现场产生了一系列的行为。

八、结语

活动营销在媒体经营中有越来越重要的趋势。目前大多数的传统媒体都在经历改革和转型,在这个进程里,活动营销的持续高效性是保证转型稳定的一个非常重要的因素。同行们从体制、绩效、激励等方面都做出了各种尝试。我们扬州广电也在活动营销的领域做出了各种探索,通过总结经验,引入理论指导,在实际操作中取得了一些效果。

"钥匙博物馆"这个案例是有比较强的延伸性和复制性的。通过"S-O-R"模型和SWOT分析法等这些工具对甲方进行精准的分析,我们就能更好地从甲方的需求出发去设计活动的流程、宣传的内容、引流的手段、转化的方式等。未来,我们可以继续做"声音博物馆""味道博物馆""回忆博物馆"等很多形式的博物馆。

(作者单位:扬州广播电视台)

把握"新闻＋政务服务商务"创新着力点

——无锡广电集团推进媒体融合发展

邓雁京

自党中央提出媒体融合发展以来，媒体的运营态势发生了根本性的转型。2020 年 9 月，中共中央办公厅、国务院办公厅印发了《关于加快推进媒体深度融合发展的意见》（以下简称《意见》），"新闻＋政务服务商务"已经成为清晰的战略发展路径，中央级媒体、省市级媒体和区县融媒体中心在这方面都进行了实践和探索。作为地市级媒体的无锡广播电视集团（以下简称"无锡广电"），在"新闻＋"模式上也进入了全面发展的轨道，本文试就其中的一些要点、难点做出解读。

一、综合传播能力建设，决定"新闻＋"的高度

"新闻＋政务服务商务"对"十四五"时期的媒体融合发展和全媒体建设提出了更加现实的挑战。要达成政务、服务、商务与新闻的互生共荣，关键是看媒体综合传播能力，这是基础和前提。没有综合传播能力的媒体，无法谈"新闻＋"。

媒体传播力主要由以下几个关键因素来决定。一是覆盖面是否广。无论哪一代、哪一级媒体，覆盖面广都是孜孜以求的目标。对正处在转型期间的传统媒体而言，这点还没有得到很好的解决。"我说你听"的传播格局已完全被颠覆，出现了"人人都有麦克风"的局面，若在新媒体的布局、技术、打法上跟不上发展趋势，就会出现"渠道"堵塞现象。二是精准到达是否实现。不分市场、老少咸宜，一张"菜单"式的传播效果日益式微，分众传播、圈层化传播才是正道。三是有效传播是否尽如人意。播出的内容是不是有点击量，是不是能影响公众舆论？这些都要考虑。

当前，媒体传播力面临的主要挑战来自新媒体平台的构建和内容生产的话语体系。主流媒体在内容传播上有品位、魅力、深度、高度等诸多方面的优势，

这几年内容生产的话语体系在逐步改善，受众对优质内容的需求也在大幅上升，因而我们自有新媒体平台如何构建和优化，如何形成梯度化、分众化、全覆盖的传播网络，是值得花大力气研究和探索的。

无锡广电在打造自主可控平台上，正在推进实施以"无锡博报"为核心的新媒体矩阵工程，取得了较为明显的效果。

其一，以客户端为"主体"，实现传播规模效应。无锡广电正加快建设以"无锡博报"为核心品牌的新媒体矩阵，将其打造为区域新媒体头部平台、媒体深度融合发展示范平台，以全面提升无锡广电宣传阵地的传播力、影响力，确立了以客户端为发布"主体"的新媒体传播路径，以进一步体现规模效应。

首要工作是对内部两个自有客户端进行合并更名，在平台构建、内容生产、经营运作和品牌形象等方面进行重组，形成平台化拳头产品。无锡广电"智慧无锡"客户端起步早，用户规模大，一度被规划为无锡智慧城市建设的主入口；"无锡博报"客户端以时政报道为核心定位，拥有一批忠实用户，特别是在"新闻＋政务"领域拥有较高品牌影响力。2021年下半年，无锡广电下决心将两个客户端进行合并，集"无锡博报"的品牌优势与"智慧无锡"的用户规模优势于一体，全力打造新"无锡博报"客户端，将其建设成为本地用户覆盖率达40％以上的区域新媒体头部平台，实现整合后"1+1 ＞ 2"的效应。

其二，以微信号为"两翼"，形成互动传播格局。推出"无锡博报生活"微信公众号，更多关注民生新闻报道，与现有"无锡博报"微信公众号（侧重时政新闻报道）一起，为客户端插上轻灵机动的左右两翼，比翼齐飞，形成良好互动。"无锡博报"（包括微信公众号和视频号）成为微信头部账号，粉丝数突破100万，WCI指数在全省同类型账号中排名前三。

其三，多个新媒体协同，构筑交错传播矩阵。新媒体平台间打"配合"，增强团队协同。在加快形成以"无锡博报"客户端为主体、"无锡博报"微信公众号（时政、生活）为两翼的领衔矩阵基础上，把集团（台）内太湖明珠网、东林论坛、"无锡电视"和"无锡交通广播"微信公众号等其他重点新媒体列入协同平台，将其明确为重要信息梯次宣推平台，使无锡广电在新媒体端的传播力多点爆破、梯次释放，产生集束效应。

当然，"新闻＋"的基础是要做好新闻，无锡广电在全力打造"无锡博报"新媒体核心矩阵的同时，全力以赴做好内容一体化生产，以集团总编调度会为统领，以"无锡博报"客户端为首发平台，以新闻中心为生产龙头，统筹协调广播电视全媒体新闻资源，生产本地原创新闻，尤其是适合新媒体端推送的短视频作品。优质的原创内容和规模化、矩阵化的新媒体平台，成为综合传播力建设的两个重要方面。

二、聚合各种政府资源、社会资源，体现"新闻 +"的广度

2019 年 1 月 25 日习近平总书记在中共中央政治局第十二次集体学习时的重要讲话中明确指出："媒体融合发展不仅仅是新闻单位的事，要把我们掌握的社会思想文化公共资源、社会治理大数据、政策制定权的制度优势转化为巩固壮大主流思想舆论的综合优势。"[①]

这种聚合优势如何转化、如何获得？关键在于找准着力点，在于构建媒体与用户的强关系，即增强黏合力。无锡广电通过内部组织架构的调整、新媒体平台的建设、生产流程的重构、配套机制的创新建设，锚定着力点，拓展"新闻 +"的深度。

（一）千方百计链接、覆盖更广泛的政务资源

媒体平台做大做强，离不开政务服务这个巨大的资源宝库。用户黏性就是用户的信赖、依赖和期望程度，主要由品牌忠诚度、信任度和良性体验等构成。无锡广电持续把"无锡广电 第一传媒"和"无锡广电 领航旗舰"的品牌打造列为第一项重点工作，贯穿全年、持续深入推进，全面提升无锡广电品牌的吸引力和公信力。在此基础上，成立区县融媒体中心，新闻采编力量从城区下沉至各区（县），增加对无锡八个区县版块的融媒体新闻报道，加大区县版块根植力度，与各个版块的联系互动达到近年来的新高度。正在改版升级中的新"无锡博报"以博报融合号的形式，邀请区县、镇街政务新媒体入驻"无锡博报"，实现"无锡博报"在无锡各县区的全面覆盖，由此全方位构建主流舆论阵地，千方百计链接更广泛的政务资源，全面提升"新闻 + 政务"的拓展空间。

主流新闻媒体的融合发展不仅体现在传统媒体的新闻宣传功能上，而是要整合各种社会资源、参与社会治理、提供社会服务。换言之，要把社会保障、卫生健康、教育交通、文体旅游等社会公共资源聚合到我们的平台上，要把政务服务、各类产业、商业消费等社会治理大数据聚合到我们的平台上，还要把百姓意愿与舆情、党委政府与百姓的决策互动、政策宣传、执行情况等数据也聚合到我们的平台上。这不仅是上流媒体在媒体深度融合发展中应该承担的社会责任和义务，更是自身平台做大做强的需要。

为此，无锡广电"开门办广电"，广泛邀请机关、企事业单位、社会各界人士参观交流，加强与市委、市政府各部门、重点单位、客户的联系，开启集团（台）与政府部门、企业客户合作新模式，一批重大项目实现转型，聚焦主业、轻装上阵。

---

① 习近平：《加快推动媒体融合发展 构建全媒体传播格局》，《求是》2019年第6期。

（二）善于发挥建设性舆论监督的公信力和影响力

广电媒体在政治、经济信息方面的采访和发布具有公信力和垄断性。如何通过这种独特的能力和优势来提升传播力、影响力？无锡广电的主要做法是整合广电舆情监督、帮忙服务类栏目，形成合力和闭环，成为为民服务、答疑释惑的窗口，形成闭环式完整的互动体系、舆情沟通反馈机制。《一访定心》是无锡广电创办的一档监督服务栏目，以"政府关心、百姓关注、应当解决、可以解决"为选题标准，记者、主持人以"志愿者""红娘"身份下基层，走到群众身边，发挥媒体民生服务和舆论监督功能，促进政府、媒体、百姓间的良性互动，创新建立起建设性舆论监督机制。目前，已经形成以重点电视栏目《一访定心》为引领，集合网络端东林论坛、电视《阿喜帮忙》《第一看点》、广播《作风面对面》《大李小李有道理》《一炮双响》等栏目，组成建设性舆论监督的媒体矩阵，对舆情进行跟踪闭环，提升广电公信力、美誉度。同时，加强与网信办、信访办等部门的合作力度，从上到下，加大问题的重视程度和解决力度。

（三）不断守正创新，持续改进内容和形式手段

广电媒体集中了区域内优秀的新闻人才，受众熟悉的播音员、主持人、记者、编辑，是一群"自带流量"的优质资产，长期以来积淀了很高的品牌认知，经过多年的融合发展，建立了完备的媒体传播矩阵。然而，在网络时代尤其是移动互联网时代，以上的传统优势并不是享用不尽的"红利"，被影响的人群也在逐渐分化、弥散，"官媒"的身份并不能一成不变地转化成充分的传播力和公信力。我们的平台必须不断守正创新，通过持续改进内容和形式手段，增强媒体的用户黏性。

用户需要帮助的时候，心情是急迫的，行为目的性是非常明确的。当通过媒体的服务获得帮助的时候，用户的感激情绪是不言而喻的，黏性由此产生。上情下达、下情上达，主流媒体是为企业、为社会、为百姓提供"新闻＋政务服务商务"的综合平台，更是在新时代服务治国理政的重要平台。

三、发挥自身优势，在垂直领域体现"新闻＋"的深度

媒体融合发展是大方向，具体路径和做法都在与时俱进，从最初的仅仅是新闻宣传传播形式的改革，到"新闻＋政务""新闻＋服务"，逐步向纵深发展。中办、国办下发的《意见》不仅明确了主流媒体的党性原则，更肯定了"商务"的重要性："要发挥市场机制作用，增强主流媒体的市场竞争意识和能力，探索建立'新闻＋政务服务商务'的运营模式，创新媒体投融资政策，增强自我造血机能。"[①]

---

① 《中共中央办公厅 国务院办公厅印发〈关于加快推进媒体深度融合发展的意见〉》，http://www.xinhuanet.com/2020-09/26/c_1126542716.htm。

从近年的实践情况来看，高层管理者和各媒体都已经形成了一致的结论——自我造血机能是主流媒体融合发展的基础，让市场机制在全媒体建设中发挥作用，不仅是应该的，而且是完全可以做到的。

为什么说完全可以做到？因为包括广电在内的传统主流媒体完全能够把自身公信力和品牌优势转为"专业化"优势。广电媒体必须彻底改变自身在观念、体制、机制、人才等方面与市场脱节或不适应市场的状况。扬长避短做好"新闻＋商务"，应该成为地市广电媒体重点解决的问题。

现代商务需要专业的服务商，有其内在的逻辑。网络传播时代最重要的特征是传播途径和受众的多样化，人们的时间和精力总是有限的，每天也只能关心自己感兴趣的信息，我们必须为用户提供越来越专业化的服务。研究表明，信息越是有精准的人群定位，传播的效果越是呈现正向扩大趋势，也就是说，圈层化传播的效果更好、更稳定。为此，无锡广电近年来围绕专业化深耕垂直领域，进行了一系列的实践探索。

2018年底，第一次推出"百室千端 智慧联盟"融媒体项目，在内部广发英雄帖，员工可以围绕兴趣特长自由组合，建立媒体人工作室。经过层层选拔，最终确立13个媒体人工作室。此项目入选全国广播电视媒体融合典型案例。2020年8月，"登攀创新峰"直播带货PK赛举行，标志着无锡广电向MCN运营升级。与此同时，有序试水直播带货，进一步比拼创意性、规模化和变现能力，从单一内容输出走向品效运营合一。无锡广电"锡有MCN"获评2020年度江苏省广电媒体融合典型案例。

2020年11月至2021年10月，无锡广电"乘峰破浪"KOL超级联盟赛举行，全力打造KOL，即"关键意见领袖"，进一步解决在垂直、细分领域的"权威"度、号召力难点，进一步推动内容与营销整合的"第三次跨越"，打造了七大KOL矩阵：美食、家庭亲子、房车、旅游、体育竞技、生活和文艺矩阵，形成了无锡地区人气旺、交互性强、服务功能优的"圈子"。通过矩阵化培育，适配不同类型活动代言、宣推，将广电主持人这一独特优势经过新媒体培育和包装后，适应媒体运营的变化需求，成为撬动无锡广电各平台媒体运营的新品牌。赛事期间，无锡广电与多家企事业单位、知名品牌联动，积极融入商业活动、品牌植入以及直播带货的实践，为探索新媒体营销协作模式积累了宝贵经验，共撬动营收达1053万元，其中无锡太湖金秋购物节单个项目营收超300万元，并与无锡市商务局、市农业农村局以及多家无锡市知名企业签订了2021—2022年度合作框架协议。

"新闻＋政务服务商务"既是挑战也是机遇。媒体要做到真正的转型，建构起良好的发展生态，必须在平台建设、增强黏性和专业化营销等重要领域发力。媒体融合要向纵深发展，就必须具备完善的造血机能，有了造血机能，才能保证主流媒体传播力、引导力、影响力、公信力"四力"的提升，才能更好地坚守舆论阵地，全面提升"竞争力"。

【作者单位：无锡广播电视集团（台）】

县级融媒体新闻主播转型与培养路径探析

——以浙江慈溪市融媒体中心为例

李 红 邱 晨

2018年8月，习近平总书记在全国宣传思想工作会议上指出："要扎实抓好县级融媒体中心建设，更好引导群众、服务群众。"[①]高屋建瓴地指明了我国县级融媒体中心未来的发展方向和着力点。目前，我国的县级融媒体建设已经从最初的机构重组、阵地建设阶段过渡到了功能拓展和服务升级阶段，县级融媒体在媒体传播和社会治理等方面的定位特色进一步明晰，职责功能进一步完善。然而，县级融媒体的人才队伍建设仍然相对滞后，国内相关研究也不多见。县级融媒体如何结合自身特殊的定位职能以及现实条件走出一条人才队伍建设特色之路，成为政府、业界、学界十分关切的问题。

慈溪市是东南沿海浙江省宁波市下辖的县级市。近年来，慈溪市融媒体中心不断探索新闻宣传与政务服务相结合的创新建设路径，实现了基层宣传"最后一公里"向"最后一米"的有效延伸。曾经深耕传统媒体的新闻主播也从"大屏"转战"多屏"，向融媒体主播转型。本文以慈溪市融媒体中心为例，从角色定位、技能素养、培养管理等方面探讨县级融媒体新闻主播在媒体融合时代转型与培养的路径，以期从人才培养角度为进一步建强用好县级融媒体中心做出有益探索。

一、县级融媒体的建设背景与功能定位

（一）建设背景：优化布局，整合资源

诞生并成长于"四级办媒体"背景下的县级传统媒体，在新的时代环境下面临规模体量小、资源平台分散、职能定位单一以及传播影响力弱等困境。因此，县级融媒体建设要以互联网技术为支撑，运用底层逻辑整合县域媒体资源，

---

① 《习近平在全国宣传思想工作会议上强调 举旗帜聚民心育新人兴文化展形象 更好完成新形势下宣传思想工作使命任务》，《人民日报》2018年8月23日。

优化媒体平台布局，进而发挥县域媒体合力，提升正面宣传效力，拓展县域媒体社会服务力。

慈溪市融媒体中心成立于 2019 年 6 月 28 日，将原有的慈溪日报社、慈溪广播电视台进行了归并整合，新设 21 个部室和 17 个融媒体分中心，拥有数字电视活跃用户 24.5 万人，报纸日发行量 3.8 万份，新媒体粉丝 200 余万人。此后，进一步整合了市域内相关政务信息网站、"两微一端"、户外大屏等信息平台，打造城市大脑、智慧社区、"雪亮工程"等服务平台，逐渐建成了"传播＋政务＋生活"的媒体服务功能矩阵。

（二）功能定位：上情下达，服务百姓

秉持差异发展、协同高效的建设原则，在全媒体传播体系中，县级融媒体主要承担信息上传下达、基层社会治理、联结服务群众等职能。不但要实现新闻信息枢纽功能，让党的方针政策、国家大事小情高效快捷地"飞入寻常百姓家"，还要发挥服务特色，成为提供本地政务商务生活服务的中枢平台。

依托 App、微博、微信等多元平台入口，慈溪市融媒体中心近年来一方面立足本土资源优势，生产出一批充满烟火气的地域性新闻产品，反映了民众呼声，回应了民众关切。另一方面，通过提供政务公开办理、公共资源使用、商业体育场馆预约等多元服务，增强了政府职能与人民生活的沟通联系，促进了当地社会的良性运转和社会共识的达成。

二、县级融媒体新闻主播面临的挑战

（一）角色多、工作杂，挑战增强

县级融媒体多功能、多元化发展的现实需求，对从业人员的业务技能提出了更高的要求。新闻主播也从以前的单纯播报为主，开始更多地参与新闻产品的全流程制作。以慈溪市融媒体中心为例，中心有五位新闻主播，每周实行两两轮岗制。在没有播出任务时，还要深入基层一线采集新闻，编辑制作新媒体产品。从新闻的生产到播出，新闻主播需要在全链条的各个环节发挥作用、承担任务，这对新闻主播的综合素质与能力都是一种考验。[①]

此外，新闻主播还承担了大量的热线接听工作。例如，2021 年 1 月，慈溪市融媒体中心发起"留在慈溪过大年"大型融媒体行动，新闻主播春节期间坚守在热线旁，征集市民的微心愿，普及防疫知识，号召市民"非必要不返乡"。在这些工作中，新闻主播充当了百姓的"好帮手"角色，切实体现了县级融媒体服务百姓的定位特色。然而，也确实增添了新闻主播的工作压力，增强了新闻主播工作的挑战性。

---

① 刘婷：《融媒体语境下县级媒体主持人竞争力探讨》，《青年记者》2019年第8期。

（二）技能旧、融合慢，风格固化

在融媒体时代，媒介日渐趋于移动化、社交化、智能化，融媒体新闻产品也趋向碎片化、互动化、直播化，从而对新闻主播的播音理念、播音风格也提出了新的审美需求。新闻主播如果对新的媒介生态认识不足，仍然囿于传统媒体的思维和观念，仍然以专业的"播报员"面目出现，仍然严肃死板地"念稿子"，就很难与受众在新媒体平台产生交流感和互动感，很难和受众产生情感共鸣。此外，从业人员身份角色的全媒体化和内容生产机制的融合化，也给新闻主播的角色定位带来了新的挑战。从单纯的播音员到记者、编辑、策划和主持人，身手全面、一专多能已经成为新时代的新要求。

（三）老人多、新人少，人才短缺

人才短缺是困扰当下县级融媒体发展的共性问题。县级融媒体以实现多元服务功能为发展目标，也必然需要网罗各方面人才。从大众传媒向社会综合服务体转型过程中，成长于传统媒体环境下的老员工不仅需要学习新媒体知识技能，还应了解和熟悉营销管理、社会服务等新业务领域。此外，受传统的体制机制所限，不少县级融媒体缺乏激励和竞争机制，员工缺乏主动学习的动力，更新换代也相对较慢。在人手短缺的情况下，新闻主播不得不身兼数职。虽说给员工提供了一专多能的成长土壤，但由于日常工作压力较大，叠加缺乏系统专业的学习培训，员工大都处于"摸着石头过河"的状态，成长速度较慢，人才缺口短时间内难以填补。

三、转型与培养路径

对标对表县级融媒体中心的发展目标与要求，结合人才队伍的现实状况与实际困难，县级融媒体新闻主播首先必须不断提升自身政治素养，同时在角色定位上积极转型，学习新本领，掌握新技能。县级融媒体管理者也必须加大对新闻主播的培养和支持力度，与新闻主播心往一处想、劲往一处使，携手并肩提升县级融媒体中心新闻主播队伍建设水平。

（一）武装思想：多元途径提升政治素养

县级融媒体的首要职能是做好主流声音的上情下达工作，在地方基层进一步巩固宣传思想文化阵地，壮大主流思想舆论。新闻主播作为党的新闻舆论工作者，必须坚持党性原则和马克思主义新闻观，增强脚力、眼力、脑力和笔力，用好自己的专业特长和优势，做好主流价值观的基层宣传员、引导员和服务员。

首先，必须不断加强学习，认真学习党的路线方针政策，努力提升自身政治素养和理论水平，不断磨砺职业奉献精神。这样才能切实增强使命感和责任感，在繁杂多样的工作中始终保持政治定力和清醒头脑，始终将自己的工作诉求与党和国家的根本需求联系起来，从而以忘我的工作精神投身于党的新闻事业。

其次，必须深入群众和基层，在新闻工作的一线深入了解国情、社情和民情，拓宽新视野，掌握新知识，练就新本领。只有深入基层一线，才能细致了解基层群众所喜欢的理论宣传形式和方法，才能通俗化、生动化、典型化、具象化地播报和传递党的声音，而不是仅仅满足于"满堂灌"和照本宣科。

最后，必须积极参与地方党政建设活动，从"顶层"深入了解地方政治组织建设的新方略，切身感受基层治国理政的新成效，从而"深入理解、具体感受、形之于声、及于受众"，不断提升新闻播报水平和效果。近年来，慈溪市融媒体中心积极鼓励新闻主播走出演播室，在慈溪市两会、党代会现场，承担现场播报或宣传工作，在多元化、多场景的实战锻炼中，实现政治素养和播报技能的双提升。例如，在重大会议宣读党的方针政策时，要着重体现宣传工作的权威性和严肃性，在播读时要求使用较大的口腔控制力度，发声位置较高，咬字较强，气息控制平稳有力，从而产生语言铿锵有力的效果。

（二）提升技能：能文能武打造全能主播

在全媒体时代，新闻主播必须积极适应媒体新环境，满足受众新需求，彻底地向传统单一的"播报员"身份告别，在有声语言的传达中融入更多的感情，表现更强的个性，增加更多的活力，从而使得新闻信息的传递真正做到入耳、入脑、入心。这种身份角色的改变有时候是与节目形态的创新转型相辅相成、相互助益、相互激发的。以近年来流行的《主播说联播》短视频栏目为例，对严肃内容的个性化表达必然要求新闻主播的说话方式和语言风格都做出相应的调整，从而与节目风格相互配合，相得益彰。此类节目实际上开辟了一条以主播为中心的创新路径。新闻主播选择亲和的语态、多元的情感基调、网络化的话语风格为节目增添了贴近性、趣味性，能够普遍被年轻群体理解和接受，扭转了公众对严肃的时政类新闻节目的看法，收获了业界和学界的一致好评。[①]

慈溪市融媒体中心也积极打造同类节目，推出了方言类民生新闻节目《金黄道地》，报道百姓吃穿住行等新闻，在当地深受观众喜爱，尤其受到中老年人的追捧。在这档节目中，主播不仅能"播"，而且会"说"，因为两位主播的"对谈"是节目内容中重要的一部分，话家常、聊生活的亲切感和贴近性也正是节目获得成功的重要法宝。这就对主播业务技能转型带来了全新挑战，不但需要胜任多种风格定位，还需要在不同角色身份间快速切换。更重要的是，新闻主播必须把握好"度"，做到活泼但不失稳重，有个性但不失分寸。

除了在播报主持风格方面的转型，县级融媒体新闻主播还必须全面融入全

---

① 强月新、梁湘毅：《短视频新闻评论话语方式的四种转向——以央视〈主播说联播〉为个案分析》，《现代传播（中国传媒大学学报）》2021年第4期。

媒体时代内容生产模式，积极拥抱新媒体，努力将自身打造为集策划、采编、主持于一身的全媒型主播人才。①相比于普通记者编辑，新闻主播往往更具形象优势和个性魅力，因此可以通过打造个人品牌实现网络个性化传播。新闻主播特点鲜明、丰富多元、积极向上的个性特征、兴趣爱好、特长技能等，都可以转变为内容生产的孵化器和动力源，从而有效提升县级融媒体内容生产的主题丰富度、品牌辨识度、定位精准度，进而在海量信息的新媒体传播环境中找准细分赛道，赢得更多受众。因此，面对县级融媒体普遍面临的原创内容少、节目翻新慢等困境，以"人"为创意源泉的内容生产机制可以成为解决途径之一。

慈溪市融媒体中心近年来积极拓展新媒体宣传阵地，同时，大力支持和积极鼓励新闻主播、编辑记者到新媒体平台发挥作用，成为网络内容生产的主心骨和顶梁柱，以个人力量推动节目生产创新。例如，慈溪市融媒体中心有位新闻主播是健身爱好者，并且颇具专业水准，于是，中心就支持和推动该主播打造了一个以健身为主题的短视频内容版块，并在中心微信公众号"慈晓"上推出，向广大观众讲解健身要领、分享健身经验、推介健身方式，受到当地广大健身爱好者的欢迎。而且，这位主播也树立了"健身达人"的形象，不但知名度得到提升，还有效带动了其所参与的其他节目的影响力。

（三）培养人才：齐抓共管提升人才质量

人才短缺问题是制约县级融媒体中心进一步做强的重要因素。②除了新闻主播自身需要积极主动不断提高自身能力和修养，媒体领导管理部门也必须树立强烈的人才意识，向选好培养好用好各方面人才要发展，实行更加积极、开放、有效的人才引进和培养措施，让人才成为县级融媒体中心创新与可持续发展的重要支撑。

无论是对播音主持素养的提升，还是对向新媒体知识领域的拓展，加强培训都是人才培养效果立竿见影的重要措施。近年来，慈溪市融媒体中心高要求、大力度、强举措狠抓培训工作，全方位努力提升新闻主播的业务素质。例如，积极支持新闻主播"走出去"学习，组织主播团队前往相关行业组织和新闻传媒高等院校进行业务学习。同时，也加强"请进来"力度，依托宁波市主持人协会等行业组织和机构邀请中央媒体和省市播音主持专业人士来中心进行授课和业务指导，开展"传帮带"工作。

此外，慈溪市融媒体中心还积极尝试"教学相长"育人理念，为当地初高中生提供播音主持艺考培训服务。在对未来新人进行培训的过程中，新闻主播

① 刘嘉：《融媒体背景下电视新闻主播职业素养的提升》，《当代电视》2018年第2期。
② 谢新洲、黄杨：《我国县级融媒体建设的现状与问题》，《中国记者》2018年第10期。

不但对播音主持相关理论知识进行了系统总结和学习，也借机对自身的知识能力储备进行了查漏补缺和更新完善，有力提升了业务水平。

总之，建强用好县级融媒体中心始终要以人才为宝，着力加强人才队伍的能力复合化、定位多元化和培养路径创新化建设。新闻主播作为县级融媒体中心人才队伍的重要组成部分，要以县级融媒体发展目标作为自身素质能力转型和提升的努力方向，紧跟融媒体时代人才队伍发展建设最新趋势，化被动为主动，突破角色桎梏，适应环境变化，不断提升政治素养，积极更新和拓展知识本领，努力成为媒体融合背景下基层集新闻播报、节目制作和民生服务于一身的多面手。

（作者分别为：浙江慈溪市融媒体中心主任播音员；中国传媒大学电视学院硕士研究生）

《孙端之战》：新时代"枫桥经验"的艺术化呈现

李　晓　　季志良

浙江省第十五届精神文明建设"五个一工程"获奖作品日前公布，广播剧《孙端之战》入选。该剧以绍兴市越城区孙端街道的抗疫保卫战为基础进行艺术创作，以新时代"枫桥经验"为切入口，用艺术形式演绎还原孙端整村隔离以及率先复工复产，最终打赢抗疫保卫战的艰难过程，生动演绎了"中国之治"的基层故事。笔者均系该剧主创人员，本文从四个维度分析论述该剧的创作特色。

一、题材的现实性：文艺作品感应时代脉搏

2022 年是毛泽东同志《在延安文艺座谈会上的讲话》发表 80 周年。这篇光辉著作提出，人民生活中本来存在着文学艺术原料的矿藏，它们是一切文学艺术取之不尽、用之不竭的唯一的源泉。[①] 2014 年 10 月 15 日，习近平总书记主持召开文艺工作座谈会并发表重要讲话指出，我国作家艺术家应该成为时代风气的先觉者、先行者、先倡者，通过更多有筋骨、有道德、有温度的文艺作品，书写和记录人民的伟大实践、时代的进步要求，彰显信仰之美、崇高之美。[②] 习近平总书记的重要论述和毛泽东同志《在延安文艺座谈会上的讲话》精神一脉相承，为新时代文艺作品的创作指明了方向。广播剧作为广播文艺的重要门类，因其流程相对简单、制作快、时效强等特点被誉为广播文艺的轻骑兵，在及时反映现实生活、记录时代进步、鼓舞人民群众斗志中理应发挥积极的作用。

2020 年初，新冠疫情突然来袭并迅速蔓延。1 月 24 日，有着大批武汉经商返乡人员的孙端街道（以下简称"孙端"）新河村确诊了首例新冠肺炎病例，引起省、市、区三级政府高度重视。孙端顿时成为绍兴乃至浙江抗疫的最前沿。

---

① 毛泽东：《在延安文艺座谈会上的讲话》，http://www.chinawriter.com.cn/2012/2012-05-11/127030.html。

② 习近平：《在文艺工作座谈会上的讲话》，《人民日报》2015年10月15日。

继浙江省 1 月 23 日率先在全国启动重大突发公共卫生事件一级响应之后，1 月 26 日，孙端在全省率先对新河村等 3 个行政村分别进行整村隔离，一场没有硝烟的抗疫保卫战就此打响。

至 2 月 12 日，整村隔离陆续解除，孙端抗疫保卫战取得圆满成功。当天，时任浙江省委书记车俊在赴绍兴督查疫情防控和复工复产工作时，对孙端的整村隔离工作给予充分肯定。当时陪同督查的浙江省卫生健康委主任张平告诉车俊书记，孙端整村隔离在浙江省是第一例。车俊书记要求绍兴市把孙端整村隔离的做法作为公共卫生应急事件的特殊案例来研究。后经清华大学专题研究论证，孙端整村隔离抗疫，在全国也是首例。

面对新中国成立以来绍兴发生的最大一次疫情，主流媒体如何真实记录并加以生动还原，我们认为广播剧是最合适的。2020 年 2 月下旬，孙端整村隔离结束不久，绍兴市新闻传媒中心便开展广播剧《孙端之战》的筹划，决定成立一个创作团队，与属地党委政府和区委宣传部联合，并邀请总台央广广播剧专业团队共同创作。此后，主创团队经过 5 次深入采访，历时大半年，9 次大幅修改，完成剧本创作。该剧当年 10 月底完成录制并在总台央广首播，在当地广播电台进行了多轮播出，还通过"学习强国"学习平台和蜻蜓、喜马拉雅等新媒体平台推送，获得广泛好评。

二、主题的时代感："枫桥经验"诠释"中国之治"

好题材是出优秀作品的基础。对一部广播剧来说，仅有好的题材，没有深刻的主题，仍然是缺少灵魂的。广播剧创作的首要任务就是要思考以什么样的主题思想影响听众的思想意识，让听众从剧情的发展中不断理解和接受主题思想的深刻含义，从听觉上的感性，经过联想和想象，转化成思想上的理性思考，并反过来促进主题思想的升华。[①]

新冠疫情暴发后，全国广播剧人以声驰援、同心战"疫"，迅速创作了一大批广播剧作品，聚焦战"疫"一线的感人故事，讴歌人间大爱。[②]绍兴创作的这部抗疫广播剧，紧扣"枫桥经验"的主题，既和时代的大主题相吻合，又有别于他人，还具有鲜明的绍兴印记。

20 世纪 60 年代，浙江省诸暨县枫桥区的干部群众创造了"发动和依靠群众，坚持矛盾不上交，就地解决"的"枫桥经验"。[③]1963 年，毛泽东同志

① 吴乙平：《构筑跨越百年时空的想象艺术空间——广播剧〈鼓岭寻梦〉想象艺术元素析论》，《东南传播》2019 年第 9 期。

② 王莹：《疫情大考与媒体深度融合背景下的广播剧之变》，《中国广播电视学刊》2021 年第 5 期。

③ 本书编写组编著《干在实处 勇立潮头——习近平浙江足迹》，人民出版社、浙江人民出版社，2022，第 181 页。

批示推广"枫桥经验"。习近平同志在浙江工作时，高度重视继承、创新和发展"枫桥经验"，指出"不断创新'枫桥经验'，必须着眼工作大局，在统筹发展中丰富新鲜内涵"。[①]2013年10月，习近平总书记作出重要指示："把'枫桥经验'坚持好、发展好，把党的群众路线坚持好、贯彻好。"[②]

"枫桥经验"最显著的特点就是抓基层、打基础，依靠广大干部群众就地解决矛盾纠纷，这非常贴合孙端抗疫的实际。此次新冠疫情是新中国成立以来发生的传播速度最快、感染范围最广、防控难度最大的一次重大突发公共卫生事件，也是对中国治理体系和治理能力的一次大考。中国之所以能在短时间内有效控制住疫情，正是依靠基层构建起的强大联防联控体系，保障了社会的正常运转。这从一个侧面展现了中国强大的社会治理能力。

2023年，我们将迎来毛泽东同志批示推广"枫桥经验"60周年。以"枫桥经验"作为《孙端之战》最鲜明的主题，既彰显了时代感，又奠定了这部广播剧在抗疫类型作品中人无我有的独特优势。《孙端之战》不仅是反映绍兴市越城区孙端街道抗疫成功的一部作品，更是对"枫桥经验"促进社会治理现代化的生动诠释。正如该剧结尾时的旁白所说——

【旁白】孙端整村隔离的成功，是浙江整体防疫战的一个缩影，也是创新发展新时代"枫桥经验"的生动实践。疫情被及时控制下来，复工复产如火如荼进行，社会逐渐恢复了正常秩序。正如习近平总书记在浙江考察谈到疫情防控工作时说："这次防控疫情，就是我们社会治理体系、治理能力建设的一次大考，而且我们之所以能够这么有成效，和我们社会管理、综合治理基础扎实分不开……"

广播剧《孙端之战》通过一个江南小镇整村隔离这个小切口，反映的是"中国之治"这个宏大主题，折射的是新时代"枫桥经验"的生机活力。

三、叙事的艺术化：交织融合扩展戏剧张力

广播剧是一种单纯用声音作为介质向人们传递信息、演绎情景的艺术形式。我国戏剧大师曹禺先生在谈到广播剧时说："广播剧的艺术家们，给听众留下了广阔的天地，使听众参与了创作。闭目静听，一切人物、生活的无穷变幻凭借神奇的语言和音乐，你不自觉地展开想象的翅膀，翱翔在奥妙的世界中。"[③]曹禺先生的这段论述，指出了广播剧的特质和创作方向，那就是要充分挖掘和运用情节设置、人物塑造、矛盾冲突等各种创作手段激发想象力，为听众的想象创造广阔的空间。《孙端之战》在各种艺术表现手段的运用上，就有其

---

① 本书编写组编著《干在实处 勇立潮头——习近平浙江足迹》，人民出版社、浙江人民出版社，2022，第181页。

② 《坚持好发展好"枫桥经验"》，《人民日报海外版》2013年10月12日。

③ 见曹禺为朱宝贺、宋家玲编《广播剧选》所作序言，中国戏剧出版社，1981。

独到之处。

（一）矛盾冲突推动剧情发展

一部广播剧要想吸引人，首先故事情节要有矛盾冲突。剧中的矛盾冲突有多强烈，解决矛盾冲突的过程有多曲折、手法有多高明，就意味着广播剧叙事手法有多巧妙，艺术感染力有多强烈。[①]

《孙端之战》一开场，在祥和的节日氛围中，突然传来疫情消息：大河村（剧中大河村的原型是新河村）出现新冠肺炎确诊病例，而这时，一边是节日里有的村民要请客、有的要出门拜年，一边是紧急疏散撤销宴席、紧急隔离阻止村民出村。强烈的矛盾冲突，瞬间把听众带入一种特定的情景当中。

实施整村隔离后，武汉回来的村民被要求居家隔离，有想不通的村民要跳楼，党员干部苦口婆心劝说。由于平时基层党建工作完善、群众工作扎实，关键时刻党员干部战斗在最累、最危险的地方，群众吃下定心丸，恐慌的情绪慢慢消散，村民从最初的抗拒到逐渐理解。本地村民和武汉回村人员之间也从相互猜忌到相互谅解，直至大家共同携手，纷纷报名成为志愿者，为抗疫做一份贡献。

剧情始终在不断的矛盾冲突和化解中向前发展，紧紧地抓住了听众的耳朵。一个个矛盾不断化解，彰显的是新时代"枫桥经验"的魅力。这样的艺术处理，既很好地吸引了听众，又形象地展示了主题。

（二）虚实结合塑造典型人物

人物是广播剧的核心，人物形象的塑造是广播剧的重点也是难点，很大程度上决定了一部广播剧的成败。《孙端之战》通过虚实结合的手法，成功塑造了一批战斗在抗疫一线的平凡的典型人物形象。

剧中的几位主要人物，如火线上任的街道党工委书记王春生、从容指挥孙端抗疫的"总指挥"以及王春生的妻子张咏梅、村妇女主任李爱群、大河村党支部书记李仁宝等，在现实生活中都有原型。该剧在创作时并不完全照搬和拘泥于原型，而是在生活原型的基础上进行了充分的艺术加工和处理。他们既有生活原型的影子，同时又是千千万万个战斗在抗疫一线党员干部、医务人员、志愿者等群体的缩影。比如，孙端出现疫情以后，直接指挥孙端抗疫的是绍兴越城区委书记，剧中"总指挥"这一形象的原型就来源于他。但剧中并没有直接以区委书记的形象出现，取而代之的是"总指挥"这一艺术形象。"总指挥"并不指向一个特定的人，一定程度上是党和政府的化身。正如该剧导演权胜所说："该剧在刻画人物时，在原型的基础上，狠下了一番功夫。一部戏通过架构

---

① 关玲：《巧构的声音 艺术的力量——第十二届精神文明建设"五个一工程"广播剧奖综述》，《光明日报》2012年10月8日。

故事把人物立起来，这是最重要的。"

（三）多线叙事谋划结构布局

该剧围绕主题思想缜密地谋篇布局，采用了中心辐射式多线叙事结构并穿插现实和历史时空交替的表现手法。

主人公王春生、抗疫"总指挥"、村干部、武汉返乡人员等干部群众同心协力，成功实施整村隔离及率先复工复产的艰难过程，构成贯穿《孙端之战》的中心叙事线。同时，依托主人公王春生及其妻子张咏梅（奋战在抗疫第一线的医务工作者）和儿子王凯（即将面临高考的高三学生）等设置多条脉络清晰的辅助叙事线。主线和辅线交替出现，互为关联、互相作用，共同推动剧情发展。

剧中大河村的邻村——小岭村——也出现疑似病例，村支书肖海河为如何进行村庄隔离犯愁。在展现这个故事时，穿插了肖海河父亲肖志光回忆 40 年前村里出现疑似麻风病人这一历史往事的情节。当时村民极度恐慌，老支书发扬"枫桥经验"，充分发动群众、依靠群众，迅速控制了混乱局面。这种时空交错的方式把"枫桥经验"的传承发扬与当下的抗疫故事巧妙地交织在了一起。多种艺术手法的灵活运用，使该剧的戏剧结构布局精巧、节奏明快、高潮迭起，极富戏剧张力。

四、元素的地域性：地方特色凸显越地风情

《孙端之战》在创作过程中除了主题紧紧围绕绍兴独创的"枫桥经验"展开，还融入大量民风民俗、地方戏曲、水乡风情等独具绍兴特色的元素。鲜明的地域性特征和乡土情味使作品具有了独特的艺术生命力。

（一）民风民俗质朴幽深

孙端是鲁迅先生外婆家所在地，也是宋代大文学家、政治家范仲淹后人集聚地之一，是一个人文底蕴深厚、民风民俗浓郁的地方。鲁迅先生的短篇小说《社戏》描写的就是主人公"我"在外婆家看社戏的情景。社戏这一极具地方特色的民俗文化样式因为鲁迅先生的小说而广为人知。在绍兴，尤其在绍兴的乡间，社戏至今仍保存着原生态的模样，逢年过节、婚丧嫁娶都能看到，尤以农历过年时节的最为热闹。疫情暴发时，时值春节。广播剧一开场，就是剧中主场景地——孙端大河村——的村民们正熙熙攘攘围坐在戏台前看社戏的热闹场景。舞台上演员精彩的演唱声、看戏村民的嬉闹声以及背景中隐约的鞭炮声，为听众营造了一个鲁迅先生所描写的具有浓郁绍兴地方特色的乡土文化场景。绍兴特有的年俗氛围扑面而来。

（二）水乡风貌别有情韵

绍兴境内河道密布，湖泊众多，一向以"水乡泽国"享誉海内外。水道纵横

的孙端更是典型的水乡城镇。村民房屋大都临水而建，水上舟船穿梭，人们的生产和生活都和水密不可分。水乡人家这种家家临水、户户行船的习性，却给突发疫情后实施的整村隔离带来了极大困扰。面对疫情封村，最初村民抵触情绪很大，有的因陆路设置了卡点出不去，就试图从水上驾船逃离。剧中就有这样一场戏：

【音效：一阵嘈杂声】

村干部：李主任，不好了，赵忠平划着乌篷船从水上离开了。

【音效：划船的水声】

赵忠平：（喃喃地）我要出去，我一定要出去。

【音效：密集划船声】

村干部：赵忠平，你快停船，前面水道已经被水上派出所封了。

【音效：快艇声、警笛声】

快艇喇叭广播：前面的乌篷船请马上停船，前面的乌篷船马上停下来……

【音效：警笛声】

剧中武汉回乡人员赵忠平划着乌篷船想从水上离开，被及时赶来的干部群众拦下。配音演员的逼真表演，加上划船声、快艇声等多种音效的综合运用，使水乡特色得到了充分展现。

（三）戏曲文化多彩缤纷

绍兴是水乡，还是戏曲之乡，拥有绍剧、越剧等五大剧种和莲花落、平湖调等五大曲种。其中，唱腔高亢激越的绍剧深受绍兴人喜爱。20世纪60年代，绍剧《孙悟空三打白骨精》进京演出，得到毛主席的高度赞扬；同名戏曲电影也曾红极一时，先后发行到七十多个国家和地区。《孙端之战》的开场社戏，就选用了《孙悟空三打白骨精》中的精彩片段。

【音效：出绍剧打击乐声、远景鞭炮声、台下观看社戏的环境音】

【出绍剧《孙悟空三打白骨精》唱段：

孙悟空：妖怪！

唐僧：纵然是妖……

孙悟空：怎么样？

沙僧：是妖就得要打。

猪八戒：伊又不是妖怪，伊是人呀！

唐僧：阿弥陀佛！纵然是妖也不准打……】

群众：好，唱得好！（热烈鼓掌）

张婶：（窃窃私语）哎，刘嫂，唱得真不错啊。

刘嫂：是啊，太有味了。

莲花落作为绍兴最活跃的曲艺种类，使用绍兴方言进行说唱，语言通俗生动，风趣幽默，深受群众喜爱。新冠疫情刚开始，绍兴文艺工作者和曲艺爱好者就创作了一大批绍兴莲花落作品，在宣传防疫抗疫的同时为百姓加油鼓劲。剧中多次出现的村口大喇叭、流动宣传车，播放的就是从中挑选的比较有代表性的莲花落作品。

此外，疫情期间，绍兴小患者与医护人员互相鞠躬，百年前感人一幕再度重现；"最萌医患鞠躬照"经绍兴媒体报道，中央级媒体大量转载，引发全国网友一致点赞。年仅 39 岁的英特集团医疗器械公司维修工程师何旭峰，一直奋战在防疫物资供应保障最前线，由于过度劳累，不幸倒在了抗疫战斗的第一线……这些绍兴抗疫期间涌现出来的具有鲜明绍兴印记的感人事例，也被巧妙地融入剧情之中。

浓浓的绍兴元素，使《孙端之战》特色更加鲜明，更接地气，更富感染力。

（作者分别为：浙江绍兴市新闻传媒中心主任编辑；浙江绍兴市新闻传媒中心高级编辑）

城市台深度融合的重点难点与对策建议

——以嘉兴台媒体融合发展为例

沈炳忠

一、嘉兴台媒体融合发展成效

自 2014 年下半年"媒体融合"上升为国家战略后，嘉兴台的媒体融合工作经过深入谋划，以"顺应大势、紧跟趋势、务实推进、有效融合"为总体思路，于 2015 年 6 月全面推进"融合发展一号工程"，台网一体化布局，多端精准化施策，实现了策、采、编、播、发的全媒体传播格局和产业发展新业态的形成。目前，媒体融合拳头产品"禾点点"客户端下载量 130 万，全年累计播发各类稿件 8 万余条，年度"10 万 +"热帖近 200 条，成为全市覆盖面最广、影响力最大的新闻客户端，也曾荣获"全国地市融媒体品牌榜"第二名等荣誉，完成了五年前提出的"媒体融合工作走在全国同类城市前列"的目标任务。

（一）体制机制不断完善，移动优先的全媒体联动传播格局基本形成

六年来，嘉兴台强调台网并重、移动优先，通过建立有效、高效的全媒体采编播发机制激发采编人员积极向新媒体平台提供更快、更多、更优的稿件。改革内容生产体制，建立全媒体新闻中心和禾点点运行中心，负责主要新闻内容的广播、电视、新媒体端的多元化生产；强化制度建设，针对全媒体新闻中心的全新工作职能和向移动端新媒体产品生产倾斜的实际，具体优化和规范岗位职责，加强对移动直播、短视频等方面的考核激励；强化日常指挥调度，实行值班总编、值班主任和广播、电视、新媒体责编联动协调指挥的运作机制，着力提升媒体融合日常运转的规范化、科学化、高效化，推动全台各部门的主动、全面、深入融合。

（二）技术支撑得到明显强化，融媒体数据中台雏形已成

始终高度重视技术保障，近年来完成了购置高清融媒体直播车、广播融媒体中心建设等更新项目。在 2021 年 7 月抗击台风"烟花"的重大突发报道中，

突破技术瓶颈实现电视信号和新媒体信号的互联互通，同样的直播内容在三个电视频道、禾点点客户端、抖音号、视频号等平台实现了长达33个小时的同步直播、一体呈现，媒体融合能力得到大大提升。经过一年多时间的紧张建设，嘉兴台全新的融媒体中心大楼已于2021年10月落成启用，大楼内新建的融媒体高清演播中心、融媒体新闻指挥中心和全媒体高清媒资管理中心三大平台，成为全市最新最强最优的融媒体指挥平台、内容生产平台和发布平台。

（三）关联产业稳步发展壮大，"新闻＋政务服务商务"的模式已见成效

"禾点点"作为嘉兴台官方客户端，在主打新闻内容服务的同时，更把民生服务功能的拓展作为增强用户黏性的重点，主动与有关部门沟通，积极开发或接入民生服务模块和智慧应用，使禾点点成为民生服务的云平台、智管家，目前已经上线智慧公交、医院挂号、社区服务、政务服务"最多跑一次"、违章查询处理等十几项服务功能模块，在便民的同时也有效激发用户的活跃度。近年，"禾点点"迅速成长为本地首屈一指的专业直播平台，2021年全年开展各类移动直播538场，成为服务当地社会发展的重要载体和重要的创收渠道之一。2018年，"禾点点"App与嘉广科技公司合作并开发推广"智慧停车"系统，目前已接入1万余个停车位信息，已建成百余个成熟的封闭式停车场，实现无感支付、ETC收费等全流程支付功能。最新上线的"禾点点优选"电商平台，以提供高性价比的优质产品为目标，努力建成本土化特色的商品优选平台。

（四）人才资源的价值挖掘不断强化，人才队伍的融合传播能力持续提升

为专业人才提供精研业务的导向和氛围，自2014年开始，嘉兴台探索建立了行政管理和专业技术人才"双通道"发展体系，在编辑记者、摄像制作、播音主持等岗位的晋升条件中，将个人的日常业务表现、年度业务创优的评价放在特别重要的位置，有效激发各业务岗位人才的主动性、创造性。为加强年轻后备干部力量的培育，2020年又特别出台《嘉广集团优秀年轻干部储备库建设及管理办法》。此外，人才培训注重"走出去"与"请进来"相融合，通过专家点对点进行业务辅导、分类别进行创优作品评析、选派到省台进行挂职锻炼等方式，努力培养出了一支政治坚定、作风优良、业务精湛的全媒体记者队伍。

二、当前媒体融合存在的困难和问题

媒体融合是一场不容回避的自我革命。对照当前推进媒体深度融合的要求，从嘉兴台实际运行的情况看，我们还存在媒体融合的广度、深度、力度和强度不够充分的问题。

（一）媒体融合的广度还不够，台内外深化融合的理念、模式和领域还有待加强

一是融合理念还不够深入。我们的媒体融合长期以推进主新闻栏目的融合为主战场，其他频道频率或多或少还存在以维护部门或栏目的微信公众号、抖音号、视频号等为第一要务的情况，把"禾点点"作为全台统一对外的最重要融媒平台加以共同维护的理念和习惯还不够深入、自觉。二是融合模式还较单一。2020年，中共中央办公厅、国务院办公厅印发的《关于加快推进媒体深度融合发展的意见》明确提出了"新闻+政务服务商务"的发展模式，目前我们在公共服务平台的打造、商务领域的开发力度都有待加强。三是融合地域有待拓展。在媒体融合的过程中，作为地市级广电媒体，过去与县市级媒体的联动协作相对偏少，媒体深度融合的多层级协作机制有待健全。

（二）媒体融合的深度还不够，新闻产品的内容创新能力和技术赋能引领作用还有待加强

在内容产品的呈现上，更多地停留在新闻资讯平台这样的初级层面，存在媒体融合简单业务化、任务化的现象，新媒体平台上呈现的新闻产品仍有信息量不够、可读性差或引导力、感染性不强等问题。在垂直内容生产上更是相形见绌，在社群运营上缺乏活力。在技术服务方面，地市台的技术支撑力量长期以保障新闻生产、传输和播出等各环节的顺利进行为主，属于被动式的安全播出保障。随着信息技术的快速发展，如何通过更先进的技术力量来反哺、引导新闻产品的生产、传输和播出越来越重要，使新闻产品的生产、传输更为高效，产品效果更为丰富、立体和生动，还缺少更有效的办法。

（三）媒体融合的力度还不够，融媒生产的效率、效能还有待加强

六年来，我们的媒体融合工作从最初的简单"相加"到后来的逐渐"相融"，日常的新闻生产既需要应付传统广播电视节目的播出，又需要以崭新的互联网产品形态在新媒体上及时刊播。从新闻生产流程来看，从预采访到现场发回动态信息、连线、客户端图文供稿，再到广播新闻和电视新闻的编辑制作，记者编辑的工作量明显增加，这就使大部分一线采编人员疲于应付，能够出新闻精品的概率大大降低。因为缺乏更有针对性、更高站位、更高水平的编辑力量，使媒体融合过程中往往重采轻编，降低了生产流程的效率和效能，也减弱了融媒体过程中各类内容产品该有的特点、特质，多元生产的产能明显不足。

（四）媒体融合的强度还不够，人才、资金、政策等保障能力还有待加强

广电媒体既要追求社会效益，又要寻求经济效益。媒体融合的本质是改革，需要方方面面的政策配套。广电媒体日常运行和迭代升级成本高，有没有高端人才的支撑、持续不断的资金投入以及相应的政策扶持关系到该地媒体行业能

否持续健康发展。对地市级广电媒体来说，由于体制机制、薪酬待遇、政策资源等各种条件的限制，很难招到理念超前、素质高端、具备前沿开发能力的技术团队，导致融媒体产品往往存在简单模仿、技术含量不高、缺少互动、用户体验感不佳等问题。同时，由于需要长期、持续地更新设备设施，容易出现发展资金短缺的问题。此外，地级台作为地方新闻单位，受到上级在内容、人事、机制等各方面的事业化管理，也要面临企业化运作，有时会产生两头受限、进退两难的处境。

三、推进媒体深度融合的对策思考

媒体融合是一场不容回避的自我革命，推进媒体融合，关键要创新理念，善于发力，敢于突破，坚持变革，实现深融真合。

（一）拓展融合广度，深化融合理念，全面形成上下联动、横向协作的融合形态

一是深化全员融媒理念。当媒体融合向着更高水平、更深层次推进时，除核心参与媒体融合的部门以外的各频道频率、各档节目作为内容的生产者、提供者，都应当摒弃以部门或栏目利益来考量媒体融合的想法，在节目内容上兼顾节目呈现和新媒体呈现；兼顾栏目或部门自有的"三微"端，并主动地在第一时间把优质内容在全台主打新闻客户端上呈现，全面形成集全台优质内容向客户端首发、快发、优发的工作理念和习惯，一体推进优质内容、优质平台和优质全媒体品牌建设。

二是拓展融媒平台功能。传统媒体大都提供的是资讯类服务，服务嫁接于整个新闻资讯的生产流程之中。而在新媒体时代，更多的服务，则基于平台的聚合属性，通过平台聚合和连接服务提供者和被服务者。市级主流媒体的用户群体相对固定，关键是"要发挥市场机制作用，增强主流媒体的市场竞争意识和能力，探索建立'新闻＋政务服务商务'的运营模式，创新媒体投融资政策，增强自我造血机能"。例如：当地企业在做大宣传、做强品牌方面的诉求依然存在，地市级媒体应主动对接企业需求，创新服务模式，可由过去的"文章打天下"走向榜单评选、品牌推广、高端论坛、专项赛事等双向互动形式。比如：可深耕健康服务垂直领域，通过运营和内容一体化模式，搭建线上健康问答平台，同时线下策划活动提供各项服务。

三是加强市县协作机制。2020年，县级融媒体中心已经实现全覆盖，而在一个市域范围内，如何实现市、县两级媒体的融合贯通，进一步壮大主流媒体的传播力和服务力？经过调研会商，我们形成了健全融媒体中心"N+1+X"协同发展机制（N指多路信息输入源头，1指融媒体中心数据中台，X指多端化多平台传播）的共识，前端以禾点点客户端为核心通道，后端以融媒体中心大楼技术平台为主要支撑，实现市县两级媒体的平台耦合、能力共用、业务联动，在互融互通、共建共享中提高整体影响力和竞争力，使"禾点点"延伸成为各县（市、区）主流舆论阵地、综合服务平台和社区化信息枢纽。

（二）挖掘融合深度，发扬广电特色，形成内容和技术齐头并进的融合生态

一是强化内容为本。媒体融合成功的标志首先是要有强大的传播力，能够守住舆论阵地。任何一个时代，都需要有效、有价值的信息传播，专业媒体在融合时代更要坚守专业。要强化主题主线宣传，提高新闻亲和力表现力感染力，运用新方法讲好嘉兴故事，多层次、多角度、多方式推动党的声音传得更开更广更深入。加大"禾点点"移动端内容产品制播力度，强化短视频、短音频、H5、海报、沉浸式视频、超高清视频、VR/AR/MR 视频等高新视听内容供给，探索 24 小时城市生活慢直播，提供全息化、沉浸式、交互式视听体验，提高内容质量和供给效率。

二是突出用户思维。传统媒体过去只做内容不擅长服务，如今，只有连接用户才能有效传播，只有开启服务功能才能发挥喉舌功能。在数字信息时代，受众出现了注意力分散、信息超载等认知困境，由此引发了人们对沉浸式信息的交互需求。沉浸式的信息阅读体验，需要新媒体记者编辑树立用户和产品意识，思考受众接收信息的目的和场景，把新闻作品当作产品打造。同时，"互动性"应是新闻客户端最基础的特征，也是众多移动新闻客户端不断前进的导向。资讯下方的评论、点赞以及转发，UGC 生产内容，在线论坛，线下活动，微信群等都是常见的互动方式。如：无线苏州客户端通过活动将用户社群细分，平台上设有"活动"专栏，并细分为"亲子""文旅"等子栏目，通过定期举办活动，把具有相同兴趣的用户聚集在一起。

三是加强技术赋能。注重从过去较被动的技术支撑服务向更主动的技术赋能反哺转变，我们将着重挖掘融媒体高清新闻演播中心、融媒体新闻指挥中心和媒资管理中心这三大全新融媒体平台的潜能，用好 5G、大数据、云计算、物联网、区块链、人工智能等信息技术革命成果，加强新技术在新闻传播领域的前瞻性研究和应用，发挥出最优的融媒效应，努力成为集"多源采集中心、多元生产中心和多端传播中心"为一体，集台内新闻生产部门资源、台外市级公共服务核心部门资源和县市融媒体新闻资源为一体的中心枢纽，高效生产出广播、电视、H5、短视频、海报等各类形态的融媒产品，并能迅速便捷地分发至内部各宣传平台和外宣上送端口，逐步将融媒体中心打造成为名副其实的最强"新闻大脑"和最优发布平台。

（三）加强融合力度，优化运行机制，全面提升融媒运转效率

一是理顺融合关系。中央厨房模式的意义不在于节约人力成本，它是通过对媒介资源的整合和再造，对信息（包括数据）资源、渠道资源、技术资源和管理资源进行集约化改造，从内容生产出发带动整个全媒体生态传播系统的改革。要着力通过融媒生产部门物理空间上的相融、理念上的相合，来促进媒体融合中部门职责、生产流程、发展目标等方面的全面优化，进一步完善制度流程的设计，提高全媒体内容生产品质的有效提升、生产环节的高效衔接和发布平台的充分利用。

二是优化运行机制。完整的全媒体生态系统应该包括现有的内容收集、多次编辑、渠道分发、舆情监控、数据管理、技术服务等，并由此进行组织架构。包括记者编辑团队、运营团队、数据管理团队、舆情分析团队、新媒体技术团队，所有人共享数据库，并能在线完成整个新闻生产和反馈过程。结合当前新闻内容生产的流程，考虑强化编辑力量，向编辑端进一步倾斜工作保障条件，采用一（记者）对多（编辑）的方式进行生产流程再造，编辑从策划之初到作品完成全程参与，并在后期制作上倾注更多精力和时间，以创作更多适合各个端口需求的内容产品。

三是完善激励考核。切实改变原有的科层制和粗放式管理，优化考核量化机制，以内容优先为管理导向，对全媒体生产流程中的人力付出进行精准化考评。优化广播电视节目栏目设置，电视节目实现减量提质，压缩投入产出比较低的栏目时长，将节省下来的人力、物力、财力投入新媒体产品的创作中，发挥动态考核的指挥棒作用，向新媒体方面倾斜。通过工作室制或项目部制等形式，扁平化管理、垂直化深耕、无界化发展，赋予权责适配的人财物自主权和干事创业平台，调动团队创新创造力。

（四）提升融合强度，加强人才支撑，全面优化政策保障力度

一是积极建设学习型组织。面对前沿技术人才不足的现状，未来应加大力度建设学习型组织，增强全媒体采编制作能力的培训和新闻竞赛，提升一线技术人员全媒体综合能力，尤其着眼深化融合的技术保障，增强新媒体技术人才选配和储备，组建新媒体技术攻坚团队，打造培养新闻采编、新媒体技术、综合管理、经营管理等方面的复合型人才。

二是完善人才选培用机制。实现人才建设的可持续性，要不断完善、创新人才选培用机制和薪酬激励机制，优化人才发展环境，健全人才培养体系，补齐媒体深度融合发展的人才短板，提高主流媒体人才吸引力和竞争力。深入实施现有"双通道"人才体系和相关人才工程建设，还需要积极争取上级相关部门提供政策支持深化改革，着力于体制创新，打破身份限制，打通优秀人才发展通道，融通事业与企业晋升通道，畅通广电企事业单位人才流动。

三是亟须政策和资金扶持。广电媒体的深度融合，是一项系统工程，牵涉面广，技术要求高，资金投入大，尤其需要上级部门的政策支持和资金扶持。要详细制定媒体深度融合发展实施方案，明确政策和资源支持需求的基础上，全力争取当地党委、政府将媒体融合与事业单位改革、媒介资源要素整合、解决历史遗留问题、激发内部活力等统筹谋划、一体推进，系统性理顺各领域政策，融会贯通各项改革，赋予更大改革自主权，对转型过渡期提供有力保障。

（作者系浙江省嘉兴市广播电视集团党委书记、总裁）

融媒体建设"宜春模式"中人的融合之思考

张　敏　周　妍

苏联作家奥斯特洛夫斯基说:"人的生命似洪水在奔流,不遇着岛屿、暗礁,难以激起美丽的浪花。"① 这段话也可用于形容当下市级广电媒体的发展。近些年来,宜春台面对自媒体、网络媒体等带来的冲击,创造出融媒体建设的"宜春模式"。

关于融媒体建设"宜春模式"的阐述,无论是"管理体制改革""媒体全新融合""舆论监督创新内容""跨行业泛融合"四大举措的概括,还是"思维方式之新""战略格局之新""组织人事之新""媒体融合之新""舆论监督之新"五大革新的总结,笔者认为其中最关键、最核心的一环是——"人的融合"。

一、解放思想

首先,管理不是"管理人",而是"领导人"。"现代管理学之父"彼得·德鲁克(Peter F. Drucker)提出,"组织的功能就是要让平凡的人在一起做出不平凡的事情来。所以,管理不是'管理人',而是'领导人'"②。

"领导人"的基础是思想上的引领。正如孙武在《孙子兵法·谋略篇》中所述:"上下同欲者胜。"在融媒体建设中可称为"解放思想"。

其次,"宜春模式"的萌芽:解放思想,必须改革。2017年,宜春台正面临着内部队伍成分杂、广告收入不理想、员工待遇难以为继、外部网络媒体和自媒体围追堵截的问题。宜春台领导班子到任的第一件事就是把全台中层以上干部集中到井冈山学习探讨今后的发展思路。接下来的几年,随时的头脑风暴,台领导、中层干部、基层员工,大家随时随地各抒己见:全台统一培养全媒体意识,把传统媒体优势转化为新媒体优势;复合型人才轮岗、多能力培养作为基础要求,所有人都要具备融合思维;节目、栏目多关注线上需求,抓住流量,

---

① 郭冬仙:《感谢对手让我们的人生更丰盈》,《心理与健康》2017年第7期。

② [美]彼得·德鲁克:《管理的实践》,机械工业出版社,2008,第8页。

把握时效性，提升策划与统筹能力，多平台发声，精准定位。思路决定出路。融媒体建设的"宜春模式"就这样萌芽，应运而生。

最后，"随风潜入夜"中，思维方式的转变。值得一提的是，思维方式的转变并不是一蹴而就，而需要持之以恒的努力。近年来，宜春台党组策划了一系列的活动，背后大有深意，比如："假如我是台长，我为兴台作贡献建言献策""井冈山宣誓""凝心聚力 融合发展"演讲比赛、"全台干部职工政治素质考试"、每年评选"宜春市广播电视台十件大事""宜春市广播电视台十大暖心事"等一系列思想动员活动。

在宜春台党组的运筹帷幄下，润物细无声中，宜春台的员工们越来越有精气神儿了！思维和态度上的根本转变带来了宜春台新闻事业的不断提升。正如韩愈所说"业精于勤荒于嬉，行成于思毁于随"。2021 年 12 月 15 日，宜春广播电视台对全台干部职工进行了政治素质笔试闭卷考试，参加考试总人数 138人，其中 90 分以上 23 人，80—90 分 79 人。宜春台干部职工比学赶超的学习氛围热烈。

二、转变作风

（一）凡事以理想为因，实行为果

思想上解放了，接下来就是执行。正如鲁迅先生所言"凡事以理想为因，实行为果"①。2017 年 3 月，宜春台将原来各自运行的十余个部门如新闻部、新媒体中心、社教部、经济中心、专题部、总编室、大型活动部、广告中心、影视制作部、产业协作部、广播电台、广播电视报、播音部、后勤部、党务部、技术部融合为五大片区，由五个片区长分管。片区长由德才兼备的青年人才担任，向台分管领导负责。

一片区主要负责新闻业务，二片区主要负责民生法治业务，三片区主要负责广告业务，四片区主要负责广播、广电报、播音业务，五片区主要负责后勤及技术业务。五大片区的划分奠定了宜春台组织结构扁平化的现代组织管理架构基础。几年来，五片区的大框架未变，片区间人员流动频繁，为打破部门壁垒，人员融合，培养全媒体人才打下了坚实基础。

（二）德才兼备者上，平者让，庸者下

《论语·子路》："其身正，不令而行；其身不正，虽令不从。"因而，对新闻从业者而言，必须德才兼备者上，平者让，庸者下。只有这样，才能更好地实现人员引领与融合。

2018 年 10 月 31 日，宜春台下发关于印发《宜春市广播电视台建立激励干部职工改革创新担当作为的实施办法》的通知，鼓励干部职工勇于创新、敢

---

① 鲁迅：《译文序跋集》，人民文学出版社，2006，第1页。

于担当。宜春台深化改革进入深水区和攻坚期。

2021年，宜春台更是以深化事业单位机构改革为契机，全台干部职工"双向选择"，各片区公布岗位职责要求，先由员工自由选择部门和岗位，再由片区选择员工——展现出"以责定岗、以岗定人、双向选择、人岗相适"的工作作风。

2021年9月1日，宜春台下发《关于对专业技术岗位人员实行全媒体综合培养考核的通知》，全面提升宜春台媒体融合力度以及全媒体专业技术岗位人员素质。宜春台"一专多能"的人才培养机制逐步健全，不断发展创新。

（三）"一个萝卜多个坑"

以主持人为例，2017年以前，宜春台主持人只跟着固定栏目走，近年来，宜春台主持人采、写、编、播、评多栖发展，主持栏目的同时，还直播助力乡村振兴、深入基层宣讲。

2021年7月底，宜春台播音主持团队组建宣讲团深入基层，围绕习近平总书记"七一"重要讲话精神，向基层党员宣讲。也有记者加入宣讲团，与主持人一起下基层，宣讲并分享新闻行业的酸甜苦辣。

2021年11月下旬，宜春台主持人李昀入围"信仰的力量——全国广播电视和网络视听行业青年演讲比赛"全国40强，成为江西省唯一入围的选手，并获全国20强。

（四）复合型人才轮岗、多能力培养

新岗位意味着新的激情与动力。复合型人才轮岗、多能力培养有利于调动全台员工转变工作作风。

2021年底，宜春台各片区员工又有了一次大调整，比如：原来从事财务工作的五片区青年员工调入一片区尝试新闻业务工作；有的员工原来从事新媒体工作，现在从事广播电视编导工作；还有的员工从原来的图像编辑岗位转入新媒体岗位。

笔者认为，要做好人才培训，保障人才储备。一方面对年轻同志要经常性地"给平台、压担子"；另一方面要让老员工学习最新的专业技能。人员的融合还包括畅通人才渠道，培养懂经营善管理的复合型人才，培养新媒体、新技术人才等。

（五）解决职工的后顾之忧

只有替员工解决实际困难，员工才能一心扑在工作上。2021年，宜春市委编办修订三定方案，确定宜春台为市政府直属事业单位。宜春台28名自收自支编制人员身份得到认定，解决了历史遗留问题，解决了职工的后顾之忧。同时，宜春台继续提升后勤服务，新食堂菜品不断改进，新建完善图书馆、健身房等设施，丰富干部职工业余生活。

三、融合媒体

（一）三位一体——广电大楼、全媒体中心、广电博物馆

百尺竿头，更进一步。2021年底，位于宜春市大数据产业园的宜春市全媒体中心整体划转到宜春台。与此同时，宜春台4K高清演播厅正式启用。宜春台位于小袁山的广电博物馆也正在建设中。宜春台融合媒体三位一体，形成"东有全媒体中心，中有广电大楼，西有宜春广电博物馆"的格局。

（二）《整点播报》与虚拟手语主播

宜春台率全省之先推出的《整点播报》栏目，在每天上午8点、9点、10点，下午2点、3点、4点六个整点时间段高频次播出新闻，每期7分钟，全天滚动播出，取得良好效果。

2021年9月1日起，人工智能（AI）手语电视播报系统应用于宜春台《整点播报》栏目，通过人工智能技术驱动，将电视节目内容实时翻译为国家通用手语，用科技手段为宜春市的8万余名听障人士提供优质媒体服务，标志着宜春残疾人无障碍环境建设又迈上了一个新台阶。

（三）宜春台人员工作内容融合的典型案例

2021年11月26日，为了让五个片区的人员熟悉和掌握办报技能，提高融合水平，培养复合型人才，宜春台下发《关于全台片区各出一期〈宜春广播电视报〉特刊的通知》。自2022年1月起，宜春台五个片区按片区顺序，策划组稿出版一期《宜春广播电视报》，至5月结束。五个片区积极响应。比如：一片区策划主题为"虎虎生威 一路向前"的《宜春广播电视报》特刊。其中，"虎"意味着虎年，也意味着虎虎生威，新年新气象；"一"意味着勇争第一，也意味着一路向前的精神。该特刊《采编者说》栏目，由三十余位新闻工作者叙述自己对新闻工作的感受、对2022年的憧憬等，既展现了广电工作者的风采，又加强了与粉丝的互动。这是宜春台融合媒体的新尝试。

（四）人员融合的两个维度：内部融合与外部融合

事实上，人的融合不仅体现在宜春台内部人员的融合，还体现在宜春台人员与外界各政府部门等人员之间的巧妙融合。比如："赣西媒体云"融媒体平台创新融入多项政府服务功能，包括交警指挥系统、12345热线系统、行业信息发布与回访系统等。

2021年，宜春台另辟蹊径，整合资源，进行跨行业泛融合。

一是开展播音主持编导艺考培训，组织广电小记者活动，广电小记者人数目前已达1200余人。

二是组建宜春广电之旅国际旅行有限责任公司，打造国内外旅游、宜春特产营销、旅游业态招商平台等。

三是通过举办各类直播活动，建立与企业的长期合作。比如：多机位、长距离移动商业直播《主播带您去看房》《主播带您去看车》等，效果良好。又如：探索实施合作分成的全新硬广模式。

（五）传统媒体活动主阵地向移动端转移

笔者曾多次表示，宜春台近几年的宏观战略是"跻身全国优秀市级广播电视台之列"，微观理念包括"电视、广播、新媒体外宣上稿排名提升""内宣出新出彩""产业有声有色""为民一丝不苟"。其中，"移动优先、直播优先、短视频优先"十分重要。

2021年，宜春台成功承办宜春市党史学习教育"永远跟党走"大型知识竞赛活动——561支参赛团队、1659名参赛选手、173场现场竞赛、307万宜春干部群众见证比赛过程，210万人次的线上知识点传播普及各地群众。线上比赛主要通过手机答题进行。该活动也为宜春台带来了品牌效应，通过这次党史学习教育知识竞赛，宜春台利用新兴媒体技术挖掘大型活动的举办模式，为传统媒体活动主阵地向移动端转移提供了极富价值的借鉴意义。

在直播方面，从2020年的"第一书记来代言"，到2021年的"主播带您去看房"，再到2022年的"赣品网上行，电商直播年货节"等，宜春台的直播活动不断创新。

2021年，在江西省主要媒体机构抖音排行和微信公众号排行中，宜春台运营的"宜春发布"抖音号和"宜春广播电视台"微信公众号，双双上榜。"宜春发布"抖音号"七一"当天制作发布的《陈训杨一家收听收看庆祝大会，叮嘱孙子"永远跟党走"》短视频在抖音上点赞量超过22万次，播放量达到520万次，成为宜春"七一"宣传的爆款视频。与此同时，2021年7月至9月，宜春台承办的"宜春正当红"抖音大赛，话题总播放量达到1.5亿人次，制作了多个点击量上10万次的H5作品。

为保障新媒体工作的开展，宜春台新媒体队伍有了规模上的壮大。宜春台从五个片区抽调多位年轻"新鲜血液"充实到新媒体工作。宜春台新媒体在做好本台八个平台、十个账号的运营外，还大力发展战略合作单位，助其运营新媒体账号。

国家广播电视总局相关部门和江西省委负责人，分别对宜春台打造"四全媒体"和媒体融合的"宜春模式"给予高度评价。

四、争创一流

（一）外宣出新出彩

统计数据显示，2021年，宜春台在央视上稿369条，其中《新闻联播》33条，比如：《江西宜春：一枚戒指几代传 跨越赣湘两省的牵挂与哀思》等稿件在央视单条播出；在江西卫视上稿1270条，其中《江西新闻联播》466条。

在江西省电台《全省新闻联播》《新闻晚高峰》《江广早班车》等栏目用稿4371分，稳居全省第一方阵。

2022年正月初三，中央广播电视总台与宜春台在明月山温泉风景名胜区共同举办《冬奥之约48小时特别节目》直播连线活动，宜春台是江西省内唯一一家与央视进行直播连线的地市台。当天下午，央视新闻客户端《踏雪庆春迎冬奥——看南方人解锁过年新方式》直播节目，通过半个小时的视频直播，带着全国各地的观众"云游"宜春明月山滑雪场，感受宜春浓浓的年味，并且为北京2022年冬奥会开幕助力添彩。2022年春节期间，宜春台助推明月山十上央视，展现宜春丰富多彩的民俗活动和冰雪运动。

（二）内宣比学赶超

近年来，宜春台始终坚持"新闻立台、经济活台""为百姓说话，为百姓办事，为百姓撑腰"的办台理念。人员融合的过程中，争创一流的观念早已深入人心。

聚焦中心工作。2021年2月，宜春中心城启动第七届全国文明城市创建活动。一年来，宜春台将镜头和笔触对准创文工作，在《宜春新闻联播》中开设《创建全国文明城市在行动》专栏，播发200多条相关新闻稿件。

聚焦百姓生活。2021年底，宜春台新开辟深度调查类栏目《记者调查》。该栏目以舆论监督、问题报道为主，每期5分钟，不定期在《宜春新闻联播》后播出。节目开播前，不少粉丝通过新媒体留言问："能帮百姓说话吗？""有这个勇气吗？"节目播出后，观众好评连连，不少观众向我们反映——"我也碰到了问题，想求助你们！"此外，2021年，宜春台《啄木鸟在行动》栏目也播发舆论监督类稿件130余条，推动问题整改解决近70个。

聚焦社会效益和经济效益。2021年，由宜春台承办的宜春首届"百日交通零违法 争当文明宜春人"挑战赛活动，参赛车辆达到12600多辆，多家企业单位赞助支持，创收金额近20万元，社会效益、经济效益双丰收。

（三）硬件更新迭代

2021年，宜春台还新建一套4K播出系统，新建4K高清播控中心及4K高清播出展示中心，实现与现有的高清新闻制播系统、高清转播车等相关系统高清信号和文件的互联互通，形成完整的4K高清电视制播系统，电视画质全面提升。

在笔者看来，融媒体建设"宜春模式"的成功，也是在广电人新闻"志向"和"热爱"信仰基础上的人员融合。接下来的日子，宜春台还将不断发扬融媒体建设的"宜春模式"，积累"解放思想、转变作风、融合媒体、争创一流"的经验，推动广电媒体新闻事业一路向前。

（作者单位：江西宜春市广播电视台）

探索"节目＋政务服务商务"的深度融合

——以济南广电为例

李雪婷   曹春生

一、"节目＋政务服务商务"的理论依据和现实背景

从 2014 年中央全面深化改革领导小组会议审议通过《关于推动传统媒体和新兴媒体融合发展的指导意见》到 2020 年中共中央办公厅、国务院办公厅印发《关于加快推进媒体深度融合发展的意见》，经过六年的不断发展，媒体融合正在逐步从形式融合走向深度融合，从"传统媒体＋新媒体"的简单组合，走向"传统媒体×新媒体"的传播矩阵，做到了你中有我、我中有你，而"节目＋政务服务商务"的创新模式，正迎合了蓬勃发展的城市智媒发展需要，逐渐成为一座城市靓丽的文化名片。在此过程中，济南广播电视台抓住发展机遇，探索出一条属于自己的"节目＋政务服务商务"发展之路。

二、"节目＋政务"——重塑媒体权威

近年来，济南广播电视台以"城市品牌形象塑造师"为己任，坚持正确的价值引领，在化解矛盾、引导社会难点、热点、痛点、堵点等问题上，充分发挥城市主流媒体的社会责任，依托《作风监督热线》《作风监督面对面》《商量》等品牌广播、电视栏目，用"新闻＋政务"的融合模式，重塑主流媒体权威，将民生新闻与社会服务、政府治理和结合，打造协同治理的公共平台，既推动百姓声音"上传"，也督促政府治理效果"下沉"。

广播《作风监督热线》栏目一改往常线上主播、嘉宾现场接听听众来电，通过电话解答问题的形式，从 2018 年起，开始在公交移动电视上同步直播，在电视生活频道重播。节目在融媒之路上完成了两个重要转变：一是实现新闻产品由过去的以音频为主转变为以音频为基础、全媒呈现的节目方式；二是实现从线上的纯线性传播转变为从"听众＋观众"的角度出发，探索多种节目形态的非线性传播形式。而电视《作风监督面对面》栏目，借助全国首个 5G

融媒体"掌上问政"平台，实现广播、电视和网媒的实质深度融合，实现了信息线索渠道的双向互动。还衍生出《问政再问》栏目，对广播、电视问政节目中暴露的社会问题解决和落实情况进行跟进，实现了问政节目的全媒体闭环监督。

《商量》栏目是一档围绕济南市政治协商工作开设的大型全媒体节目。先是专家、部门、政协委员进社区，围绕某一个社会热点问题，深入调查研究，然后再回归演播室，进行圆桌讨论，引发思考并提出合理化建议。为了让纯政务类电视节目借助融媒之力进入更多人的视野，栏目坚持以"节目＋"为核心，搭建起"商量"媒体矩阵，并积极延伸"商量"的参与主体。利用"天下泉城"新闻客户端，开辟"商量"频道，运用图、文、影、音对商量过程进行充分宣传和展示。搭建"青春版商量"平台，让学生们跟着政协委员去调研、去讨论，树立起"有事好商量，众人的事情由众人商量"的社会共识。这样一来，"节目＋政务"的节目就变得可看、好看，并具有社会价值和长远意义。

三、"节目＋服务"——助力城市发展

新闻传播功能一般包括反映和指导舆论，服务社会、指导生活，传播知识、普及教育，提供娱乐、丰富生活等。始于西方传播理论界的社会责任理论强调新闻自由要附有社会责任义务，而我国的社会主义新闻职业道德更是强调了媒体要承担社会责任。融媒时代，媒体的服务功能被进一步挖掘，"节目＋服务"的形态得到了充分展现。

（一）服务群体和服务领域综合化

面对新的传播形势，走好"节目＋服务"之路，要对标服务群体，除了要继续服务政府中心工作、服务社会民众民生，更要服务企业高质量发展。同时还要挖掘、做好各大垂直领域服务，在教育、医疗等垂直领域提供生活服务，满足人们对美好生活的需求。在这个方面，济南广电把中老年人作为重点关注群体，开播《金色芳华》节目，让更多中老年群体在文化、养生、趣味等方面有所收获。还连续举办两届"我们的芳华"中老年梦想秀，吸引近20万中老年群体的关注，在泉城掀起一场老年人重现芳华的热潮。还将服务企业发展作为使命，积极打造天下儒商·赢商会大型公益平台。2018年9月27日，以"共建、共赢、共享"为主题的天下儒商·赢商会大型公益平台成立。平台建立企业家分享交流机制、政企磋商沟通机制、平台协调联动等内部机制。定期组织会员企业活动，促进企业间、行业间交流分享，并搭建政企交流平台，营造政企合作并进的经济新面貌。

（二）社会服务法治化

新闻媒体通过节目进行社会服务，正在逐步走向法治化和正规化，这也是

当下主流媒体转型发展，通过融合信息服务和社会服务，重塑形象的有效途径。在此过程中，济南广电打造《家·事》系列节目——《有话好好说》《有事帮你问》《家和万事兴》。其中《有话好好说》版块运用人民调解的方式，由专业的调解团来为老人调解房产、婚姻、赡养等家庭纠纷，涵盖普法、调解、心理咨询等方面，双方签署的调解协议具有法律效力，双方都要履行。《有事帮你问》是法律咨询类节目，由专业的帮帮团，通过融媒体手段为咨询人服务。《家和万事兴》是一档传递家风家训的融媒体节目，传播"家和万事兴"的思想风尚。

四、"节目+商务"——打造网红城市

长期以来，媒体一直通过自己的方式潜移默化地引导公众提高思想道德素质、科学文化素质和关心社会进步、生态环境文明的责任感，影响公众的生产方式和生活方式。进入网络时代，"网红城市"成为一座城市新的文化标签。济南市作为拥有两千多年历史的"历史古城""文化名城"，为促进文化产业发展新格局，以文化引领消费升级，济南广电积极策划直播电商活动、打造直播经济总部基地，让城市焕发新的活力。

近年来，尤其是疫情防控常态化背景下，电商直播作为新业态蓬勃发展。而广电在直播经济领域具有天然的资源优势：拥有知名广电主播资源、演播室直播环境以及其他技术支撑。于是，济南广电瞄准机遇，积极挖掘短视频及直播业务潜能，与国内头部MCN机构合资成立"鹊华MCN"，利用济南广电主持人、品牌节目及"网红"资源，进行网络再造。策划"微视助农""中国重汽工程车团购会""广电严选嘉年华""银座云扫货"等直播活动，打造"鹊华通"网上公益服务平台，为"政商银学媒"搭建资源共享、相融互助的发展平台。此外，济南广电还与深圳市蜂群文化传播有限公司签署战略合作协议，共建"蜂群文化北方总部"，助推济南打造直播经济总部基地。

（作者单位：济南广播电视台总编室）

拥抱媒体时代之变

——青岛广电媒体融合发展路径的实践与研究

祝洪珍

党的十八大以来，以习近平同志为核心的党中央作出推动传统媒体和新兴媒体融合发展的战略部署。《中国新闻事业发展报告（2022）》显示，2020年至2021年，中国新闻事业以平台化为基础，以全媒体为导线，实现了全方位增速发展。2020年4月，青岛广播电视台出台《关于深化内部改革的总体方案》，开始了一轮在深度、广度上均超越以往的组织变革，从结构要素和结构设计、工作流程和技术设备、个体态度期望和行为等多个层面开启了向"以内容建设为根本、先进技术为支撑、创新管理为保障"的全媒体传播体系跨越发展的新征程。

一、把握正确政治方向、舆论导向、价值取向，用精品力作壮大主流舆论

青岛广播电视台以习近平新时代中国特色社会主义思想为指导，深入学习贯彻习近平总书记视察山东、视察青岛的系列重要讲话、重要指示批示精神和中央重大决策部署，增强"四个意识"，坚定"四个自信"，坚决做到"两个维护"，心怀"国之大者"，忠诚履行职责，牢牢把握正确舆论导向，巩固意识形态主阵地。

（一）深入实施"舆论引导能力提升工程"，做强主题主线宣传

1.紧扣新时代主题，做大做强主流舆论

紧紧围绕学习宣传贯彻习近平总书记系列重要讲话、重要指示精神，按照习近平总书记关于"搞活一座城""建设现代化国际大都市""打造'一带一路'国际合作新平台"的总要求，以迎接、宣传、贯彻党的二十大为主线，以"奋进新征程 建功新时代"为主题，策划组织系列重大主题宣传和重要活动报道。

2.聚焦主责主业，提升媒体传播力、影响力、公信力

巩固意识形态主阵地，强化自主策划提升优质内容生产能力，稳中求变、守正创新。围绕建设上合地方经贸合作示范区，打造"一带一路"国际合作新平台战略，宣传、迎接、贯彻"党的二十大"等重大主题进行全面集中宣传报道，发挥主流媒体压舱石作用。

（二）深入实施"新时代精品"工程，让正能量有大流量

1.把握新时代舆论工作要求，主力军进军主战场

把握新时代新闻宣传融合传播的新要求，实施智慧广电"双平台"驱动战略，内容生产综合使用音、视、图、文等互联网化语态及表现形式，增强现场感，突出互动性；传播渠道进一步整合自有客户端、三方平台新媒体账号等资源，形成融媒传播矩阵，向互联网主战场全面进军。

2.锚定精品力作，服务中心工作

围绕时代主题讲好青岛故事，通过立体化、多角度、全平台融媒传播，营造奋进新征程、建功新时代的浓厚氛围。青岛广播电视台推出的一批融媒体精品连续多年获中国新闻奖、广播影视大奖。其中，《全球首创智能空轨集疏运系统落地山东港口青岛港》等作品获评中国新闻奖，《世界首套时速600公里高速磁浮交通系统在青下线》《新经济链接新未来》等作品获评山东省优秀广播电视和网络视听节目奖。

二、创新管理方式，重塑组织结构，传统广播电视媒体融入新型传播体系

媒体融合为传统广播电视发展带来发展动能、指挥链、人才结构、用户特征等诸多方面变化，原来的组织结构已经无法适应效率与灵活性兼顾的新要求，青岛广播电视台根据职能要求和业务特点，架构现代有机式组织。通过调整机构设置，创新管理方式，减少管理层级，理顺内部关系，畅通业务流程，有效提高了广播电视节目和网络视听产品的质量和生产效率。

（一）建立"播出平台＋项目团队"的有机式组织结构

1.合并部门职责、增大管理幅度，破除壁垒

根据媒体融合时代不同媒体的业务特点，将业务部门设置成全媒体新闻中心、全媒体节目中心、全媒体广播中心、舆论监督部、对外传播中心、技术中心、高新产业中心、综合服务中心等部门；播出平台形成六套电视频道、六套广播频率、三个客户端的传播矩阵；同时，由几十档节目、几百个新媒体账号聚合成项目团队。

2.探索组织结构自我运行机制，激活组织自驱力

各单元之间具备自我调整与快速改变的能力，具有高度适应性，并相互关

联、相互依托。例如：全媒体节目中心建立"派单制"，不需要行政力量干涉就可以解决项目执行、分工合作问题；全媒体新闻中心探索"融合传播机制"，团队和工作室高效协作完成常规及融屏传播；全媒体广播中心通过"一体化管理经营机制"，打破频道壁垒，实现资源充分融合。

（二）提出"内部感知＋外部感知"生态圈层建设理念

1. 建立"网状互链"的内部感知系统

在"播出平台＋项目团队"机制基础上，按内容生产、经营创收、技术服务等需求配置资源，团队之间相互打通、相互协同、相互赋能。例如：全媒体新闻中心布局两个平台、七个团队、若干工作室，团队与主要栏目紧密捆绑，团队与平台之间互生共荣，形成一种内部生态；全媒体节目中心形成以三套电视频道和一个自有客户端为主干、以各种垂类账号发布和产业圈层拓展为延伸的生态林带；广播中心围绕"新闻交通一体化为龙头，经济、文艺、音体、银华为四轮的生态格局"组成专业团队，深耕市场。

2. 探索"辐射连接"的外部感知系统

在互联网核心逻辑驱动下，将价值和服务向外辐射，构建外向型连接生态系统。各个业务单元对外深度嵌入不同的社会圈层，建圈强链，垂类发力，提供精准化的传播和个性化的服务，提升媒体价值、增强服务能力、拓展产业圈层、融入社会生态。

（三）实施"聚用户＋做服务"发展动能重塑计划

1. 重塑价值链体系，用互联网思维建立新型主流媒体运营模式

互联网思维核心即用户思维，此思维导引下的传统媒体是舆论的高地、服务的枢纽、资源的磁场。现在的新媒体产品根据消费者的定制需求进行生产，由大众化走向定制化。

2. 摒弃广告思维，用平台理念推进全域经营

在主力军挺进主战场的全媒体布局下，利用广告获利只是单向循环链条。运用全网平台资源将用户聚集在一起，整合政府、社会资源，线上、线下资源；在市场思维和逻辑下建立动态信息平台，结合媒体＋政务、媒体＋社区、媒体＋公益、媒体＋健康、媒体＋教育、媒体＋婚恋等产业项目，深度对接市场需求。

三、重构内容生产体系，提升融媒宣传能力，开创宣传思想工作新局面

按照建设"全程媒体、全息媒体、全员媒体、全效媒体"的总要求，青岛广电通过流程优化、平台再造，实现各种媒介资源、生产要素有效整合，实现信息内容、技术应用、平台终端、管理手段共融互通，大胆运用新技术、新机制、

新模式，探索"4K+5G+AI"的媒体融合模式。

（一）以互联网思维和技术重新定义播出平台，推动技术变革

1. 迭代升级自有移动客户端，通过平台再造掌握舆论走向

青岛广电蓝睛、爱青岛、海米 FM 三个自有客户端功能定位清晰，市场份额扩展明显。其中，蓝睛客户端着力打造以直播为核心、视音频新闻首发为特色，为新闻时政直播活动等提供技术支持的全网全媒体传播平台；爱青岛客户端着力打造媒体资源深度融合、汇聚智慧城市总入口的新媒体客户端；海米 FM 客户端则聚焦用户互动与出行服务，定位移动生活小帮手。

2. 自有平台联动三方平台，推进全网合作平台运营

蓝睛客户端联动三十多个三方平台新媒体账号形成融媒矩阵；爱青岛客户端着力布局"两微一端"和抖音、快手、腾讯、头条等第三方平台，通过矩阵传播有效提升了爱青岛品牌的影响力，全网用户超 1500 万；海米 FM 客户端定位 C 端，联动三方平台打造 N 个小屏端流量主体。

（二）加快 5G 产业园、4K 超高清电视频道建设，推动智能媒体转型

立足于 5G 高新视频产业园的资源与技术优势，建立 4K 技术研发实验室，制定青岛 4K 技术标准规范，4K 超高清转播系统正式启用，赋能青岛"5G+4K/8K+"高新视频全产业链发展。

中国·青岛 5G 高新视频园区实现关键创新。按照国家广播电视总局发布的《5G 高新视频系列技术白皮书》中的要求，积极拓展高新视频技术在各垂直行业的应用，特别是数字资产虚拟人、互动视频和 AR/VR 等新兴业务。

综上所述，新时代广播电视与网络视听高质量创新发展，需要勇于组织机构变革、组织行为变革、生产方式变革，同时充分考虑外部环境、组织文化环境因素。无论是改革媒体管理运行体制机制，还是重塑媒体的策采编发流程，都旨在提高全媒体生产效率。无论是推动加快建设新型主流媒体步伐，还是推动加快形成全媒体传播矩阵，都需要领会把握新时代新闻宣传工作的总基调、总方针、总要求，牢记举旗帜、聚民心、育新人、兴文化、展形象的历史使命，以更高的政治站位、更强的责任担当、更饱满的工作激情和更扎实的工作作风拥抱媒体的时代之变。

（作者单位：青岛广播电视台）

广电媒体的变与不变

——郑州广播电视台公益事业部融合发展探析

罗丽铭

一、广电媒体融合的新探索

在全国媒体都在进行内部运行机制调整和部门深度整合的背景之下，传统媒体的立身之本不只是共存，还有共生、共建。传统广电媒体在转型中主动求变、在变革中不断积淀，尝试探索了多种融合发展的模式。2021 年 9 月，郑州经济广播频率与郑州妇女儿童频道整合为"郑州广播电视台公益事业部"。整合转型以来，公益事业部在向受众输出优质内容和产业融合的道路上迈出了坚实步伐，就如何在动荡中坚守本心、按需求变，如何在坚守新闻本业的同时寻求新的媒体经济增长点方面进行了诸多改革探索。

（一）以共生共建的方式挺进融媒

2021 年 9 月，郑州广播电视台决定将广播频率和电视频道进行深度融合，经济广播频率与妇女儿童频道正式整合为"郑州广播电视台公益事业部"。新成立的公益事业部与台属子公司郑州玖叁壹文化传媒有限公司实行"两个机构、一体化运营"。

传播平台数字化转型。在传统的广播电视媒体概念中，传者即是电台、电视台，而在融媒体环境下，众多网络电台、音视频播放器、短视频平台等多种传播手段加入信息传播的阵营，传统广电与新媒体的融合使其在传播平台的数字化转型方面有了较大的成长。传播平台的数字化表现在两个方面：一是指新媒体平台利用数字化技术生产、传播音视频内容，例如，喜马拉雅等音频聚合平台通过孵化网络主播产出声音作品，抖音等短视频平台通过接纳"草根群体"入驻生产视频内容；二是指传统广播电视产出的内容通过新媒体平台进行数字化传播。融合转型后的广电媒体真正做到了"一次采集，多种分发"，一次产出的音视频内容被二次加工成适应抖音、微信、微博、头条等新媒体平台特性的形式，通过互联网技术传输到更广阔的领域。

传播内容多样化拓展。互联网移动端的技术在新兴媒体平台和传统媒体领域的发展与技术更新上起到了重要的推动作用，在新媒体时代以互联网为主导的背景下，媒体技术的赋权不断解构着传统媒体的职能，让受众感受到更为广泛的传播权威和创新能力。[①] 传统定义中将广播行为描述为"传统电台通过电波或导线进行广播内容的定期传输"，该定义中的"广播内容"单一指代为声音内容。关于电视媒体的定义将其描述为"以电视为宣传载体的信息传播媒介及平台"。而在不断更新迭代的新型融媒体时代，电视媒体的宣传载体早已由单一的大屏幕电视传播转向多屏幕互动。在融媒体传播环境下，声音、文字、图片、视频、直播等内容均被纳入广电媒体内容生产行为的范畴，广播电视与其他形式媒介的融合打破了内容生产的壁垒，而内容的多样化也对应了其传播平台的丰富性。

传播方式自主化转变。在广电媒体进行深度融合后，信息的发布与接收在自主化的偏重上逐渐深化，不仅是媒体使用场景的变化，在信息的内容制作上，自媒体和 UGC 内容的兴起也为其提供了更多的视角，互联网不仅带来了媒体使用场景的变化，还为媒体内容的制作和制作过程提供了技术支持。[②] 受众不再是单一的节目播出的对象，而是内容制作的共同创作者和传播渠道扩张的主要实施者。[③] 其中广播内容的自主化接收较为显著，受众对广播内容的接收方式由"约会收听"转型至"自主收听"。电视内容的制作过程也在短视频平台的影响下，让每个人都可作为短视频的制作者和发布者，从严谨的新闻到日常生活的点滴，从兴趣、爱好、生活、工作以及其他相关知识，再到服装、食品、住房和交通。这极大地激活了短视频内容的生产力，在人人都拥有传播力的情况下，使个人进一步被媒介化。[④]

（二）以不破不立的勇气整合平台

公益事业部的成立既是郑州广播电视台在加速媒体融合转型道路上做出的新探索，也是响应国家"主力军挺进主战场"号召的有力举措，更是在内生需求驱动下的自我优化。

---

① 邓秀军、刘梦琪：《媒体平台化背景下电视媒体的多元协同内容生产机制探析》，《中国电视》2021年第12期。

② 邓秀军、刘梦琪：《媒体平台化背景下电视媒体的多元协同内容生产机制探析》，《中国电视》2021年第12期。

③ 邓秀军、刘梦琪：《媒体平台化背景下电视媒体的多元协同内容生产机制探析》，《中国电视》2021年第12期。

④ 包中竹：《媒体平台化背景下电视媒体的多元协同内容生产机制探析》，《新闻研究导刊》2021年10月第12卷第19期。

该机构的成立打通了不同媒介平台之间的界限，有助于形成品牌合力。原郑州经济广播频率与原郑州妇女儿童频道经过多年积累已培育出一批具有较高影响力的品牌，并初步形成了节目、活动、产业、经营的发展闭环。虽然电视节目与广播内容的呈现方式、表现手段不同，但是郑州经济广播频率与妇女儿童频道有着相对同质化的受众画像、相对一致的品牌属性、重合度较高的目标客户，这些都成为双方形成合力、共同发展的理由和有力保障。经济广播频率的亲子产业与电视频道的少儿类节目有着高度重叠的目标人群及客户群体，公益事业部成立后专门设立"青少年工作组"，打通人员配置，统一运营亲子、少儿产业。

拓展资源、寻求增量是公益事业部成立的根本目的。广播和电视媒体在各自的领域都拥有较为成熟的品牌，稳定的营收。在媒体融合的形势下，如何给这些原有的品牌赋予新的动能，是公益事业部目前努力的方向。在加快推进媒体融合转型的时代背景下，改革是共生、是共建，更是共进，郑州广播电视台公益事业部正在不断发掘新的媒体产业增长点，持续挺进"主战场"。

二、广电融合发展在互联网形势下的变与不变

郑州广播电视台公益事业部成立后，开始探索如何按需求变，如何在坚守新闻本业的同时寻求新的媒体经济增长点，在融合转型中不断实现变与不变的统一。

（一）传播手段升级，媒体属性没有变

传播技术的进步和媒体融合的推进促进了广播媒介的平台转型，各级广电媒体都建立了自己的全媒体传播矩阵，将优质广播内容通过新型平台进行"网状传播"。无论传播手段如何升级，作为主流媒体的广播电视依然应遵从新闻传播的内在逻辑，即广电媒体通过及时传递新闻信息以满足受众的信息需求，并承担社会监督、舆论引导的媒体责任。

媒体融合虽然带来传播手段的诸多变化，但坚持新闻本位，始终做好党和人民的"耳目喉舌"，把握受众审美取向持续输出优质的媒体作品，依然是广电媒体在融合改革中的立身之本。公益事业部在转型中坚持"开门办广播""开门办电视"，定期开展"总监面对面"活动，充分利用听众来电、后台留言、新媒体平台互动等形式征求受众在节目提升、栏目改版方面的意见和建议，不断提升节目质量以满足受众对优质内容的需求。一方面通过节目形式升级让广播电视节目发挥更强大的服务属性，另一方面开展"广播＋电视＋新媒体"同步分发，充分利用融媒体矩阵传播节目内容。

（二）变现形式升级，服务初心没有变

随着媒体融合进程进入深水期，传统媒体经营创收的方式也在不断升级，

从依赖传统广告投放，到"线下活动＋传统广告"整合营销，再到如今的产业融合发展，广电媒体一直在探索内容变现的新途径。但需要看到的是，媒体追求经济效益不是单一的逐利行为，而是基于受众日益增长的美好生活需求而不断提升自己的服务水平。

服务升级，公益事业部多管齐下布局粉丝经济。消费方式的改变使传统的广播电视购物节目越来越无法满足受众的消费需求，于是公益事业部将节目与微信营销相结合，一手打造了自己的"聚惠商城"电商平台。用户收听、收看广播电视节目了解产品信息，关注微信公众号即可下单消费，极大地提升了服务效率。此外，公益事业部官方抖音账号粉丝已经突破580万人，年轻受众群体的加入促使我们继续探索新的服务模式，不断加大对电商产业的策划和经营力度，抓住直播带货的风口开始抖音直播带货。广播电视的节目主持人成为"带货主播"，广播电视节目的受众成为直播间的消费者，双方在虚拟直播间里开启了新的互动方式。

不同于商业类直播带货，主流媒体直播的优势不仅是带货行为本身，更是品牌和公信力的叠加。我们要将媒体责任、社会影响、公益助力、商业变现等多元诉求进行集中的体现，打开内容与服务的边界，打造社交新零售，在媒体融合转型、经营转型、布局内容等领域打开新赛道。[1]

始于公益，公益事业部培育自有产业品牌。疫情期间，为了助力小微企业复工复产，发挥节目的圈层优势，公益事业部关注到了郑州的独立咖啡馆这一行业，共招募郑州市十家咖啡馆发起了三季"保卫郑州独立咖啡馆"活动。活动结束后，为了满足咖啡社群的产品需求，我们进一步结合广播圈层、声音的魅力，策划生产了93℃1文创咖啡实体产品。截至目前，93℃1文创咖啡已经发布了三款定制产品，逐步实现产品升级，更实现了产业营收。与电视媒体深度融合以后，该文创咖啡品牌正在策划制作更专业的可视化宣传内容，充分利用广电融媒体矩阵进行品牌塑造，利用"小屏＋大屏"协同作用的方式打造自己的文创品牌。

三、广电媒体在变革中的发展提升路径
（一）在平台转型中坚持优质内容生产

全国媒体行业的融合转型使广播电视媒体拥有了更加丰富的传播平台，新媒体平台的扩张倒逼广电行业开始思考更多样的内容表达方式。但是，一味追求新媒体行业的玩法不应成为主流媒体平台的最终目标，传统广电需要承担拨乱反正、促进平台规范化运营的社会责任。尤其是目前新媒体平台的信息传播呈现出无序性、片段化的特征，不断导致"反转新闻"、虚假信息、"后真相"

---

① 沈春宁：《主流媒体直播带货的行与思》，《传媒广角》2021年第8期。

事件的出现，人们越来越倾向于从主流媒体处获取真相，广电媒体在这种传播生态下反而可以凭借优质的内容生产和主流媒体的公信力提升自己的传播力、引导力、影响力。

（二）在产业升级中融聚社会资源

广播和电视媒体受市场寒冬和新媒体冲击的不断影响纷纷开始了对媒体产业融合的探索。郑州广播电视台公益事业部的成立让我们拥有了更完整的媒体平台、更丰富的人才配置和更多元的产业资源，为实现广播电视相互赋能、融聚媒体资源提供了可能，并实现了对原有品牌栏目与项目的融合升级。公益事业部目前已经形成了节目、活动、产业的发展闭环，即将以"广播＋电视＋新媒体"全案营销的新模式占领更广阔的市场。

优化营收结构，布局新媒体产业新赛道。公益事业部的广告经营依然采用"代理＋自营"的模式，将部分广告资源打包给代理公司运营，同时不断发挥自营队伍的团队优势，依托新媒体矩阵打造产业项目，发掘新的产业增长点。实现现有粉丝群的流量变现是我们目前产业融合的发展方向，我们正在通过专业MCN公司与全国电商平台展开深度合作，以媒体背书的力量打造自己的电商品牌。

发挥融合优势，提升产业人员主观能动性。公益事业部成立后，为了有利于两个媒体平台优势资源的运营和经营创收，有利于广播电视融合探索在新媒体等领域的内容生产、多渠道分发，我们优化了整体组织结构，制定了新的人员管理制度，持续深入项目化机制改革，协调内部分工，传导压力，从而提升人员的主观能动性。

延展变现渠道，多元化打造产业项目。在媒体深度融合发展的趋势下，公益事业部正在盘点现有资源进一步优化产业经营结构、延展变现渠道，将宣传变现拓展到资源变现、产业变现和技能变现上来。目前我们已经着手与多个企业达成品牌合作协议，成立品牌运营工作小组，为企业量身打造品牌塑造策略。

（三）在节目创新中凸显服务属性

大众媒体的服务性是与生俱来的，我国的广电事业自诞生之日起就坚守为人民服务的使命。随着融媒体建设的不断推进，城市媒体强大的服务性再一次被重视，无论是交通服务、生活服务、新闻服务还是政务服务等，广电媒体的服务功能在融媒时代发挥着更加重要的作用。公益事业部的《早餐可乐》《律师在线》《爱车有道》等节目就是典型的民生服务类节目，通过微信平台、热线接听等多种渠道获取用户诉求，通过节目中回应、节目后持续调解的流程为受众提供媒体服务。融合转型后，广播节目《早餐可乐》吸纳了一批电视人员，充分发挥他们在出镜报道、视频制作等方面的专业技能，将广播服务延伸到电视及新媒体领域。

与此同时，提升广电系统应急服务能力也是媒体转型的重要方向。河南在2021年经历了特大暴雨和疫情的双重灾害，公益事业部在灾情报道、灾后重建、舆论引导等方面发挥出了强大的媒体力量，不仅24小时不间断更新灾情信息、接听听众来电、汇集求助信息，同时还重点捕捉救援中的正能量、感动瞬间、各政府部门全力救援等画面，在全社会营造众志成城、全力抗灾的舆论氛围。灾情发生后，公益事业部全体记者直击现场，捕捉最新动态，通过移动小屏视频号、抖音号等快速发布即时信息，后方编辑将采集素材进行二次制作，以广播电视节目的形式播出，利用大屏进行充分解读。整合改造后的广电系统有效地介入了突发事件，实现了信息的有效链接和多方信息的反馈，不仅成为社会良性运行的舆论链条，也成为有效联结社会各环节的有力纽带。[①]

广播与电视的融合绝不是简单的相加，需要以机制改革、制度创新、技术升级、产业融合等多方力量作为支撑，才能够更好地提升效率、快速凸显媒体融合的效果及效益，真正实现相互赋能，产生"1+1＞2"的融合效果，助力广播电视融媒体打造成为具有强大影响力和竞争力的新型主流媒体。

（作者单位：郑州广播电视台）

① 王求：《广播常在 声声不息》，《中国广播电视学刊》2020年第12期。

"新闻+政务服务商务"运营探索

——以中山广播电视台为例

刘小榕

2020年9月26日，中共中央办公厅、国务院办公厅印发的《关于加快推进媒体深度融合发展的意见》，其中对主流媒体的运营模式表述为"要发挥市场机制作用，增强主流媒体的市场竞争意识和能力，探索建立'新闻+政务服务商务'的运营模式"。

对主流媒体来说，从"新闻"到"新闻+政务服务商务"，不是"新闻"不重要，而是强调以"新闻"为基石，坚守新闻内容生产的主功能不变、加大媒介融合，为受众提供更好的信息产品及服务。通过"泛内容"联结政务、服务、商务，实现商业模式的变现，从而增强主流媒体的自我造血机能。

媒介融合不断深入，电视媒体的地位受到了不小的冲击，中山广播电视台克服了严峻考验，在建设区域内具有强大影响力和竞争力的高质量发展新型主流媒体上不断取得突破，荣获（2020）中国电视媒体综合实力大型调研"年度优秀特色城市台""2020传媒中国年度十大综合传播力城市台"两项殊荣，给区域内广电主流媒体的媒介融合绘就了具体可循的发展路径图。

一、以"泛内容"探索新领域

对媒体来说，不只是生产新闻内容，还要生产新闻之外的"泛内容"，才能更好地介入"政务""服务""商务"活动。[①]中山广播电视台及其控股子公司广东声屏传媒股份有限公司（以下简称"声屏传媒"）在坚持新闻专业精神、"内容为王"的前提下，以专业细分领域为路径，积极探索建立"新闻+政务服务商务"运营模式。

（一）新闻+政务

有学者指出，坚守新闻本业，是国家和人民赋予的职责，是媒体声誉品牌

---

① 张越、范以锦：《"新闻+政务服务商务"运营模式浅析》，《传媒》2020年第23期。

打造所必须依赖的重要前提，也是联结政务的重要的基础工程。① 正是中山广播电视台坚守其主功能——生产和传播好优质新闻内容，政府部门都纷纷上门寻求合作。

1. 新闻 + 政务

媒体是社会责任的承担者，也是参与社会治理的主体。中山广播电视台携手中山市市场监督管理局开设了"全民投票查餐厅"网络直播栏目，推动形成"全民关注食品安全"的社会治理新局面。每期直播邀请市人大代表、政协委员和市民代表参与现场检查，直击餐厅后厨卫生情况。

在社会治理的进程中，媒体的重要作用之一就是搭建畅通的问题反映渠道。"全民投票查餐厅"网络直播栏目充分利用微信公众号等网络平台，让网民深度参与内容生产。以《全民投票查餐厅：网红茶餐厅食品安全巡查》这期节目为例：采取"你点我检"方式，由网民投票选出"下午茶"这一主题进行监督抽检；由网民通过网络票选出一网红餐厅，进一步提高网友参与深度；检查过程，网民可报名参与现场检查，也可通过手机客户端实时观看和留言互动。直播中，检查发现的问题通过网络直播向社会公开。直播结束两个星期后，栏目组"回头看"发现餐厅整改情况良好，直播时指出的问题已全部整改到位。截至2021年，"全民投票查餐厅"网络直播栏目持续播出已超过4年，检查各类餐饮单位219家，得到了社会的广泛好评。

中山广播电视台在"新闻 + 政务"领域，还有拓展政务会议、政务活动、演出等类型。例如2021年，中山广播电视台、声屏传媒承办了中山市庆祝中国共产党成立100周年文艺演出。首演成功后，新颖的表现形式让观众们赞誉有加，演出又加演了10场。声屏传媒承办了中山市第一届职业技能大赛，这是中山首次举办的市级技能大赛。声屏传媒对赛事全程直播，吸引了超过40万人次观看，相关新闻、视频阅读量超过60万，赢得了社会的一致好评。

在"新闻 + 政务"的创新探索过程中，中山广播电视台通过聚集网民关注的社会热点，采用新媒体技术强化媒体与网民的联结，打造了更有利于创新社会治理的互动平台，更好发挥了舆论引导的作用，进一步提升了"媒体 + 政务"的服务水平。

2. 新闻 + 电子政务

中山广播电视台倡导移动优先、以内容建设为根本，为政务部门提供政务新媒体服务，包括政务微信、政务微博、小程序等。在协助各政务部门实现新媒体产品的多样化展示、多元化传播的进程中，中山广播电视台也形成了融媒

① 范以锦：《从非主流到主流的嬗变：南方农村报"新闻+政务服务商务"运营模式探研》，《新闻与写作》2021年第3期。

时代强劲的内容竞争力。

中山广播电视台承接运营的多个政务微信公众号位居政务微信影响力排行榜前列。其中，"中山发布"微信公众号连续多年获得广东"最具传播力政务微信公众号"等称号，这也得益于其打造的多款体现主流价值观的现象级传播爆款产品。例如：为庆祝中国共产党成立100周年制作的融媒体产品《中山百年》成功入围中央网信办"五个一百"网络正能量精品评选活动。

无论是在政务服务，还是电子政务服务，中山广播电视台以内容创新、优质原创为基石，充分发挥媒体深度融合和聚合共振效应，有效强化与群众互动联结的政务服务功能，不断扩展社会大众参与线上线下互动的深度，树立起"新闻＋政务服务"的新标杆。

（二）新闻＋商务

多年来，媒体的商业模式主要是卖"硬广告"。随着网络新媒体的崛起，有些媒体花了大量精力为各个网络平台奉献了新闻内容，盈利能力却逐年下降。在全新的市场体系下，媒体一定要跳出媒体产业，去发现能够承载传统媒体转型的新产品、新业务和新服务，以"＋商务"来介入行业治理就是其中非常有效的一种方式。[①]

1. 艺术教培领域

近年来，中山广播电视台以"新闻＋商务"全力开拓艺术教育培训领域，陆续推出声屏教育天明校区、电台校区、小榄校区、远洋教育城。据统计，四大校区已累计培训艺术儿童过万人次。

中山广播电视台以教育类节目"优质原创"，紧密结合艺术教育校区的培训课程和学员资源，打造以"实战培训＋市场"为模式的教育基地。例如：中山广播电视台教育频道推出的中山首档少儿才艺实训栏目《晶莹宝贝》。该节目在形式上，将视频、音频制作直接设为培训课程，以广播剧、音乐、舞蹈等不同艺术表现形式，培养少儿对艺术的好奇心和接受能力，也让少儿有机会可以通过媒体向社会大众展示个人风采。通过《晶莹宝贝》实训，筛选具备潜质的小学员，打造一批签约童星，与演出市场相结合，完善艺术教育培训产业链条。2020年6月，中山广播电视台声屏教育远洋教育城开始运营，采用"台自有艺术类教育资源＋品牌教育培训机构入驻"的运营模式，进一步整合艺术教培领域的资源。

从中山广播电视台的实践来看，一方面坚守着"内容为王"，践行主流媒体的责任与使命。另一方面，强大的内容创新与资源聚合能力引领行业服务升

---

① 黄超、刘岸然：《内容乃营销之基——南方都市报"新闻+政务服务商务"运营探索》，《青年记者》2021年第4期。

级，实现了社会效益和经济效益的双丰收。

2. 商业直播领域

2020 年受疫情影响，线下业务开展举步维艰，但是直播带货行业空前火爆。中山广播电视台迅速调整，一方面将运营重心转移到线上，探索直播带货新业态。另一方面尝试 MCN 机构运作，提供线下直播带货实战培训服务，赋予媒体直播更多内涵和功能。

（1）试水直播带货

中山广播电视台作为区域内主流媒体，发挥权威媒体的公信力和号召力，以及电视台主播自带网红带货感召力，联手具有用户规模优势的运营商做直播带货，实现了优势互补、协同作战。2020 年，声屏传媒多次携手运营商开展线上带货直播，每次直播累计观看量超 30 万人次。

2021 年 9 月，声屏传媒独家运营的官方认证城市礼品品牌"礼遇中山"线下店开始营业。"礼遇中山"主要推介质量佳、口碑好的中山特产好物。线上店直播带货也紧随其后，通过数字引流，帮助中山本土产品链接全国大市场。2021 年 12 月 15 日，"礼遇中山"一场直播带货的销售额突破了 10 万元，参与直播的各方实现了共赢。

（2）创新 MCN 机构运营

中山广播电视台在不断探索直播带货的基础上，以"+ 商务"来介入行业治理，更以长远发展战略眼光夯实发展后劲。

2020 年 6 月，中山广播电视台和中山市沙溪镇人民政府签署建立战略合作关系，共同打造中山直播高地和广东具有重要影响力的直播基地，推动时尚沙溪转型升级，在直播带货、专业人才培养等方面加强合作。同时，中山广播电视台 MCN 机构直播学院敏锐觉察到直播行业人才需求直线上升，开办线下直播带货实战培训班、举办中山网红主播选拔大赛，进一步助力直播行业人才培养。

2022 年，中山广播电视台计划与中山市左步村共建品牌电商直播基地，依托"礼遇中山"的"官方品牌 + 内容电商"等优势，通过直播带货、设立品牌专区、开展系列促销活动等方式，拓宽农产品的销售渠道，增强乡村农产品品牌影响力。

在近几年疫情形势不断变化过程中，中山广播电视台作为主流媒体，以"新闻 + 商务"赋予媒体直播更多内涵和功能，主动作为推动中山直播行业治理，已成为中山直播生态链上的重要一环，也为媒体拓宽经营空间提供了鲜活的范例。

（三）新闻 + 文旅

文旅发展、乡村振兴都离不开媒体的正确引导、大力宣传。相比于中央媒体、外地媒体，区域内主流媒体具有接近性强的优势，更能满足地方的实际需求。中山广播电视台积极参与乡村文旅发展、探索智媒赋能文旅，找到了以"优质原创""智媒服务"为基石的运营模式。

2021年，声屏传媒控股的中山市南朗声屏文旅有限公司成立，相继举办了中山首届开渔节暨海鲜美食嘉年华、大型沉浸式演出。其中，原创"气味实景演出"《茶东家国情》的内容取材于茶东村传统历史文化中的家国情怀、家风家训故事，并将茶东村当地最具代表性的陈氏宗祠作为整个可移动的舞台。《茶东家国情》创新采用了数字气味技术。观众在观看精彩的视觉表演时，与场景相符的气味，例如：水果味、硝烟味、茶香等迎面扑来。给观众带来耳目一新的冲击效果，也让观众感受到茶东村璀璨的历史和当地群众曾经的生活状态。

2022年初，中山市南朗街道数字乡村建设正式启动。中山广播电视台、声屏传媒作为数字左步的承建方，在以乡村文旅为特色的左步村进行了数字乡村建设的新尝试。例如：结合全市应急广播建设，在全村布点乡村文旅云广播，注入优质声音内容；建设乡村导览电子系统，以电子手绘地图的形式，形象展示左步村全景风貌。游客通过轻触图标，景点、停车场、游客服务中心等公共配套设施都可实现秒查找，在手机上放大景区细节，还可以深度感受左步村全景风貌。

目前来看，媒体想要在文旅市场上占有一席之地，必须以智媒赋能文旅体验、不断提升商业价值，才能赢得客户的认可，获得市场的回报。

二、进一步增强自我造血机能

无论"新闻＋政务服务商务"的运营模式如何创新，媒体的核心竞争力仍然是内容生产，这也是提升"新闻＋"服务质量和服务效能的"基石"。媒介融合已进入关键期，媒体在追求社会价值的同时，要讲求商业价值，增强自我造血机能，才能反哺主业，实现可持续性的高质量发展。

（一）利用新技术获得服务新能力

当下新技术的应用较为多元，5G、大数据、云计算、人工智能、区块链、超高清、AR/VR等技术在媒体融合内容采集、生产、分发、接收、反馈等全链条中已广泛创新应用。尤其是传媒转型正在向智媒体方向快速演进，这也成为近年来谈及媒体融合时经常被提及的发展方向。[①]

近年来，中山广播电视台也在加快技术迭代，以技术创新推动中山广播电视事业快速发展。2021年，中山广播电视台成为广东首家全面升级4K摄录设备的地级市电视台。由中山广播电视台承建的中山市融媒体中心正式投入运作。中山市融媒体中心包括多媒体融合生产平台、指挥报道调度中心、数据分析系统等八大功能模块，横向打通了广播、电视、报纸、网站、移动端

---

① 《2020年全国广电媒体融合调研报告》，中国电影电视技术学会城市电视台技术分会网站，http://www.ttacc.net/a/news/2021/0105/65161_5.html。

等市级媒体平台，纵向打通了全市各镇街融媒体中心。中山市融媒体中心建设项目荣获"王选新闻科学技术奖三等奖"，这是我国新闻传媒行业最高层次的科技奖项。

（二）深耕垂直领域的融媒体营销

媒体融合是大势所趋，并不仅是传统媒体的课题。如今的商业平台中，都是以规模用户为目标、以先进技术为驱动进行的融合。[①] 聚合更多客户资源，才能将更多资源掌握在手中，最终实现流量变现。主流媒体除了和新媒体抢占市场，深耕垂直领域，是最为直接的方式之一。[②]

中山广播电视台立足文化传媒主业，拓展政务、文旅和现代服务业，形成"一业为主，多业并举"的产业布局。下一步，在深耕新闻＋政务、新闻＋文旅的基础上，探索智慧媒体赋能乡村振兴，以数字乡村建设作为切入口，把数字＋广播、数字＋电商、数字＋文旅等领域做大、做强、做精，并推广到中山各个镇街、全面助力中山乡村振兴；将内容生产向互联网阵地转移，加快布局沉浸式数字文娱产业，打造数字文娱高地；借助已具有市场影响力的品牌，深入挖掘品牌价值，进而扩大市场份额、形成产业链；利用文化属性为品牌赋能，进行融媒体整合营销，达到信息的有效整合与传达，力争实现产业结构和资产结构的优化调整。

三、结语

目前，媒介融合进入深水区，在确保正确舆论导向的前提下，媒体要以"泛"内容生产和先进的技术为支撑，通过市场化的体制机制提升媒体在经济上的增值力、市场上的竞争力，最终探索出一套成熟的运营机制，强大"造血"机能、反哺主业，实现可持续性的高质量、跨越式发展，才能更好地履行主流媒体的职责和使命。

（作者单位：中山广播电视台）

---

① 孙健：《平台视阈下"新闻+政务服务商务"运营模式思考》，《中国记者》2021年第3期。

② 陈鹏宇：《深耕垂直领域 扩宽变现路径——融媒体时代经营模式创新的探索思考》，《媒体融合新观察》2021年第2期。

"新闻+"战略在全媒体传播生态塑造中的实践与探索

——以成都市广播电视台融媒体"神鸟知讯"为例

杨永茂

2013年8月19日，习近平总书记在全国宣传思想工作会议上指出，要加快传统媒体和新兴媒体融合发展，充分运用新技术新应用创新媒体传播方式，占领信息传播制高点。[①]2016年2月19日，习近平总书记在党的新闻舆论工作座谈会上指出，要推动融合发展，主动借助新媒体传播优势，尽快从相"加"阶段迈向相"融"阶段，着力打造一批新型主流媒体。[②]2019年10月31日，党的十九届四中全会通过的《中共中央关于坚持和完善中国特色社会主义制度 推进国家治理体系和治理能力现代化若干重大问题的决定》明确要求，建立以内容建设为根本、先进技术为支撑、创新管理为保障的全媒体传播体系。[③]2020年9月，中共中央办公厅、国务院办公厅印发《关于加快推进媒体深度融合发展的意见》，其中指出要探索建立"新闻+政务服务商务"的运营模式。[④]

全媒体传播新形态构建在新技术底层之上，代表着未来传播趋势，传统媒体必须全面挺进网络主战场，成为媒体融合发展的主力军。成都市广播电视台打响了全媒体传播生态构建的攻坚战，全力参与"构建网上网下一体、内

---

① 《习近平谈媒体融合发展：关键在融为一体、合而为一》，http://cpc.people.com.cn/n1/2018/0822/c164113-30242991.html。

② 《习近平谈媒体融合发展：关键在融为一体、合而为一》，http://cpc.people.com.cn/n1/2018/0822/c164113-30242991.html。

③ 《中共中央关于坚持和完善中国特色社会主义制度 推进国家治理体系和治理能力现代化若干重大问题的决定》，http://www.xinhuanet.com/politics/2019-11/05/c_1125195786.htm。

④ 《中共中央办公厅 国务院办公厅印发〈关于加快推进媒体深度融合发展的意见〉》，http://www.xinhuanet.com/2020-09/26/c_1126542716.htm。

宣外宣联动的主流舆论格局"①。其中，融媒体"神鸟知讯"以"平台化、智能化、App化"理念为改革引领，以"四全媒体"（全程媒体、全息媒体、全员媒体、全效媒体）为基本坐标，以"新闻+政务+服务+商务+社交+公益"为核心架构，已被打造成为全国影响力的高端时政类社交化党媒。作为全媒体传播体系"轻骑兵"的"神鸟知讯"客户端6.0版本已于2020年11月12日上线启用。

一、以"四全媒体"核心内涵为逻辑起点，构建传播矩阵塑造传播生态

按照"四全媒体"要求，"神鸟知讯"积极拥抱新技术和新应用，推进自身互联化、智能化、社交化、平台化，力求成为互联网视频、音频和互动社区标杆品牌，构建"神鸟知讯"客户端，同时抓住各大互联网平台带来的传播和宣传机遇，建立"神鸟知讯"官方微博、微信公众号、微信视频号以及抖音号等大平台入驻号。目前，全网用户量突破2200万，日均用户活跃度40万+，日均信息阅读量达823万人次。

通过上述平台和阵地的建设，"神鸟知讯"从技术、时间和空域上打破了传统媒介的传播边界，延长了传播半径，丰富了传播过程，实现了用户参与制作、参与传播和参与评价的可能和手段。在这些阵地上，24小时不间断产出图文、视频、音频、直播、动漫等单一或多形态叠加的全媒体报道产品，进行矩阵式黏性传播。

二、以"四全媒体"构建强大内容为根本要求，切实做强新闻主业

任何媒体，包括新兴网络媒体，必须紧紧抓住内容建设这个"牛鼻子"，否则，再花哨的名号也只能是昙花一现。作为新闻媒体，做强做大新闻主业，是党的要求、职责所在。困扰传统媒体内容建设的首要问题是海量信息从哪里来。"神鸟知讯"从诞生那天起，就扛起了新闻为本、内容为王的大旗，既不因循守旧，也不"遍地开花"，在认真分析自身优势的基础上，按照原创为魂、特色为要、因地制宜、用户参与的思路，积极构建内容建设的能力和手段。

第一，在成都本地，推动垂直向下融合。与22家区（市）县融媒体中心建立合作，建立资源共享、人员互用、内容共创的"神鸟知讯"报道联盟，在市域内重大新闻的采制上，实现报道资源共享、人员互用、内容共创，充分释放内容生产潜力。

第二，推动优秀优质广电资源按新媒体传播规律有效聚合。借助成都市广播电视台在全国城市台的影响力和口碑，通过对传统电视节目的再生再造，形

---

① 《中共中央关于坚持和完善中国特色社会主义制度 推进国家治理体系和治理能力现代化若干重大问题的决定》，http://www.xinhuanet.com/politics/2019-11/05/c_1125195786.htm。

成内容生产的有效补充。

第三，打破地域限制。按照全国半径、国际视野的作战要求，派出记者同全国优秀媒体同台竞技，赢得业界话语权。依托新华社、中央广播电视总台等中央媒体资源建立国际新闻中心，快速、深度报道国际新闻和突发事件。目前，京津冀、粤港澳大湾区等地记者的选拔工作已经完成并投入实战。以"人无我有、人有我快、人快我优"的新闻原则，确保"神鸟知讯"在新闻生产上出好作品。

第四，与行业领军商业平台合作，生产全媒体传播的"拳头产品"。设立百度好看视频本地创作者学院，与今日头条合作开设新闻评论栏目"神鸟舆论场"，与抖音合作打造"视频60秒"，与中广天择传媒合作，打造季播类长视频内容等，扩大"神鸟知讯"品牌的影响力和传播力。

三、以"四全媒体"平台化、功能化、特色化建设为突出抓手，锚定"新闻+政务+服务+商务+社交+公益"运营模式

"急用户之所急，想用户之所想"，"神鸟知讯"积极做好民生服务，将为用户提供优质服务作为特色亮点，推动政府职能部门与用户网上实质有效互动。"神鸟知讯"客户端6.0版本按照"新闻+政务+服务+商务+社交+公益"运营模式，构建问神鸟、神鸟号、看电视、听广播、资讯、公益、积分商城、TV点播、文创等多个特色频道。

第一，做大做强政务新媒体朋友圈，为其品牌传播提供强大支撑，创新构建"新闻+政务"模式。目前，"神鸟知讯"已成功实现与成都城市公共服务平台"天府市民云"双向入驻及一键跳转功能。成都市教育局、公安局、公园城市建设管理局、成都轨道交通集团等多家市级职能部门、国有企业的政务新媒体以及2000余个成都基层社区集体入驻"神鸟知讯"，共同打造"手机问政"线上模式，畅通民声诉求渠道，整合政务资源，打造综合服务平台。

第二，重点打造"问神鸟"频道，推动教育、医疗、司法、家政、求助等民生热点领域资源与用户实现"一对一"在线服务，开启"新闻+服务"模式。"问神鸟"频道目前已有持证记者、三甲医院权威专家、执业律师、优质家政服务企业入驻。专业记者、权威专家放心问，官方背景、服务企业放心找，用户足不出户即可获得"看得到、请得起、信得过"的免费医疗、法律咨询等公益服务，全天候在线服务顺利开启。

第三，按照垂直化、专业化要求，精准建立"新闻+商务"模式，构建"好政策""好产品""好团队""1+1""掌上非遗"等有特色的内容版块，集中精力打造四川及成都地区文创产业展示、文创产品交易平台。

第四，实现"新闻+社交"运营，打造成都市民新型网络社交平台，精准提供社群舆论场景。

第五，通过内容与公益项目的结合，借助主流媒体的公信力和权威性，在慈善机构与普通群众、企事业单位之间架设沟通与帮扶的桥梁，彰显主流媒体的公益属性，构建"新闻＋公益"平台，开展"蓝莓"少年守护计划、孝心助力计划、爱心助学计划、英雄守护计划等线上活动，助力公益传播和公益事业。

四、以"四全媒体"要求为根本遵循，构建适合全媒体运营的体制机制

全媒体传播生态建设，除了确定明确的战略目标、应用场景，更重要的是因地制宜构建适合全媒体运营的机制和体制，有效解决电视采编播与新媒体运行"两张皮"、合而不融的顽疾。"神鸟知讯"的做法主要有以下六点。

第一，率先推动新闻服务供给侧结构性改革，淘汰低收视率的传统电视栏（节）目，将富余人员就地成建制地转向主战场。

第二，改革绩效分配机制，其核心就是依岗定责，按市场贡献大小取酬。严格实行以新媒体绩效考核为中心的量化考评体系，坚持以岗位价值和产品价值作为考核标准，有序引导传统广电队伍积极向互联网阵地转型发展，快速进入网络主阵地。

第三，充分分析电视平台和互联网传播的共性，将互联网传播的优势用于改造《成视新闻》《今晚800》等传统品牌电视栏目，让老栏目活出新样子。与此同时，按照融合传播要求，积极研发适台适网的"微栏目"《人生观》，电视制作的专业性和网络传播的社交化特质得以完美结合，收到了良好的效果。

第四，按照一体化运行思路，改革内部组织架构，由传统广播电视台架构向互联网扁平化体系转变。彻底打破以栏目为单元的机构设置，按新媒体运营规律，建设"网感十足"的新部门。

第五，在团队管理上，坚决破除影响互联网人才成长的樊篱，大力培育尊重个性、鼓励创新、宽容失败的互联网创业生态。熟悉新媒体的新进中青年优秀人才一律充实到网络采编部门，让新生力量逐渐成为业务骨干，让分散在网下的力量尽快进军网上、深入网上，为占领新兴传播阵地打造一支主动作为、配备精良的亡力军。

第六，解决互联网传播人才从哪里来是人才培养的关键。传统媒体向互联网阵地转型，最大的阻力来自团队的思维定式。长期一个姿势睡觉，"不愿改""害怕改""本领恐慌"是日常管理过程中遇到的最大"拦路虎"。改革既不能坚持"原地不动"，也不能贸然"另起炉灶"，切实可行的办法就是在实战中培训、在培训中实战，树立标杆和榜样，逼着改。"神鸟知讯"管理团队主要靠向外部借平台和借场景来培养人、锻造人。加强与头部互联网企业和MCN机构的合作，派团队参与MCN机构的项目小组，开设实训基地，提供锻炼平台，推动员工快速养成互联网思维，有效减少了改革过程中的阻力。通过合作，团队大多数人充分认识到，向网络主阵地进军是历史的必然，也是与时俱进成就自己的好战场。

五、结语

构建全程媒体、全息媒体、全员媒体、全效媒体，需要谙熟互联网传播规律，洞悉年轻受众对内容接受、传播触达的现实认知。我们必须放下所谓的经验做法，完成从被革命到自我革命的思维方式嬗变，积极拥抱互联网，在网络主战场上竞技博弈。"神鸟知讯"通过实施"新闻+"战略，不断丰富其实践新内涵，持续强化巩固网络舆论主阵地，构筑高端时政类社交化党媒的全新运营模式，是成都市广播电视台媒体深度融合发展的又一实践性探索，为传统广播电视媒体转型发展、融合发展提供了新范例。未来，"神鸟知讯"将对标对表中央关于媒体融合发展的新要求，继续坚持一体化发展，全面优化资源配置，争取在媒体深度融合发展中走在前列。

（作者系四川广播电视学会城市台专委会会长、成都电视发展有限公司董事长、成都广播电视台新闻综合频道总监）

三 等 奖

智媒时代城市台新闻舆论引导力提升路径

董圆圆

新闻舆论引导是中国共产党宣传思想工作的重要组成部分，新闻舆论引导力则是执政党对国家政事与热点事件"舆论发展趋势的引导和调控能力"[①]，在大众传播阶段，电视、广播、报纸等传统媒体是新闻舆论引导工作的主要执行者。随着人工智能技术的不断发力，媒体融合的"智慧"特征越发显著，智媒体以万物互联、万物皆媒、精准推送、全觉传播的优势抢占舆论视野，作为传统媒体的城市台新闻舆论引导力受到前所未有的挑战，甚至有人质疑城市台存在的必要性。面对重重阻碍，城市台应守正创新，正确审视自身舆论引导力消解的成因，守住作为传统媒体的新闻舆论引导优势，争夺舆论引导的主动权，提升自身引导力。

一、困境分析：智媒时代城市台新闻舆论引导力的消解现状

时、度、效是影响新闻舆论引导力强弱的重要变量。智媒时代城市台新闻舆论引导力的降低主要是由于智媒体的迅速发展重塑传播格局，实现了对以城市台为代表的传统媒体在时、度、效三方面的超越，城市台在媒体融合过程中定位不清、发展后劲不足，在新闻舆论引导的时、度、效方面管控不力。

（一）城市台新闻舆论引导的时效滞后

智媒时代万物皆媒，人人都有麦克风，重大事件、地方热点新闻的发布对城市台的依赖大大减小，有流量的地方就有新闻，个体成为信宿与信源二者的统一体。相较于城市台新闻节目的固定时间播送，人们通过移动互联网可以在事件发生第一时间实现线上"在场"并参与讨论，个体的媒介化转向使时间与空间对信息的束缚得以缓解，信息的"历时态"空前变短。除了个体成为

---

① 计永超、刘莲莲：《新闻舆论引导力：理论渊源、现实依据与提升路径》，《新闻与传播研究》2016年第9期。

信源，智媒体以数据与算法为技术基石实现新闻生产集"采、编、传"于一体，提高了各个平台的新闻传播时效性。"记者"门槛的降低与智媒机器"采、编、传"的快捷，使信息在短时间内就可以送达每个用户的手上，甚至在短时间内形成具有一定影响力的舆情。可以说智媒重塑了传播格局，城市台在技术赋权下新闻采传速度虽然有所提升，但难以达到智媒体的新闻传播速度，其新闻舆论引导也总是滞后于舆情发酵传播。在受众的视野中，城市台的新闻舆论引导已经"超时"，失去了新闻该有的时效性，滞后性突出。

（二）城市台新闻舆论引导的力度不足

新闻舆论引导的"度"强调的是舆论引导过程中应注意的高度、分寸与力度。城市台新闻舆论引导在"度"方面的缺憾主要表现在国际局势剑拔弩张，意识形态与各种社会思潮入侵严重以及国内两个百年交织期内党和人民对新闻内容有了更高的要求与期待。希望新闻内容不仅能够反映身边大事、热点问题、敏感话题，也要能够激浊扬清，有效树立正确风向，对外彰显中国形象、讲好中国故事，这就意味着城市台需要提升站位，投入人力、物力创新栏目。但是，现实情况是较多的城市台更关注在媒体融合过程中的转型问题，将大量的精力投入城市台的转型升级中，忽视了新闻舆论引导的内容本身，在内容深度、广度上有待提升。不少城市台在失去新闻报道的时效性优势之后，在内容的采编上局限于当地新闻报道而忽视了新闻站位的"高度"，缺乏对国内热点新闻的整体观照与国际视野。此外，也存在着个别城市台对正面新闻与负面新闻报道的力度与节奏把握不好，如对娱乐新闻不乏存在渲染炒作的情况，在突发公共事件的宣传处理方面缺乏舆论引导的技巧。

（三）城市台新闻舆论引导的效果甚微

城市台的新闻舆论引导以新闻节目、车上调频收音频率为主，通过调动受众的视觉、听觉来实现信息传达，大多是单向的、平白直抒的舆论引导，很难知晓受众的反馈。相比之下，智媒体给受众带来新的交互方式，微信、微博、B站等通过评论区实现了与受众的交流互动，可以及时了解受众想法，比如：微博设置的超话实时讨论社区，就给用户提供了交流互动的机会，利于媒体在跟用户的互动过程中进行引导。此外，智媒体为受众提供了全息呈现、全觉感知的良好体验，VR、AR、MR等技术助力还原事件现场，通过为用户提供临场体验来提高对事件的理解，具身的在场充分满足了用户的情感体验，这种在场感、沉浸感大大提升舆论引导的效果，也会成功"圈粉"。因此，城市台原有受众会被智媒体分流，特别是网生代的青年更青睐可移动、智能化的智媒设备，对城市台的关注度较少，这也使城市台舆论引导出现受众"缺场"的现象，影响力降低。

二、何以存之：智媒时代城市台新闻舆论引导的必要性

媒体融合是技术赋能背景下新旧媒体创新发展的一种态势，其本意并非取代传统媒体或者实现传统媒体与新媒体合二为一，而是对新旧媒体的一种积极的"扬弃"，这也就意味着传统媒体不会在媒体融合的过程中消融。我们清晰地感受到媒体融合过程中智媒体大放异彩，以广播、报纸、电视为代表的传统媒体逐渐失去传播优势，但传统媒体仍然有其必然存在的使命与优势。

（一）身兼官方媒体的政治使命

习近平总书记指出："建设具有强大凝聚力和引领力的社会主义意识形态，是全党特别是宣传思想战线必须担负起的一个战略任务。"[①] 城市台作为央台、省台、市台、县台四级广播电视台新闻传播矩阵之一，是党的新闻舆论宣传矩阵的重要一环，与其他官媒一样肩负着"举旗帜、聚民心、育新人、兴文化、展形象"[②] 的重大使命。这也就意味着城市台不能以流量资本为追求目标，要坚守作为官方媒体的政治底线与政治使命。当下，智媒体分流城市台的大部分受众，城市台的曝光度、关注度远不如前，但城市台依然有自己的忠实受众，特别是不擅长使用智能手机的中老年群体依然主要通过广播、电视来了解外界信息，各地的城市台新闻节目也是多年来不少家庭饭桌前的保留节目。这些受众便是城市台存在的意义，也是城市台新闻舆论引导坚持的动力。城市台新闻舆论引导的存在是对迭代更新的智媒体新闻舆论引导的有力补充，作为党和政府的舆论喉舌，它能够保障本地新闻时事、创新理论、舆情真相"飞入寻常百姓家"，全面覆盖老百姓群体。

（二）具备传统媒体的权威性

作为市级官方新闻舆论引导的城市台创办与发展历史悠久，在新中国成立后很长一段时间内城市台与央台、省台垄断着新闻传播，是老百姓获取新闻资讯的主要途径，相较于智媒体，以城市台为代表的传统媒体在新闻舆论引导方面有两点优势。首先，以城市台为代表的传统媒体在出现时就被烙上"官方"的标签，受众对城市台的信任度非常高，而网络上的事情众说纷纭、扑朔迷离，各类媒体交织发声，受众往往很难辨认真假，对网络上各类媒体的信赖度有限，从这个角度来看城市台比一些网络媒体、平台更有"观众缘"，更方便开展新闻舆论引导工作。其次，城市台的另一大优势在于新闻的采集、报道方面把关严格，很多新闻内容几经审核才能播出，反观智媒时代很多媒体秉持"流量为王"，为了抢"头条"争流量，出现了很多不完整或者片面的新闻解读，哪怕是认可度较高的智媒体也存在这种现象，比如：2022 年冬奥会期间个别媒体为

---

① 习近平：《论党的宣传思想工作》，中央文献出版社，2020，第340页。

② 习近平：《论党的宣传思想工作》，中央文献出版社，2020，第339页。

了"先声夺人",在比赛尚未结束时先下论断在微博发布与比赛结果相关的新闻,与比赛最终结果有违,引起了很多网友的反感与声讨。在舆论传播速度快于事件真相的时代,更需要有"定力"的媒体秉持初心报道事实,可以说城市台新闻节目便是这类价值所在。

(三)本土报道优势得天独厚

新闻舆论引导不仅是要实现对国家大政方针政策进行解读宣传以及舆情事实的真相澄清,也负责设置议题引导人们去关注一些人和事。相较于央台、省台以及其他主流媒体,城市台在地方新闻报道方面独具优势。美国传播学者约瑟夫·克拉伯指出,受众对信息的关注是具有选择性的,而这种选择性往往是基于情感或利益需求作出判断。这也说明了受众乐于关注跟自己切身相关的、具有一定情感基础与文化共识的地域性新闻。城市新闻工作者一般对本土的政治、经济、文化和社会习俗较为了解和熟悉,在新闻采集的过程中更能抓住符合本地人"口味"的热点新闻,能够利用人们在地域与文化上的接近心理获得关注与认同,在报道的过程中也方便采用本地人喜闻乐见的口吻进行宣传报道,方便大家理解与接受。同时,城市台工作人员更能切身感受到当地人的精神文化需求以及舆情动向,面对当地老百姓的舆论风向反应也能更为及时敏捷,可以在短时间内展开调查,为老百姓提供一个合理且权威的解释。

三、逆境突围:智媒时代城市台新闻舆论引导力的提升路径

通过对智媒时代城市台新闻舆论引导深陷的困境分析与城市台新闻舆论引导必要性的思考,可以发现提升新闻舆论引导力是城市台创新发展迫在眉睫的工作。近年来,城市台已在新闻采编与传播方面进行了较大改革,智能技术融入下,新闻采编与分发的速度明显提高,城市台新闻舆论引导力的提升要在守正创新中实现突围,从立场、内容、方法、素养几方面着手。

(一)守正自身立场,把握正确舆论导向

城市台作为市级官方平台在新闻舆论引导中应坚守正确舆论导向,坚持把党性原则作为指导工作的根本原则。一方面,城市台新闻节目必须能够"体现党的意志,反映党的主张"[①],要主动对党中央的方针政策进行宣传解读,报道重大事件,在国外意识形态与各类社会思潮不断渗入的情况下坚守正确的价值导向,贯彻落实习近平总书记关于新闻舆论引导的基本方针要求,明确新闻价值取向,站稳政治立场,筑牢意识形态防线,对混淆视听、恶意攻击要主动回击,以正视听。另一方面,在媒体融合过程中明确自身定位,配合央台、省台与县台做好融媒体中心四级融合发展的布局,身处"流量为王"的智媒时代要守正自身立场,既要主动抓住媒体融合的契机求新求变,也要注意在媒体融合

---

① 习近平:《论党的宣传思想工作》,中央文献出版社,2020,第182页。

过程中不迷失方向，做好党和中央的"传声筒"。智媒时代城市台不是人们了解新闻资讯、舆情事件的首选平台，但城市台理应保持新闻舆论引导的初心，不因受众少、收听收视率低、广告投入少而放弃对新闻类节目的创新与优化，秉持打通城市新闻舆论引导"最后一公里"的信念与信心，服务好不擅长使用手机、电脑等设备的受众。同时，城市台也要坚守传统媒体的优势，在运用人工智能加快新闻采编与分发的同时，继续从严审核新闻内容，无论是时政类新闻还是娱乐类新闻或民生类新闻，都要讲导向与底线，特别是娱乐新闻要重视内容本身的新闻价值性与导向性，注意娱乐新闻事件报道的"度"，坚持在"众声喧哗""娱乐至上"的传播态势之中唱响主旋律，避免娱乐化、庸俗化倾向，将更多的新闻时长放在政策解读、典型报道、地方民生方面，将正确的价值观、真实的事件传递给大家。

（二）坚持内容为王，深度挖掘本土报道

智媒时代城市台难以在速度、互动、智能等方面超越智媒体的新闻传播效果，其新闻舆论引导力的突围关键在于对内容的深度挖掘。首先，智媒时代带给受众的是"快餐式新闻"，人们常常调侃"字越少事越大"，智媒为受众带来了最前沿新闻消息，让人们能够在第一时间了解到不同时空发生的不同事情，信息生产的瞬时性与信息的碎片化让人们眼花缭乱，人们可以一直浏览最新动态但也一直停留在"浏览"的状态，难以深入地去了解事情的来龙去脉，也难以思考新闻背后的价值所在。人们因为缺少对事件的全面了解而产生片面的认识，在互相转发、评论的过程中带来曲解、滋生谣言。城市台新闻节目虽然没有新闻实时传播的优势，但是可以对智媒体曝光的事件进行深度挖掘，发挥新闻团队的专业力量，向受众报道全面和完整的事件过程。因此，城市台新闻节目应主动进行新闻内容供给侧结构性改革，通过有深度、有高度的内容报道，引导人们对舆情事件有客观、全面、理性的认识与思考。其次，城市台应在地方文化宣传方面做深做实。城市台承载着宣传地方文化的使命，引导人们关注、热爱、弘扬家乡的优秀文化也是新闻舆论引导的重要目的。城市台可以通过打造本土品牌，挖掘与传播优秀文化背后的故事，让地方优秀文化进入大众视野，发扬优秀传统文化的主流价值引导作用。

（三）注重方式方法，坚持正面宣传为主

习近平总书记在多个场合都强调了舆论引导要讲究方式方法，坚持以正面宣传为主。智媒时代城市台新闻舆论引导应围绕正面宣传来涵养良好社会心态，在尊重新闻真实性的前提下综合考量新闻价值，多报道有能量、有思想、有温度的"暖新闻"，以发挥新闻凝心聚力、统一思想的作用。智媒时代受众的主体意识觉醒，传统的"灌输式"唯我的话语方式易引起受众的逆反心理，如何增强正面宣传的诠释力、共情力是提升城市台新闻舆论引导力的关键。一方面，可以加大对榜样的报道与宣传，通过事迹报道、现身说法来发挥榜样的示范作用，给受众以正确的引导，如：可以采访宣传当地的国家勋章和国家荣誉称号获得者，挖掘背后感人、励志故事，弘扬他们身上展现出来的忠诚、执着、朴实的鲜明品格。另一方面，要意识到新闻舆论引导本身是一项艺术性工作，关键在于采取什么样的报道方式让受众最大限度地接受新闻舆论的引导。新闻的表达方式、体裁形式、话语体系等影响着受众对新闻内容的接受程度。因此，城市台的新闻表达方式、体裁形式、话语体系应做到灵活多变，宜用则用、不宜则变，可以转变叙事方式，适当提升新闻叙事的故事性、情感性，为舆论融入更多暖色调，将真善美、正能量寓于感人故事中，迎合受众的接受心理与情感需求，做到以情动人、以情感人、以情化人。此外，城市台也应注意"扬正控负"不是对负面新闻的全面摒弃，而要注意避免负面新闻带来的"负面效应"，城市台在报道负面新闻、反面典型的时候要注重发挥其威慑、警示作用，将事件经过、危害分析透彻，引导受众深省，敲响警钟。

（四）提升媒介素养，打造新闻王牌团队

好的新闻节目需要好的新闻团队来打造，城市台新闻舆论引导力提升的关键也在于新闻团队的通力合作。面对传播生态的变化，可以通过提升城市台新闻团队的媒介素养来保障城市台新闻舆论引导工作的有效开展。智媒时代零散化、碎片化、去中心化的传播特征给新闻舆论引导带来重大挑战，也对新闻人提出了更高的要求，要注重对新闻团队整体媒介素养的培训与教育，为新闻节目打造一支专属的新闻王牌队伍。首先，作为城市台的新闻工作者应坚持自己的新闻志向，坚持马克思主义新闻观，面对新媒体的"短平快"，保持新闻定力，坚守城市台新闻舆论引导的阵地；其次，城市台的新闻工作者也应坚持尊重事实、以人为本的新闻理念，坚守人民情怀，多去报道与老百姓切身利益相关的事件，积极为老百姓发声，在"后真相时代"更要保持理性与冷静，不做"标题党"，不抢头条不抢流量，坚持对事件"元"问题的报道，对争议事实的报道要全面客观，不断章取义、刻意放大单方面的声音，在未知全貌的情况下不去引导受众胡乱猜想，发挥新闻工作者深度调查的优势，尊重事实的真实性与客观性；最后，要注重对新闻工作者智媒技术的培训，新闻工作者要争取在新的传播格局中实现自我突破，及时学习智媒技术，了解传播生态的变化，推动城市台新闻节目进驻 B 站、微博及微信公众号、视频号等，主动思考在媒体融合发展情况下城市台新闻节目该何去何从、如何提升新闻舆论引导力、面向不同受众群体该如何满足受众的不同需求等难题，要有破题的勇气与决心。

（作者系复旦大学马克思主义学院博士研究生）

中国城市广播电视研究的发展脉络与趋势分析

——基于 CSSCI 与北大核心期刊文献的 CiteSpace 可视化分析

陈一奔　　段鹏程

城市广播电视（以下简称"城市广电"）是我国传媒体系中的重要组成部分，作为我国大众媒介生态的重要一环，在基层党政宣传、民生资讯、文化娱乐等方面内容的传播上发挥了重要作用。随着我国广播电视业整体上的改革、发展、提高，城乡广电的发展也随之进入新阶段，在区域内具有明显的文化效能和经济效用。[1] 从初步的资料收集结果来看，国内学者对城市广电的研究有一定的延续性，研究内容也较为全面。本文旨在引入定量分析方法，梳理城市广电研究成果，厘清其发展主题和脉络，总结归纳现有城市广电研究的不足，并结合目前业界前沿动态提出相关思考，以期助推城市广电研究的体系化构建、提示相关研究领域的不足，更好地服务我国基层媒介的管理与研究。

一、数据来源及研究方法设计

基于 CSSCI（中文社会科学引文索引）和北大核心（北京大学出版社《中文核心期刊要目总览》）文献在我国学术研究领域较高的认可度以及较大的学术价值和影响范围，本文以这两个数据库作为检索范围。同时，在中国知网 CNKI 平台上，搜索可得最早关于"城市广电"的学术性文章出现于 1993年 5 月 1 日（张挺：《略谈城市广播电视报改革的新思路》）。因此，本文数据主要以"城市广电"和"城市广播电视"为主题检索词，将时间范围限定为1993 年 1 月至 2021 年 12 月，将 CSSCI 和"北大核心"期刊设置为文献来源，并排除"广播电视大学"的内容干扰进行筛选后，共得到 316 条结果。在手动去除广告类、资讯类的内容后，剩余的 276 条文献构成了本文文献计量的样本数据。

---

① 杨存中：《城市广播电视媒体产业化经营探究》，《新闻爱好者》2021 年第 9 期。

本文使用美国华裔教授陈超美开发的 CiteSpace 软件作为分析工具。该软件能够对特定研究领域的文献进行关键词共现、聚类和突现分析，并绘制可视化图谱，揭示该领域研究的主要动向和拐点，呈现该研究领域的发展脉络与趋势。[①] 在对所研究文献年度时间分布进行分析后，可知在 1993 年至 1996 年之间仅有一篇相关的学术性文章（见图 1）。为了更好地绘制可视化图谱并针对"城市广电"的持续性发展进行研究，笔者在软件中将时间跨度限定为 1997 年 1 月至 2021 年 12 月，将时间切片设置为一年，即以每一年为一个时间单位进行提取，进行进一步的操作。

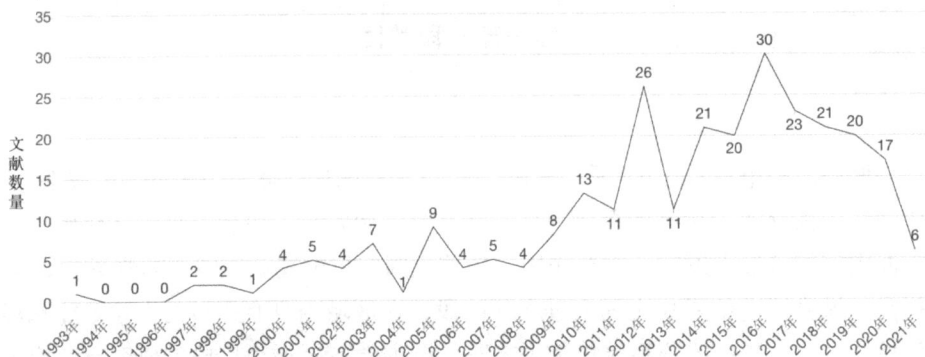

图 1　城市广电领域研究文献年度分布图

二、研究者与研究机构分析

研究者之间合作关系的紧密程度与主要研究者研究关系的辐射程度，是衡量城市广电研究发展情况的主要指标。图 2 为 CiteSpace 软件生成的城市广电领域研究者的关系图。在此图中，节点数量为 289，节点连线为 81，网络密度为 0.0019。其中，发文量最高的作者为胡舜文、沈文彬、徐丽玲，文献数量均为 4 篇。根据普赖斯提出的核心作者论文发表数量计算公式 $M=0.749 \times \sqrt{Nm}$（Nm 指的是发文最多作者的发文量）可以得出，M=1.498。因此，在我国城市广电领域发文数量大于或等于 2 篇的作者可以被视为核心作者。总体而言，这部分的作者数量较多，核心作者地位并不突出。同时，各研究者之间的连线较少，关系较为独立。这也表明目前我国城市广电的研究处于"百花齐放"的态势，城市广电研究者的研究方向较为分散，各位学者主要围绕自身领域开展相关研究，尚未形成较为明显的网络，合作研究较为羸弱。也就是说，关于城市广电的研究目前尚缺乏多层次的沟通与多向度的合作。

---

① Chen C, Song M. *Visualizing a field of research: A methodology of systematic scientometric reviews*, Public Library of Science, 2019, 14(10):e0223994.

此外，通过对城市广电研究机构的梳理可以发现：目前关于城市广电的研究多以业界为主，且聚集于江苏、浙江等经济文化强省的广电系统内。其中，扬州广播电视总台（6篇）和宁波广播电视集团（5篇）为城市广电研究的主要机构。

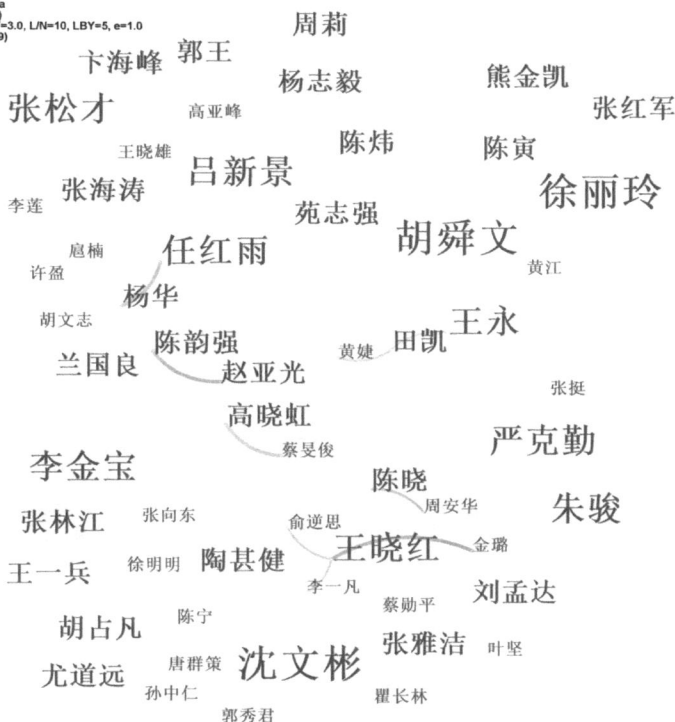

图 2　城市广电领域研究者关系图

三、城市广电研究的热点分析

关键词是对研究主旨和研究内容的核心概括，其在样本文献中的出现频次可以反映该主题具体的讨论与研究热度。通过 CiteSpace 软件对城市广电研究的关键词进行共现和聚类分析，可以直观地把握目前学界关于城市广电研究的热点与发展趋势。

在城市广电研究主题的关键词共现与聚类图中（见图 3），十字形节点为研究文献析出的关键词，节点大小表现的是该关键词在文献数据库里出现的频次，节点越大、字体越大的关键词出现的频次越高，研究热度也就越高。图 3 中，节点关键词出现的最低频次为 12 次，"城市广电"与"城市台"为图中出现频次最高的两个节点。除了"城市广电"这一与筛选主题词直接相关的节点，"城市台"一词成为建构众多相互关联的研究网络的核心节点，即标志着在"城市广电"领域中，电视台成为研究的核心议题。此外，"媒体融合""广电媒体""广电集团""收视率""城市频道""广告创收"等高频关键词也显示出了研究的重要细分领域。

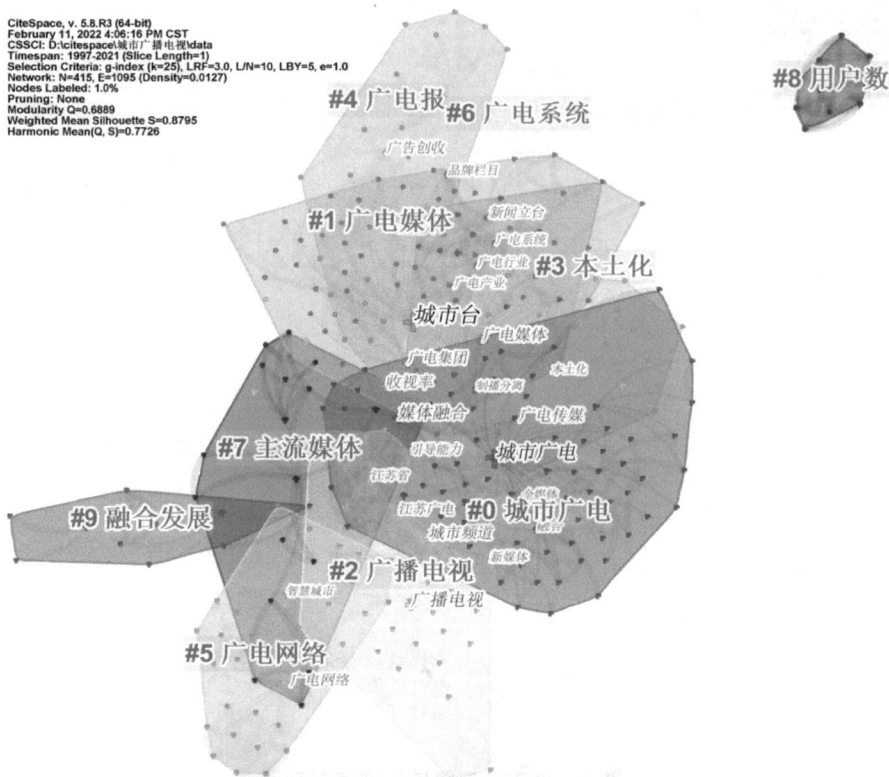

图 3　城市广电领域关键词共现与聚类图

　　其中，不同的区块表示的是不同的聚类，即文献中的特征词按照相近性所形成的分组。一般而言，在 CiteSpace 中，聚类模块值（Q 值）大于 0.3 表示该聚类结构显著；聚类平均轮廓值（S 值）大于 0.5 表示该聚类合理，大于 0.7则表明该聚类的可信度较高。[①]图 3 中，Q=0.6889，S=0.8795，表示聚类的模块度较好且聚类集中，并且聚类的结果可信，能够呈现出高度概括性的聚类群组，全面地表现城市广电领域研究的聚焦方向。目前，关于城市广电的

---

① 周俊华、徐勇：《基于 CSSCI 文献的边疆治理研究的发展脉络与趋势分析》，《西南民族大学学报(人文社会科学版)》2021 年第 12 期。

研究主要从"#0 城市广电、#1 广电媒体、#2 广播电视、#3 本土化、#4 广电报、#5 广电网络、#6 广电系统、#7 主流媒体、#8 用户数、#9 融合发展"共计10 个聚类群展开。除去元聚类"#0 城市广电",剩余 9 个聚类大致可分为:第一,研究城市广电具体领域的"#1 广电媒体""#2 广播电视""#4 广电报""#5 广电网络""#6 广电系统"五个聚类群;第二,关注城市广电发展路径与策略的"#3 本土化"和"#9 融合发展"两个聚类群;第三,从城市广电的媒介身份出发的"#7 主流媒体"聚类。

不过,在城市广电领域的聚类中,虽然表现出不同的研究方向,但各个聚类之间也存在一定程度的重叠。如:在城市广电研究领域的关键词中有多次"融合"的字样,该词不仅出现于"#0 城市广电"聚类中的"融合转型""媒体融合""融合传播"等关键词中,也出现于"#1 广电媒体"中的"媒体融合发展"和"#3 本土化"的"媒介融合"中,更直接构成了聚类"#9 融合发展"的名称。这表明:在此前的研究中,"融合"成为城市广电领域的核心关注点。此外值得注意的是,"#8 用户数"聚类处于边缘位置,且没有较明显的节点,意味着该组别的内容并未得到深入挖掘,有待进一步的研究。在对该聚类研究主题关键词进一步分析时,发现其中的主要关键词为"电缆""光缆""交互式业务""城市城区"等技术性名词,属于电信技术专业领域的内容,多与"智慧城市"相关联,与其他聚类所聚焦的新闻与传媒领域有较大差异。

四、城市广电研究演进脉络

依据 CiteSpace 软件的原则,一个关键词一旦出现,便固定于其出现的年份,并不断叠加。图 4 为笔者制作的城市广电领域文献主题路径演进图。依据该图,能较为明显地看出重要节点关键词首次出现的年份和不同年份中关键词出现的大致数量。整体来看,城市广电研究领域最早是将"城市台"作为研究内容,而"城市广电"一词最早出现在 2001 年,城市广电领域的研究从当年起蓬勃发展,并在此后出现了诸多相关的关键词。其中,除了"城市广电""广播电视""广电传媒""广电媒体"等与主题直接相关的关键词,城市台(1997)、广电集团(2000)、收视率(2002)、城市频道(2003)、广电产业(2003)、媒体融合(2010)等关键性节点也表示城市广电研究主要议题首次出现的时间。文献关键词突发性图谱(见图 5)则是指该关键词在短期内的变化程度。结合图 4、图 5 的分析可以将城市广电研究的发展脉络大致梳理为四个阶段。

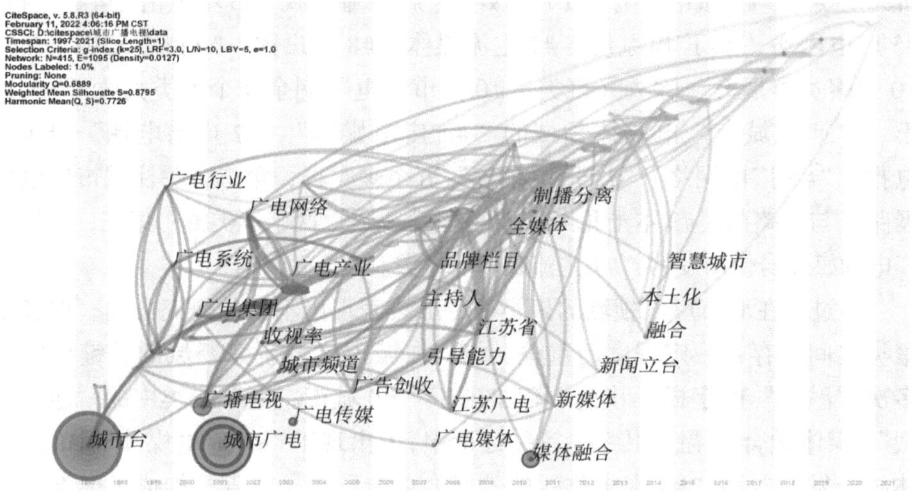

图 4　城市广电领域文献主题路径演进图

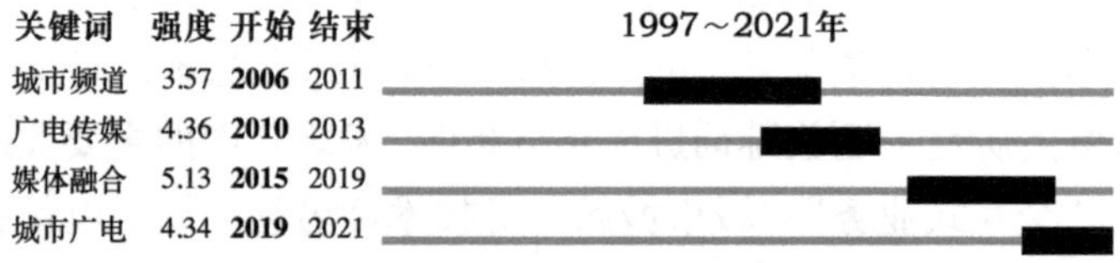

图 5　城市广电领域文献关键词突发性图谱

（一）研究起步期（第一阶段）：1997 年至 2001 年

这一阶段的研究主要聚焦于"城市台""广电行业"。通过对相关文献进行分析，发现该阶段的城市广电研究受到新世纪时代转变的影响，大多集中在机构变革和模式重构的畅想上。比如：常州市广播电视局的张建平认为，随着广播电视体制改革的深入，作为第三产业的广播电视产业将会由纯事业单位向事业和企业的混合态势转变。[①] 宋长江等人从城市广电实务的视角入手，主张通过"新闻立台""精品强台""改革兴台"等手段促进城市广电的发展，其核心观点也围绕着政策和体制改革展开叙述。[②] 此外，在经济发展较快的地区，其对城市台发展的思路也较为多元，如学者顾方强提出了"区域台"的概念，建议可以将发展势头良好的上海城市台的成功经验拓展至农村广播电视，改变"大城市、小郊区"的格局，以谋求未来在与外省台、中央台的竞争中占领优势。可以看出，在研究起步阶段，关于城市广电的研究主要是在体制改革与市场化的趋势

---

① 张建平：《21世纪中国城市广播电视改革发展的战略要素》，《中国广播电视学刊》2001年第8期。

② 宋长江：《乘西部开发东风 促绵阳广电事业腾飞》，《中国广播电视学刊》2001年第6期。

下，业内专家围绕相关政策和发展机遇，为描绘城市广电的发展蓝图纷纷建言献策。①

（二）起伏发展期（第二阶段）：2002年至2009年

在这一阶段中，城市广电领域的研究快速发展，研究机构、研究者的群体也日益壮大。此阶段发表于相关核心期刊的文献数量共有222篇之多，研究内容也比较多样。从城市广电的市场定位和发展历程中可以挖掘出该阶段的主要研究逻辑：它既是媒体，又在很长的时间里作为行政附属的事业化主体而存在；它既承担着提供公共产品的职能，又游离在政府社会公共服务体系的边缘；它因"四级办台"政策而拥有浓厚的地方政府"血脉"，又在政府探索职能转变时首先成为市场化转型的部门。② 在市场化的改革浪潮中，诸多学者将"收视率""广告创收"作为研究指向的主要目标，意图指出在文化体制改革背景下的发展策略。在相关研究蓬勃开展的过程中，研究者主要呈现的是对这种浪潮下中国电视的生存环境与自身格局的反思。时任凤凰卫视中文台助理台长的刘春便直接使用了"盛世危言"一词，指出这几年（2000年至2002年）相对于报纸、杂志而言，电视改革相对滞后，在市场、产业、集团等因素中均处于下风，实际上处于发展低潮期。③ 这为相关研究提供了一定的前瞻性和参考性。其中，主要有三种研究路径：一是将作为竞争对手的报纸、杂志与城市广电相结合，"广播电视报"成为研究的主要对象之一（陈平，2003）；二是探索品牌化、集团化的发展方向，凤凰卫视、湖南卫视、江苏广电等成为省级卫星台、广电集团的主要代表（陈炜，2008；许敏球、沈忱，2009）；三是顶着省级台名义的四大直辖市台不再是城市广电研究中占据绝对优势的对象，而以中小城市为代表的市级、县级城市台逐步成为研究者寄予新希望的本地媒体平台（张伟、洪建平，2005）。

（三）融合转型期（第三阶段）：2010年至2019年

"媒体融合"的出现为城市广电的发展描绘了新蓝图。在这一阶段之前，集团化的升级策略、媒体转型、三网融合观念已经进入城市广电的研究领域。2009年，吕新景等学者就指出数字化不等于高枕无忧，相对于上星的省级卫视可以带来更多落地的机会而言，地方频道或许面对着更大的竞争压力。④ 在新技术的影响下，除了同领域之间的竞争，城市广电在与其他媒体之间展开更

---

① 顾方强：《尝试建立区域台——对上海农村广播电视发展趋向的一点思考》，《中国记者》1997年第10期。

② 严克勤：《解析城市广电》，中国广播电视出版社，2010，第1页。

③ 刘春：《中国电视的"盛世危言"》，《现代传播》2002年第1期。

④ 吕新景、江琴宁、朴大志：《基于交互平台的城市广电发展之路》，《中国广播电视学刊》2009年第3期。

为激烈的传播竞争时，如何守住自身阵营、履行好基层大众媒介的职能，如何应对新媒体、自媒体等各式新局面、新技术的挑战，如何调整好在传媒生态中的位置变化、职能演变，都是亟待业界、学界探讨的主题。

在此阶段内，城市广电研究者的学科背景得到了进一步丰富，社会学、心理学、传播学等相关领域的学者参与进来，为城市广电的研究注入了新鲜血液，也为业界提供了更多新思考。其中，河海大学公共管理学院的学者易前良、陆希指出，媒体因为生产内容而存在，公共服务和产业运营是城市台两大基本功能。① 在商业化进程进一步加快的情况下，诸多学者依旧牢记广播电视的公共服务属性，将该特征反复强调，媒介的社会功能也进一步被放大，多数学者均从服务和产业这两个层面去探索城市广电转型升级的路径。学者王永认为，城市广电的发展要守正创新和顺势而为，积极拥抱新业态，以短视频为"传播材料"打通城市广电的传播通道，增强其媒介传播力和影响力。② 学者聂桂芝指出，在媒介融合环境下，城市电视台应在本土文化、人文关怀和人才培育等领域努力突破困境、寻求转型。③ 学者谭天将21世纪以来城市台以"产品为王"的发展重点引至媒介平台、综合服务和文化产业层面上来，从媒介融合、城市发展、媒体升级三个维度来重构城市台的发展格局。④

（四）发展突围期（第四阶段）：2020年至2021年

随着近些年来新媒体的蓬勃发展，自媒体、KOL内容的壮大，抖音、快手等新渠道的异军突起，中央级、省级媒体的强势参与，受众迎来了"众声喧哗"的时代，被诸多媒介所"包裹"。新兴媒介的蓬勃发展为以城市广电为代表的传统媒体的发展带来了更多不确定因素，受众关注度的流失、传播力的减弱、广告收入的降低，都为城市广电的发展带来现实制约。总的来说，这一阶段本质上依旧是上一阶段的延续，媒体融合在一定程度上赋能城市广电的发展，但由于财政薄弱、规划乏力、人才流失等现实困境，城市广电的外部发展环境并不乐观，生存空间受到进一步压缩。在这种条件下，许多学者仍在积极探索突破困境的道路。如学者朱骏从融媒环境中去审视城市广电的社会职能，认为城市广电作为区域性媒体，对所在区域社会的稳定和发展负有相应责任。城市广电未来要持续深化媒体融合改革，建立以内容建设为根本、先进技术为

---

① 易前良、陆希：《服务升级与内容运营：城市电视台转型发展的两条线索》，《中国广播电视学刊》2016年第5期。

② 王永：《浅论城市广电文化节目的短视频传播》，《当代电视》2019年第10期。

③ 聂桂芝：《媒介融合环境下城市电视台的困境与转型探索——以西部地区为例》，《新闻知识》2012年第5期。

④ 谭天：《以升级促转型——城市广播电视发展的战略思考》，《新闻与写作》2012年第7期。

支撑、创新管理为保障的全媒体传播体系。[①] 陈丽君更是期待借助其他媒介的力量帮助城市广电发展,从城市广电客户端(App)的建设路径出发,应在聚焦电视文艺、聚力内在联合、构建城市空间、凝练城市文化等几个方面的融合中发力。[②] 不过,自2019年开始,各地有关地面频道"关停并转"的公告频现,甚至开办近20年的浙江电视台影视娱乐频道、湖南时尚频道等知名频道也遭到停播。仅2022年前两个月,已有6个电视频道、2个广播频率被关停。面对这样的浪潮,却缺少相应的研究引领,尤其是在近几年新冠疫情突发的背景之下,传统的电视媒体在移动优先、人需优先的社交传播语境下强势回归,而城市广电本应借其本土性的鲜明特征,在现场的及时呈现、信息的权威发布以及群众关切的及时回应等领域展露优势,使其成为用户最信赖的信息传播渠道之一。但是,这一阶段的城市广电研究数量大幅下降,研究角度也未能继续拓展,亟待研究者进一步深入探索。

五、结语

城市广电的发展不仅对地域文化的宣传、民生资讯的报道、文化娱乐信息的传播有着不可或缺的作用,同时作为产业的城市广电对于区域经济发展也有着重要的影响。在历年的城市广电研究中,均将"改革"作为研究重点,"融合"作为主要关注点,为城市广电的发展提供了诸多经验,但同时,目前的研究中还有一定的发展空间。

城市广电作为一个集公共服务与产业运营的媒体,其在概念上就有跨学科的属性。不过,通过对目前城市广电领域的研究者学科背景进行分析,发现现有的研究者在学科背景上较为统一,大多数是以广播电视学、新闻学、传播学为主要学科背景的研究者,而政治学、社会学、经济学、管理学类的研究者较少参与,这导致在研究中其公共服务属性和产业运营视角没有得到较为深入的挖掘。

同时,从已有的研究成果来看,多数是出自于广电行业的从业者,基本上是自发性地对本集团、个案性的已有经验的思考总结,既鲜有与其他广电机构、高等院校、科研院所的合作,也缺少突破性的理论思考。因此,面临"关停并转"的浪潮,城市广电的发展缺少一定的理论指引,这导致近年的研究成果数量大幅下滑。当然,正因如此,城市广电的研究具有广大的空间,应当在国家广播电视总局印发的《广播电视和网络视听"十四五"发展规划》等政策的指导下,立足新发展阶段、贯彻新发展理念、构建新发展格局,实现城市广播电视理论

---

① 朱骏:《融媒环境下城市广电社会功能的更新——无锡广播电视台的思考与实践》,《中国广播电视学刊》2021年第1期。

② 陈丽君:《城市广电媒体App的融合路径探析》,《中国电视》2020年第11期。

研究的繁荣发展。在中国广播电视社会组织联合会和全国广播电视系统、高等院校、科研院所的共同努力下，为城市广电实践提供更为丰富的理论指导和经验总结。

【作者分别为：中南大学《中南大学学报（社会科学版）》编辑；华东师范大学传播学院硕士研究生】

全媒体语境下城市广播电台社群化运营策略

——以青岛崂山 921 电台为例

刘嘉诚　　甄巍然　　张伟超

2019 年 9 月 21 日，青岛市崂山区广播电视中心旗下青岛崂山 921 电台开始试运行，经过 2 年多的发展，崂山 921 电台现已成为在青岛地区具有广泛影响力的城市广播电台，曾一度跃升至收听率仅次于青岛交通广播的青岛本土电台，拥有超 20 万名的日活核心粉丝社群。本文以青岛崂山 921 电台作为案例，考察其社群化运营策略，旨在为城市广播电台实现良性发展提供可行方案。

一、社群化运营为城市广播电台提供新思路

近年来，随着 5G 移动通信技术的普及，有声平台和音乐流媒体平台得以高速发展，传统广播电台的生存空间被进一步挤压，尤其是城市广播电台的生存更是步履维艰。一方面，其面对着国家级、省级广播电台同类化频段的竞争。另一方面，也面临着内容单一化的发展困境，在与前述有声平台和音乐流媒体平台的竞争中缺乏优势。党的十九届六中全会审议通过的《中共中央关于党的百年奋斗重大成就和历史经验的决议》提出，"高度重视传播手段建设和创新，推动媒体融合发展，提高新闻舆论传播力、引导力、影响力、公信力"[①]，足以体现传播手段创新对媒体发展的重要性。

在全媒体时代，城市广播电台纷纷做出转型实践，制作客户端，运营公众号、抖音、微博等方式层出不穷。然而，反观其效果，做出的尝试多，收获的成效少。前期投入多，后期收益少。在这种情况下，盲目跟风制作客户端、运营公众号等方式或许难称良策，如何将其行动有机结合，做出成效是亟待思考的问题。囿于媒介自身的特点，传统的城市广播电台缺乏与受众之间稳定的、便捷的沟通与交流渠道，其关系的维系仅仅依靠受众的自发式收听，在

---

① 《中共中央关于党的百年奋斗重大成就和历史经验的决议》（2021年11月11日中国共产党第十九届中央委员会第六次全体会议通过），《人民日报》2021年11月17日。

收听时间以外，无法将电台与受众之间进行关系的有机串联，因而传者与受众之间的关系是脆弱的。而在全媒体语境下，依托社交媒体平台的社群化运营为传统媒体的非节目时段运营提供了便捷的渠道。借助社群，传统媒体能够快速实现粉丝聚合、活动运营、频道和节目宣传等目的。媒体原本作为吸引注意力的商品——内容，在社群中转化成为社群关系的"催化剂"，促使社群成员通过其引发深度的交流与互动，从而形成情感认同。[1]这启发我们，能够高效连接受众，搭建稳定交流渠道的社群化运营或将是城市广播电台运营的新思路。

二、城市广播电台实现社群化运营的积极方案

（一）以主持人的人格化传播为社群化运营打下基础

所谓人格化传播，就是指节目主持人用自身的人格力量所赋予的文化品位、思想情感、语言修养和独特的个性魅力，去塑造形象、传达信息、沟通情感，使节目更具亲切感和人情味。[2]在电视节目的传播中，主持人的个人形象符号可以通过视频、声音、文字等多种媒介呈现给受众，这有助于观众产生对主持人的熟悉感与依赖感，进而提升观众对节目的忠实度。然而对传统广播电台而言，主持人与受众之间常常维系着"不见面"的声音关系，电台、节目、主持人与受众之间的联系因为可视化符号的缺失而呈现弱联结关系。有学者认为，广播电视主持人是传媒与受众之间进行联结的最重要、最活跃的中介。而在全媒体时代，传统广播电台如何增强电台、节目、主持人与听众的多方联结，成为传统广播电台播出中需要重点思考的问题。学者朱永祥在论述全媒体语境下主持人的关系突围时，强调主持人人格化传播的重要性，并指出能否过好人格化传播能力这一关，将是决定全媒体语境下主持人转型的关键，更是在媒体深度融合背景下主流媒体能否继续保持传播力、引导力、影响力和公信力的关键。[3]

在直播过程中，崂山921电台在直播间中架设网络直播摄像头，并借助节目公众号开设在线视频直播间，传播节目与主持人的可视化形象符号。不仅如此，崂山921电台综合考虑每个主持人的个人主持风格、形象特点、声音音色及性别因素，为每个主持人定制了符合自身的IP形象："车厢女友""懂车帝""大田小爱组合"等。在随后粉丝社群的建构过程中，不同的粉丝社群由不同的主持人作为群主，听众可以根据自身喜好自由选择，打造具有特色的粉丝社群。得益于此，崂山921电台的每一位主持人也都能够拥有自己的忠实粉丝群体，进一步增强了每一位主持人的号召力和节目的吸引力，切实提高了

---

① 张钧涵：《从用户中心到社群驱动：新型主流媒体社群化传播生态建构研究》，暨南大学硕士学位论文，2020年。

② 陈虹：《论电视节目主持人的人格化传播》，《视听界》2006年第1期。

③ 朱永祥：《人格化：全媒体语境下主持人的关系突围》，《中国广播电视学刊》2021年第12期。

崂山 921 电台作为传统的城市广播电台的传播力。这也为崂山 921 电台的社群运营和组织线下活动提供了强大的支撑。

（二）以社群粉丝身份转换为社群运营增添动力

"粉丝"一词被广泛用于形容喜爱、追随某一明星、团体、组织的人。在广播电视领域，"粉丝"可以指代那些忠实的听众。出于对节目、频道或某个主持人的热爱，他们会自发地维护热爱的频段或频道，自觉承担起宣传的任务。社群的发展逻辑在于其用户在频繁的交流、互动过程中自发地形成一定的群体规范，并依据一定的关系纽带形成对群体的信任及情感层面的依赖。[①]

与具备算法推荐功能的有声化平台和音乐流媒体 App 相比，传统的广播电台难以为受众提供一对一的个性化服务，这使广播电台在与新媒体的竞争中处于一定的劣势地位。尽管在目前的城市广播电台节目播出中，通过热线电话的方式参与节目互动或反馈听众意见的形式已经被广泛应用，但是未能从根本上改变在传统城市广播电台传播中的传者中心地位。

崂山 921 电台在创台之初就明确了受众中心的办台宗旨，通过市场调查，崂山 921 电台确立了清晰的受众画像，明确核心受众为年龄在 20—45 岁的中青年有车一族的群体。在频段运营初期，通过主持人在直播节目中公布个人微信号的形式，激发听众对只闻声不见人的主持人的好奇心，吸引了大批量的粉丝添加主持人微信。随后，通过节目中提示听众加入粉丝社群，主持人朋友圈发布粉丝群二维码等形式，在短短的一周时间便建构起了超过万人的粉丝社群。面对庞大的听众数量，仅靠人工的添加粉丝并拉入群聊的方式不能满足频道需求。崂山 921 电台采用 AI 辅助管理技术，通过 AI 与主持人、导播的人机多方协同作业，快速完成粉丝的添加与拉群工作。不仅如此，得益于 AI 的审核和智能管理功能，部分用户的不文明发言及刷屏、恶意营销等行为能够被第一时间制止，确保了粉丝群秩序的稳定。

在粉丝社群构建后，社群成员从普通听众的身份转化为电台粉丝，这一身份的转化赋予听众更多"自己人"的心理感知。从单纯的收听广播的听众成为能够参与广播电台节目生产，自觉维护电台形象、为节目出谋划策的粉丝，不仅契合了新媒体时代的用户思维，更为城市广播电台的活动发起、社群营销提供新的可能性。

（三）以节目联动培养粉丝归属感，释放社群潜能

建构粉丝社群仅仅是社群化运营的第一步，如何进一步实现粉丝社群的良性运营，激发粉丝的节目参与热情，培养粉丝的社群归属感是城市广播电台做

① Muniz A. M., O'Guinn T. C.. Brand Community[J]. Journal of Consumer Research, 2001, 27（4）: 412–432.

好社群化运营策略的必答题。

在社群维护与管理方面，崂山 921 电台在建立粉丝社群后，从每个不同的粉丝社群中征集"听众群主"，协助主持人团队和社群机器人共同维护粉丝社群的秩序。

在节目方面，崂山 921 电台在早晚高峰节目中推出问答式闯关互动直播系列节目，其目的在于通过早晚高峰的节目打造独一无二的车厢娱乐空间。

在早高峰节目《Here we go！头号玩家》中，主持人在每天的直播中都会精巧构思不同的游戏，并与听众通过热线电话连线的方式进行互动。例如：主持人播放随机音乐片段，听众则需要在播放完成后准确说出该歌曲的名称及演唱者。成功说出正确答案的听众会在节目后获得一定的实物或虚拟物品奖励，进一步强化节目的互动娱乐属性。

在晚高峰节目《Bravo！下班嗨起来》中，崂山 921 电台研究国内外成功直播答题节目的经验，创新式地推出广播电台直播问答闯关游戏节目。通过与听众在热线电话中的连线，主持人向作为挑战者的听众提出问题并给予选项，听众需要连续正确回答 5—6 个问题，并赢取对应的实物或虚拟物品奖励，若答错则游戏结束，听众需要至少回答正确 2 个问题方可选择中途结束游戏直接领取奖励。

这一类高参与度的节目与社群运营策略相契合，能够极大地调动粉丝群体的参与度，例如：主持人在与听众连线时询问听众所属的具体粉丝社群。此时，社群身份成为参与节目互动的听众所携带的身份符号，而其所属的粉丝社群成员便会产生社群共同体意识，进而建构自身的社群身份认同。与此同时，这也进一步激发了不同社群间的竞争意识，进一步增强社群活跃度。

阿尔文·托夫勒在其著作《第三次浪潮中》提出"生产型消费者"（Prosumer）的概念，即生产者与消费者之间的角色不再是泾渭分明，其边界逐渐模糊，消费者在消费的过程中也会积极地进行生产行为。崂山 921 电台在直播节目中会构思特定的粉丝互动环节，并会定期在粉丝群中征集粉丝的游戏创意点子，通过粉丝群体的智慧为电台节目赋能，打造更符合粉丝口味的节目互动形式，极大提高了受众的节目参与感，一改传统广播电台中受众被动接受的局面，释放传统媒体受众潜能，极大提高了受众的积极度和平台归属感，增强受众对电台频段的黏性。

基于个体对社群的情感依赖而生成的信任资本是社群赖以延续的关键要素，信任资本也能够更为轻易地促进社群成员对信息的接受与分享，并引发用户相应的行动。[①] 通过设置部分仅限粉丝群员参与的小游戏与特殊的社群福利、

---

① 胡百精：《互联网与重建现代性》，《现代传播》2014年第2期。

线下见面会等方式，亦激发了普通听众向粉丝听众的转化，并维持了粉丝群体的热情。通过与广告商的配合，崂山921电台成功举办一系列的"去广告化"的线下见面会活动，获得了广告商、听众的一致好评，实现了三方共赢。

三、城市广播电台盘活社群经济的长效策略

（一）社群+内容：以粉丝裂变拓宽受众广度

传统广播电台的受众多集中于有车一族和中老年受众，崂山921电台则将核心目标受众锁定于更年轻化的中青年群体，在创新节目制作播出和开设粉丝社群的同时，崂山921电台还推出了微信公众号。公众号内容不局限于节目预告和通知公告的发布，其由主持人团队亲自操刀，制作包含电影原声带、主播看房记、音乐背后的故事等多档图文并茂的新媒体栏目，以进一步扩大频段的传播声量。通过传统广播电台内容体系与微信公众平台新媒体内容体系的并行，充分满足了年轻化受众群体的需要。

美国传播学者詹姆斯·凯瑞提出"传播的仪式观"，其认为，传播"不是为在空间上扩散讯息，而是为在时间上保持社会稳定；不是一种告知信息的活动，而是共同信念的表达"。[1] 在移动互联网高度发达的今天，依托互联网平台扩大传播声量成为传统广播电视频段快速积累粉丝的重要方式。而在崂山921电台建构的粉丝社群中，主持人与听众频繁的互动给予听众平等交流感，进一步拉近了主持人与听众之间的关系，因而主持人在群中转发电台公众号的文章更易得到听众的转发、讨论。

格兰诺维特的社会关系理论指出，强关系联结（Strong ties）是一种稳固的关系网络，个体间同质性较强，有着基于情感的频繁互动；弱关系联结（Weak ties）则是指异质性较强的社会网络，彼此间互动不紧密，缺乏情感基础。[2] 基于这一理论，我们可以明确，以真实社会关系网络为基础搭建个人通信网络的微信平台属于强关系平台。在微信平台中，个人用户的点赞、转发等行为更易获得其他用户的认可，粉丝社群也使公众号文章内容的转载和电台线下活动的通知更加迅速便捷，充分借助了粉丝的社交关系网络与资源实现了粉丝裂变，使崂山921电台的微信公众号内容有效传播率上升，切实提高了频段知名度。而这得益于微信公众平台的优质内容，崂山921电台的微信公众号自身亦能为电台带来粉丝，形成粉丝积累的良性循环模式。

（二）社群+变现：以多元化商业体系拓宽经营路径

在全媒体时代，越来越多的传统媒体开始探索如何利用电商手段增强平台的盈利能力。然而，传统电商平台已经拥有成熟的运营模式和稳定的受众

---

① 詹姆斯·凯瑞：《作为文化的传播》，华夏出版社，2005，第10页。

② Granovetter, M. S.（1977）. The strength of weak ties. In Social networks（pp. 347 – 367）. Elsevier.

群体，传统媒体贸然进场，往往难以获得理想的结果。一方面，制作传统媒体专属的电商 App 平台不仅需要投入大量的财力，更需要大量的人力进行日常运营。另一方面，技术人员的短缺也使传统媒体难以制作并长期维护私有的电商平台。崂山 921 电台经过反复论证与考察，同商家服务公司达成合作，推出了基于微信小程序功能的 921 优商城。建构了合理的市场定位，以有料、有趣、有品质为承诺，以会挑、会买、会生活为口号，以品类齐全、质量放心、无忧售后为特色的网络购物平台。并与直播节目、粉丝社群联动，不定期举行各类促销活动，受到粉丝群体的喜爱。

2020 年新冠疫情以来，以中央电视台、江苏卫视、湖南卫视等为代表，主流媒体参与互联网直播带货的实践逐渐增多。崂山 921 电台不定期以微信小程序的方式，参与互联网直播带货的实践，为听众带来实惠的大牌好货、本地特色食品、文创礼品等，获得了极高的听众参与度。互联网直播带货的形式能够有效地弥补传统媒体广告收入的降低，从而为媒体创造更多的营收，进而制作更为精良的节目，形成收入的良性循环。

广电媒体开展直播带货活动，能够推动传统媒体与新兴媒体的融合，助力传统消费向新消费发展。[1] 而多元化经营路径的打造更是摆脱了传统城市广播电台仅靠单一广告费维系运营的窘境，赋予广播电台更强的自主权，切实提升了在新媒体语境下城市广播电台的生存能力。

（三）社群＋服务：以兴趣为引领，打造城市服务社群

变现是"社群＋"思维中能够给社群运营者带来实际经济收益的路径，然而，在社群运营的过程中，若要打造良好的社群生态，必须重视和进一步开发社群本身能给参与其中的成员带来的价值，方能实现社群自身的长期发展。

崂山 921 电台秉持着"城市社群让城市更有爱"的理念，鼓励听众在社群中进行友好的沟通，来自各行各业的听众之间的互帮互助也营造了温馨的社群氛围。例如：在青岛疫情管控期间，一位听众急需获取某罕见药品，寻遍周边药店和医院而不得，无奈求助崂山 921 电台微信社群，当天下午便寻得所需药物，解决了燃眉之急。许多听众表示，加入粉丝社群后，有任何疑问和困难第一时间想到的不是朋友圈，而是崂山 921 电台的社群。

在地化是城市广播电台经营中的重要优势，传统城市广播电台以整座城市为信号辐射范围，其受众群体既具有地域共在的属性又兼具个体的差异性和多样性，为本土受众提供优质的服务能够切实提高城市广播电台在当地受众群体间的认可度。在社群运营过程中，崂山 921 电台以兴趣为导向，开辟了诸如美妆群、烹饪美食、相亲群、本地购房群、游戏群等细分领域的垂直化社群。

---

① 石云天：《直播带货：广电媒体发展新路径》，《中国广播电视学刊》2022 年第 1 期。

围绕共同兴趣聚合的粉丝群体拥有高度的活跃性。而主持人团队在其中的不定期分享美妆知识、食谱等内容更是受到了粉丝群体的欢迎。

充分发挥社群成员的"个体价值"，建构高效的社群成员间的社会资源互换渠道，不仅提高了崂山921电台的平台引导力，更为社群的活跃带来了强大的支撑，提高了崂山921电台的美誉度，细分化的社群本身也便于精准营销的投放，产生了巨大的经济价值，有效吸引广告商以社群广告的形式进行合作。

四、结语

在全媒体语境下，城市广播电台应充分挖掘社群运营的潜力，并以此为契机搭建电台与受众之间直接有效沟通的桥梁，可从播出内容的创新和运营方式的创新入手。以社群化运营为主要手段，以节目内容为核心，打造具有传播力、内容力、互动力的新型广播电台。围绕社群改变运营策略，不仅要满足听众的高质量节目需求，更需着眼于听众的生活及社交需求，以"社群+"思维切实提高频段功能性。

（作者分别为：河北大学新闻传播学院硕士研究生；河北大学新闻传播学院副教授；青岛崂山921电台节目总监）

"跨界共融、动态交互、内化舆论"

——四川省2021年度首批县级融媒体中心省级示范点建设实践探究

田龙过　王　昆

2018年是全国县级融媒体中心建设元年。建设四年来,从国家到省市县制定出台的一系列的配套建设规范,《县级融媒体中心建设规范》《县级融媒体中心省级技术平台规范要求》《县级融媒体中心运行维护规范》等,为各地县级融媒体中心建设提供政策把关和财力保障。党的十九大报告指出,"坚持正确舆论导向,高度重视传播手段建设和创新,提高新闻舆论传播力、引导力、影响力、公信力"①。《中共中央关于制定国民经济和社会发展第十四个五年规划和二〇三五年远景目标的建议》提出"推进媒体深度融合,实施全媒体传播工程,做强新型主流媒体,建强用好县级融媒体中心"②。2021年底,我国县级融媒体中心挂牌成立超过2800个。由此看出,从顶层设计谋篇布局到基层步步落实,为县级融媒体中心提升"四力"能力夯实基础。本文在调查研究的基础上,通过分析2023年四川省发布的首批10个县级融媒体中心省级示范点,探究县级融媒体目前存在的问题,并为县级融媒高质量发展提出对策参考。

一、四川省建设县级融媒体中心概况

四川省下辖18个地级市和3个自治州,有183个县(市、区),2021年总人口数达到8367.5万人,县域多、人口多、地域广,县域经济发展不平衡等错综复杂的因素给舆论环境治理增加难度,尤以不同区域县级融媒体中心建设资源重复分散等问题较为突出。四川省在建设县级融媒体中心之初就明确了以"基层的实际需求"为出发点和发展方向,以统筹部署的"决策参考报信息、解决问题发点球、正面引导把方向、负面管控防风险"四大功能为指导,

---

① 习近平:《加快推动媒体融合发展构建全媒体传播格局》,《求是》2019年第6期。

② 中国政府网:《中华人民共和国国民经济和社会发展第十四个五年规划和2035年远景目标纲要》,http://www.gov.cn/xinwen/2021-03/13/content_5592681.htm。

为提升基层新闻舆论"四力"明确靶向定位。从2018年8月起开始全省推进，2019年底基本实现县级融媒体全覆盖。2020年底，按照《四川省县级融媒体中心建设验收指导指标》全省县级融媒体中心市（州）交叉考核验收组，从组织机构、平台建设、运行情况等类别，对185个区县（含天府新区、成都市高新区）融媒体中心逐项对标检查，结果均已达标。四川省明确提出"到2023年底，在全省建设成30个县级融媒体中心示范点"。2021年6月，《四川广播电视媒体深度融合发展行动计划（2021—2023年）》出台，以深度融合为路径、科技引领为支撑、建设新型主流媒体为目标、满足人民群众对精神文化新需求为根本，打造一批具有广电特色的新型传播平台，构建省市县三级功能明晰、联动发展的全媒体传播格局。[①]

四川省建设县级融媒体中心的模式是省、市级媒体带动县级媒体融合模式。其中，绵阳、甘孜等采取"市州统一建好平台县区接入"的统建模式，合江、利州等采取"山东轻快"的输入模式。而统一自建模式是主要模式，四川广播电视台是省级主流媒体，协力中国电信为县域融媒量身定制"熊猫云"服务云平台，采用"本地＋云上"组合方式，设置"中央厨房、融合发布、统一管控、新闻＋"四大模块，规模化运用人工智能等新技术，实现"多屏共享"和"多层覆盖"，推动县级融媒体中心建设达到全省一盘棋的愿景。[②] 依托"四川观察""观观学院"为区县培养一线新媒体传播复合型人才，以期能建成"引导群众、服务群众"的本地化、综合型、智慧型的县级融媒中心。

从目前四川省的建设实践中看到，当下县级融媒体中心受到多种因素影响，"行百里者半九十"的运营效果与既定目标存在差距，横向比对川西、川东、川南、川北及甘孜、阿坝、凉山三州的不同县域、不同机制下的县级融媒，各地成效呈现明显的层次分化。进入新发展阶段，加快县域经济发展实现乡村振兴的战略部署为县级融媒体中心提出了新目标、新要求，仍应继续加快改革创新步伐，精准对接发展所需、基层所盼、民心所向。

二、四川省2021年首批10个县级融媒省级示范点建设实践分析

（一）成都市双流区融媒体中心："1233"工作模式助推媒体融合

2021年12月，双流区融媒体中心在第二届全国县级融媒体中心能力建设年会上入选2021全国县级融媒体中心能力建设十大典型案例，也是四川省唯

---

① 《四川广播电视媒体深度融合发展行动计划（2021—2023年）》，http://gdj.sc.gov.cn/scgdj/gggs /2021/6/16/1cd786ca9cda46639b7a6b43af91bbd7.shtml。

② 《四川电信助力打造县级融媒体中心省级技术平台"熊猫云"》，http://gzw.sc.gov.cn/scsgzw/ c100113/2019/7/18/ff1f186763bf4b1b9b9c25b082f9415b.shtml。

一一个荣获全国媒体融合先导单位20强称号的融媒体中心,以满分通过四川省交叉考核验收。2021年入选全国县级融媒体中心舆论引导突出案例。"中国新闻出版研究院融媒体研究基地""全国县级融媒体中心智媒协同创享空间"落地双流区融媒体中心,作为县级融媒体"一流方阵"成员,双流区融媒体中心媒体融合的基层经验作为主体,为媒体融合国家级"智库"的理论研究提供数据支撑,引领和推动媒体融合向纵深发展。

双流区融媒体中心于2019年9月22日正式挂牌成立,深度推动媒体融合形成了"1233"的工作模式。"1"是坚持"一核引领":守好方向之正,把媒体融合发展作为"一把手"工程,提供了强有力的政策支撑。"2"是塑造两大学习品牌:"航空经济大讲堂""空港新居民大学",依托两大学习品牌拓展理论常态化进基层。"3"是探索"三大创新融合":阵地融合、资源融合和跨界融合,打造质效并重的新型主流阵地。"3"是打造"三大服务治理平台":政务服务平台、"双流号"信息发布平台、市民诉求平台,按照"媒体+政务+服务"发展路径,加速构建"云上双流"网络新领地。其政务微博位居"全国十大党政新闻发布微博影响力排行榜"第三名、政务微信长期位居全国百强。双流区融媒体中心智慧展厅采用融合屏、互动透明屏、体感摄像头等一流硬件,运用语音交互、3D建模、智能写作、人脸识别和动作捕捉等先进技术,以虚拟主持人"双双"导游全程,形成集数字驱动、人工智能、沉浸互动体验为一体的融媒智慧平台,打造"空港智媒创享中心",以每年3000万元智媒合作发展基金支持组建"空港媒体智库",出台了《关于支持区融媒体中心高质量发展的十条措施》,投入逾1亿元财政资金支持融媒体中心建设。

(二)眉山市仁寿县融媒体中心:"媒体+X"模式创立"独角兽"官媒

仁寿县融媒体中心自2018年被四川省委宣传部列为全省文化思想工作提升行动首批项目建设示范点,2020年被列为全省网络综合治理试点县。建设经验被中宣部编入《2020全国宣传思想工作案例选编》,"大美仁寿"App客户端被中宣部评为"全国更具示范意义的县级融媒体客户端"之一,被列为全国重点支持推动的县级融媒体中心,2022年入选2021全国县级融媒体中心能力建设十佳创新案例。

仁寿县融媒体中心用500万元网络综合治理项目来解决网上综合体"大美仁寿"App升级扩容,平台建成至今,已实现V1.0—V6.0的升级迭变,拓展平台服务能力、内容更新能力。打造以"大美仁寿"客户端为主的移动新闻产品,实行先网后台先简后详。量身定制融媒体指挥平台,现媒体矩阵已拥有电视用户41万户,广播电台覆盖近200万听众,"大美仁寿"App客户端

81 万 + 用户。以发"红包"的方式，强化线上线下联系，全方位推进网络综合治理。采用"媒体 +X"模式打造综合信息服务平台，整合党政部门信息资源和雪亮工程、天网工程、网格工程等基层治理数据，以信息双向互通助力基层精细治理。

（三）自贡市富顺县融媒体中心：创新内容生产多功能服务民生

2018 年 7 月富顺县融媒体中心在自贡市率先建成，建成多样化内容产品、全媒体传播渠道、多功能服务民生的立体化、融合型传播体系。2022 年入选 2021 全国县级融媒体中心能力建设十佳创新案例。

富顺县融媒体中心是由富顺县广播电视台、《富顺宣传》杂志社整合成立，涵盖电视、杂志、FM94.6、村村响、釜江广场 LED 大屏、"富顺眼"移动客户端、富顺融媒微信公众号、富顺融媒抖音号等 16 个平台，总用户数超 100 万，手机客户端"富顺眼"用户突破 32 万。富顺融媒打破原有各媒体平台各自为战的传统模式，实现部门、人员和新闻资源的融合。实行"三梯度"报道制度，使内容生产从可读到可视、从静态到动态、从单一媒体到多种媒体的量身订做、精准传播。开通网络政务服务版块，授权各单位自行管理账号，方便群众办事。目前开设 30 多项民生服务平台内容，在县城车流量较大的 23 个重要交通要道安装了实时路况采集系统。开设网民互动"回音壁"，让网民充分发表建议，收集归类后以"派单"方式交由县级有关部门及时处理回应，并建立了问责机制。富顺融媒通过深耕新闻内容生产、民生平台打造、产业转型升级、基层治理信息枢纽建设，推进媒体、平台、服务、产业深度融合，赋能基层治理体系和治理能力现代化建设。

（四）雅安市石棉县融媒体中心：上接天线下接地气只有融合才有出路

石棉县融媒体中心于 2018 年 12 月挂牌运行，是四川雅安首个挂牌成立的县级融媒体中心，整合原有的县电视台、县人民政府网站和"秀美石棉""石棉县广播电视台"等两微平台，按照"中央厨房"模式，再造采编发流程，形成集中统一的县域新闻资讯、权威发布、舆论引导现代传播格局，致力于打造上接天线、下接地气，引导群众、服务群众的融媒体平台。

石棉县融媒体中心正朝着"创新格局、壮大平台、精准发力、提质增效"目标，锚定县级"主流舆论阵地，综合服务平台，社区信息枢纽"方向发展，力促"策、采、编、发、评"等各项业务开展，形成了以"石棉县广播电视台"、"秀美石棉"微信微博、"石棉县融媒体中心"微信微博、"绿美石棉"微信共五微及"石棉融媒"移动客户端的全媒体矩阵为核心，今日头条号、抖音等新闻客户端为外延，自媒体为辅助的全媒体矩阵。2020 年"川报观察"发布的第 7 期四川省县级政务融媒账号绩效评估"微信平台"类别，石棉县融媒体中心位列全省第 7。2020 年 8 月,《四川日报》发布的四川县级综合传播力指数,石棉县融媒体中心排全省第 32 位。当下,石棉县融媒体中心进一步完善宣传功能转型提升和服务功能建设升级。综合运用全媒体方式、大众化语言、艺术化形式制作新闻产品,内外宣联动突破传统新闻报道的形态,首位谋划和执行适合新媒体传播的业态。

(五)泸州市古蔺县融媒体中心:应融尽融打造"全民通讯员"

古蔺县融媒体中心于 2018 年 11 月挂牌成立,是泸州市范围内第一个挂牌成立,第一个建成使用 App 客户端的县级融媒体中心。近年来,古蔺融媒建设经验曾被中宣部《宣传工作》、中宣部全国宣传干部学院《学习园地》刊载推广。四川"县级融媒体优秀传播案例"2018 年榜中,古蔺融媒体中心选送的《联合发声多媒并用开启融媒时代宣传新模式》荣获四川融媒建设奖。

古蔺融媒按照"应融尽融"原则,重组组织机构,整合传播平台,调整体制机制,打造集"两报、两台、两微、一网、一端"于一体的宣传矩阵,实现"中央厨房式"的融媒体生产新流程,实现了"智"的融合,通过"新闻+N"的形式,打造"指尖政务中心""指尖脱贫战场""指尖干部学院"等,促进党群干群实现"心"的融合。在全省率先组建"全民通讯员"队伍,分层级、分圈子培育"全民通讯员"。通过开设融媒号平台,吸纳社会化生产力展现聚合放大作用。"古蔺县融媒体中心"县级融媒号是学习强国四川首个上线的县级融媒体号。古蔺融媒通过"媒体+政务""媒体+生活"等"媒体+"模式融合民生服务,打通政务、电商、便民等服务平台。实时掌控本地多方面大数据以及其他同类地区的数据信息,更好地为党委政府决策提供参考,建立县域智库平台。通过开办网络问政、有奖爆料、社区论坛等建立县域民意平台,为群众发声提供平台。

(六)乐山市峨眉山市融媒体中心:"天下峨眉"民声问政办实事

峨眉山市融媒体中心成立于 2019 年 7 月,为中宣部全国首批县级融媒体中心建设试点之一。获评"2021 年度四川网络理政优秀单位",在四川省县级综合传播力指数排名中长期位居前十。"天下峨眉"App 荣获新华通讯社新闻信息中心 2021 年度县融中心优秀管理与平台奖。

峨眉山市融媒体中心由峨眉山广播电视台、《峨眉周刊》编辑部、峨眉山市新闻中心整合而成,以"天下峨眉"手机移动客户端为核心、辐射带动多媒体"两微、一网、一台、一频"等平台的"1+N"全媒体宣传矩阵。以"天下峨眉"App 为核心打造网络峨眉综合体,成为最重要的本地新闻信息集散地、主流舆论引导阵地和对外展示窗口。"天下峨眉"App《民声》栏目以独特的方式开通网上问政，组织全市 70 余个部门单位入驻，通过平台反映问题及时协调单位处置回复，已回应民意诉求 2600 余件。"天下峨眉" App 拓展的"新闻＋服务"功能，开设特色服务栏目，提供智慧公交、生活缴费、疫苗预约、社保医保服务、庭审公开等 30 余项服务内容。建立"新闻＋商务"运营模式，引入峨眉发展集团参与到媒体融合发展大格局中，以反哺融媒体中心的方式实现共赢。围绕"吃住行游购娱"邀请本地商家免费入驻 App"玩转"版块，助力线下商家实现网上销售。目前，App 用户注册数突破 14 万，"微峨眉"微信公众号粉丝数超 12.2 万人。

（七）绵阳市三台县融媒体中心：构建"数智融媒"塑造文化宣传精品

三台县融媒体中心在 2019 年 4 月正式挂牌成立，建设起步早"领跑"省市，融合广播、电视、微信、微博、网站、手机客户端、手机报、抖音号，建立"八位一体"融媒体平台。在 2021 第九届传媒中国年度盛典暨百强指数发布会上，获得"年度县级融媒体中心建设优秀案例、综合传播力优秀奖"，"直播三台" App 荣获"融合传播优秀融媒平台"。以大力深化媒体平台改革、内容生产供给侧结构性改革、实际量化薪酬制度改革，以广播电视＋新媒体"2+1>N"的新型县域媒体主阵地。

"中央厨房"建成"一次采集、多元生成、全媒传播"的全媒体内容生产分发系统。加强对新闻传播领域 5G、大数据等新信息技术成果的研究和应用，着力构建"数智融媒"体系。坚持"移动优先"和"用户至上"理念，增强直播三台 App"媒体＋政务＋商务＋服务"聚合功能，全力打造"一地一端"，深度融入省级媒体联盟。适应新闻传播分众化、差异化趋势，运用"算法"技术准确了解受众使用习惯和信息需求，提高新闻宣传的精准性和舆论引导的时度效。内容生产轻量化转型、小屏化精准投放，全面开发微视频、微图文、海报、H5 等新产品和新品牌。用好用活"专业队伍、通讯员、乡镇宣传委员、民间媒体"四支宣传队伍的力量，构建"全员宣传、全程宣传、全面宣传"的融媒体大宣传格局。2019 年精心策划了中央广播电视总台——中国国际电视台"希望之路——最后一英里"的全景式纪录性报道。目前已有 33 个乡镇、27 个县级部门、15 家企业和 12 个名家入驻"直播三台"，手机客户端下载量近 35 万，各平台聚合粉丝群体 180 万＋。

（八）德阳市广汉市融媒体中心：由"全"到"融"广汉模式树品牌

2018 年，中宣部、四川省委宣传部确定广汉市融媒体中心为首批媒体融合改革试点单位之一。同年 9 月，由广汉市传媒中心和广汉市广播电视台合并成立广汉市融媒体中心，成为德阳首家、全省首批正式运行的县级融媒体中心。"广汉融媒体平台"被评为四川广播电视媒体融合创新十佳案例，微信公众号"微·新广汉"荣获"2020全国城市融媒创新发展最具传播力微信号十强"，2020全国城市融媒创新影响力区域融媒体中心位列前十。

从2017年起，广汉广播电视台依托"中央厨房"融媒体平台建设，产生一批全媒体人才、产品。通过整合广播、电视、手机报、手机台、政府网站、微博、微信、户外LED、公共应急发布终端等全媒体平台，开设今日头条、抖音、快手等新媒体运行账号，形成"广汉传媒联盟"，构建起了"全媒调度、全网传输、全域覆盖"全媒体传播矩阵。与四川省新闻传媒集团合作《广汉手机报》，覆盖全市56.5万余手机用户。建立"媒体+"广汉模式，以新闻为起点，以内容为核心，以用户为中心，对新闻采访、新媒体发布等一体化流程深度融合，把新闻线索汇集、记者指挥调度系统融合。在广汉手机报、广播电台FM97.4等全媒体平台上，一批品牌栏目《封面新闻》《话说广汉》《ONE话题》等吸引本地用户，目前拥有100余万粉丝。

（九）南充市高坪区融媒体中心：全域联动实现融媒"旗舰通"

2019年12月，高坪区融媒体中心挂牌成立。三年多来，高坪融媒体中心着力重构重塑县域媒体版图、做大做强主流舆论阵地，走出了一条符合高坪实际的媒体融合发展之路。入围2021—2022年度全国县级融媒体中心建设优秀案例。

高坪融媒充分整合区域内网、微、视、屏宣传平台资源，积极构建资源集约、结构合理、差异发展、协同高效的全媒体传播网络，构建了以"云上高坪"App为核心，"微高坪"微信公众号、"高坪播报"官方微博、"云上高坪"抖音号、"高坪播报"（电视）、《高坪周刊》（报纸）五大媒体平台为引领，40余个官方"两微"平台为补充的全媒体矩阵，建立了统一的新闻采集中心、编辑中心，建成了"集中策划、一次采集、多种生成、多元发布"的全媒体内容生产分发系统，科学有效开展热点引导、做强主流舆论，构建了内容丰富、覆盖广泛、务实高效的媒体融合发展新格局。"云上高坪"App总用户数超43.53万，占高坪区常住人口的76.3%，用户增长数、日活量长期位居全市第一方阵。

（十）凉山州西昌市融媒体中心："政务新媒体矩阵"引领主流舆论

2019年11月，西昌市融媒体中心正式挂牌成立，由西昌市广播电视台、西昌市全媒体新闻中心整合组建，以互联网思维为导向、以技术平台为支撑、以一体化采编为途径、以综合信息服务为主要内容、以移动传播为主要渠道，形成多媒融合的现代传播体系。"西昌发布"从2017年开始连续五年荣获"微政四川2021年度十佳区县政务新媒体"称号。"西昌发布"开展"恰同学少年"网络投票宣传案例获全省"城市形象推广奖"。

西昌融媒以"西昌发布"为品牌，以政务微信、政务微博、政务抖音号、政务视频号、政务 App、政务网站为主要宣传平台的政务新媒体矩阵，积极引领主流舆论。立足"新闻＋政务＋服务"不断探索创新，构建起"一中心八平台"全媒体宣传矩阵，让主流媒体的传播力、公信力、影响力和舆论引导能力得到不断提升，新媒体矩阵累计关注用户已达 180 万余人。

三、新阶段四川省县级融媒体中心高质量发展路径思考

四川省县级融媒体中心分布广，不同区域资源、区位等条件存在差异，发展不平衡的情况显著。媒体融合向纵深发展，县级融媒建设发展面临诸多挑战。整体来看，一是在"跨界融合"上融度不够，县级融媒体中心手机客户端上多平台的信息发布相对滞后，分众传播效果欠佳，个别自媒体先声出动带走流量；二是"动态交互"互动不多，受众互动感沉浸感体验较少，难以结合当下元宇宙概念，VR、AR 等新技术，使得交互性难以达到使用与满足；三是"内化舆论"主导不足，服务县域的主流媒体，应牢牢把握基础舆论宣传新高地，受各方因素影响未能实现有效传播，舆情信息更要以上级媒体发布为准；四是"运营机制"尚未健全，存在为了"融"而"融"，先融后合、边融边合，自身造血机能不足，完全依靠基层财政支持运行，未能建立传媒产业新业态和主动盈利的局面；五是"区域联动"协作不紧密，"总体建设"效果不均衡，四川各县域经济发展体量不同，对县级融媒体中心发展的实施效果、进度也不同，各区域的媒体协作联动较少，践行"四力"力度不够，致使总体上难以达到一个水平。在党的二十大即将召开之际，县级融媒体中心应继续聚焦数字治理，坚守主流舆论阵地与发挥信息服务作用，实现稳中求进。

（一）定位社区信息枢纽 加强基层社会治理

县级融媒体中心是当地党委政府与社会百姓相沟通联系的"交流窗口"，起到上传下达的基层主流媒体功能，通过新媒体平台收集到错综复杂的信息后，及时实现对对口职能部门的信息反馈，并督促内容治理的进度与效果，为信息提供者做出相应答复，群众的需求在哪里，工作落脚点就在哪里。在实现基层社会治理的同时，县级融媒也要提升自身的公信力和影响力。此外，应及时将国家制定的方针政策及主流话语实现全面基层传播，让主流舆论与国家社会发展始终同向而行。

（二）发挥"新闻＋"综合服务平台 加强动态场域交互

当前，县级融媒体中心应实现县域用户资源与数据的沉淀，以"新闻＋"模式构建综合服务平台，在平台实现县域集中服务功能，汇集更全面实用的本地资源，积累本地黏性用户，打造"台、报、网""微博、微信、微视频""手机客户端、互联网端、抖音端"的融媒体平台主阵地，用优质

的资源内容与用户形成交互场域的碰撞。县级融媒体中心不但通过新闻舆论参与和干预社会，而且通过平台服务深度参与到党务政务和社会服务的运行体系之中，[①]实现算法推荐的县域有序应用，加强动态场域信息交互性。

（三）跨界融合资源优势与技术要素

5G技术为视听业务提供强大的数据分发、智能计算和交互式服务。对县级融媒体中心而言，难以支撑大量的研发投入，因此，应借助中央级、省级、地市级优质技术平台的基础，深化技术领域的交流合作，开展"全维空间"的传播实践。[②]智众传播下坚持用户思维，以用户需求为导向，深度整合县域内多层面本土化的优质数据，立足于用户画像的基本特征，以算法识别来精准对接、精准识别用户需求和偏好，设立高效集约高产的区域跨界共融模式。

（四）聚焦数字治理实现双向形塑

县级融媒体中心应综合运用大数据、云计算等技术，关注网络热点敏感话题，及时发现苗头性倾向性信息，开展舆情分级预警，切实做到舆情早发现早处置。对网络自媒体平台加强融合与监管，建立信息发布机制，出现舆情信息后，以融媒体中心第一时间发布的官方权威信息为准，动态开展事件舆情信息发布，及时回应网民关切，遏制谣言的蔓延。此外，应建立线上线下联动机制，督促涉事地方和部门单位依法依规做好当事人线下工作，引导网民理性客观地表达意见，不信谣传谣，做好巩固基层主流舆论实现双向形塑。

（五）提升"四力"建强用好县级融媒

"建强"意义在于县级融媒体中心的基础建设与全面发展，"用好"则强调如何使日益完善的县级融媒体中心实现"社区信息枢纽、综合服务平台、主流舆论阵地"的实际效果，巩固媒体融合的"神经末梢"。搭建好基础信息平台是用好县级融媒体中心的基石，在双向互动中内化主流舆论引导，发挥"定盘星"的舆论四力，实现"破"机制、"强"融合、"动"交互、"化"舆论、"多"服务的良性循环，在县域内用户资源与数据的沉淀下，做到舆论传播与社会治理统筹兼顾。

四、结语

新阶段县级融媒体中心运行的机制体制应实现系统性变革，人才引进与激励制度更需完善，有效融入我国四级媒体架构，把自身特色优势与多级媒

---

① 田龙过：《从传媒制度治理看县级融媒体中心的体制机制创新》，《中国编辑》2022年第1期。

② 黄楚新：《智众时代，县级融媒体中心建设迈向2.0》，《中国广播影视》2022年第Z1期。

体平台有效衔接，形成跨区域的资源融合与传播平台，坚持"先立后破、稳扎稳打"，努力适应数字治理与舆论传播的新要求，让媒体融合的"最后一公里"稳中求进。

（作者分别为：陕西科技大学设计与艺术学院教授；陕西科技大学设计与艺术学院硕士研究生、一级播音员。本文系 2021 年度国家广播电视总局部级社科研究项目委托项目"县域传媒治理体系制度创新研究"的阶段性成果，项目编号：GDT2123）

城市广电纪录片产业化困境及突破

梁 晶

纪录片是一种独特的影像艺术，有着不同于其他影像形式的艺术魅力，它主要以记录真实、展现真实为核心，创作素材源于真实生活，在创作过程中保留了历史的原汁原味，没有经过艺术加工和虚构。同时，纪录片还具有批判性，能对社会中存在的不良现象和问题进行批判，从而助推社会治理工作的进步。[①]1958 年 5 月 1 日北京电视台播出了我国第一部电视纪录片《到农村去》，这标志着我国电视纪录片正式启航，从 1958 年至今我国电视纪录片发展历经60 余年，纪录片的创作形式和题材也逐渐多元化，从最开始单纯"记录""宣教"功能朝着多元化、人文化、平民化方向发展。在纪录片发展历程中，全国各级电视台一直是纪录片生产的主力军，主导着纪录片的生产、制作和传播，而纪录片的优劣也真实反映了电视台的制作实力。2010 年 10 月，国家广播电视总局发布了《关于加快纪录片产业发展的若干意见》，在此"意见"出台之后，我国城市广电的纪录片制作正式迈向了产业化的发展之路。[②]随着融媒时代的到来，城市台由于在人才、技术、资金等方面的不足，难以在纪录片产业化方面实现突破。对此，本文将着重分析城市广电纪录片产业化中遇到的困境，同时也提出了相应的突破策略，希望为城市广电纪录片产业的发展提供帮助。

一、城市广电纪录片产业化困境分析

城市广播电视台由于行政级别限制与国家级和省级电视台相比，在人才、资金、技术方面略显不足，这就导致城市广电难以产出优质纪录片，而制作纪录片又是城市台的重要工作之一，对传播地方文化、记录地方文化有着重要作

---

① 韩鸿：《公益影像、倡导传播与中国社会纪录片的当下进路——基于2008—2018年中国公益影像的调查》，《南京社会科学》2020年第1期。

② 杨洋：《融媒体时代城市台设置微纪录片栏目的积极意义——以新疆吐鲁番电视台为例》，《当代电视》2019年第8期。

用。对纪录片产业化面临的困境，城市台要深入进行分析，努力使纪录片产业化发展迈向正轨。

（一）专业人才稀缺，专业团队"组队难"

随着社会的不断进步，我国的经济运营模式已从原有的资源经济迈向知识经济，人才在知识经济语境下的作用愈加凸显，它既是知识经济语境下的重要生产力，也为各个行业的发展提供了重要推力，同时也成为当下最重要的稀缺资源。而对纪录片行业来说，具有专业素养的人才更是必须的。纪录片不同于其他电视艺术形式，它对人才专业素养的要求比其他节目形式更高，想要制作出一部优良的纪录片，一支高素养的专业团队是不可或缺的。英国 BBC 电视台在拍摄《地球脉动》第二季时就有一支极为强大的专业团队作支撑。例如：在拍摄金雕飞行画面时，拍摄团队意识到光靠等是不够的。制作团队特意邀请到专业的滑翔伞运动员，爬到 3000 米的高峰往下跳跃，模拟金雕飞行的路线。而在拍摄雪豹时，制作团队动用了各种自动感应的小型摄影机，他们将摄影机放在雪豹可能经过的每一个悬崖峭壁，并守候长达数月，最终拍摄到雪豹经过的画面。也正是因为有这样专业团队的支持，《地球脉动》第二季响彻世界，同时也成为"豆瓣"评分高达 9.9 分的神作纪录片。

而反观我国城市台在新媒体的冲击下，受众和专业人才都出现了流失现象，这对纪录片产业化发展造成了极大阻碍。在新媒体高薪、高职的促动下，地方电视台专业人才纷纷转入新媒体行业。而城市台由于体制、薪资的限制无法给予纪录片制作人才相匹配的待遇。这就导致城市广电既吸引不到人才，也留不住现有人才，无法组建起专业的拍摄团队。而且，由于专业制作人才的缺失，导致新技术无法运用于纪录片制作中，这也是造成地方台纪录片产业化受阻的主要原因之一。由此看来，城市广电要想实现纪录片的产业化发展，首先必须解决专业人才稀缺的问题。

（二）制作经费缺失，难现精品之作

众所周知，在纪录片制作中人才和经费都是不可或缺的，在纪录片制作中需要高精尖的拍摄设备、专业的制作队伍、优质的后勤保障，而这些都离不开资金的支持。城市台由于资金限制无法对纪录片的制作提供全面资金保障，甚至有的地方电视台只能提供拍摄人员往来路费，在拍摄时只能使用老旧设备。另外，由于城市台纪录片都是按期、按时播出，制作周期较短，这也给制作人员造成了较大压力，城市广电播出的纪录片许多都是制作一期、播出一期，没有时间进行后期制作工作，这也是纪录片精品难现的主要原因。而纪录片制作又是地方电视台业务中非常重要的部分，城市台要凭借优质纪录片打响品牌吸引广告主投资，以改善资金捉襟见肘的情况。但资金的缺乏又导致城市广电难现精品纪录片，最终形成纪录片品质和制作经费之间的矛盾。

（三）"自产自销"成惯例，与市场严重脱轨

很长一段时间以来，我国城市广电纪录片制作走的是"直播合一，自产自销"的道路，许多城市广电制作的纪录片都在台内消化，未能放到市场中与其他纪录片竞争，这就导致城市广电纪录片的制作和播出与市场脱轨严重，参与度不高，同时这也是城市广电纪录片处于"低成本、低收益、低口碑"的主要原因。由于难现精品纪录片，所以给城市广电带来的经济效益极为有限。许多城市广电将主要制作精力放在娱乐节目和综艺节目的制作上，这使纪录片的制作在台里一直处于"爹不亲，娘不爱"的状态，其制作和管理都属于"工作室"的管理模式，独立于其他部门之外，而且其他部门极少会参与到纪录片的制作中，这些都是导致城市广电纪录片制作水平不高的原因。

（四）专业化运营欠缺，品牌构建无从谈起

从纪录片的专业化运营来看，我国纪录片产业起步较晚，无论是专业化运营还是品牌化构建，都远远落后于西方发达国家。以中央电视台为例，其纪录片专业化运营之路起步较晚，从2011年1月1日CCTV-9正式开播起，中央电视台才算正式迈上了专业化运营的道路，直到2012年《舌尖上的中国》横空出世，中央电视台才真正走上了品牌化道路，也才真正开始了纪录片海外传播的快车道。

而地方电视台相较于央视来说，在资金、技术、人才方面都远远落后，无法给予纪录片专业化运营和品牌化构建应有的支持。而且，由于城市广电纪录片尚且属于"高投入低回报"的发展阶段，许多城市电视台只重视对娱乐、综艺类节目的打造而将纪录片弃之不顾，台内的技术、人才、资金支持都流向了娱乐、综艺类节目，纪录片制作部门由于资源匮乏自然无法形成品牌化运作。据北京师范大学纪录片研究中心于2021年4月27日发布的《中国纪录片发展研究报告（2021）》数据显示，2020年我国纪录片收视率前30名中，央视占据20席，其中央视纪录片频道有8部入选，同比增长一倍。从这组数据可以看出，在收视率排名前30位中，城市台纪录片未能占据一席，这也直接证明了城市台纪录片专业化运营的乏力。

二、城市广电纪录片产业化的突破策略

（一）重塑运作机制，向规模化、批量化制作迈进

长久以来，电视台在纪录片的制作中一直实行的是"制播合一"的运作机制，由电视台自有专业制作团队负责纪录片的制作，制作完成后由电视台进行播出。在这种运作机制下，纪录片的生产是为电视台播出服务的，而非跟随市场需求。所以，电视台纪录片的传播非常依赖自身平台，市场竞争力较

为缺乏。可以说，"制播合一"的运作机制阻碍了地方电视台纪录片产业化的道路。2011年1月1日，中央电视台纪录片频道正式开播，这也标志着央视开始尝试实行纪录片的制播分离机制。央视积极与国内众多优秀制作机构进行合作，仅2013年就制作节目近400余项。2013年湖南广播电台旗下的金鹰纪实频道也成立了金鹰纪实传媒有限公司，正式开始了纪录片的制播分离之路。"制播分离"的出现为纪录片的发展注入了一支"强心剂"，为其长远发展创造了良好的环境。

对此，城市广电在纪录片产业化运营中要始终坚持"制播分离"机制，努力向省级台、中央台汲取成功经验。坚持在科学分工的基础上，进行纪录片的规模化、批量化制作。同时，城市广电还要充分发挥自身传播优势，积极与其他优秀的制作机构进行合作，以共同制作、委托制作或购买版权的形式深化优势资源组合，撬动地方市场，全面推动地方文化事业的发展。

（二）发挥城市广电媒体优势，以优质内容讲好中国故事

纪录片的内容质量是其传播效果的决定性因素。[①]以往许多城市广电在制作纪录片时，都习惯将镜头对准基层，讲述老百姓的故事。但由于题材较为单一，覆盖面过于狭窄，导致纪录片传播效果有限，收视率也较为一般。而在目前新媒体时代，观众的审美品位在不断提升，城市广电要抓住发展机遇，以内容为根基，迈向突破发展之路。

第一，城市广电在内容制作上，除了关注普通群众的生活状态、精神世界，还可以重点描述普通人的可贵之处、动人之处。例如：由甘肃省13个市州广播电视台共同推出的纪录片《新时代的我们》，就将记录视角放在了普通人身上，在人物的选取上既有乡村干部、村支书，也有高校教授、全国劳模、中国好人等，每个人物都有自己独有的故事结构，同时故事之间也有关联之处。表面上看是一个个小故事，但集合起来则表现了甘肃省青年党员的鲜明形象。再如：烟台广播电视台于2019年9月28日播出的20集系列人物纪录片《与共和国同行》，该纪录片通过人物故事的经历和感受，突出人与大时代与共和国发展之间的关系，整部纪录片真实而又极具厚重感。该纪录片除在烟台广播电视台播出，还在全国其他19家电视台进行同步播出，同时还利用新媒体平台在海外播出。

第二，城市广电还可以从地方传统文化着手，充分展现地方文化内涵和魅力，让文化成为代表地方的一张亮眼名片。例如：鞍山广播电视台于2019年8月播出的6集纪录片《鞍山评书》，该纪录片以鞍山评书为题材，向观众展示

---

① 郝天韵：《纪录片发展：内容和形式平衡是个大问题》，《中国新闻出版广电报》2019年12月19日。

了鞍山评书独有的精神密码，同时也记录了属于当地人的大美乡音。

第三，城市广电还可以本地名胜古迹、秀丽风景、民俗美食为题材，展现地方独有特色，加深民众对本地区的了解。例如：2022年3月，杭州电视台美食频道推出了一部关于杭州当地小吃的纪录片《杭州小食记》，该纪录片以杭州当地美食为切入点，介绍了虾爆鳝面、猫耳朵、南方大包等20余道杭州美食，在亚运会来临之际，《杭州小食记》以美食为依托，将杭州的美食文化、城市文化展现在世界观众眼前。

第四，城市广电还可从小处着手，"以小见大"展现新时代城市风貌、城市发展。例如：石家庄广播电视台制作推出的纪录片《滹沱筑梦》，全景展现了石家庄当地母亲河"滹沱河"的生态修复过程。在该部纪录片的制作过程中，制作团队始终坚持"绿水青山就是金山银山"的理念，从普通群众、历史文化、古代建筑、工程建设等小处着手，展现了石家庄人民为保护当地生态环境所做出的努力。该纪录片在中国广播电视大奖的评选中，获得了2019—2020年度"中国广播电视大奖"。

（三）摒弃"为播而制"理念，革新生产模式

产业的长远发展离不开科学合理的运作模式，纪录片产业同样也不例外。[①]城市广电要想实现纪录片产业化发展，其关键在于要重塑目前的运作机制，建立起行之有效的激励机制，将纪录片的制作生产团队化，内部形成良性的竞争机制，使纪录片走上快速发展之路。同时，城市广电还要转变思想观念，改变原有"为播而制""直播合一"的运作理念，借鉴综艺、电视剧等节目成功经验，以市场需求为导向来进行纪录片的制作。例如：城市广电可与专业制作机构合作，借助专业机构的专业力量实现纪录片的专业制作。

此外，城市广电要想提升纪录片制作质量，除了不断丰富内容形式、与市场需求接轨，还要集合电视台内部优势资源组建起一支专业的制作团队，践行专业化制作。同时，还要不断革新生产模式，将新技术全面运用于纪录片的拍摄制作流程中，以此提升纪录片的制作水平。

（四）加强市场开发运作，构建良好市场运营机制

如果说纪录片的内容质量是其艺术性高低的决定因素，那么市场运营、市场开发则是影响纪录片传播效果的关键。良好的市场运营机制不仅可以为纪录片吸引更多的资本，为纪录片的制作吸引到更多的资金支持，而且还可以有效提升纪录片的市场占有率、提升其收益效果。

在曾经"制播一体"的模式下，城市广电纪录片产业与市场脱轨严重，处

---

① 张晨光、卢运莲：《论地方电视台纪录片制作的内容和运营创新——基于〈寻味顺德〉的讨论》，《现代传播（中国传媒大学学报）》，2019年第12期。

于闭门造车、自说自话的状态，不知"市场运营"为何物。而随着我国社会经济的不断进步，纪录片产业的营销体系初建成型。在此大环境下，城市广电也要跟上时代的脚步，实施纪录片品牌化、国际化战略，打造出优秀的品牌化纪录片栏目，推出具有影响力的纪录片品牌，以品牌的影响力来吸引受众。例如：央视的《舌尖上的中国》《大国工匠》《美丽中国》均属于此类，对此城市广电要向央视、升级电视台"取经"，学习上级电视台先进的制作理念、思想文化，将其应用于纪录片品牌化构建中。

另外，城市广电还要深入了解海外观众的切实需求，积极与国外传媒集团进行合作，争取在守住本地市场的同时不断拓展海外市场，向海外传播本地文化。比如：前文列举的《杭州小食记》就是在亚运会召开之际，为向全世界介绍杭州杭帮菜文化、打响杭州城市形象特别制作推出的。该纪录片除了在杭州电视台生活频道播出，还在央视国际频道《美食中国》栏目中播出，播出之后迅速引起了杭州当地群众及全国观众强烈关注。

城市广电还要对受众进行深入的市场调研，细分纪录片受众市场，根据受众的喜好、需求、购买力进行细分，以精准的目标来进行纪录片的制作。同时，城市广电还要积极运用各种新媒体，通过新媒体平台对受众进行有效传播，同时加强与受众间的互动，以提升受众黏度。例如：鞍山广播电视台在播出《鞍山评书》之时，就将纪录片上传至其官方微博中进行传播，不仅扩大了传播范围，而且还提升了纪录片的影响力。

三、结语

综上所述，城市台在纪录片产业化构建中存在诸多困难，人才、资金、技术问题已成为城市广电打造高质量纪录片的"绊脚石"。但同时我们也要意识到，制作高品质的纪录片、实现纪录片产业化道路非一日之功，需要地方电视台站在全局视角，从重塑运作机制、发挥地方优势、创新生产理念、加强市场化运作四个方面重塑纪录片产业化路径，让城市广电纪录片与市场接轨、与群众接轨。随着城市台市场意识的提升以及国家政策的指引，城市台纪录片产业未来发展必将一片光明。

（作者系太原广播电视台主任编辑）

全面阅读背景下地方广电媒体内容融合传播的创新

——以《运河书房》为例

蔡晶晶

一、前言

在全民阅读浪潮的推动下，基于各类阅读媒介的全面阅读逐渐成为内容传播与内容阅读的主流模式。相较于传统以纸质图书、期刊、报纸等为载体的阅读方式而言，以广播、电视、手机、电脑等为载体的阅读是当下媒体融合中读者普遍选择的阅读方式。[①] 在内容为王、体验为魂的全面阅读中，地方广电媒体价值和影响力的提升更多地要依赖于本土化内容的挖掘和传播，其中文化类综艺节目首当其冲成为内容融合传播的重点。事实上，近年来广电媒体推出的诸如《中国诗词大会》《朗读者》《声临其境》等文化类综艺节目的次第涌现和广受好评，凸显了全面阅读背景下广电媒体在阅读方面的"大有作为"。当然，地方广电媒体的内容融合传播并不是简单地复制一些成功节目的模式，而是要寻求适合自身且具有深厚阅读底蕴的路径来实现可持续性的发展。在这方面，由扬州广电城市频道、扬州经济音乐频率 FM949，以及新媒体平台"扬帆"App 联合打造的全民阅读型节目——《运河书房》的做法值得研究和学习。

二、《运河书房》内容融合传播的做法

为深入贯彻落实习近平总书记重要指示批示精神，充分挖掘大运河丰富的历史文化资源，保护好、传承好、利用好大运河这一祖先留给我们的宝贵遗产，打造大运河文化带，扬州广电 2022 年度全新推出文化诵读类现场节目《运河书房》应运而生，倡导全民阅读，以经典诵读为桥梁，展现扬州运河沿线的文化魅力、展示扬州运河沿线的时代变迁、展示扬州运河两岸人民生活的美好。

节目中诵读的内容主要是与扬州相关的文化内容。节目时长为 40 分钟，

---

① 王金海：《融媒时代更需要优质内容》，《新闻战线》2021年第20期。

节目播出频率为每周一档，播出时段为每周一的晚间 22:00—22:40。参与节目的人员主要由四类构成，即主持人、诵读人、故事人和演艺人员。开播伊始，节目的定位是突出节目的"阅读性质"，为真正打造全民阅读的新型广电节目品牌，《运河书房》进行了一系列积极的创新和尝试。在内容融合传播方面，主要采取了以下几方面的做法。

（一）明确节目传播定位

全面阅读背景下，读者的阅读会经历由宽泛到精细、由浅显到深入的过程。[①] 为避免泛泛而谈的内容给读者造成的阅读疲劳，影响节目的品牌效应，《运河书房》在开播伊始，就明确了自身的节目传播定位，即诵读经典，展示不一样的扬州。节目以"运河"为线索，以沿岸的人家、非遗、旅游景点等为展示点，全景展示世界美食之都和大运河文化带建设的成就，彰显扬州文化魅力，见证古城时代变迁，展现这方土地上人民的美好生活。节目以"书房"为载体，挖掘中华优秀文化价值，讲好中国故事，坚定文化自信，立足运河文化、生活、历史、传说、历史风貌，打造具有运河特质、文化特质的节目。

这一定位主要体现在节目内容和节目形式两方面。在内容方面，除了借助"诵读好文飘书香，品味扬州好地方"这一节目口号，强调节目诵读好文好书的定位，《运河书房》还通过诵读经典、扬州故事、走进扬州和经典流传四个节目版块的设置，做到传承文化积淀、勾连当代价值，表达历史与当今的巨变，彰显一个城市的文化魅力、时代变迁、美好生活。节目中会先邀请诵读嘉宾来诵读与扬州相关的经典文章，勾起人们对扬州曾经的回忆，然后再借助诵读人身边的扬州故事，来宣介扬州人文现状，强化扬州作为一座历史文化名城既蕴含在经典的文学作品中，也展现在人们的现实生活中，借助文学与现实来映射诵读的目的。在形式方面，节目一方面打破了主持人与嘉宾一对一、面对面交谈的僵化模式，邀请了熟悉经典的市民、运河匠人、文史专家和演绎人员，共同打造一台融合视觉、听觉的经典阅读盛宴，使节目的传播形式变得更加多元化。另一方面，节目的"扬州故事""走进扬州"部分引入了自述、现场演绎、歌舞、戏剧、评话等多元艺术形式，重现了诵读与扬州有关的经典故事，使读者产生触景生情、情景交融的内容阅读感受。显然，在传播内容和传播形式方面，《运河书房》重点突出了"诵读经典，展示不一样的扬州"的节目定位，而这一定位赋予了节目明显的地方文化特色和内容阅读韵味，使更多的读者愿意亲近节目、参与节目。

（二）拓展内容传播链条

正如上文介绍中提到的，《运河书房》节目并不是由电视台或者广播电台

---

① 周荣庭、张欣宇：《实施全媒体传播工程的创新路径》，《青年记者》2021年第14期。

单方面打造的节目，而是由电视台（扬州城市频道）、广播电台（扬州经济音乐频率 FM949），以及新媒体平台（"扬帆" App）三方联合策划、制作和协同传播的文化阅读类节目。这种集传统广电媒体与新媒体于一体的多元节目内容生产和传播主体赋予了节目内容全面、开放、融合的特点，同时也使节目可以通过传统媒体和新媒体的多元渠道进行传播。并且，从微观角度看，《运河书房》节目内容的传播并不是在电视台、广播电台或者新媒体平台上进行的独立性传播，而是融合性、同步性传播，即读者可以根据自己的需要进行多屏阅读。在节目内容传播方面，同一节目内容既可以在电视台、广播电台、新媒体平台进行单独的传播，也可以通过电视台与广播电台的转播，以及新媒体平台的推送进行同步的传播。例如：在扬州城市频道播出节目时，主持人会在节目开始前的介绍中穿插"扫描二维码，加入《运河书房》诵读会"这样的语句，引导电视频道读者通过新媒体平台阅读和参与节目内容。同样，在扬州经济音乐频率 FM949 节目中，导播也会提醒读者搜索"扬帆" App 下载安装，通过新媒体平台上传阅读作品，成为电视节目的素材。这种由传统媒体与新媒体构建的内容传播链条，实现了内容融合传播渠道资源的整合、利用，提高了节目的全媒体覆盖面。

（三）展示全民阅读情景

全面阅读是全民阅读的助推器。通过广电媒体的全面阅读，可以推动全民便捷化、主动化地参与阅读。[1]《运河书房》在节目内容的融合创新方面重点关注的是节目中出现的读者的多元化，借助多元化、个性化的普通市民的读者群体来烘托节目的全民性和全面性。在这方面，节目主要做出了两方面的努力。其一，拓展参与途径，实现真正的全民皆可参与。节目中"诵读经典"版块的经典诵读人既有扬州朗读协会会员，还有通过电视端、手机端招募的诸如学生、老师、诗词爱好者、画家，乃至普通的市民，这种亲民化的经典诵读人的遴选，使节目的全民化参与特点更加突出。其二，素材展示多样，尽可能展示真实全民阅读情景。在经典诵读人招募中，那些未被选中的市民所提供的诵读视频会在节目最后环节的"经典流传"中以音视频素材呈现，这种在同一屏幕上展示多位市民诵读经典的画面，展示了节目的亲民化路径，使全民能够感受到参与阅读的趣味性。同时，节目中情景演绎等环节的舞台布置，尽可能地接近扬州市民阅读的城市书房真实场景，烘托全民阅读的气氛。

三、《运河书房》对地方广电媒体内容融合传播创新的启示

《运河书房》作为一档由地方广电媒体协同制作和传播的以阅读方式展示

---

① 王志刚、李阳冉：《技术赋能背景下我国全民阅读推广的路径创新》，《出版广角》2022年第5期。

扬州文化特色与底蕴的节目，其在内容和内容传播方面进行了大胆的尝试与积极的探索，逐渐形成了一档清流综艺，这对以各类媒体为载体的全面阅读实践而言是一种重要的启示和参照。对地方广电媒体来说，可以从《运河书房》中汲取的内容融合传播创新经验主要有以下三点。

（一）打造有趣有内涵的节目内容

全面阅读背景下，读者参与一项阅读活动的最强动力就是本能，而这种本能来源于其对阅读可以改善和提升自身的生存状况，使自己收获更多的意义和价值。比如：扬州运河三宝之一的鸭蛋，既出现在汪曾祺笔下《端午的鸭蛋》一文中，也出现在高邮民歌《数鸭蛋》那欢快俏皮的歌声里；既能在江苏省级非遗高邮咸鸭蛋制作技艺中寻到它的故事，也能在扬州百年老字号国潮美妆品牌谢馥春的鸭蛋粉中找到它的踪迹。诵读经典、演唱民歌、品尝美食、聆听故事，这样的《运河书房》之所以能够被关注和认同，主要就是其选择了打"文化"牌，即将读书与扬州这两个元素通过节目串联了起来，打造了"接地气"且具有"城市文化气息"的节目内容。

对全面阅读背景下地方广电媒体的内容融合传播创新实践而言，传播的渠道是相对固定的，并且读者阅读的渠道和方式也是相对稳定的。因此，媒体应当将更多的关注点放在传播的内容上，即通过打造有趣有内涵的节目内容，来吸引读者通过传统广电媒体或者 App 等新媒体进行主动的阅读和参与。例如：《运河书房》牢牢结合"扬州"这一媒体定位进行内容的收集、整理和加工，无论是阅读的内容，还是参与阅读活动的人物，都与扬州有关联，这样既可以保证读者能够真切地感受到节目内容，也可以增进读者对扬州文化的认识、认同和自信。显然，这种有趣有内涵的节目内容正是全面阅读背景下地方广电媒体在内容融合传播方面需要重点培育的。

（二）构建全媒体传播矩阵

随着新媒体的广泛应用，地方广电媒体节目传播面临的情况逐渐由"酒香不怕巷子深"变成了"酒香也怕巷子深"，广电媒体除了要想方设法制作优质的节目内容，还要考虑如何将自身的王牌节目通过好的品牌推介出去，让更多的人知道。[①] 在这方面，《运河书房》打造的融合传统广电媒体与新媒体的全媒体矩阵就给出了一个典型的案例。并且，《运河书房》构建的全媒体传播矩阵并不是简单地将提前录制好的内容在电视台、广播电台、"扬帆"App 上进行同步播放，而是结合各媒体传播的生态特点，进行单独设计和综合串并，使传播内容与传播形式相得益彰。例如：节目的版块化形式，使节目内容被划分成

---

① 朱红天、孙欣、徐少勇、倪巍：《"大数据"在融合媒体建设中的运用》，《广播与电视技术》2017年第5期。

了四个既独立又关联的部分，读者可以将自己喜欢的某个版块的几分钟时长的视频单独在微信朋友圈、微博、火山等短视频传播渠道中进行共享，这在较大程度上推动了节目内容在全媒体背景下的传播。

实际上，对地方广电媒体而言，全面阅读背景下的媒体内容融合传播更多地迎合不同读者个性化的阅读兴趣和需求。在这方面，除了靠有趣、有内涵的内容，还要有多元化的传播渠道，实现参与方式老少皆宜。《运河书房》在内容融合传播方面的创新尝试表明，全面阅读背景下的内容传播主要包括传统端和网络端，其中传统端主要包括电视台、广播电台等，网络端则包括以手机或者电脑为载体的新媒体。并且不同年龄群体、不同职业工作者往往会表现出不同的内容阅读习惯。因此，地方广电媒体要借鉴《运河书房》的做法，打造全媒体传播矩阵，将广电媒体和新媒体的传播渠道进行整合，形成"1+1＞2"的传播效果。当然，这也要求广电媒体要根据不同媒体形式内容传播的特点，以及读者的个性化特征表现，对内容进行相应的加工处理，使内容更好地契合媒体传播形式。

（三）吸引全民参与

全面阅读中，全民参与是关键。只有让各年龄段、各职业群体的市民都能够参与到阅读活动中，才能够真正实现全面阅读。在全面阅读背景下，《运河书房》通过选秀式的诵读人遴选和大众化的导游、讲解员安排，以及平民化的情景演绎，使本地市民都有机会、有能力参与到阅读活动中，通过屏幕或者画面讲述自己与扬州的故事。并且这些大众阅读的音频、视频，将被《运河书房》"扬帆"App专栏中的"运河声音博物馆"所收录。显然，这种低门槛、广参与的节目内容融合传播格局赋予了节目"接地气"的优势，使节目能够在本地区得以广泛传播。

就全面阅读背景下地方广电媒体的内容融合传播创新而言，全民参与，是实现以节目为载体引领全民阅读，进而实现全面阅读目标的重要着力点。而全民的参与仍然要回归到内容和方式上。在内容方面，要找那些市民耳熟能详，且有独特感受的话题作为阅读内容，这样可以使参与内容生产与传播的市民"有话可说"；在形式方面，要打造现场参与、媒体参与相结合的多元化参与格局，让市民可以有更多参与节目的方式和渠道，真正拓宽全民参与的机会。

四、结语

全面阅读背景下，地方广电媒体的内容融合传播既拥有一系列创新的资源，也面临较多的创新压力和挑战。通过传播的创新来发挥媒体在全民阅读方面的作用，助力全面阅读，是当前地方广电媒体在内容融合传播创新方面的关注重点。通过对《运河书房》在内容融合传播创新方面的分析可以发现，该节目在明确节目传播定位的同时，拓展了内容传播链条，展示了全民阅读情景。对于全面阅读背景下地方广电媒体内容融合传播创新的实践而言，《运河书房》给予了三方面的启示，即打造有趣有内涵的节目内容、构建全媒体传播矩阵、吸引全民参与，而这也是地方广电媒体在内容融合传播方面需要下大功夫探索、落实的内容。

（作者单位：扬州广播电视台）

把握"时度效"，融媒体语境下
时政短视频这样"破圈"

靳　林

短视频作为互联网时代的一种媒介形式，是集文字、影像、语音和音乐等传播符号为一体的多元化复合媒介形态。在当下短视频快速普及的背景下，如何报道以硬核主题、硬核内容为主的"严肃话题"，已经成为媒体深度融合的重要课题。因此，在融合创新进程中，主流媒体开始尝试"短视频＋时政新闻"的报道方式，以求在高度娱乐化的短视频行业推陈出新、"破圈"发展。

一、时政短视频的特点

时政短视频具有题材重大、形式短小精悍、语言生动活泼的特点，作为一种轻量化、移动化、碎片化的信息传播载体，时政短视频已经成为时政新闻呈现的常见方式，在报道形态、叙事方式、内容来源等方面影响着新闻报道的表达。

（一）重要性

时政短视频以时政新闻为主，主要报道领导活动、重要会议、重大事件、重大政策等。这些本属于传统媒体"严肃内容"的题材，在媒体融合时代，通过转变采编思路和剪辑方式，对内容和形式进行"软化"呈现。时政短视频虽然不会取代地方电视台时政新闻，但它可以作为媒体融合报道的新渠道，进军网络阵地，通过可视化和生动化的特点，吸引不同年龄阶段的网民关注。

（二）及时性

时效性是体现新闻价值的重要因素。传统媒体时代，由于受多种因素制约，当天发生的时政新闻，报纸一般要第二天才能刊出，电视除现场直播外，最快要在当天固定栏目、规定时间内播出。步入融媒体时代，时政短视频的介入竞争，彻底改变了人们对新闻、特别是重大新闻时效性的判断标准，以小时、分钟甚至秒为争抢的计量单位，已经成为众多媒体的共识，网民可在第一时间内了解最新的重要新闻。

（三）碎片化

时政短视频不仅时间上变短了，它的关注点也发生了变化，和传统时政新闻相比，它更关注一个人物、一个事例、一个瞬间、一个场景。这些碎片影像，已经成为网民关注的热点和焦点。央视新闻推出的《主播说联播》视频全长一般在2分钟左右，选取的是当天1—2条关注度较高的话题或者重要的时政新闻，通过专业的主播团队和制作团队，保证了新闻的质量，避免了因时间不足造成的信息缺失，也满足了网民碎片化阅读的需求。

二、时政短视频存在的问题

时政短视频内容更倾向故事化、生活化。强调核心画面、现场意识、快节奏、接地气，第一位的要求是真实、共情、直击人心。而目前时政短视频存在内容固化、缺少创新、片面追求流量等问题。

（一）内容固化，新瓶装老酒

当下，许多时政短视频仍然局限于传统媒体的思维，将电视端的时政新闻照搬到移动端，做内容的搬运工，或者将电视长新闻拆条，变为时间较短的时政新闻，其实这都不符合时政短视频的创作要求。时政短视频不是简单的"+互联网"，而是"互联网+"，而满足网民需求的内容才是"互联网+"，所以，制作时政短视频要懂得眼球经济、网红经济。不能将短视频看成传统视频的一种简单减化，不能简单截取传统视频中的某一段随意编辑后推送给短视频平台。

形式单一也是眼下一些时政短视频的通病，将一条电视时政新闻去导语、去配音，通过"字幕+音乐"的形式加以呈现，并配上标题，结构还是传统的结构，说到底就是"新瓶装老酒"，难以形成爆款。此外，有些时政短视频以贴图、字幕为主，缺少核心现场和影像叙事逻辑，成为为了视频而视频、为了流量而流量的PPT式"伪视频"。

（二）缺少创新，同质化现象突出

时政短视频互相模仿、复刻，致使内容重复现象较为严重。当短视频新闻的事实信息出现同质化，甚至是为了"蹭热度"而刻意策划新闻事实，那么这类短视频新闻价值有限，不能有效满足社会和公众需要，更不能为社会及公众提供有价值和可参考的信息。[①] 比如：在一些不同区域的网络平台，出现了相同类型的栏目，《××观察》《××视点》，包装、设计、风格都基本差不多，这些同质化现象带来的直接后果是引发网民的审美疲劳和反感，不利于优质内

---

① 阴艳、韩月怡：《短视频新闻的特点、问题及提升策略》，《传媒》2022年第8期。

容的生产和传播。

缺少创新，导致时政短视频原创不足、深度堪忧。时政短视频以宣传重大事件、重大政策为目的，以占领舆论阵地为主要诉求，但有些时政短视频一味追求时长短、篇幅小、碎片化，难以反映新闻事件背后的深层次原因，难以让网民了解到更多的详细信息。

（三）过度追求流量，真实性受挑战

短视频的场景化颇具现实感和说服力，但未经证实的短视频新闻通过拍摄与剪辑即可在微博、微信等平台发酵，网友们不明真相地病毒式传播，可能会掀起巨大的舆论风波，甚至会产生群体恐慌等一系列负面影响。[①]

面对一些重大事件和突发事件，一些媒体无法第一时间对事件做出准确的判断，为了"蹭流量"，忽略了新闻事实的求证，第一时间发布未经核实的时政短视频。这样确实能为其带来引流的效果，但一旦出现事情反转，就会导致虚假新闻的出现，这也为主流媒体的舆论引导带来了诸多不便，会引起不必要的负面影响，其公信力就会受到损害。

三、时政短视频发展路径：掌"时"、控"度"、求"效"

"要抓住时机、把握节奏、讲究策略，从时度效着力，体现时度效要求。"2016年2月19日，习近平总书记在党的新闻舆论工作座谈会上的重要讲话，为新时代做好党的新闻舆论工作确立了基本原则和方法论指导。主流媒体依托自身优势、利用时政短视频扩大自身影响力和公信力，唱响主旋律、传递正能量，就是要掌"时"、控"度"、求"效"，实现融媒体语境下时政短视频的"破圈"。

（一）掌"时"

时，时机、时势也。时政短视频创作必须掌握主动、赢得先机、先发制人，做到时效快、时机准。

时效快：就是要争分夺秒抢占"第一时间""第一落点"。随着互联网的发展，信息传播的速度、广度大幅跃升，时距不断压缩，及时性日益重要，受众对信息的需要从"知道就行"转变为"立刻知道"。在直播成为常态化的形势下，网民对以重大事件、重要政策为主要内容的时政短视频的时效性需求更加强烈。

冬奥会期间，央视新媒体平台要求制作团队做30秒内的快速反击，稳稳抓住了首发权和第一定义权，让网民及时了解比赛赛况。谷爱凌、徐梦桃、苏翊鸣夺冠瞬间，央视第一时间发布多条时长短、节奏快的短视频产品，单条突破6000万播放量的产品就在10个以上，总播放量超12亿。

---

① 韩姝、阳艳娥：《政务新闻的短视频化特性与发展》，《传媒》2021年第10期。

时机准：重大事件发生之时、重要节点来临之际，主流媒体时政短视频要发挥"定心丸""压舱石"作用，应时而作、缘事而发、先声夺人，不仅要成为网民的信息源，更重要的是要成为网民的思想源，以正确舆论形成"先入为主"的印象，引导好公众的"认知舆论"。

2021年是大运河申遗成功七周年，在扬州中国大运河博物馆开馆之际，扬州广电总台从全新视角切入，策划推出时政短视频《应运而生·历史与未来的对话》，通过与运河关联度较高的"一老一小"两位新闻人物的对话，见证和记录了古运河的重生与建设"大运河文化带"的重要使命，有力唱响了主旋律，凸显了鲜明正确的舆论导向。该作品也获得中国视协城市电视台主办"百年征程 波澜壮阔"及"千年运河 浩荡新生"短视频类好作品奖。

以重大事件的主题报道为主，回应了社会重大或热点议题，凸显出新闻的时机性。第28届至31届中国新闻奖短视频获奖作品主要聚焦改革开放40周年、新中国成立70周年、全国两会、抗击疫情、脱贫攻坚、生态文明建设等重大主题和中心工作，表明了主流媒体把媒体融合创新技术应用到重大主题和重要活动报道中，从而使短视频新闻与传统新闻报道形成了一种呼应关系，以共同作用于重大议题的舆论生态建设，回应社会关切。[①]

（二）控"度"

凡事有度，过犹不及。控"度"是新闻真实性的要求，时政短视频创作就是要坚持内容为王，拿捏好"分寸"、控制好"火候"。

抓住热点　打造爆款。时政短视频应该在坚持内容为王的宗旨下，打造精细化的全程媒体，覆盖新闻事件的发生、发展、结束等环节，创作爆款产品。热点事件、热点人物都有自带流量的属性，只要牢牢地抓住他们，就已经跨进了流量爆款的创作门槛。[②]

2021年11月13日，习近平总书记来扬州考察调研一周年当天，扬州广电总台推出时政短视频《沿着总书记的足迹，看"好地方"扬州好上加好，越来越好！》，该视频通过精准策划，以"人"为本的亲历讲述，把握住了"小中见大"的报道"尺度"。从三十年如一日的水利工作者到古运河两岸的青少年，通过平凡人的视角，记录了运河两岸高度的责任感和文化自信，引起网友广泛的情感共鸣，纷纷留言互动，成为同一选题中的"爆款"作品。

反映重大热点事件、热点新闻的时政短视频已经成为网民关注的焦点。CSM V+Scope 融合媒体云平台数据显示，2022年上半年，城市台（含县市台）

---

① 路金辉、孙宏吉：《短视频新闻如何获得中国新闻奖？这里分析了四届75件获奖作品》，《现代视听》2022年第4期。

② 汪寒：《传统媒体如何打造新闻短视频爆款？》，《新闻前哨》2022年7月（上）。

广电机构账号在抖音平台发布的TOP15短视频榜单中,上榜视频都是当时重要的时事新闻以及符合主流价值观的热点新闻和展现亲情的社会新闻,而"萌"题材的内容无一上榜。

因势利导,拿捏"分寸"。在报道热点事件、热点新闻的时候,也要拿捏好"分寸"。时政短视频在创作过程中,要坚持党性原则,站稳立场,巩固积极健康向上的主流舆论,营造良好舆论环境。比如:在城市文明创建过程中,时政短视频要因时制宜、因势利导。在创建的前期,可设立文明创建曝光台,促使相关部门解决问题。在检查组检查期间,要报道文明创建过程中好的经验和做法。检查过后,则要关注如何巩固创建成果,让老百姓从中感受创建为民、创建惠民的现实意义。

拿捏"分寸"既是新闻真实性的要求,也是新闻报道平衡艺术的体现。面对社会敏感问题,既要公开化、透明化,又要适度把握报道力度。既要坚持公平、公开、公正的报道原则,及时、客观地澄清事实真相,同时还要避免过度关注和舆论渲染造成问题的舆论性放大,从而出现媒体事实大于客观事实并造成民众心理恐慌的误导报道。[①]

(三)求"效"

"效",是指效果、实效。有效的传播才能达到引导受众的目的,时政短视频只有贴近实际,才能产生共鸣,只有贴近生活,才能真实动人,只有贴近群众,才能赢得人心。

重现场:好的新闻现场是短视频作品的必备。对好的现场不应只是原生态的抓取,还要抓住最动人的细节加以放大,视听是各类媒介中最能营造传播情绪的,而情绪也最能引发观众共鸣,讲好故事,不错过每一个感人的时刻,有温度的画面文字最有力量,最能触动人心。[②]

高水准的时政短视频,一定具有视频画面直戳用户内心的鲜明特色。2021年,江苏省广播电视媒体融合一等奖作品、扬州广电总台制作的时政短视频《今天,生态科技新城壁虎河应急钢便桥正式通车!》大量运用现场记录和同期声采访,通过不同人物的采访串联起事件发展的每个阶段,深入挖掘壁虎河钢便桥建成背后的感人场景。视频将大量一线画面,用白描的手法,冷静、克制的镜头语言,呈现了壁虎河大桥撞断后的真实画面,完整记录了事件发生全过程。该视频在扬帆客户端推出后,点击量达到20多万次。有网友在留言中说:看了视频感慨万千,完整记录了全过程,看着想哭!

抓亮点:短视频的"黄金五秒"原则,决定了短视频要在开篇就呈现最吸

---

① 许永华、黄守红:《媒体报道社会敏感事件的分寸"拿捏"》,《人民论坛》2016年第30期。

② 朱怡岚、荀思浩、薛飞:《发挥贴近优势,加强主流传播》,《新闻战线》2022年第9期。

引人、最具冲突性的内容。因此，亮点前置是抓住网民眼球的有效手段。在时政短视频《今天，生态科技新城壁虎河应急钢便桥正式通车！》中，用"23天建成钢便桥""我们做梦也没有想到"等居民采访来设置悬念、展现亮点，吸引网民的好奇心。当然，制作时政短视频，不仅要有精彩的"凤头"，还要有充实的"猪肚"和有力的"豹尾"，曲折的故事、采访者的金句等都是抓人眼球的亮点元素。

融媒体时代，要让网民"买账"，不仅要有精彩的内容，还要有创新的形式。主流媒体在策划、创作时政短视频时，不应局限于单一的短视频形式，还可以借助新技术、新手段、新方法，通过动漫、沙画、AR等对短视频内容进行"再视频化"和重新加工，以增强时政短视频的表现力和感染力，点燃网民兴奋点。

2021年，江苏省广播电视媒体融合获奖作品《扬帆V观察｜1年净增4万亩森林！扬州"负碳工厂"点"废"成金》在展现手法上充分利用新媒体手段，对涉及的冷僻知识没有浅尝辄止，而是通过比喻、换算等生动的动画演示、虚拟模拟等方式，理性深刻地对有关问题进行了深入浅出的解读，真正发挥了新媒体优势，让时政短视频动起来、活起来。再如：扬州广电总台制作的《跨越14000公里的深情告白》通过"短视频+沙画"的形式，讲述了尘封已久的"820架机起义"，揭开人民空军从无到有的波澜壮阔历程和背后的"儿女情长"。

软表达：时政短视频主要报道重大事件、重大主题、重大政策。新闻"硬"但表达可以"软"，切口小但格局可以大，在这个"人人皆拍客"的时代，主流电视媒体应发挥平台优势，以巧劲解锁时政短新闻的新表达。[①]

要注重选取民生小事反映重大主题。通过生活化、亲民性的内容和群众喜闻乐见的形式报道老百姓关注的热点、难点、痛点问题，让新闻接地气、冒热气、有生气。时政短视频《江苏省委书记进村检查疫情被拦下 大爷的回答有多硬核？》开拓了时政短新闻的新叙事方式，这条仅9秒的融合产品，全网浏览逾亿次的"硬核大爷"成为网红，也成为江苏进一步织密扎牢疫情防线、兢兢业业奋战在防控一线的广大干部群众的典型代表。

当然，时政短新闻的"软"表达不仅体现在内容方面，还包括符合新媒体融合传播的创新手段，比如：图像、文字、同期声、音乐等，这些手段的有效融合能激发人们的情感共鸣。同时，时政短视频可以发挥社交性强的优势，通过与网民的互动，提升感染力和传播效果。

---

① 李大新、李添裔：《时政短视频的创新表达——以〈深圳AB面〉为例》，《新闻战线》2022年第9期。

四、结语

时度效是检验新闻舆论工作水平的重要标尺。在时政短视频创作中,时度效三方面是密不可分的一个整体。只有将三者有机结合,做到掌"时"、控"度"、求"效",才能提高时政短视频的吸引力、感染力。当然,抓住时度效,还需要在机制体制等方面进行创新,传统媒体要顺势而动,不断强化互联网思维,遵循互联网逻辑,充分发挥自身优势,制定适合本地发展的融媒体管理规定,进一步加强人才引进和平台建设,推进媒体融合向纵深发展。

(作者单位:扬州广播电视台)

以人为本：融合一小步，编辑一大步

——"扬帆"App 新闻编辑的转型探索

庞丹阳

党的十八大以来，习近平总书记围绕推进媒体深度融合发展发表了一系列重要讲话，作出一系列重大部署，先后提出构建全媒体传播格局、形成全媒体传播体系的明确要求，为新闻从业者绘就了媒体融合发展蓝图。作为城市广电，扬州台经过六年的融合发展，走出了一条特色鲜明、成效显著、被业界赞誉为"扬州模式"的城市台融合发展之路。2021 年被国家广播电视总局授予"全国新闻出版广播影视系统先进集体"荣誉称号。

扬州台的融合发展之路立足扬州，深耕本土，致力于传统媒体与新兴媒体的内容融合、广电优势资源和外部关联资源的产业融合。2016 年起就不断整合资源，优化流程，成立融媒体新闻中心、融媒体节目中心、融媒体广播中心和融媒体经营中心，合并电视、广播、新媒体的新闻采编业务，形成前端采集一体化、后端分发多样化的融合传播新格局。[1] 其中，自筹 2000 万元打造的"扬帆"App 截至 2021 年底总下载量已经突破 700 万，在扬州市民中的占有率超过 70%，平均月活跃用户超 15 万。这背后的内容生产、编发、推广、运营，与一百多名"扬帆"编辑的深度转型息息相关。笔者将以融媒体新闻中心编辑部为例，详述近三年来 16 位年轻新闻编辑基于复合型融媒人才培养、转型发展的得失收获。

一、从"杂牌军"到"主力军"，新闻编辑融合转型的三步走

首先，本文所提及的"新闻编辑"[2] 包含两层含义：第一层是指现代机构中，从事媒介新闻成品过程中的决策、组织、选择、加工、设计、制作等专

---

① 陈韵强、赵亚光：《以深度"融合"推动内容繁荣——扬州广播电视台的内容创作实践》，《中国广播电视学刊》2020 年第 3 期。

② 谭云明：《新闻编辑》，中国传媒大学出版社，2007，第 5 页。

业性的工作的总称；第二层是指从事这项工作的专业。在电视编辑转型方面，目前国内就编辑角色和编辑工作融合转型有了大量研究。早在 2009 年 2 月，石长顺和唐晓丹就发表论文《全媒体语境下电视编辑的角色转型与功能拓展》，并提出了电视编辑要更好地为全媒体提供内容的建议。随着融媒体时代的到来，传统的线性广播电视新闻制作播出遭到颠覆性变化，新闻编辑业务急需求新求变。2019 年，韩隽、巨高飞提出：近年来，多元内容生产借助社交媒体等渠道裂变式传播的特点越发明显，基于此所产生的延迟把关不断冲击新闻编辑在长期的实践过程中形成的前置把关模式。[1]2020 年，张丽丽也提出：媒体行业已进入深度融合的"下半场"，广电媒体要实现可持续发展，新闻编辑必须基于受众需求和行业趋势对自身角色进行重新定位，转变新闻工作理念，实现新闻的立体化、多渠道传播。[2]

基于此，笔者也对所在的扬州台融媒体新闻中心编辑部近三年来的成长路径进行分析研究，为城市台融合发展路径提供得失、思考与可行性建议。该部门自 2020 年 1 月 1 日成立，初期人员构成复杂，有原新闻频道栏目编辑、"95 后"新媒体编辑、原广电报编辑、民生新闻节目编导等。一支基于移动优先、融合先行的新闻编辑团队被迫主动转型，本着"在干中学、在学中干"的原则，通过"三步走"方案，"催化"了这支"杂牌军"编辑的业务迭代革新，走上了一条打造复合型、素养过硬、一专多能融媒编辑队伍的探索之路。在扬州广播电视总台"坚持移动优先"的融合转型大背景下，这些编辑的融合转型是传统电视广播节目转型发展的必由之路，以人为本，研究他们的融合探索得失收获，城市台传统节目的深度融合转型亦有了现实价值与样本意义。

（一）第一步：向新闻栏目派驻"服务专员"，搭建更为畅通的移动端"流水线"

媒介融合，意味着每一位传统新闻编辑需要将传统的电视、广播与网络新媒体有机结合。[3]编辑根据平台特点将文字、图片、短视频、视频新闻按传播要求进行优化，并由过去的线性的单向传播转化为双向传播，这种技术层面的变革使新闻编辑业务产生了革命性的变化，需要真正打通移动端口采编发的"最后 100 米"。

扬州广电融媒体新闻中心下辖新闻综合频道、新闻频率，拥有多档传统电视广播栏目，如何进一步优化内容发布流程，做到"先网后台"？在保证新媒

---

① 韩隽、巨高飞：《融媒体场域下新闻编辑把关嬗变与新路径初探——以央视新闻新媒体〈主播说联播〉为例》，《中国编辑》2020 年第 4 期。

② 张丽丽：《融媒体时代新闻编辑的角色定位与转型》，《新闻研究导刊》2020 年第 7 期。

③ 侯建勋：《媒介融合趋势下电视新闻编辑业务的变革研究》，《采写编》2021 年第 2 期。

体作品数量的同时，如何保证内容发布的质量，搭建更畅通的内容发布流程？编辑部借鉴扬州市优化提升营商环境任务清单中的类似做法，通过向各栏目派驻"服务专员"的模式，与中心《扬州新闻》《关注》《三把叨》、985新闻等多档传统电视广播栏目加深沟通合作，推动移动端内容供给侧结构性改革，在节目生产、媒体融合上碰撞出更多火花。

（二）第二步：设立"新媒体分析员"专岗，强化融媒体编辑数据筛选与分析能力

媒体融合的发展形势突破了传统新闻传播模式的局限，编辑过程环节和活动形态也在不断地发生变化，由此带来了编辑功能内容的增值和裂变。延森认为，媒介融合的过程，本质是一个从大众传播和人际传播两重维度，向网络传播、大众传播和人际传播三重维度转型发展的过程。① 编辑不仅要参与新闻内容的生产，还要致力于内容的宣传、推广、分发，成了名副其实的"发行员"和"推送者"。这无形中对融媒体编辑提出了新标准与新要求，也必须在实际工作中形成基于UV（网站独立访客数）和PV（页面浏览量）数据的科学分析框架，以此来给新闻内容产品的发布与推广形成借鉴与指导。

为此，编辑部设立相应的"新媒体分析员"专岗，每月于月中、月末分别提供一次UV数据给节目部门制片人团队，通过动态分析，找到内容发布与UV之间的良性互动，每月底，编辑部还将当月UV完成情况反馈中心总监。以编辑冯林珍为例，作为《关注》节目的"服务专员"，她积极配合节目组制片人团队，作为新媒体"数据分析员"，她抓亮点、盯标题，推动《关注》节目端口的扬帆号UV指数不断提升。

（三）第三步：定期组织编辑与栏目部门"头脑风暴"，激活采编"流量王"

媒体融合进入"深水区"，青年采编人员的"求生欲"从未减弱，当记者与编辑面对面，这样的"头脑风暴"形式往往更能收获意想不到的良好效果。仍以编辑冯林珍为例，作为《关注》节目的服务专员，冯林珍已组织参与两次部门之间的"头脑风暴"，每次碰撞时长均超过一个小时，"风暴"内容涵盖新媒体标题、移动优先时度效、内容推广"最佳时间"等方面，进而探索节目转型、新媒体品牌打造、采编合力创作内容等，每位"流量王"都得到了中心的奖励与肯定。

让青年记者编辑收获更多肯定，真正发自内心去从融合角度提升内容供给，才能深度激活融合共赢。以人为本的转型路上，不仅是《关注》等传统节目向前迈出了坚实的一步，编辑部的年轻编辑团队也在与中心的各栏目互

---

① [丹]克劳斯·布鲁恩·延森：《媒介融合：网络传播、大众传播和人际传播的三重维度》，刘君译，复旦大学出版社，2012，第45页。

动中收获了融合路上更坚定的价值感与满满的收获感，成长为融合路上的一支"急行军"。

二、从"要我融"到"跟我融"，新闻编辑当好融合路上"急行军"

媒介融合趋势下，新闻编辑业务在媒体特色、数据整合和报道方式上的冲击与变革，让编辑内在功能朝着聚合、内容分发和交易功能方向增值和裂变，编辑外在功能则在服务用户上向着更为精细的方向发展。与此同时，编辑功能的组织形态和关系也在不断调试和整合，呈现出新的特征和发展趋向，[①]融合之路，对每天琢磨着如何"玩转"新媒体的新闻编辑而言，成了新闻素养与学习能力的"试金石"。

在近三年的磨合与探索中，扬州广电融媒体新闻中心的新闻编辑不断对编辑内容、编辑思维再定义、再细化、再磨合。内容方面，深度挖掘新闻现场、融媒产品二度创作、创新交互形态；思维意识方面，打破传统编辑思维定式、学习提升多种编发手段、优化主班模式、熟练各类应用软件等，从过去的"要我融"到"跟我融"。三年中，编辑部16名年轻新闻编辑有了更多主动意识和服务意识，在编辑业务上服务党委政府，在开发新技能、推广新产品上不断探索实践，更好地契合了媒介融合的新趋势和城市受众对城市台的新要求。过去，媒体更多的是体现出新闻功能，如今，媒体在一定意义上更多倾向于"服务功能"，以编辑部"服务专员"日常派驻工作内容为例，可以说，编辑们已把服务意识融进了血液中。

（一）服务日常，确保频道内容发布沟通顺畅

这部分工作要求编辑既有专业新闻敏感，也有深度服务意识，能深耕日常报道，熟悉节目定位、日常流程以及长线选题，也能为节目做抢发、滚动、深度、延伸等多种差异化产品制定图谱。同时能与主任、主编、记者建立良好的互动渠道，在节目的电视新闻报道之外，寻找新媒体"轻量化"表达的再创作可能，实现同一题材的多角度、立体化报道。

（二）服务大局，坚守节目定位做好融合推广

这部分工作要求编辑既有移动优先意识，也有全中心"一盘棋"的编辑思维，包括为节目所属各扬帆频道错开定位，避免记者编辑的重复劳动；同步配合各栏目组的工作节奏，磨合频道内容产品的推广时（何时推？）、度（如何推？如何引流？）、效（怎样推广？如何联动记者、条口等相关社交资源）；对不符合主流媒体宣传定位的、不符合新媒体产品发布规律的、不符合中心"移动优先"相关融合工作流程的内容及时与主任沟通。

---

① 杜传贵：《论媒介融合视域下的编辑功能》，《中国编辑》2017年第7期。

（三）服务细节，工作内容涵盖融合采编发的方方面面

这部分工作要求编辑能为扬帆频道量身打造频道首页风格，为重大选题做好标题和排版设计。同时，一些栏目制片人团队兼顾不到的细节工作，也可由服务专员一一"查缺补漏"，例如：及时提醒采编人员转发重要推送，及时推广"移动优先"及当天重要内容至各微信群和朋友圈，每天筛选一遍是否有内容适合发全网推送、学习强国以及视频号等。编辑部也根据节目制片人的定期评价反馈，对"服务专员"同步进行综合考核，完成度最好及工作有亮点的予以专项奖励，并及时更换完成度最低或服务质量较差的"服务专员"。

当下，新的表达方式、新的渠道平台共同催生了内容生产的蝶变，只有培养适应内容生产新流程的编辑人才，适应融合传播的优质内容才能源源不断输出。向前融合一小步，编辑成长一大步，这条以人为本的转型路正坚定向前。

（作者单位：扬州广播电视台）

文化自信背景下，城市广播电视媒体原创文化节目对区域文化的创造性转化与创新性发展

黄朴华

　　毛泽东同志在《水调歌头·游泳》中写道："不管风吹浪打，胜似闲庭信步，今日得宽馀。……神女应无恙，当惊世界殊。"他在诗中将中国悠久璀璨的古代文化和当代发展的成绩代入了对中国未来发展的期望，并将心中对中国人民无比自豪的创造力结合在一起，表达了无比自信的态度和豪迈潇洒的情怀。

　　白驹过隙，如今的中国已经成为世界第二大经济体，在军事、科研、文化、探索等各领域也成为星球的翘楚。而我们的孔子学院更是代表着作为四大文明古国唯一留存的古中华文化已经再次焕发青春，并且向更多的文化群体伸出友谊的手。

　　文化自信是一种高级的自信，因为维系人类千万年来繁衍发展的，并不是其他，就是逐渐形成、日益蓬勃、始终延续的人类文明，而文化是其中极其重要的组成部分。

　　文明的另一个重要组成是科技，每一次科技的重大进步都会带动人类文明的发展，而人类传媒发展的每一步都离不开科技的进步！

　　从报纸到广播，到电视，到互联网，再到移动互联网。媒体公众影响力占比的转移，就是近年来世界互联网科技飞速发展的结果。 面对这样的局面，想必所有的广电人都有着如何破局的困惑，在这里我想尝试阐述一下关于在国家发展、国民文化自信的背景下，广电媒体的原创节目对区域文化发展的影响。

　　百视通总裁曹雅丽在分析 SMG（上海文化广播影视集团有限公司）和东方明珠启动 BesTV+ 流媒体战略时提及一／二／三／四数字概念。"一"指台网合一，SMG 和东方明珠以生态圈思维引领新时代媒体融合转型；平台归一，BesTV+

将成为 SMG 及东方明珠统一的、唯一的视频流媒体平台；账号统一，以一个账号对接多个终端，统一的会员体系。"二"指采用内容 + 服务双驱动的发展模式，就是通过全渠道文娱生活服务，构建一套内部联动机制和新消费闭环。"三"是指百视通在 BesTV+ 流媒体战略的赋能下，从内容、技术、运营三个方面进行不断升级。"四"指实施路径的四个打通，包括打通渠道和内容生产，打通大屏和小屏，打通专网和移动互联网，打通线上和线下。

原中央人民广播电台台长王求曾提及广播电台行业需要充分利用移动互联网和云计算等新技术，通过实施广播融合发展工程，整合广播行业资源，增强听众和用户的到达能力，推动广播电台行业技术革新和演进。要把广播传播技术和数字网络技术紧密结合，通过建设安全可靠、内容共享、覆盖广泛、技术先进的生产传播平台，促进广播电台从声音流媒体生产传播模式向"音频形态 + 信息网络传播"方式演进，以适应物联网、车联网带来的媒体革命。

尼古拉斯·尼葛洛庞蒂在《自由的技术》一书中提及的"媒体融合"是信息传输通道的多元化下的新作业模式，是把报纸、电视台、电台等传统媒体，与互联网、手机、手持智能终端等新兴媒体传播通道有效结合起来，资源共享，集中处理，衍生出不同形式的信息产品，然后通过不同的平台传播给受众。

他们都在讨论着这个时代的媒体融合。

所以在接下来的阐述中，会有较大篇幅内容涉及互联网的内容，以及广电的媒体融合。

第一，我想提一个词 PGC（全称：Professional Generated Content）互联网术语，指专业生产内容。

互联网平台近年来突飞猛进的发展，近似无限的内容容量，对其承载的内容和内容提供者提出越来越高的要求。2021 年，B 站月均活跃 UP 主达 270 万；抖音百万直播间主播增长 598%；快手磁力聚星机构类创作者同比增幅达到 157.6%。在蓬勃发展的互联网内容产业中，催生了这样一群以内容为生的创作者群体，其创作内容成为互联网内容生态的血与肉，应运而生的盈利模式，也成为互联网内容营销的重要组成部分。[①] 然而，这么多的内容提供者又有多少是经过训练的专业生产者呢？

从严格意义上说，互联网（移动）平台只是将原来广电的传送技术，变革成了更为先进的光纤传送技术或者 5G 传送，但是依托展现平台，传播制作内容的核心没有变化。所以我个人认为在"全民自媒体，人人皆主播"的现在，被严格训练过，有从业经验的广电主持人和编导更应该是真正的 PGC！

举个例子，毕业于南广传媒学院，后任 CCTV 发现之旅《美丽中国行》外

---

① 摘自《中国创作者生态报告2021》。

景主持人的房琪，就是目前国内最炙手可热的旅拍博主。她曾经的专业学习和在央视的历练，使她的短视频作品充满了才情与诗意以及正确的价值观。她的作品积极向上又能产生情感共鸣，使得她生产出大量高质量的短视频作品，也收获了无数忠实粉丝。

第二，我要提一个现象——互联网的热点就是没有永恒的热点，但是它传播快、认知高的优点是无可比拟的。即便是地方局限性强的内容，只要制作精良，有看点，哪怕进入无限区域分发的模式也会取得很好的效果。

我们扬州广电总台在抖音平台上推出了一个"扬州那些事"的账号，将曾经拍摄记录下的关于扬州城许多年前的影像资料，通过短视频的形式展现出来，用光影定格专属于老扬州的回忆，而那些特有的共性的年代感，也引发了许多网友的共鸣。2023年，扬州台也联合全国百家城市台，推出了烟花三月"云"游扬州的直播，使用了扬帆直播、抖音直播和腾讯视频号直播平台，又一次成功地通过传统媒体＋互联网相融合的方式，展现出扬州一城三都的独特魅力。而这也是专业内容生产和互联网平台的一次成功联手。

在浩瀚的内容筛选中，各地的代表性内容可谓争奇斗艳、百花齐放。但是个人博主因为各种各样的局限性，很难做到代表一个地方的文化符号，能够清晰地梳理文化脉络，更难得的是能有资源将触角伸到当地文化内涵的深处。而这些，对广电系统都不是难事。

互联网没有永恒的热点，那么持久地、稳定地输出地方优势文化内容恐怕也必须是一个系统的专业团队才能完成。

第三，文化意识的本质是"深义文化"，它是整个民族、全人类精神的结晶，是历史传统在我们身上的积淀，是历史与现实的结合。正因如此，真正意义上的文化才是我们创作者应该追求的方向。

要做到对区域文化的创造性转化与创新性发展，那绝非饭圈文化和低俗表演可以做到的。

首先，内容创作者要有弘扬主旋律、肩负社会责任感的觉悟。固然众多网络媒体平台的诞生，特别是短视频的强势崛起，让人们的文化消费越来越快餐化，时间也越来越碎片化。但是只要我们坚守主流媒体阵地，合理运用现代化网络平台，精准分析目标客户接收习惯，我们就能将广播电视信号的成功，复刻到网络时代。

但我们必须要清楚一点，网络时代是一个互动的时代。它和我们的受众端坐在电视前，用手机给导播发消息、打电话有着根本的区别。正是基于这个区别，受众的反馈、感受，包括建议、欣赏和谩骂都会第一时间出现在互动区。也正是因为这个原因，"沉默的螺旋"再难以出现，所以这个年代，我们的思维逻辑不能再停留在我们干了什么，而是我们的受众感受到了什么。

我所工作的扬州经济音乐广播在 2020 年制作了一档系列段音频节目《听见非遗》，被"学习强国"全国平台首页推荐并选用。节目通过采访非遗项目传承人、介绍和展示项目情况，并运用了大量的声音特效等方式，来宣传扬州的非物质文化遗产，带领大家感受扬州的文化基因。除了电台的播出渠道，也运用了微信公众号、朋友圈、H5 页面、抖音短视频等多媒体平台的整合式推广，同时也设计制作了系列文创明信片。很多听众在电波中听到了令他们自豪的地方文化精髓，也从短视频中具象了各位非遗大师的风采，非遗技艺的精湛。更加提升体验感的是，大家可以在互动评论区讲出自己的观感，在热火朝天的互动中，受众对扬州的热爱，对城市文化的感知温度又得到了一次升华。

其次，创作者要对地方文化、地方建设有着强烈的归属感。要以肩负地方精神文明建设，发展地方文化为己任。从事主持工作这么多年，无论有多疲惫，或者有着多么低落的心情，每当拿起话筒，我就会立刻把自己最好的一面留给观众或者听众。因为只要我进入工作状态，我就会无比自豪，不仅因为我是一个广电人。虽然我不是土生土长的扬州人，但是日复一日的生活，早就让我融入这片土地，而作为媒体人，也有责任为弘扬地方文化尽自己的一份力量。

第四，关于创造性转化。过去的几十年里，灯光、布景、机位、化妆等都是人们对电视节目的印象。关于电台，很多听众脑海里也都是一个很大的工作台，带着导播室这样的画面。然而，现在是碎片化时代，这意味着随时随地，很多时候我们的工具不再是摄像机而是一部手机，很多时候我们来不及补妆，就要素颜走进镜头。很多时候我们不再有脚本，要凭借往日的积累去临场应对。虽然会仓促，但更多人会觉得这样的内容更真实，更有烟火气。

在传统中创造流行，在流行中延续传统。作为 PGC 的我们要用新时代的视角，用受众的眼光来发现传统文化的元神。通过新技术包装、新渠道分发找到更多的受众。比如：在 2023 年 6 月，由我组织创作的短视频"草垛子书房"，上线学习强国全国平台，并在短短五天时间内，收获了超 60 万的阅读量。它的诞生源自一个传统媒体人对产品内容的认知，并结合当下年轻人对短视频的审美定义和偏好为基础，创作了更富网络流行趋势的画面和文案，以此来展现扬州首家乡村书房的主体特色和周边的田园风光。

第五，关于创新性发展。创新是一个民族发展不可或缺的灵魂，只有在文化自信的背景下，无论是内容创作者还是受众，才有自信去创作，也才会有自信去接受创作。河南卫视从《唐宫夜宴》到《元宵奇妙夜》再到《端午奇妙游》，次次都在刷新着我们的期待值。而这些美轮美奂的镜头与画面，凭借的正是创新性的内容思维和包装手段，展示的正是日益崛起的民族文化自信！

　　文化自信给了创作者对文化重新发掘包装的空间和勇气，也给了受众换个角度看待传统文化的宽容。也只有不停地创新才能永远地留住我们的传统，只要不停地创造，才能不停地繁荣、发展我们的文化。

　　文化自信，我觉得是一个民族对自己过往的肯定。是一个社会物质文明到了一定阶段，在精神层面的自我欣赏和向其他社会形态发出的邀请。

　　而广电媒体作为中国主流媒体，依托其强大的内容制作能力、社会资源整合能力以及对党和祖国的忠诚、对人民肩负的使命感。借助日益发展的科技，通过日益广泛的媒体融合，一定会对区域文化做出富含创造性的再创作，也会运用更多的创新模式、创新思维为传统文化发展做出杰出贡献。

（作者单位：扬州广播电视台）

抓住"短视频"风口，发出融媒时代"广播强音"

徐蕾红

中国互联网络信息中心发布的第 49 次《中国互联网络发展状况统计报告》显示，截至 2021 年 12 月，我国网民规模达 10.32 亿，其中短视频用户达到了 9.34 亿。2021 年新冠疫情期间，扬州新闻广播也以"短视频"这一传播载体为突破口，进行内容输出，展现抗疫第一现场，传播抗疫核心观点，把握传统媒体在网络舆论场的主动权。

作为传统主流媒体，扬州新闻广播的原创短视频输出平台并未选择抖音、快手等平台，而是将短视频的内容生产与扬州新闻广播官方视频号、扬州广电扬帆手机客户端紧密结合。基于"短视频"的受众收看爱好和习惯，结合广播媒体的专业属性、传播特点进行议题设置、内容策划，努力生成爆款短视频，提升传统媒体在媒体融合时代的影响力、受众认可度。

一、关键节点一锤定"音"：广播特色短视频以"共情"语态发主流媒体"权威之声"

2021 年夏天，扬州出现本土疫情，累计报告本土确诊病例 570 例。多点暴发、情况复杂的疫情发展形势受到广泛关注。从 2021 年 7 月 28 日扬州主城区范围内启动首次大规模核酸检测，到 2021 年 9 月 9 日扬州全域低风险，扬州新闻广播以短视频这一传播形式为突破口，及时传播党和政府发布的抗疫信息，关注舆论场中的多元声音，澄清疫情下的谣言，凝聚全城抗疫力量。

紧扣抗疫关键时间节点发布"重点"产品需要策划引领。结合疫情相关通告、疫情防控进程、受众心理变化和网络舆情，扬州新闻广播有针对性策划推出《一天"暂停"，一城安宁》《新增为零，扬州定赢》《九月扬州、别来无恙》系列抗疫主题短视频，单条最高点播量 239.5 万，作品风格独树一帜、特点鲜明。每一条爆款短视频也为扬州新闻广播视频号带来粉丝引流、关注，形成广播媒体融合实践的良性互动。

重塑传统媒体的影响力，需要抢占舆论引导的主动权。关键时间节点通过短视频发出主流媒体的声音，要研判政策导向和舆论热点，提前谋划好选题，进行内容策划。在重点短视频产品的主题确定上，扬州新闻广播主创团队把握新闻事件的时效性，结合疫情发展的进程进行文案策划、视频素材的拍摄和整理。系列作品以群众易于接受的通俗语态，对政府的疫情防控通告、举措进行人性化解读、传播，以原创文案输出不同疫情防控阶段的核心观点，形成群体抗疫共识。短视频《一天"暂停"，一城安宁》发出"非必要不上班，非必要不出门"的倡议，号召全体市民耐心等待全民核酸检测结果，配合防疫进程。短视频《新增为零，扬州定赢》，在艰难的抗疫历程取得阶段性胜利后，主题回应受众艰难曲折的心理状态，用鼓舞人心的语言抚慰人心、提正士气。短视频《九月扬州、别来无恙》，则以共情的语言，回顾扬州的抗疫道路，站在扬州全域低风险的新起点，和受众一起重新启程。

系列爆款短视频的生成过程，除了体现广播媒体融合传播的策划优势，也发挥了广播传统的声音优势，通过"声音"为短视频赋能。每一条主题短视频都根据文案表达内容和传输观点，选择合适的广播"声音"进行播读、讲述。广播主持人的专业素养，有利于提升短视频呈现的综合品质。不同的广播主播声音特质也赋予了短视频以更多的画面感、理性价值与情感力量。通过广播主持人自身的亲和力以及对声音的灵活运用，拉近主题短视频和受众之间的心理距离，提升短视频的受众到达率和转发率。系列主题短视频的成功实践也给广播短视频的生产带来了新的启示。除了策划的重点短视频，对政府发布的重要通告、应急信息，同样可以打造"短视频"领域的"小广播"产品，对重要信息进行"广而告之"。在广播短视频作品的生产过程中，可以将田间地头的"大广播"思维，延伸至手机端，在短视频中发挥广播人的播读优势，根据产品的属性，生产单个或系列融合传播产品，打造"广播特色"短视频品牌，形成受众对广播"短视频"的形象认知，达到先"声"夺人的传播效果。

二、内容传播先"声"夺人：以广播主播品牌 IP 进行短视频引流，塑造融媒时代"新意见领袖"

当下，不少广电媒体主持人进驻抖音、快手等短视频平台，成为互联网传播平台的"网红主播"，实现了从传统节目主持人到"网红主播"的跨界融合。依托传统节目积累的人气和节目主持人鲜明的个性特征，他们在相关短视频平台开设的同名账号，受到了网友、粉丝的追捧，成了新传播形势下的"新意见领袖"。比如：杭州文化广播电视集团西湖之声的汽车维权类节目同名抖音号《虎小叔说车》，凭借主持人鲜明的语言风格和节目推动问题解决的效果，受到了全国网友的认可和追捧。

依托传统媒体微信视频号、手机客户端等自有传播平台，以广播电视节目主持人为主要品牌符号的短视频同样深入人心。以中央广播电视总台新媒体中心推出的短视频栏目《主播说联播》为例，新闻联播的主播们结合国内外热点新闻事件和网络热点，进行即时点评，用通俗的语言传递主流声音，联播主播IP的新媒体表达，受到受众欢迎。疫情期间，扬州新闻广播也结合各位主播的节目特点和个性特征，通过主播 Vlog、主播说段子、两分钟短节目等形式，研究推出了一批新闻关注度高、服务性强的短视频，其中不乏在微信朋友圈、各社区网格群、单位工作群被广为转发的爆款短视频。

围绕《新闻 top 榜》主持人立中，擅长讲述新闻"段子"的特点，重点打造"段子手"立中主播品牌。推出《疫情突发，全民行动！不出门的你也是做得响当当》《啤酒喝完汗未干，抗疫宅家，理解的心还是要一要》《谢谢集结扬州的苏大强，你们无畏模样我们记在心房》等一批脍炙人口、深入人心的短视频。主播立中也凭借鲜明的主持人个性特征，在疫情期间迅速"出圈"，在抗"疫"舆情引导、政策宣传、心理调适等方面，成为扬州本土"新意见领袖"。围绕《今夜微语》主播晓玮的文艺节目属性，扬州新闻广播还推出短视频版《晓玮的今夜微语》，主播晓玮结合不同时间节点的受众心理，选择合适内容进行播读讲述，抚慰人心。扬州新闻广播主打节目《985 早新闻》主播燕妮还通过主播 Vlog 形式记录媒体人与扬州人一同奋战抗疫一线的主播身影。

广播主播品牌 IP 和节目品牌 IP，只是短视频引流的"敲门砖"，真正让短视频成为疫情期间社群传播的爆款，让广播主播在网络传播中"新意见领袖"的形象深入人心，仍需要在内容策划上下硬功夫。在短视频的生产上，扬州新闻广播主创团队同步探索"主播＋专家"双"意见领袖"模式，通过主持人的品牌识别叠加医疗专家、学者的专业权威，增加"内容"传播的含金量，实现传播速度、转发量的几何式增长。短视频《主播立中：强哥的口罩示范操，我们一起好好学》，以抗疫"重症八仙"之一、人称"强哥"的苏北人民医院副院长郑瑞强的一段口罩示范操视频素材为基础，进行再创作。体现健康服务性的"主播＋专家"型短视频一经发布，就在扬州社区网格群被广泛转发，仅扬州新闻广播视频号播放量就超 30 万。

三、内容生产"声"入人心：精选新闻现场紧盯网络热点，形成"短视频"表达的个性风格

作为以新闻立台的专业新闻广播，"新闻属性"仍是广播人在短视频领域内容生产的优势。网络热点，自带流量属性，以专业方式进行再加工，同样有利于"爆款"短视频的生成。内容主题贴近受众的内心需求，内容包装尊

重网络短视频传播的审美，短视频制作发挥广播新闻制作团队的优势，扬州新闻广播主创团队在"短视频"的内容输出上，也在探索彰显广播特色的个性风格。

新冠疫情期间，由于扬州出现了社区传播的复杂情况，因此主城区进行了多轮核酸检测。每一轮核酸检测，基于记者现场采访和各单位通讯员供稿素材，主创团队都"个性化"定制符合网络传播属性的短视频。新闻类"短视频"的生产，并不等同于传统新闻类节目在网络端的简单发布，内容的传播时长、语态、包装都必须符合当下受众的接受习惯。《5 岁萌娃参加 3 轮核酸超勇敢》《你们一往无前，我们全员参与》《谢谢送检上门的暖心"大白"》《创建"无疫小区"，核酸检测按楼栋有序进场》《"零"是勋章》《"守得云开见月明"，谢谢你们坚守扬州》等一批新闻短视频，精选一轮轮核酸检测中具有冲击力的画面和瞬间，根据核酸检测的结果，辅以或舒缓、或昂扬、或欢快的音乐，进行相应制作包装，既报道了新闻又形成了鲜明的网络短视频风格。这批作品通过与抗疫市民和一线抗疫医护人员的情感互动，实现传播效果的最大化，同时彰显了主流媒体的舆论引导力。

在新闻信息和新闻线索的处理上，除了紧扣当前网络短视频审美，也需要在如何彰显"广播优势"上下功夫。扬州疫情期间，一万多名教师志愿者上一线，他们中的很多人还身穿防护服在中高风险区冲锋陷阵。教师志愿者提供的新闻素材内容丰富、细节感人、笔力深厚。在这类抗疫短视频的生产上，扬州新闻广播进行"广播语言"视频化转换的探索。主创团队将广播人在广播新闻节目、文艺节目、社教节目和广播剧等广播节目形态生产中的经验，应用于新闻素材的整合再利用，生产出具有广播优势、广播特色的短视频。短视频作品《看完高风险区的你们，我流泪了……》《我站在武塘新村的楼上看你——英雄》，对教师志愿者抗疫日记、社区居民感谢信等新闻素材进行再加工，形成直抵人心的文案，通过广播主播的深情播读，丰富的新闻现场画面被赋予了更多的情感力量，形成了"声"入人心的短视频作品风格。

很多新闻信息同样也是网络热点。当下，网络是受众获取信息、表达观点的主要渠道。一个个网络热点，自带二次传播的流量潜质，扬州新闻广播及时捕捉，进行内容生产。通过主题鲜明的标题设计和轻快走心的内容表达，塑造受众易于接受、乐于接受的作品风格。这批短视频在扬州广电扬帆客户端和扬州新闻广播视频号被广泛点播，在众多抗疫短视频中，形成了广播"短视频"的个性风格。通过"走心"共情的内容表达，短视频的转发量、播放量得以持续增长。

四、融媒时代"声声"不息：打破音视频传播界限，以融合思维重塑广播"强音"

疫情防控常态化形势下，新闻传播更见功底，新闻从业人员打"新闻"硬仗，需要提高新闻传播的效率和质量，不断适应媒体传播的新形势，研究受众接受信息的习惯和诉求。"疫情"之下，扬州新闻广播通过系列短视频的密集生产，不断探索广播人发挥自身优势，实践媒体融合的内容生产路径，形成"广播特色"短视频产品。通过系列"实打时"的短视频生产实践和传播实践，探索出了适合城市广播抢抓"短视频"风口的新路径。

从实践来看，"短视频"的时长属性和广播新闻的"短平快"属性相融相通。百度百科定义短视频的时长是在5分钟以内的视频；企鹅号建议横版视频时长在40秒以上；根据头条号此前的大数据统计，时长4分钟左右的短视频是播放量最高的。从时长属性来看，广播短消息一般在1分30秒之内，长消息在4分钟之内。在短视频的时长控制上，广播人具有生产"短视频"内容的先天优势。突出现场感，抓住画面重点，用最少的时长、最恰当的文案，给受众带来感官冲击、心理触动，让"广播强音"与"短视频"传播规律有机融合，最终赢得受众"指尖"的停留。在内容生产上，同样要发挥广播新闻快速传播的传统优势，抢抓短视频传播的第一落点。当下，新闻信息和线索高度同质化，如何让自身生产的"短视频"脱颖而出，成为"爆款"，更要在内容主题的选择、文案的风格到后期制作包装上，体现原创性、观点性。在热点新闻事件和重大突发事件发生时，进行重点策划，"卡"好短视频发布的时间节点。让传播内容的独创性和发布时间的合理性成为吸引流量的密码。

发出"广播强音"除了尊重广播现有的传播属性，更要锻造一支打得了融媒硬仗的采编播队伍。在短视频的日常生产中，要盘活新闻资源，实现广播新闻、新闻短视频同步播发。采编人员要紧扣日常新闻重点、网络热点，打通广播新闻采制和新闻短视频配发的双传播通道，激励广播记者现场采访时，针对有价值的新闻或者现场，拍摄视频、收集新闻素材。通过提升广播编辑、记者的音视频制作水平，增强记者的融合传播能力。在尊重新闻基本属性的基础上，短视频的传播语言、传播风格、传播时长，接轨当下的受众习惯，跳出传统新闻视频产品的生产惯性。传统端的主持人发挥节目特长，利用主持人IP和节目品牌IP，结合节目重点内容和选题，定期推出短视频，实现广播端口和新媒体端口短视频的联动，传统节目的听众群和视频号的短视频受众可以互为转换，互相引流。实现从传统节目主持人到"网红"短视频主播的身份转变，需要主持人在提升"网络传播"基本功上下功夫，形成具有鲜明个性特征的网络传播语言。

随着媒体融合的深入推进，传统广播电视媒体的体制、机制在变化，人员也正在不断调整。从人的整合到平台的融合，需要把握时代风口。以"短视频"为突破口，依托专业素养，广播人进行媒体融合大有可为。短视频的媒体属性，符合现代人快节奏的生活方式和获取信息的碎片化习惯，如何生产更多"叫好又叫座"的短视频产品，仍是广播人需要继续用"声音"去耕耘、用眼界去观察、用手指去解码的一项新的传媒命题。在"短视频"的流量密码里，弘扬社会主义主旋律，坚定内容创作的初心；在"短视频"的点赞、转发、留言里，寻找传统媒体守正创新的力量；在"短视频"网红爆款的生产中，重塑广播媒体的权威性；在网络舆论场、媒体舆论场和政府舆论场中，把握主动权，形成信息传输的纽带，方能持续发出融媒时代的"广播强音"，成为新时代党和人民合格的"耳目喉舌"。

（作者单位：扬州广播电视台）

从相亲节目到婚庆产业

——浅谈媒体融合背景之下广播发展新路径

汪　涛

近年来，随着传统广播电视经营急剧下滑，受众严重流失，广电改革的紧迫性越来越强。当下，广电没有退路，只有集思广益、开动脑筋才有生存发展的可能，而开拓婚庆市场正是选项之一。作为服务性的体现，广播相亲交友节目一度也遍地开花。当下，广播相亲类节目虽然受到新媒体冲击，但依然有着广阔的发展前景，如果能延伸拓展，走市场化道路，介入相亲领域，发展婚亲产业应该有较为良好的市场空间。

一、广播的蓝海——庞大的婚庆市场

民政部数据显示，2018 年我国单身成年人口高达 2.4 亿，超过 7700 万的成年人是独居状态，当时预计到 2021 年会上升到 9200 万人。

从 2021 年中国网民单身原因调查来看，64.2% 的用户认为自己单身的原因是还没遇到中意的人，其次有 47.8% 的用户认为是自己的社交圈子窄。

随着互联网技术的兴起及普及，婚恋这个看起来传统而古老的行业，驶入加速发展、变革颠覆的快车道，与此同时，还催生了新业态、新服务。我国互联网婚恋交友市场规模由 2015 年的 31 亿元快速增长至 2021 年的 72 亿元，其间年均复合增长率为 15%，当时预计到 2022 年有望突破 80 亿元。

2021 年 7 月，在 2021 金犀奖全球结婚产业潮流峰会上，《2021 中国结婚消费新常态用户行为洞察报告》发布。该报告指出，平均每对结婚的新人结婚消费高达 23.1 万元（不含婚房、汽车）。据华经产业研究院发布的《2022—2027 年中国互联网婚恋交友服务行业市场深度评估及投资前景预测报告》，目前线上结婚服务平台正在面临 3 万亿元的巨大消费市场。

二、广播的探索——介入相亲及婚庆

庞大的市场，长久以来乱象丛生，婚恋机构良莠不齐，收费混乱，婚托肆虐，

难辨真假。线上平台审核机制不严，造假成本低。少数"害群之马"一定程度上造成人们精神、财产损害，进而挫伤了婚恋意愿。

但是，这样的现状，也恰恰给了广播这个传统主流媒体介入这个行业的机会。

广播是党和政府的喉舌，拥有较强的公信力。与工会、妇联、共青团及各种群团组织、社会组织有着密切的合作和沟通。此外，还有自己强大的宣传资源和活动组织能力。近年来，国内不少广播在相亲节目延伸和婚庆市场开拓上做了有益的尝试。

重庆都市广播《都市情缘》依托节目资源，积极策划线下相亲活动，为都市时尚男女提供爱恋机会、扩大交友圈子。节目还不断将视角投向社会热点和公益事业，举办系列公益性活动，不断凝聚新的听众，巩固扩大节目的民生影响力。

江苏广播打通上下游。从 2018 年开始，江苏广播与共青团江苏省委合作，发动企事业单位，汇集优秀单身男女，成功打造大型相亲交友活动。同时，有效嫁接众多相关行业：婚房、婚宴、装修、婚庆、母婴。2021 年，江苏广播携手 132 家品牌，创收将近千万元。

扬州广播延伸相亲节目嫁接相亲会。2018 年开始，扬州广电江都广播开设了相亲类节目《缘来是你》。每年，节目组考虑公益及商家需求推出各类大小相亲会。其中包括公园相亲会、商场相亲会、汉服相亲会、汽车相亲会、电影相亲会等，几年来，在扬州的很多地方都留下了"1007 相亲会"的足迹，工作室已经积累数千人的资料，也成为扬州广播的一个品牌活动。在商业延伸方面，几年来，经过与电台旅游行业线下集中销售型活动的有效嫁接，"1007相亲会"在异业活动的嫁接中获得过冠名、特约、指定产品等商业支持。可以说活动的影响力越来越大，不少单位和商家慕名而来寻求合作，初步显现了一定的商业价值和较为乐观的商业前景。很多的单位和商家正是看中了相亲人群在消费领域上下游的延展性而来积极接洽。

三、广播的困惑——影响、市场、人才

（一）融媒体环境下边缘化

随着经济和技术的发展，媒体环境发生了巨大的变化，传统媒体的生存空间正在不断被压缩，传统广播类相亲节目也受到影响。收听率下滑，影响力降低，市场认可度下降。

百合网等各类头部相亲类公司携资本的力量，占据相当比例的市场。比达咨询发布的《2021 年中国互联网婚恋交友市场研究报告》称，从 2021 年整个婚恋市场来看，百合佳缘以 25.1% 的市场份额夺得第一；其次是珍爱网，市场占比达 10.2%；有缘网排名第三，市场占比 6.4%。面对强劲对手，我们的

优势在哪里？

（二）市场巨大，如何整合

2亿多单身人群，每年接近千万的结婚对数，每对新人23万元的结婚支出构成了数量庞大的相亲及婚庆市场，但是究竟怎么整合？怎样盈利？思路并不是非常清晰。

（三）专业人才匮乏，如何破解

和主持人日常工作内容不一样，担任"红娘"是一个非常繁琐、复杂、耐心且细致的工作。所以，广播的相亲急需引入社会资源和人才。这些仅仅依靠一档广播节目是难以完成的。

四、广播的思考——媒体融合环境下的拓展

"推进媒体深度融合，实施全媒体传播工程，做强新型主流媒体，建强用好县级融媒体中心"被写进国家"十四五"规划里。明确了媒体融合发展是以人民为中心的工作导向，主流媒体进行有效的供给侧结构性改革和深刻的转型。同时，也促进主流媒体积极参与到公共文化服务、社会治理等方面，增强主流媒体"新闻＋政务服务商务"的功能拓展和服务创新。

中国传媒大学电视学院党委书记、教授、博士生导师，中国记协新媒体专业委员会副主任委员曾祥敏指出：融合发展必须坚持内容为王，以内容优势赢得发展优势。主流媒体必须兼顾引领导向和用户思维，适应分众化和差异化的传播趋势，在全媒体布局之下，以用户需求加强"专业化"核心内容建设，形成核心产品线和服务，从而重新聚合用户。

在这里，"专业化"解释有三，第一种是内容生产的专业能力。第二种是内容的专门、垂直、细分和精专。聚焦和强化核心专门内容的生产，是创造内容独特性和稀缺性的途径之一，也是形成差异化竞争的手段。第三种是开门办媒体，充分开发、整合、利用自媒体内容。[①]

广播介入婚庆领域，正是内容的"专门、垂直、细分和精专"，也是"创造内容独特性和稀缺性的途径之一"。具体有以下做法。

（一）借力融媒体和新技术，线上线下并举

移动互联网技术迅速发展，对传统广播来说是挑战也是机遇，关键在于广播是否可以借力，来实现自身服务水平与传播能力的升级。例如：扬州广电江都广播FM100.7《缘来是你》与扬州广电的手机App"扬帆"有专门链接，听众在"扬帆"上既能收听广播节目，参与互动交流，也能实现可视化直播。节目中预设的讨论话题和嘉宾可以声音、图像、视频、文字的形式与微信公众

---

① 杨哲、曾祥敏：《曾祥敏："十四五"期间，媒体融合发展必将面临全面攻坚克难的深刻转型！》，《中国广播影视》2021年第3期。

号和"扬帆"对接,实现多次传播,突破了广播节目线性播出的限制。今后,还计划运用小红书、抖音和快手等新媒体平台,充分利用新媒体平台强大的数据分析和推送能力来扩大影响和引流。

新媒体环境下,人们使用新媒体的目的性与选择的主动性更强。考虑到一些人不愿意面对面交流,只愿意线上交流,于是,扬州台就研发了"扬州广电相亲小程序"。单身男女们可以通过关键字搜索来选择符合自己条件的对象,并进行私聊。小程序为受众精细画像,提升了节目传播效率。同时,利用大数据等技术手段也准确了解受众情况,包括年龄、职业、教育背景、爱好、体重等,有利于节目生产出更精准、更匹配的内容。

(二)建立工作室,内外双轮驱动整合各类资源

婚庆市场关联婚房、汽车、装修、奢侈品、烟酒、酒店、婚纱、摄影等各类行业,仅靠一档广播节目难以整合。这就需要广播所在的媒体集团充分整合广告营销、新媒体、电视广播等部门的资源、人力和技术。此外,还可以依托行业协会组织各类专门的会展,做好利益分配,依靠外部力量来拉动发展。

于此同时,还可以成立专门的工作室,设立灵活的机制,重新规划各项激励措施,对策划、谈判、执行等各项工作进行明晰而优质的绩效考核,从内部进发力量去重新面对广阔市场资源。资源虽多,但很宝贵,需要在前期有思考、有策划地去触碰,才能更好地提高效率。

例如:扬州广播在做了一定程度市场调研的情况下,重新规划了一些商业支撑的方向。

1. 举办相亲文化节向商家收费

广电相亲工作室可以联合其他机构整合客户资源。例如:举办相亲文化节,在此基础上,增加音乐节、车展、婚博会等,形成所有单身人群,乃至全城的狂欢派对。同时文化节现场也是一个婚博会,可以提供酒店、烟酒、婚庆、珠宝钻戒、婚纱礼服、婚纱摄影等的展位。依靠出售活动冠名权、允许商家租赁活动场地、现场进行商品推广等方式向商家进行收费。

2. 向文旅景区等单位收费

旅游正成为各地着力推进的绿色产业。广电媒体可以和各地的景区进行合作,挖掘当地的爱情文化,打造爱情圣地。

3. 向会员收费

参与的单身人士也可以通过缴费获得不同的会员等级,由工作室给予不同的级别待遇,也可以通过小程序收费。

4. 借助相亲,推广婚礼一条龙服务

相亲的最终目的是结婚,因此,广电媒体可以针对大家的最终需求推出相

应方案。与婚庆公司、酒店等达成合作协议，提供婚庆一条龙服务，既增加工作室收入，也减轻小情侣的负担。

（三）依托工作室机制，吸附人才、激发主观能动性

广播相亲交友节目要想适应当前媒体环境，更好地服务受众，必须走进市场，吸收专业人士加入，成立工作室单独运营，从节目生产、活动创意、品牌打造，真正实现产业化发展。

人才的流向无非感情和事业两个方向。广播的主持人不缺乏情怀，更多缺失的是事业的成就感。融媒体转型的时代，工作室无疑是一种留住人才、吸附人才、焕新人才的突破口。灵活的机制、市场化的运作、足够的绩效激励都能够使工作室充满活力。

五、结语

从相亲到婚庆市场空间巨大，广播节目结合新媒体，充分利用广播的公信力、公益性和活动组织能力，以及新媒体的数据汇聚和精准投放，整合各方力量，走出一条从相亲节目到产业唱戏的路子，必将更好地服务于广大单身男女，广播也会实现社会效益与经济效益的双丰收。

（作者单位：扬州广播电视台）

互联网背景下城市广播电台的生存空间探析

汤　戎

传统广播在互联网广播的竞争下显示出了明显的劣势，主要体现在以下方面：首先，无论传统广播收听还是车载广播收听，广播都呈现出流媒体的特质，是持续的时间流，不可暂停，不可反复，不可点播，不可拖拽时间线。而互联网广播的优势则明显可见，内容简明清晰，可点播，播放可倍速，可满足多场景多需求的收听使用。其次，传统广播电台主要依靠广告经营，节目中插播的广告众多，而互联网收听可 VIP 免广告，用户可以只享受自己感兴趣的内容。最后，传统广播电台受频段的影响，传播范围具有地域性，而互联网广播完全做到了跨地域、无边界传播。总之，互联网广播实现了用户随时随地点播的个性化收听功能，充分满足当下用户的收听需求，其凭借这样的优势，极大地挤压了传统广播电台的生存空间。于是，当互联网广播成为和传播广播分立的两个独立平台时，是绝然的竞争关系。然而，传统媒体的广播电台单位，不仅是平台方，其是渠道和内容的整合，既拥有调频等渠道，更占有调频中播出的内容资源。而今天的互联网广播往往只是平台资源，其内容供应，一方面依靠互联网用户的自发生产，即所谓的 UGC 内容，这使得互联网广播内容海量、品类丰富，然而质量良莠不齐。另一方面互联网广播平台纷纷与主流媒体和专业机构合作，由此成为传统广播电台的又一渠道和出口，两者不再是竞争关系，而成为一种合作关系。

于是，当下传统广播媒体开始转型移动端、网络化、移动化收听，试图实现随时随地点播收听，方便用户收听和互动。以南京人民广播电台为例，用户可通过蜻蜓 FM 收听广播直播流，回听一个月内的精彩节目。可通过"喜马拉雅"App 点播收听南京电台的一些精品栏目，如《马青时间》《报刊选读》。南京广电还自主研发了"在南京"App、"牛咔视频"App，原南京电台的主要听众群南京市民，不只在南京，在全国甚至世界各地都能随时收听节目，参与节目互动。南京电台的一些优质节目也吸引了南京以外的听众参与互动或社群活动，广播用户拓展到南京以外。这些，是传统广播在新媒体时代必然要做的融媒体转型。南京的广播电台，包括南京交通台、新闻台、音乐台、体育台等都在此方面积极开拓，在全国广播电台的融媒转型尝试中走在前列。

当我们换个角度重新理解城市广播时就会发现，传统广播相对于互联网广播的传播劣势，在一定程度上也可能恰恰是自身的优势。如何重新认识这些特性，将劣势转化成优势，如何深耕本地，拓展出更大的生存空间，是本文讨论的重点。

首先，有相当一部分的广播用户在收听音频产品时，未必拥有非常明确的收听目的或目标内容。在像南京这样的城市中，每天行驶在路上的开车人，对广播的功能有一项强烈的需求，即"伴随感"的需求。相当于忙碌的日常生活中，在相对放松的路上，有个愿意陪你唠嗑的人。

其次，传统广播的地域性缺点和限制，换个角度看，也恰恰呈现出对本地市民的贴近性。有人关注天下，有人只关注身边。有听众表示"美国从伊拉克撤军，都不如我家门口地铁站通车来得重要"。互联网广播节目覆盖面广、内容丰富是最大的优势。而城市广播充分紧贴本地，最理解本地听众的需求、痛点、情绪。本地广播作为本地市民的陪伴，应充分利用跟本地相关的具有地域性的本地新闻、本地方言、本地群众才拥有的某种共性情绪。这种共性情绪，可能跟本地的天气、交通路况、近期发生的某项公共事件有关。恰是这些发生在本地的身边事，最容易引起听众的共鸣和共情。比如：南京 2019 年初的大雪极端天气，2020 年发生在南京市中心新街口的突发治安案件，2021 年的南京禄口机场疫情。这些事件，在本地人生活中的影响，形成心理气候，是非南京人所难理解和共情的。

最后，传统广播里的广告内容对用户的打扰成为其被诟病的缺点，但同时广告本身也可以是有效的、被需要的信息。尤其是本地的衣食住行游购娱方面的信息。本地的文化活动以及消费信息，对本地居民来说，本就是日常刚需。虽然当下提供各种此类信息的平台已经很多了，但是广播的信息形式活泼，贴近性强，很容易入耳入心。

因此，传统广播电台的缺点可能就是优势。如何发挥优势？在具体节目设计和经营上，南京交通广播作出的尝试实践证明是可操作的、有效果的。比如：为了强调早晚高峰的广播的伴随感，南京交通广播选择了最具有亲和力的主持人团队，担任早晚高峰时段的主持人。主持人的亲和力和语言能力强，谈吐和语言习惯符合本地市民的口味，从之前成功的"聪薛组合"到迎合更年轻听众的"斯文组合"，都体现出南京交通广播对本地听众口味的揣摩。早版节目《斯文来了》的主持人斯扬和宦文，每周都会拿着节目流程台本对照收听数据曲线图，研究每天节目中的话题哪些更触动听众，分析其引起互动的原因是话题争议性，还是广泛共鸣。通过听众数据可见，在不同细分人群中，女性、25—44岁和55—64岁、大专及本科学历、月收入 8000 元以上、企业白领和退休听众在南京交通广播听众中占比较高。因此，主持人就仔细寻找这类人群感兴趣的内容，提供符合其兴趣的话题。

为充分发挥服务功能，南京交通广播开发了一系列服务本地听众的节目，并且尽量安排在优势时间段，获得稳定的收听群体。交通台节目分析："天气"永远是大家关心的，"路况"永远是开车人关心的。和"导航"路况服务不同，城市路况广播，很多时候是一种"新闻"，你关注的并非自己所在或要去的那条道路，收听全城路况播报获得的是对全城节奏的一个把控感。听到那些熟悉的地名，就获得一种身为这个城市主人的"归属感"。路况服务方面，南京交通广播还深刻领会到本地开车人对路况信息的实际需求，策划开播了《宁镇扬路况播报》服务城际出行，使广播覆盖人群、微博话题浏览量均超千万级。已有 19 家交通广播加盟，2023 年更有多家周边城市广播申请加入，下一步南京交通广播还将进一步扩大联盟成员台，形成区域影响力。这种区域性服务，是本地化服务的扩大，遵循的"贴近性服务"的理论依据是一致的。此外，还有专门服务本地车友的"维权和投诉"服务类节目《智勇在线》，其与本地的交警以及各种交通相关的职能部门联合为本地车友做好信息服务，这种服务性节目是互联网音频节目所不能替代的。

除了节目生产围绕本地、贴近本地，在社群运营方面，南京交通广播也有意识地尝试区分全域社群和本地社群。社群的运营涉及线上服务，也延伸到线下的各种活动形式。只有线上服务时，社群运营可以跨地域，但是，一旦涉及线下的环节，听众的本地性恰是地方广播电台的优势。南京交通广播努力运营社群，策划线下活动，带本地听众去商场、去车展、去景区。而新媒体的各种手段，如微信群、节目公众号、活动报名小程序、节目微商城等，帮助交通台将线下线上活动联系起来，线下活动通过线上报名和反馈，线上听友人群到线下进一步社交、活动，南京交通台每年都有若干的这样的成功案例。这些案例凝聚了本地的听众和用户，也服务了本地的经济实体，承担了本地媒体对本地经济发展（品牌、企业、商家）的责任担当。

综上所述，在新媒体语境下，广播电台的发展应该两条腿走路。一是看到互联网电台的各种优点、优势，积极在互联网电台上开拓自己的疆土，打造自有品牌，研发具备互联网属性的听觉内容产品。在这个领域，内容以跨地域性、故事性、新闻性、评论性以及音乐性的节目为主，由此来满足听众各种兴趣和不同口味的收听。二是作为依然植根地方的城市广播媒体，需要扎根本地、服务本地，做好党在城市层面的喉舌，团结好本地群众，服务好本地用户。传统媒体不能因为互联网的冲击而一味羡慕互联网音频平台，甚至羡慕自媒体内容生产者，而忘记了自己的主场优势和使命担当。城市广电的建立原本就是为了服务于地方政治、经济与文化，所以，围绕所在城市的发展进程以及百姓的物质与精神需求，全方位展示城市生活的方方面面，打造出一个能够为所在城市居民高度认同的社区或家园，应当是城市广电 App 的一个重要追求。[①] 在这样的融合道路下，城市广播电台拥抱互联网的同时，更应拥抱本地社群，扎扎实实做到为本地服务。

（作者系南京广电集团交通体育部常务副主任、主任编辑）

[①] 陈丽君：《城市广电媒体App融合路径探析》，《中国电视》2020年第11期。

融媒背景下"一带一路"外宣创新路径探析

——以连云港广播电视台为例

王凤荣

"一带一路"是中国同世界共享机遇、共谋发展的阳光大道。共建"一带一路"不仅为沿线国家和地区发展提供了新机遇，也为中国全方位对外开放开创了新格局。在"一带一路"建设进入高质量发展新阶段，主流媒体应聚焦重点、深耕细作，与沿线国家开展多层次宽领域的交流合作，策划推出一批有创新力、影响力和传播力的外宣活动，促进"一带一路"沿线国家间的民心相通、文化相融。

连云港广播电视台依托城市东西双向开放优势，以面向中亚五国宣传拓展为抓手，以民心相通为目标，以文化活动、融媒建设、产业融合为支撑，持续创新传播方式，在面向"一带一路"沿线国家和地区的文化传播和民间往来传播路径方面做出了积极探索。

一、重视国际视角，打造文化共振的"民心之路"

"一带一路"外宣需重视国际视角。"一带一路"倡议的本质是国与国之间互联互通，强调的是和平合作、开放包容、互学互鉴、互利共赢，任何国家都可以在"一带一路"倡议的框架下开展合作，携手应对人类面临的各种风险挑战，实现共同发展。在对外宣传中应淡化中国标签，有针对性地宣传"一带一路"沿线国家和地区的地方文化、特色习俗，向世界展现"一带一路"倡议参与主体的平等性和独立性，实现"一带一路"倡议凝聚国际共识、深化务实合作的目标。

（一）强化媒体合作，彰显文化融合

"一带一路"建设参与国家众多，各国在政治体制、宗教制度、经济水平、发展模式等方面各不相同，文化的多样性要求搭建共同的文化载体作为交流与合作的平台。传统文化是各国文化实践的精神结晶，历史悠久，极富生命力。要以各国传统文化为切入点，深入挖掘沿线国家和地区传统文化中的共同性元素，在差异融合、异质重构中实现优秀传统文化的融合创新发展，凝聚形成民

心相通的文化合力，为"一带一路"沿线国家和地区之间建立互信、开展合作奠定良好的人文基础。

为弘扬丝路精神，推动中国与中亚各国文化的互通互鉴，打造"一带一路"交流合作新高地，2018年7月5日，连云港市委宣传部、连云港广播电视台联合中亚五国国家电视台在中哈霍尔果斯国际边境合作中心举行"丝路迎新年"晚会签约仪式。参与国媒体商定自2019年到2024年，在中国、哈萨克斯坦、塔吉克斯坦、吉尔吉斯斯坦、乌兹别克斯坦、土库曼斯坦等国分别举行丝路晚会，共同勾画中外文化融合全景图。

在中宣部国际传播局、文旅部、江苏省委宣传部的指导下，2019"丝路飞歌"——中国（连云港）与中亚五国"丝路迎新年"晚会在连云港举行。晚会以"异域风情、中国元素、江苏声音"作为灵魂线索，展现与众不同的文化情怀，尽显"一带一路"文化大融合情怀。晚会的成功举办，不仅让中国观众观赏到极具异国文化和本土特色的喜庆晚会，还让中亚五国的观众通过节目了解中国"一带一路"部分沿线城市的国际性、开放性、创新性、包容性和民族风情。

"理念和文化的相互认同是民心相通的纽带和桥梁，新闻媒体在其中起着至关重要的作用。民心相通之桥，要靠各国媒体共同架设"[1]，各国媒体间的合作成效如何，将是"一带一路"倡议成败的关键。

（二）立足精品创作，彰显文化自信

中华优秀传统文化是展现中华文化核心理念的文化遗产和优秀成果，"一带一路"建设为中华传统文化的对外传播提供了新的历史机遇。积极探索和拓展中华优秀传统文化对外传播新途径，"用易于被理解和接受的方式，阐释和展现我国多元文化的特色和精髓"[2]，成为坚定文化自信的又一新课题。

《关于实施中华优秀传统文化传承发展工程的意见》指出："加强'一带一路'沿线国家文化交流合作。鼓励发展对外文化贸易，让更多体现中华文化特色、具有较强竞争力的文化产品走向国际市场。探索中华文化国际传播与交流新模式，综合运用大众传播、群体传播、人际传播等方式，构建全方位、多层次、宽领域的中华文化传播格局。"[3]在当下媒体融合的新型传播环境下，媒体需要突破固有的思路和模式，创新性地推动中华优秀传统文化对外具象化传播。通过完善内容资源、发展文化新业态、拓展线上平台、寻求认同和情感上的共鸣等方式，对优秀传统文化资源进行合理和必要的创新性转化，努力打破国与

① 《多元文化 融通丝路民心》，《人民日报》2017年9月20日。

② 邓凌月：《拓展中华优秀传统文化对外传播新途径》，《学习时报》2021年6月4日。

③ 《中共中央办公厅 国务院办公厅印发〈关于实施中华优秀传统文化传承发展工程的意见〉》，http://www.gov.cn/gongbao/content/2017/content_5171322.htm。

国民众之间语言、文化、社会生活等方面的壁垒，扩大中华优秀传统文化的国际影响力。

2020 年 2 月 8 日，由连云港市委宣传部、河北电影制片厂等单位联合打造的电影《幸福的小满》在哈萨克斯坦举办中亚五国首映式。影片以"一带一路"首个落地的实体项目——中哈（连云港）物流合作基地——为故事背景，讲述了连云港"一带一路"的建设故事。影片全程在连云港取景，巧妙融入中华西游文化、山海文化、淮盐文化，充分展示连云港深厚的历史文化底蕴和独特的山海风情，特别是国家"一带一路"倡议下连云港的成功实践，也向观众诠释了奋斗与幸福的真谛。

"一带一路"是普惠之路、文化之路、民生之路。作为"一带一路"倡议的发起国，我国在人文领域的合作，尤其是在提高文化产品质量、开放水平和传播能力上的需求，都将更加迫切。媒体要在实践中不断挖掘和整合文化价值及内容，主动承担文化走出去的使命，促进其他国家和地区对中国的认识和了解。

二、强化科技赋能，打造跨媒互动的"掌上丝路"

目前，广播电视已进入数字化、网络化、智能化发展阶段。媒体人要充分利用这一契机开创"一带一路"外宣融媒国际交流新局面。

（一）建立媒介组织，实现抱团取暖

"一带一路"的国际化定位，要求媒体人借助自身资源优势，搭建更多合作平台，开辟更多合作渠道，不断创新和丰富交流合作机制，搭建丝路沿线民间组织合作网络。

2017 年 8 月 25 日至 26 日，为期两天的"一带一路"新媒体国际协作体发展峰会在连云港举行。40 余家"一带一路"沿线城市台新媒体倡议抱团发展，并加强同"一带一路"沿线国家和地区电视台在政策互通、内容共享、智能传播、技术共建等领域的交流合作。

面对融媒时代的机遇和挑战，"一带一路"新媒体国际协作体将进一步发挥媒体社会功能，搭建开放合作平台，促进"一带一路"共建国家民众相互沟通理解和文化互鉴交流，为实现"一带一路"愿景发挥媒体力量。

（二）推进数字文化，搭建共享平台

如今，媒体传播已步入数字时代，新兴媒体以更迅捷的优势改变了人们获取新闻信息的途径。媒体要树立"命运共同体"意识，在相互尊重的前提下，积极开展形式多样的国际合作，依托新媒体联盟构筑移动化、一体化传播格局，确保传播效果最大化。

为顺应技术变革趋势，连云港广播电视台借助 2022 年中国与哈萨克斯坦建交 30 周年这一契机，自主研发中国与中亚五国"丝路新视界"网站，旨在

打造包含新闻资讯、节目制作、内容互换、版权交易、人文旅游、民风民俗、产品展示、大型活动、交流合作的多功能平台，全方位为联盟成员台提供服务，并将拥有中文、俄文两个语言版本。网站还将设计手机版本，未来在手机浏览器输入网址就可以浏览。

三、共建全媒生态，打造产业融合的"拓展之路"

在全媒生态融合的大背景下，媒体应立足国家发展战略，进行多层面的尝试与创新，持续探寻"一带一路"融媒产业发展路径与方向。

（一）秉承融合理念，激活文化产业

中国艺术产业研究院院长西沐认为，"一带一路"属于历史概念的范畴，但其同时用文化将历史、现实与未来相联结。[1] 所以，站在这个视角下，文化是"一带一路"的灵魂，文化产业是其中的基础。

媒体应认真研究"一带一路"沿线国家和地区的文化资源特性，发挥促进不同文化交流的孵化器作用，深化文化产业交融，培育品牌项目，实现真正意义上的互联互通。

连云港广播电视台借助每年"丝路迎新年"晚会的契机，举办文化产业周活动，从传统的文化艺术扩展到旅游、美食、民俗、特产等多种业态相融合，给文化产业注入新的生命力。

（二）深挖品牌价值，发展跨境电商

在 5G 时代，下一个视频化的互联网行业就是电商，而视频和内容则是广电媒体最大的优势和护城河。与其他电商模式不同，广电媒体的电商产业是以 MCN 作为联结媒体与互联网平台的中心枢纽，通过公信力、资源共享、平台搭建、视频生产等优势，助力跨境电商产业发展。

基于此背景，连云港广播电视台借助中亚五国文化交流平台，深挖品牌价值，打通电子商务通道，拓展线下产业链，组建"丝路电商"项目新载体。举办中国·连云港电商发展大会暨 518 网络购物节，在京东 App 建立中亚五国商品特色馆，通过广电 MCN 赋能，把丝路电商项目打造成为"一带一路"旅游文化商品购物中心，为"一带一路"经贸合作作出新贡献。

总之，主流媒体应不断增强对外交流合作的广度和深度，深入开展媒体外交和民间交流，打造更多对话平台，共塑互相理解、友好合作的媒体新业态，让沿线国家和地区都在"一带一路"上找到归属感，助力"一带一路"建设向高质量发展前行。

（作者单位：江苏连云港市广播电视台）

---

[1] 西沐：《"一带一路"格局中文化产业发展的战略维度》，《人文天下》2015年第12期。

互联网思维：城市广电媒体业务创新的前提

凌斌逸

随着互联网的快速发展，中国的网络用户比例越来越高，互联网给国内各行各业的思维模式和运营模式都带来了巨大的变化。什么是互联网思维？互联网思维的核心是什么呢？李彦宏认为：互联网思维是一种思维模式，可能你从事的行业不属于互联网，但你的思维方式要像互联网思维一样去思考问题。周鸿祎认为：互联网思维是常识的回归，是以用户至上，以体验为王。

互联网思维不是简单的信息产品搬运、吸纳粉丝、网络账号运营这么简单，互联网给我们传统媒体带来的，是在战略、业务和组织三个层面的重构，将传统媒体的"传播链"改造成互联网时代的"传播环"。真正的互联网思维在于改变，是深达骨髓的灵活运用。

一、移动化是城市电视台最坚定的战略

"媒体融合"，最早由美国麻省理工学院媒体实验室的创办人兼执行总监尼古拉斯·尼葛洛庞蒂于 1995 年提出，他认为在信息传输通道的多元化下，未来信息产品的传播通道将是结合广播、电视、报纸等传统媒体和互联网、电脑、手机等智能终端，实行内容的集中管理、整合加工、多元生成，然后通过基于数字技术和现代通信技术所赋予的互动性、融合性的媒介和平台传播给受众。

媒体融合一直在进行中，电台融合了报纸，电视融合了电台，以网络为特征的新媒体与广播、电视、报纸等传统媒体的融合始于 20 世纪 90 年代的门户网站。尽管新兴的网络赋予了受众更多的选择权和互动性，但严格来说，门户网站还是传统媒体传播模式的延续，它的用户在很大程度上扮演着传统媒体时代受众的角色。直到以 4G、5G 移动通信技术为支撑的移动互联网的兴起和普及，新旧媒体的融合才真正进入颠覆性的快速化进程，并以完全不同的传播模式对融媒体进行了新的诠释。在技术的支持下，每一个传媒机构

和每一个个体都成为互联网的一个节点，每一个节点都具备信息的收发功能。他们既可以提出问题，也可以回答问题；可以通过一对一的形式，也可以通过集体的形式；可以用同步的方式，也可以用异步的方式，彼此间都是互相联结的客体。中国传媒大学新闻传播学院教授、博士生导师刘京林认为：在"网上"进行信息沟通时，传者和受者的概念就很模糊了，他们之间的沟通既有大众沟通，又有人际沟通。双方既是传者，同样也是受者。①

网络节点构成的信息场里的传播模式已经发生了巨大的变化，媒体内容跨越了多个平台被分发和使用，从而形成媒体融合，它与更具互动性的社交媒体相结合，大大降低了媒体参与的门槛，继而从根本上改变了媒体内容生产、传播和接受方式。相比过去媒体权威化、封闭式生产，以及总是以"完成时态"呈现给公众的内容，今天的用户不仅参与了新闻的生产，而且使新闻生产过程变成了开放式、进行时的生产。拥有专业能力与人才的传统媒体对新闻事实挖掘的过程，更多的是互联网上的多个信息收发处理节点共同参与的"话语竞赛"。同时由于移动互联网的广泛使用，用户处于极大的流动中，给信息的采集和传播带来极大的便利，因而产生了海量的碎片化信息。当人们在过多的信息碎片里迷失方向时，他们就希望借助有碎片的判断和整合能力的专业媒体或自媒体发挥引导作用。从新闻资讯的内容消费方面来看，通过整合碎片达成相对完整认知的模式，可能会越来越成为常态。

2021年度江苏电视新闻奖揭晓，镇江电视台民生频道送评的"环保式迎亲有缺憾，新郎主动上门交罚款"获得短消息类一等奖。这条新闻得来有点意外，因为没有任何人向媒体报料。事情的起因是记者有一天在朋友圈里看到了几条完全不同声音的短视频，其中一个讲的是一对新人创新式地骑电瓶车环保迎亲，而另外几个则是讲一群年轻人骑电瓶车不戴头盔，指责他们给正在迎接全国文明城市检查的镇江城抹黑，还有部分视频说他们在搞行为艺术，是在蹭热度。究竟哪个是真哪个是伪？经过一番周折，记者联系上新人问明了原委，记者提出为他们修补"缺憾"、消除杂音的想法并获得了他们的认可。随后在记者的陪同下新人共同前往交警执法点，主动说明情况，接受了罚款。这条消息经镇江民生频道官方平台发出后，新郎这种不仅要做新时代环保青年，更要做新时代青年人的文明意识和形象，赢得点赞无数，同时镇江民生频道的这条短视频也为自己吸粉过千，增强了自己的影响力。

在具有人际传播特征的移动互联网里，每一次信息接收和发送的过程都可能出现信息的变异，每一个网络节点在处理信息时都会嵌入自己的观点，或者对原始信息进行适当改编，因此，此时的信息传播不是一个简单的复制和转发，

① 刘京林：《大众传播心理学》，中国传媒大学出版社，2005，第10页。

而是信息消费主体内在的消化吸收和持续再加工过程。城市电视台的采编力量是有限的，不可能时时都出现在新闻现场，在移动互联网已经完全普及的当前，我们应该坚定执行移动化的战略目标，有效利用身边的每一个网络节点，加强与他们的强关联，及时获取有效信息，并在此基础上进行专业性的再加工和再传播，实现媒体作为网络节点的个体价值的上升。

二、轻直播是城市电视台最新颖的业态

所谓"轻"，我个人理解是，它不需要繁琐的操作，不需要下载，同时易于传播和分享。互联网在基础设施方面的发展以及各种新应用的出现，共同推动了用户之间连接效率的提升，实时互动已成常态。

在移动互联网中，实时意味着在某事发生、发展过程中的同一时间，包括与新闻事实发生、发展同步进行的信息传播和接收，以及同时关注这一事实的不同对象之间同步的行动或互动等。互动性能够促进用户的参与性，因此常常作为新媒体和传统媒体之间的一个显著区别。相较之下，其他媒体则只能提供被动的内容消费。[①] 实时的传播把不同主体间的时间距离压缩到可以忽视的近距离，缩短了人们的心理距离，产生了"同体效应"，使人们的现场感、参与感更容易调动，甚至这种"同体效应"会营造出群体性情绪，最终影响事件的进程，这也是移动时代人们倾向于观看直播的原因之一。

从 2020 年始，镇江民生频道就制定了自己的媒体融合战略，并提出"以直播推动媒体融合"的发展路线，慢慢形成了以全媒体现场直播为特色的报道风格。记者在外出采访的同时，打开网络平台直播窗口，用直播的方式让观众在第一时间参与新闻进程，让信息的接受者产生了与新闻事件和新闻人物近在咫尺的错觉，不仅满足了受众的知情权、参与权、选择权，提升了传播效果，而且在新闻事件直播时设置了互动话题议程，让每一位进入观看直播的网民通过加入议程而获得社会的归属感。[②] 据统计，自 2021 年以来，镇江电视台民生频道共开展各类全媒体直播 110 场次，累计时长超过 220 小时，两次在线观看人数突破 300 万，两次冲进抖音全网周排行榜前 8 名，是地市级媒体账号中唯一的一个。

移动时代，新闻直播必然流行。但移动时代的直播，并非电视直播的简单继承。对用户来说，它们对移动直播的诉求也会超越传统的现场感而趋向新的在场感。作为大众媒体的电视，其核心优势在于对现场的再现能力，但这种再现是观众和现场的虚假联结，这种虚假的"我在现场"的体验感是很不

① [澳]特里·弗卢：《新媒体 4.0》，叶明睿译，人民日报出版社，2019，第38页。

② 彭兰：《新媒体用户研究：节点化、媒体化、赛博格化的人》，中国人民大学出版社，2020，第54页。

可靠的，也不一定真的与现场有关联。而在移动互联网时代，用户在视觉体验被满足的同时，"我就在现场"这样亲临现场的存在感也被满足了。高速的移动互联网在技术上拥有了把媒体用户"带入"重大新闻事件现场的可能，如果借助 AR/VR 技术，可以帮助用户产生更强烈的"在场感"和主观视角。目前，普通网民的网络直播一般用手机进行拍摄，这种单一的视角虽然相比电视媒体摄像机镜头的视角要狭小很多，并不能全面呈现新闻现场，但这种网络轻直播去除了媒体的视角，观看者是以直播者的视角观察现场，直播者不仅通过手机镜头，而且结合自己的语言描述将自己的体验感染观看者。如果说电视直播呈现给观众的是精心选择过的"台前"，那么普通人的网络直播则更有可能包含了人们感兴趣却被媒体忽略的"幕后"信息。今天，很多地方城市电视台也加入了网络直播的行列，希望凭借自己多年积累的专业直播能力在网络传播领域占有一席之地。但是如果我们只是把网络直播理解为电视直播小屏化，而不能满足用户所需要的"我就在现场"的感觉，那这样的直播即使技术能力再强大，技术人员再专业，恐怕也难以完全跟上时代的步伐。

三、垂直度是城市电视台最接地气的模式

在传统媒体时代，与国家级和省级媒体相比，城市电视台具有接地气的优势，在地域性影响力的支持下，运营基本正常。但新媒体的兴起打破了这一平衡。相比传统媒体，新媒体更能和"地气"无缝对接，直接造成城市电视台的业绩江河日下。那么在移动互联网的媒体时代，我们能否在"接地气"上有新的突破呢？能！从移动互联网的网络社区入手，从媒体传播的专业性出发，建构出具有行业垂直度特点的虚拟社群，以高效的人际传播 + 大众传播推进线上、线下的融合。

纽约大学客座教授克莱·舍基在《未来是湿的》一书中写道："互联网的价值，绝大部分来自它作为群体构建的工具的作用。"当前，由互联网和手机构建的各种通信网络是群体形成的有力工具，为人们的分享、交流、协调、合作的本能需求提供了技术支撑，群体的形成变得前所未有的方便，由此促生了大量不同类型的网络社群。美国学者 Hegal 和 Armstrong 根据用户需求，将网络社群分为兴趣社群、人际关系社群、幻想社群、交易社群；从消费者市场角度，分为地域型社群、人口结构型社群、主题型社群。[①] 网络是虚拟的，但不虚假，它是现实人际和社会关系的镜像。互联网的作用是连接各种对象间的关系，最核心的是方便各种对象交流分享信息。居民与居民、居民与网络虚拟社区间有

---

① Armstrong A, Hagel J. The real value of OnLine communities[J]. Harvard Business Review 1996.74（3）pp.134–141.

着极大的互动性，而虚拟社区与现实社区一样也包含了一定的场所，相应的社区成员参与，以及相同的兴趣文化特质，虚拟社群里的信息资料时刻都在交流，处于一种高密度的活跃状态。

在社会交往日益多元的时代，虚拟社区中网络社群成员因为社会归属的需要，有效率的网络连接和交流非常重要。从心理层面来看，人的本能就是在群体中与他人共享与合作。基于喜爱和兴趣的分享是创造新群体的起点，很多时候分享的是一种情感上的态度和信息。基于兴趣的传播是用户分享的最大动力，激发了个体在传播中的最大潜力，从而实现个体最大的参与程度。①互联网群体传播时代，社会化机制成为信息传播的一种路径，个人关系网络成为主要链路，获取信息和知识的渠道主要来自朋友的推荐和转发，以信任为核心的馈赠型经济逻辑明显。②

镇江民生频道融媒体改革的抓手之一就是从行业和内容的"垂直度"出发，成立了四个新闻工作室，即："大头来帮忙""法治进行时""健康生活"和"电视播出组"，对四个工作室全面下放财权、人事权和议题设置采访权。这四个工作室均开设了政务、法制、慈善救助和健康领域等不同主题的新媒体账号，组建了不同类型的网络社群。这种扁平化的具有专业化和垂直度特点的宣传小组丰富了所负责的相关行业宣传形式，有效提升了新闻报道质量，实现了更紧密的人群的聚合，提高了宣传的到达率。通过这样专业性和垂直度的网络社群的运营，我们为网络社群成员构建了线上和线下的真实联接，形成真实的闭环互动关系，重新找回了信息和利益的主导权。同时通过垂直性的社群的互动和交易内生出独特的共享内容，实现了优质内容和服务的溢价，加强了专业内容生产节点与普通信息处理节点之间的关联度。

随着经济的快速发展和社会的进步，互联网正日益加速发展，极大地改变着媒体的生态环境。互联网思维下，"互联网＋"作为各个行业转型升级的重要推动力，对推动传统媒体转型升级具有关键作用。媒体融合和业务创新的核心应该是由传播技术升级所引发的传播理念的改革，尤其是对传统的一对多的大众传播模式进行了深刻的变革，将思维模式从观众接受型转换成服务用户型，与用户实现平等的互动式传播。③移动互联网促发的新媒体给传统媒体特别是城市电视台带来了严峻的挑战，所以与新媒体的全面融合发展是我们必然的选

---

① 周琼：《网络社群自组织传播的分享特性对社会资本的影响》，《现代传播》2019年第9期。

② 蔡骐：《网络社群传播与社会化阅读的发展》，《新闻记者》2016年第10期。

③ 胡怀福、周进主编《王者融归：媒体深度融合56个实战案例》，人民日报出版社，2019，第9页。

择。如何顺应新时代的潮流，用互联网思维开展媒体业务创新，重构传播思维和活动是我们每个人必须思考的问题。唯有如此，我们传统媒体和新媒体才能实现"你就是我，我就是你"的终极融合目标。

（作者单位：镇江市广播电视台民生频道）

城市广播对农专题的创新实践

——宁波台《乡村有约》改版启示

沈世芳

近年来，虽然城市广播的定位在不断转变，广播媒体的样态也日新月异，但服务"三农"始终是主流媒体广播的职责所在，对农节目依旧牢牢地占据着城市台节目中的一隅。反观早年的城市广播，以城市人为主要受众的对农广播节目不出彩，城市人不要听、农村人不爱听，对农广播影响力式微是不争的事实。党的十七届六中全会明确指出，要推动媒体办好农村版和农村频率频道，加快城乡文化一体化发展。在此大背景下，将对农节目纳入大农业的背景进行考量，扩展农村节目视野、加大节目资讯，突破节目不贴地气的壁垒，做城市人、农村人都爱听的对农节目，宁波新闻广播《乡村有约》做了有益的尝试。

《乡村有约》是宁波广播唯一一档对农栏目，开播于 2008 年 5 月。节目主要内容是中央、省、市对农方面的新闻资讯，包括政策及农业成果的展示。原先节目形式单一，以单向说教式输出为主。受众大体锁定为周边农村的村民和干部，收听率不高。随着中央加大对农业的进一步扶持，对农政策的变化，特别是在"加快城乡文化一体化发展"大背景下，宁波广电集团的对农广播《乡村有约》也迎来了春天，节目在原有的基础上步步调整，播出频率加大到每周三次，收听率成倍数上升。纵观《乡村有约》一路走来，新的媒介形式、内容样态、传播格局以及主持人风格的改换，为节目提供了新视角和动能。

一、拓宽节目内容，大农业成就大格局

《乡村有约》的视野和内容范围不断拓展，资讯来源更加宽泛。节目下设《新政策新亮点》《乡村速递》《农忙时分》《魅力田园》《农村人农村事》等多个小栏目，内容从原先相对单一的农村种植、养殖拓展到泛农业领域，节目紧贴时代脉搏，美丽乡村建设、"互联网＋农业"、产品深加工等方面的内容涵盖了整

个农业产业链。听众可以从节目中了解到农业最新政策和亮点的解读，还有周边实实在在的案例，内容有深度，涉及面广。节目中，农业部门在重要节点对农业技术的精准推广，时效性、指导性强。听众可以了解到当地乡村组织对村风、民风的治理，对重要农业产业的扶持，感受现代农业的规模化、产业化经营，富裕起来的农民朋友的新生活、新想法、新需求和新困惑等。节目聊的是村里的事，城里人同样爱听。特别是以互联网为基因的数字新媒介的出现，一定程度上丰富了广播这一传统媒体信息含量。依托于数字新媒介，节目彻底打破了原来层层传递素材的通信员模式，有效避免了信息单一、方式机械、时效性不强等弊端，节目中新奇事不断，吊足了听众的胃口，更为乡村经济文化的传播开辟了新空间、为节目注入活力。如：远程视频就医对都市里的人来说也是难得一见的医疗措施，它到底是一种什么样的医疗体验，给村民带来怎样的便利？《慈城镇实现共享医生远程视频就医》中，主持人抛出了这样的疑问，深深地吸引了听众。又如：《慈溪为农产品推出了农安码》中，农安码包含了哪些信息？其对农产品意味着什么？为市民朋友又带来了哪些便利？当主持人为大家解读了隐藏在农安码上的秘密后，许多市民都急于看看自己手中的农产品是不是也已经有了这样的安全码。节目沟通城乡，贴近受众。

二、提升节目温度，感动自己感动他人

优质节目传播的不仅是内容，还有情感的共鸣。在《乡村有约》特设的小栏目《农村人农村事》中深深触动大家的人和事有很多。如："三治"下的宁波乡村故事，节目中可以真切地感受到烈日炎炎，主持人走村下地，用心聆听来自老百姓的故事。节目展示了现行的村民说事制度的可行性以及优点，更让受众从村干部为人、为官、为夫为子三个维度感受到基层工作人员的人格魅力及职业精神，人物立体、内容鲜活、印象典型、主题突出。

三、创新创作手段，有趣的故事有趣述说

《乡村有约》在节目手段上突出广播特色及灵活性，直播中随时插播突发信息（如台风来临的紧急预案），还有大量的录音报道、记者走访、网上与农家的互动、实时营销，节目现场感十足。同时，节目整合微博、微信、App等新媒体，构建立体化传播渠道；直播结束后，在微博、微信更新回放相关的文章及视频，增强整合传播效果。内容上突破现实距离、拉近心灵距离，感动自己，感动听众。在《大山深处的帮扶故事》系列中，作为宁波对口帮扶贵州黔西南州的亲历者、见证者，记者的脚步遍及黔西南州的山间、田野和村寨。节目生动记录了宁波人用行动践行习近平总书记说的"农业农村工作，说一千、道一万，增加农民收入是关键""要更加重视促进农民增收，让广大农民都过

上幸福美满的好日子，一个都不能少，一户都不能落"。①

四、以节目为桥梁，提高对农服务性

长时间以来，许多城市台因为频率定位问题而疏于提供服务，对农节目往往内容空洞，不贴地气。打破广播单向、简单的互动传播格局，拓展服务功能是宁波新闻广播《乡村有约》主动出击的方向。节目将农事指导、市场信息、供求交流落实到点的做法值得借鉴。比如：应对丰产不丰收问题。今年春节前，宁海"红美人"柑橘丰产却遇上强寒潮，使果农必须面对果品大量采摘后因不易保存而造成丰产不丰收的难题。果农们为10万斤"红美人"柑橘的销路愁眉不展，节目在分析海量数字信息后提出预约代销的办法，联系邮储银行宁海支行派专人到宁海小青村进行现场考察，并落实了预约代销的模式。《乡村有约》节目推出的这种新的销售模式通过网络预约锁定代销，为果农解决了燃眉之急。

五、新时代新畅想，凸显时代特征

新时代需要新思想。聚焦农业转型升级和城乡融合发展，着力推动乡村全面振兴是中央对农工作的主旨。农业转型升级和城乡融合发展需要抓手，对农节目能做的就是让从事传统农业的农民朋友在节目中领略新观念、接受新观念，并付之行动。2011年，《乡村有约》节目关注到一个被称为"青创农场"的创业新品牌，其创业者是一群受过高等教育的年轻人，专业知识扎实、市场意识强、学习和创新能力突出，他们在父辈的资源和关注中长大，却没有按照父辈的传统成长。时代让他们有了更多的选择，回到农村、振兴乡村，成为"振兴乡村"的重要力量。宁波市奉化区尚田镇的宋小赞除了做农村淘宝，还致力于开发线下的农产品体验。已经在德国攻下硕士学位的余姚市梁弄镇横坎头村黄徐洁变成了村头农家乐的老板。《乡村有约》努力挖掘这样的农村创业群体，讲述他们的致富故事，转变广大群众对农村及农民的刻板印象，为新型职业农民或农二代们探寻到了更广阔的发展方向。

六、系列报道唱响主旋律

在脱贫攻坚的决胜之年，宁波新闻广播与宁波市委农业工作办公室合作开展大型全媒体新闻行动《深化走转改——乡村振兴的宁波实践》，活动持续近两个多月，30余位采编播人员分成十组，分赴全市乡村，通过现场体验、实地深挖、蹲点调研、跟踪采访等方式，集中推出美丽乡村和宁波各地典型案例的专题报道，全方位展现宁波乡村振兴的新时代风采。《宁广早新闻》《乡村有约》以及新媒体同步推送，社会反响强烈。大型全媒体新闻行动《决胜脱贫看今朝》

---

① 《习近平"三农"金句：说一千、道一万，增加农民收入是关键》，https://baijiahao.baidu.com/s?id=1612372357487550380&wfr=spider&for=pc。

系列则深入报道了对口帮扶的"甬黔模式",挖掘提炼脱贫攻坚蕴含的伟大精神,记者深入黔西南州各个帮扶点,采访报道多年来甬黔二地在帮扶中取得的成果,全景式立体式展示产业合作帮扶、劳务协作、消费扶贫、教育帮扶、卫生帮扶、人才培训、干部交流等内容。特别是被当地干部群众亲切地称为"苗家的大哥"的宁波扶贫劳模张祖安 16 年后重新踏上黔西南州的土地,回望那些令人难忘的帮扶故事,感受脱贫路上的时代变迁,更是震撼人心。

七、改变主持风格,做农民的贴心人

《乡村有约》的主持人蒋博在主持节目时是农民朋友的小灵通,节目中他将搜罗到的各方信息娓娓道来,信息面广,覆盖宁波及周边的角角落落。采访时他异常活跃,哪里有热点哪里就有他和农户的对话,稿件细节刻画到位,在澜头村,他和养殖大户亲切地拉家常,打听水土保险的事。在塘尾巴村,村干部把他当成了朋友,偷偷告诉他一个人半夜走山路回家的恐惧。正所谓记者沉下去,民情浮上来,没有和村民的"贴",出不了这样的效果。而在科普时,他又像是一位百事通,农民朋友的许多疑难问题,都能得到他热心的指点。节目拉近了和农户的感情,为提升农民的经营管理水平和市场竞争力提供了贴心服务。

八、结语

乡村振兴是一个具有长期性和系统性的复杂工程,不仅需要农村居民综合素养不断提高,更需要多元主体积极参与,久久为功,才能最终实现乡村振兴这一宏伟目标。改版后的《乡村有约》牢牢立足本土资源,更有力地促进了城乡间的信息交流,弥合信息鸿沟,通过拓宽节目内容、提升节目温度、创新创作手段和内容,提高节目的服务性,凸显时代特征,展现出城市电台对农广播同样拥有春天。

(作者单位:宁波广播电视集团总编室)

融媒视域下地方红色文化传播的有效路径

——以台州各级融媒体中心建党百年节目为例

周薇薇　　王雪梅

红色文化是中国共产党以马克思主义为指导，吸收中外优秀文化创造的先进文化，代表了中国共产党人和广大民众的优良品格，不仅是中国人民价值观念体系中的重要组成部分，更是凝聚国家力量和社会共识的重要精神动力。[①]

曾高扬"浙江红旗第一飘"的台州，是浙江红色革命的先发地区，红色的血脉流淌在台州雄壮的山海之间，构成台州独特的红色基因和精神特质。

习近平总书记指出："共和国是红色的，不能淡化这个颜色。"作为党的重要宣传阵地，传播好红色文化，用红色文化铸魂育人、引领时代是地方融媒体中心的职责和使命。

台州各级融媒体中心发挥融媒优势，善用融媒手段，在"建党百年"宣传中进行有益尝试，探索了地方媒体传播红色文化的有效路径。

一、地方红色文化传播的四个着力点

（一）突出地域优势传播红色文化

台州是浙江红色革命的先发地，这里有以亭旁起义为代表的"浙江红旗第一飘"，有以一江山岛战役为代表的海陆空"三军首战"，有以大陈岛垦荒为代表的大陈岛垦荒精神等，蕴含着丰富的"红色根脉"资源。这些红色资源内蕴人、物、事、魂，有着地域的亲近性、生动的故事性和感人的精神力量。在建党百年报道中，台州各级融媒体中心对这些红色资源进一步深入挖掘，精心策划，成系列播出，将人、物、事展现好，让红色文化与时代精神合拍，更好地用红色文化之魂滋养普通百姓。

《寻访红色"第一"记忆》是台州广电总台联合各县市广电台策划推出的"学

[①] 《让红色文化成为铸魂育人的精神动力》，http://dangjian.people.com.cn/n1/2019/0920/c117092–31363419.html。

党史 庆百年"七大新闻行动之一,以台州各地百年来涌现的带有"第一"标签的标志性人物与事件为主要内容,重读红色地理,再现红色记忆。如台州第一个党组织建立、浙江省第一个苏维埃政权诞生地、中国工农红军第十三军二师诞生地、浙东浙南部队第一次胜利会师等。这一个个带有"第一"标签的印迹,如一颗颗闪光的珍珠,串起城市的过去和未来,也赋予这个城市独特的气质和风貌。同时,作为生活在城市中的每一个个体都会因为"第一"而难忘,因为"第一"而自豪,并油然生出对历史的敬畏和对未来的期许。

黄岩传媒集团推出《建党百年看百村变化》系列报道,展现小村蝶变,追忆红色历史,呈现发展成果,凝聚精神力量。

温岭融媒体中心推出的原创系列红色广播剧《曙光丰碑》,以声音的形式讲述温岭英雄感人的革命故事,也反响热烈。节目选取了温岭党史不同历史时期最具代表性的八位英烈。通过沉浸式的人物对话和旁白讲述,将故事情节与英雄人物合二为一,辅之以多元素的场景音效,追求完美还原现场,较好地体现了故事的沉浸感和真实性,收到了较好的社会效果。"原来,金璇被捕牺牲的过程是这样的,他真是个英雄!""我第一次详细知道,原来温岭有这么多革命先烈,他们真了不起!"……广播剧推出后,收到不少网友留言点赞。

椒江新闻中心推出口述历史类系列片《百年党史·寻访峥嵘岁月》,通过走访新中国成立前老党员、老垦荒队员、离退休领导干部,讲述椒江百年来的变化和难忘记忆。如:抗战老兵、90多岁的陈龙岗,老垦荒队员金可人等,不同的时代,同样的精神和情怀,闪耀着共产党人的崇高使命、高尚品德、一代人责任担当的精神光辉。

台州丰富的历史人文景观、历史人物承载着革命的记忆和历史的展望,是红色文化留下的烙印。随着岁月的流逝,越显弥足珍贵。通过多角度、立体式深挖,这些红色基因空前激活,焕发出强劲的生命力、传播力和创造力。

(二)关注青春力量传播红色文化

学习党史是为了更好地走向未来,台州各级融媒体中心抓住建党百年历史契机,充分展示台州独特的红色基因和精神特质,弘扬社会正气,引领时代精神,同时让青年成为活动主角,激发感悟与传承的青春力量。

温岭广播电视台推出的系列专题节目《先驱的足迹》,以"青年党员讲党史"为主题,邀请部分青年党员讲述温岭百年革命史上不同时期涌现的革命先驱者的动人故事。

中国共产党为什么"能"、马克思主义为什么"行"、中国特色社会主义为什么"好",这些问题的答案需要在苦难辉煌的过去找,在日新月异的现在找,也需要在光明宏大的未来找。青年是祖国的未来，青年党员是我们这个百年大党的未来。系列专题节目《先驱的足迹》精心挑选青年党员讲述家乡革命先烈的故事，通过讲述更能够深刻领悟革命先烈坚定的理想信念和"他们历经苦难，获得辉煌"的英雄主义的悲壮。《先驱的足迹》中讲述的革命先驱在风华正茂的年龄为革命献出了自己宝贵的生命，周尚文 23 岁、应梅笙 28 岁、梁耀南 33 岁、赵裕平 34 岁、柳苦民 34 岁、李先导 35 岁……年龄的接近、地域的贴近更容易产生情感的共鸣，激发青年党员在鉴往知来中砥砺前行的奋斗激情。正如讲述人罗映映所说："作为新时代的年轻干部，我们应该在缅怀革命先驱的同时，坚守初心、牢记使命，加强自身能力与素质建设，凝心聚力，奋发图强，以实干建设新温岭。"

屏幕上青年党员对革命先驱奋斗故事的精彩诠释，也展示了青年党员良好的精神风貌以及沿着先驱足迹，以青春之名，砥砺前行，不负岁月韶华的信心和决心。

温岭广播电视台组织开展的新闻为民小虎队重访老区新闻行动，点燃年轻人传播红色文化的热情。"小虎队"是由年轻记者组成的温岭融媒新闻为民品牌团队，2011 年建党 90 周年之际，5 名成员专程走访报道了红十三军二师成立地坞根寺基村等 6 个革命老区。十年过去，全体成员带着当时的报道一一重走旧地，回首老区百年变迁，探访美丽乡村建设新变化，和老区群众一起展望更加美好的明天。"掌上温岭"App 还专门为本次新闻行动开设了专题，吸引了众多年轻人跟踪参与，基本上每篇阅读量都超过 10 万 +。

《音乐党史课》则努力用年轻人喜爱的语态和方式创新表达。这是台州广电总台推出的一档广播节目，以百年党史为脉络，以精挑细选的红色歌曲为纽带，通过音乐 + 解读 + 影视画面等多维度呈现方式，将红色歌曲与党史教育有机融合，展现中国共产党 100 年以来波澜壮阔的发展进程，融艺术性、趣味性、教育性于一体，变"照本宣科"为"身临其境"、变"理论灌输"为"音乐感染"，让更多人在音乐中学党史悟思想。

如第一期播出的《国际歌》。《国际歌》是传唱世界的名曲，在今天，中国共产党各级党组织召开的代表大会闭幕式和一些党的重大活动中都要奏唱《国际歌》。《国际歌》是谁作词、谱曲？它是如何诞生的？它在各国共产党的发展史上有怎样的历史地位？"中国版的国际歌"又是如何诞生的？在熟悉的旋律中，主持人娓娓道来，讲述了《国际歌》诞生的历史过往，新媒体推文中穿插的电影《建党伟业》中合唱《国际歌》的小视频是神来之笔，年轻的共产党人用歌声表达自己坚定的理想信念和火热的革命激情，有力激发了听众的情感力量，感人至深。

（三）以国际化视野讲好地方故事

随着我国与世界各国交流合作的日益扩大，对外宣传逐步由国家级媒体参与扩展到各级地方台加入。在这次建党百年报道中，台州广播电视总台首次尝试对外宣传，推出《建党百年 老外看台州》融媒体系列节目，通过采访在台州工作、生活的外国人的亲身经历、所闻所见所感，借外国人的眼、外国人的嘴，生动讲述了百年辉煌的台州故事、中国故事，令人耳目一新。

改革开放40年，台州从山海阻隔变身区域发展中心，从一穷二白迈向中国重要的先进制造业基地，从边陲小城跃升东南沿海发达城市，书写了波澜壮阔的改革发展史。台州的快速发展也吸引着越来越多的外国人远赴重洋来这里学习、工作和生活。《建党百年 老外看台州》融媒体系列节目，分别讲述了台州洋女婿罗博、摩托车设计师罗德里戈、缝纫机销售经理南达、从事环境科学研究的博士迈克尔、营销总监万子瑞在台州的经历和故事。他们辗转世界各地，最终把票投给了中国台州，因为这里不仅有优美的自然风光、诱人的舌尖美食，还有良好的社会治安管理、文明的城市居民，以及活力创新的城市未来。

已经在台州生活了20年的台州女婿罗博说："台州有很多有实践经验的技术技工人员，产品质量甚至超过了欧洲工厂，价格具有竞争力。"因而罗博坚信，"如果一个人渴望看到未来，他应该去中国。"于是，罗博带着高效率锅炉制造公司30年的工作经验，国际领先的冷凝节能环保设计和专利产品到了台州，让世界最好的冷凝技术在台州生根发芽。罗博的故事是那些台州引进的海外高端人才与台州故事的一个缩影。他们被台州制造业的强劲发展吸引而来，又为台州的制造业高端化、国际化做出了贡献。

习近平总书记强调："讲好中国故事，传播好中国声音，展示真实、立体、全面的中国，是加强我国国际传播能力建设的重要任务。"《建党百年 老外看台州》系列节目是地方台参与对外宣传的一次新尝试，通过节目在各网络社交平台播发，分享国际友人在台州工作、学习和生活经历以及对中国共产党的认识和了解，有助于引导海外网民客观看待中国的发展，也提升了台州的对外城市形象。

（四）融合传播，效果"破壁出圈"

媒体所叙述的事、所占有的理、所具备的情、所蕴含的美，作为重要元素，共同参与了影响力构成。[1]在建党百年宣传报道中，台州各级广播电视台立足当地红色文化资源，用全新的视角创新构成"红色现场、融合表达、年轻语态"的生动整体。

---

[1] 丁柏铨：《论新闻舆论传播力、引导力、影响力、公信力》，《新闻爱好者》2018年第6期。

1. 连续性、系列化播出

如《寻访红色"第一"记忆》采用主持人出镜与讲解员讲解相结合。《先驱的足迹》以先驱人物的故居、纪念地、旧物、信件等入手，用这些老物件连接历史和今天。同样的编排结构方式，统一的风格特点，成系列化的传播方式，容易培养观众收看习惯，增强观众收视黏性，形成具有地域文化特征的节目品牌形象。

2. 大小屏联动

如《建党百年 老外看台州》融媒体系列节目以一周一期的频次在电视、报纸、新媒体同步刊播，内容表现形式遵循不同媒体特点稍作调整，如电视采用系列报道、主持人点评的方式，新媒体则制作了三分多钟的视频，采用人物自己讲述的形式。台州各主流媒体同步推出这一组报道也有助于形成宣传合力，扩大声势。

3. 多媒体语言运用娴熟，让镜头也会讲故事

在建党百年电视节目中大量运用航拍镜头，增加了画面信息量，为故事做了时间和空间的铺垫。同时为了生动挖掘节目的可看性，采用了大量影视镜头以及虚化等还原现场式镜头，在渲染故事气氛的同时，也大大增加了故事的可信度。画面剪辑和配乐节奏和谐流畅，与解说和配音融合自然，自然地唤起了观众内心的情感共鸣。

4. 短视频发力

目前短视频已经成为网络传播的中坚力量，拥有庞大的用户群体，在建党百年宣传报道中，短视频创新创优也成为台州各级广播电视台发力的主战场，除了大小屏联动播出，还创作了大量集传统媒体内容创作优势与新媒体语境表达为一体的短视频佳作，如台州广电总台制作的《百年初心·幸福台州百部短视频展播》《台州女性百年百人百事》等，这些短视频内容紧凑，短小精悍，易于传播，红色文化快速成为微信朋友圈高频率发送的题材，人们从中收获的不仅是震撼和铭记，还有奋进前行的力量。据统计，台州广电总台的新媒体端《无限台州》，每天的点击量超过130万，有时甚至超过200万。

二、地方红色文化传播的三个提升方向

这次建党百年报道，是对观众一次最丰富的红色展示，一次最生动的党史教育，一次最实际的思想洗礼，也是对媒体传播红色文化的一次最难得的实践。总结和思考其中的得失，认识其中的长处和短处，对更好地传播红色文化是一笔宝贵的财富。

（一）要以政治的高度、历史的深度、视域的广度传播好红色文化

文化是民族生存和发展的重要力量，是一个国家和民族的灵魂，更是凝聚

民族精神的纽带。习近平总书记强调："一个国家、一个民族不能没有灵魂。"作为中国特色社会主义文化的组成部分，新时代更需要发挥好红色文化的精神力量，地方融媒体中心作为党的重要宣传阵地，要充分认识到传播红色文化的重要性和使命感、责任感，要提高政治站位，以历史的纵深和广阔的视域，跳出区域看区域的发展，捕捉城市历史变迁、重大事件和生动故事。

（二）聚焦本土，用润物无声的方式传播红色文化

对本土文化的深入挖掘是地方媒体内容创新的源头活水，是收视竞争的不二法宝。地方红色文化也是地方本土文化的内容之一，对地方红色文化的选题策划和内容挖掘也要注重文化内涵和地域特色，从而形成向内凝聚文化认同，向外展现乡土风貌的功能传播和共情表达。在这一点上要努力争取地方党委政府的支持和引领，广泛争取相关部门的默契配合，全方位统筹社会资源，既为内容创新提供源源不断的创意活水，也为全民参与、扩大节目影响力提供机会。要善用融媒手段，将城乡大地那些亮丽的画面、生动的故事，通过有创意的报道形式去展现，让观众一睹为快，在润物无声中引发情感共鸣，逐渐将文化内涵的精神力量转化为群众的情感认同和行为习惯。

（三）营造专业、专注、匠心的媒体文化，为红色文化传播提供人才助力

一个优秀产品的诞生需要好的创意，需要在视觉层次、景别、色彩、构图、节奏等方面追求精致的创作者，这样的创作者不会是靠绩效考核造就的，而是靠良好的媒体文化激发的。地方融媒体中心应该努力营造促使这样的编辑记者不断涌现的文化氛围。为人才提供良好的工资待遇是基础，但更重要的是要营造一个热爱党的新闻事业、追求匠心卓越的工作氛围，让记者编辑能够在自己的岗位上辛勤耕耘多年不言弃，有着专业、专注和匠心追求。

三、结语

面临新时代的要求和新媒体快速迭代的挑战，坚持政治性、思想性、时代性、艺术性和可看性等要素的有机统一，是媒体人孜孜以求的专业精神和奋斗目标，地方融媒体中心要不断创作出优秀的红色文化作品，探索创新红色文化传播的新形式、新方法、新渠道，更好地讲好红色故事，传承好红色基因，为新时代发展提供源源不尽的精神动力。

（作者单位：浙江省台州市黄岩区传媒集团）

深度融合背景下城市广电"破圈"路径探究

徐 杰

1983 年召开的第十一次全国广播电视工作会议明确提出,在全国实行中央、省、有条件的地市和县四级办广播、四级办电视、四级混合覆盖的事业建设方针。[①] 从那时候开始,四级办台的媒体架构基本延续至今。当前,在媒体深度融合的背景下,地市级广电媒体在激烈竞争中处于尴尬的夹缝,上有省级广电的"半径扩大",下临县级媒体的"贴地飞行"。面对这一现状,地市级广电媒体亟须寻找"破圈"突围路径。

一、地市级广电媒体发展现状

(一)强大的上级媒体矩阵形成

中央级新闻媒体和省级新闻媒体拥有相对强大的人力、财力和物力等基础,媒体深度融合快速推进,出现了以人民日报社、新华社、中央广播电视总台等为代表的"航母级"中央媒体矩阵,也出现了以上海报业集团"澎湃新闻"、浙江广电"中国蓝"等为代表的"旗舰级"省(市)级媒体矩阵。

(二)县级媒体深度融合见成效

2018 年 11 月,中央深改委审议通过了《关于加强县级融媒体中心建设的意见》。各地党委政府高度重视,快速推进,县级融媒体中心犹如"登陆艇"遍地开花。"贴地飞行"的县级媒体迅速占领了本土受众市场。

(三)地级市媒体发展守旧疲软

地市级新闻媒体作为国家四级融合发展布局中的重要一环,有的已经风生水起,有的则表现平平,归隐于市,向上仰望中央及省级媒体的"高、大、上",向下看遍县级媒体的"小、精、快"。在新媒体传播场,地市级广电媒体除了要面对传统主流媒体之间的竞争,还要面对不断涌现的自媒体分流,城市广电

---

① 周逵、黄典林:《从大喇叭、四级办台到县级融媒体中心——中国基层媒体制度建构的历史分析》,《新闻记者》2020 年第 6 期。

媒体曾经拥有的优势正在不断消失。

1. 受众从平台依赖转移到内容的获取

在传统媒体传播时代，四级广电媒体架构分工明确、层次分明，受众亦习惯了这种架构，分时段获取不同内容。但进入移动互联网传播时代，用户有选择性地阅读获取新闻内容，对媒体平台属性要求不高，四级广电媒体架构的边界日益模糊，与省级媒体和县级媒体相比，城市广电媒体优势不在。受众不关心信息从哪个平台而来，而是更关注获取的速度和内容。

2. 传播技术更新，地级市媒体失去当地唯一性传播

以浙江省舟山市的新媒体平台架构为例，这座城市 2021 年总人口 116.5 万人，是浙江省人口最少的设区市。中央级新闻媒体矩阵"央视影音""央视新闻"App、"人民日报"App 以及省级新闻媒体"浙江新闻"App、"天目新闻"App、"中国蓝"App、"北高峰"App 等应用，在舟山市均拥有较高的用户下载数量和一定的活跃度；市级媒体主要有舟山日报社的"掌上舟山"App、舟山广播电视台的"无限舟山"App；县（区）级融媒体有"定海山"App、"掌上普陀"App、"看岱山"App、"掌上嵊泗"App。除此之外，两家市级主要媒体、四家县（区）级融媒体中心还开设多个微信公众号，各新闻媒体又各自在抖音、快手、今日头条等传播平台上开设多个账号。根据笔者估算，作为浙江省舟山市某区的一位普通市民，安装新闻类 App 和关注新闻媒体微信公众号，总量加起来有十余个，受众获得信息的途径早已不再依赖本地地级市城市媒体。

3. 同质化内容难以在扁平化竞争中取胜

在一座城市人口总量一定的情况下，新闻客户端开发上线数量及新闻类微信公众号等数量激增，内容同质化现象难以避免。新榜日常监测的 162 万微信公众号样本数据显示，2020 年一整年，公众号发文总篇数超过了 3.87 亿篇，其中标注原创的篇数为 2289 万篇，占比为 5.92%。[①] 这说明原创内容非常稀缺。这也意味着，微信公众号推送的内容有 94% 为非原创内容，编辑甚至简单复制的内容居多。在不少城市，有的是新闻发布单位将同一信息源提供给多家新闻机构，有的为了降低新闻生产成本，直接复制其他媒体的信息，经常会出现同一新闻事件被多家媒体同时报道的现象，导致的结果就是新媒体内容同质化严重。

进入以移动互联网为主的传播时代，新闻生产速度和生产数量都提高到一个前所未有的高度，这也导致不同的新闻媒体更加追求短平快，在新媒体运作

---

① 新榜：《公众号的2020：一年发文3.8亿篇，原创占比不到6%》，https://baijiahao.baidu.com/s?id=1688554348526024173&wfr=spider&for=pc。

的理念和方式上进一步趋同。一方面浪费了媒介资源，另一方面甚至给用户带来了"信息污染"——同一热点事件，手机可能会在短短几分钟内收到数个内容相同的推送提醒；打开手机浏览数个微信公众号，都是报道同一主题内容，令人不胜其扰。

原创内容的稀缺化和现有内容的同质化导致有效阅读数量整体不高。相关机构对 2000 万个公众号的监测分析发现：79.33% 的微信公众号阅读量少于 2000；阅读量在 2000—5000 的占 11.64%；阅读量在 5000—10000 的占 4.64%；阅读量在 10000—50000 的占 3.75%；阅读量在 50000—100000 的占 0.38%；而能够保持在 10 万＋的公众号仅有 0.26%。[①] 不少城市新闻媒体新媒体从业人员反映，"吸粉"越来越难，利用行政手段推广的效果也不尽如人意。随着更多的新媒体平台分流，现有的新媒体粉丝活跃度明显下降。

4. 新媒体呈现路径缺乏创新过于机械

城市广电媒体通常有着规范的管理运作机制、相对稳定的人力资源团队和一定标准的新闻内容生产流程，但在移动互联网传播时代，遇到了不少瓶颈问题。首先是大屏小屏"两张皮"，大屏生产的内容难以向小屏转换。其次是大屏内容硬转换，比如，一档长达五六分钟甚至数十分钟的服务类电视节目未进行处理就直接生搬硬套到小屏之上，节目冗长，缺乏新意，根本无法吸引用户观看和传播。

5. 媒体平台广告变现能力进一步变弱

城市媒体老的盈利模式早已见顶，新的盈利模式还没找到出口。一些地市级媒体的广告收入不断下滑，市场认可度越来越弱。与此同时，地市级媒体对新媒体所需的技术、设备、人力投入明显不足，在引入人才、培养人才、用好人才方面也招数匮乏。省级和县级媒体融合速度快，地市级媒体融合步伐迟缓，最终出现了"两头大、中间细"的"葫芦形"怪相。

在上不及省级媒体家底雄厚、下不及县级融媒体政策支持有力的现实情况下，城市广电媒体需要重新定位再出发，尽快找到突围路径。

二、城市广电媒体"破圈"路径

"破圈"是一个网络流行词，是指某个人或他的作品突破了某一个小圈子，被更多的人接纳并认可。城市广电媒体必须有"破圈"精神，突破"谁播谁看、播谁谁看"的圈子，有效提升到达率各项指标。城市广电媒体作为党和政府的喉舌必须坚持以人民为中心，守好宣传主阵地。在媒体融合传播中，不可为了单方面追求数据好看，而突破底线、迷失自我。

---

① 西瓜数据：《2020年公众号生态趋势调查报告》，https://www.sohu.com/a/409008428_100202499。

（一）始终坚持党媒姓党，牢固树立人民至上理念

广电媒体是一支政治队伍，无论未来新兴媒体如何变化发展，都必须始终坚持党性原则。在媒体融合发展的大潮中，必须"增强'四个意识'、坚定'四个自信'，自觉承担起举旗帜、聚民心、育新人、兴文化、展形象的使命任务"①。只有不断提高政治判断力、政治领悟力、政治执行力，才能保证广电事业发展焦点不散、方向不偏。"从群众中来，到群众中去"，把服务群众和引导群众结合起来，满足人民群众日益增长的精神需求，丰富人民群众的精神世界，增强人民群众的精神力量。唯有始终坚持党的全面领导，不断拓展深化为民服务，广电事业才能行稳致远。

（二）致力于原创内容生产，打破"搬运工"传播模式

在新媒体传播环境下，广电媒体人对自我的认知需要彻底转变，不能自认为"我"是专业的新闻工作者，就以"我"为中心。社交媒体的属性是有利于人际交往，这就要求广电媒体人充分认识到用互联网思维想问题、用新媒体规律办事的重要性，决不能当传统媒体的"搬运工"，要在品牌价值中融入互联网思维，深拓流量的广度。我们生产的产品要让受众觉得有用、有趣、有价值，才会牵动转发和分享。在媒体传播中不能忽视情绪传播这个核心，广电媒体人要在专业层面的基础上努力寻找受众的需求点。

近年来，舟山广电在传播实践中不断追求"态度、速度、温度"的辩证统一。2021年12月29日，历时4年多建设的舟岱大桥终于建成通车，20万岱山老百姓告别了"非舟楫不相往来"的历史，迎来了大桥时代。对一个海岛县而言，这是里程碑式的大事件。在几十家媒体报道同类题材时，如何找到这一大事件中的"情绪密码"，避免同质化呈现呢？在策划过程中，笔者提出，过去岱山县老百姓只要出岛进岛必须坐船，而12月29日那一晚，将出现最后一班摆渡船，这会是一种怎样的不舍与感慨呢？舟山广电记者独家前往客运码头，用摄像机记录下了这最后一班摆渡船。有不舍的老乘客，有在这条线上跑了十年的老船长，还有匆匆往家赶的年轻人，最后一班乘客要收藏这张船票作为纪念，要吃最后一顿船上的小吃"芹菜贡丸汤"……交通变迁的背后是人的故事。从"小切口"透视"大主题"，以"小人物"折射"大时代"，以"小故事"讲述"大道理"，更好地唤起受众的共情。这条视频一经推出，引发强烈共鸣，在小小的海岛上评论达300多条，点赞量超8000个，阅读量高达数十万。

（三）深挖广电各方资源，构建矩阵实现价值变现

城市广电媒体在新媒体赛道上，要力争比省级媒体更快；在传播内容上，

---

① 《习近平在全国宣传思想工作会议上强调 举旗帜聚民心育新人兴文化展形象 更好完成新形势下宣传思想工作使命任务》，《人民日报》2018年8月23日。

要力争比县级融媒体中心更鲜活、更有深度。在各方资源中努力碰触结合，构建矩阵传播格局。

1. 拥抱融媒新知识，融入融媒新领域

人是媒体融合发展中最核心、最活跃的要素。打造一支能吃苦、能战斗、能不断突破创新，以"清零"心态学习新知识的队伍，是媒体在受众中是否长期具备传播力、影响力的关键。一方面要大力引进技术性人才，另一方面要努力培养采编播导"复合型"人才，给予人才一定空间，对人才发展予以引领。引进人才、培养人才、用好人才，建立健全全媒体人才队伍，探索设立融媒体工作室、实行首席制等创新手段，引入用户生产主体，让人才在加快媒体深度融合的步伐中发挥主导作用。地市级广电媒体要主动争取更多支持，在5G、大数据、云计算、物联网、区块链、人工智能新技术、新设备等方面做到物尽其用、人尽其用，不断挖掘城市广电媒体的潜力。

2. 找准发展新赛道，争取占领新市场

城市广电媒体具有长期积累的公信力和丰富的政府汇聚资源，这些优势是自媒体难以超越的，一定要珍惜好、挖掘好。城市广电媒体不能只低头拉磨，要抬头看路，找准新赛道。城市广电媒体需要不断捕捉、生产、传播与受众黏合度更高的产品，创新叙事结构、加快传播节奏，夯实内容、原创首发。只有这样，才能在众多媒体中跑在前列，优先获得受众，实现流程再造。

3. 坚持社会效益为先，带动良性新循环

城市广电媒体人必须认识到，将社会效益放在首位是事业发展的基本遵循。优质的内容才能引起受众关注，只有让传播不断形成裂变，我们才能赢得受众、赢得市场，进而实现价值变现。以效果为标，对内容生产、流程、技术进行优化变革；以产业为用，以公益服务构筑良性循环的新生态。任何片面追求经济效益的操作，不亚于饮鸩止渴，难以"破圈"发展。

综上所述，作为我国四级广播电视台中重要的一级，城市广电媒体具有举足轻重的地位。在媒体深度融合背景下，城市广电媒体应在提升影响力、提高到达率上有所作为，努力"破圈"，为新时代宣传思想工作做出应有贡献。

（作者系浙江舟山市广播电视台融媒体新闻中心副主任）

构建广电"真人＋虚拟"主播协同服务新生态

陈建飞　　徐璐科

2021 年 10 月 20 日，国家广播电视总局发布的《广播电视和网络视听"十四五"科技发展规划》明确提出：加快推进制播体系技术升级，推动虚拟主播、动画手语广泛应用于新闻播报、天气预报、综艺科教等节目生产，创新节目形态，提高制播效率和智能化水平。

可以预见，虚拟主播作为 AI（人工智能）技术在播音主持行业应用的一种新形态，将越来越广泛地应用于广播电视媒体。未来，广播电视将是整合真人主播和虚拟主播最大优势进行节目生产、提供内容服务，而作为广电媒体核心竞争力的主播团队也必将由真人主播和虚拟主播共同组建而成。

一、媒体机构使用虚拟主播的现状

新一代虚拟主播（AI 主播）是通过语音合成、唇形合成、表情合成以及深度学习、图像处理、机器翻译等人工智能技术，可实现多语言的内容播报，并可一键完成从文本到视（音）频的自动生产输出。目前应用于媒体的虚拟主播基本上以"科技公司＋媒介机构"合作为主要创制模式。

（一）虚拟主播使用领域日趋扩大

新一代虚拟主播大规模应用于各类媒体，可以说肇始于 2018 年 11 月在浙江省乌镇举行的第五届世界互联网大会。在这次大会上，新华社与搜狗合作开发了全球第一个全仿真 AI 合成主播——"新小浩"。自此，从央媒、省媒到数量众多的市、县级媒体，从广电、报刊到形式多样的社交媒体，越来越多的媒体机构引进了虚拟主播，出现规模化应用落地。2020 年全国"两会"，有新华社"新小微"、央视"小智"、人民网"小晴"等多个央媒虚拟主播跃然屏幕；2021 年全国"两会"，则有江西、甘肃、河南等一大批省媒虚拟主播全线出击。特别是进入 2021 年以来，虚拟主播上线突飞猛进，仅这一年 10 月就有两家省级媒体推出虚拟主播首秀。一家是《羊城晚报》联合网易互娱人工智能实验室、科大讯飞公司共同推出、由真人形象定制而成的虚拟主播——羊小晚（女）和羊小派（男）；另一家是湖南卫视官宣的首位虚拟主播——小漾，据称"小漾"目前定位是实习主持人，后续她将在湖南卫视的各类综艺、晚会中出现。

（二）虚拟主播运行场景日趋宽泛

拥有多种分身载体、具备复合功能的虚拟主播呈现"多栖"发展特色。它们既活跃在不同类型的媒介平台上，又融入不同场景的报道节目中。虚拟主播不仅播报体育、天气、财经等新闻资讯，还参与现场主持访谈、"串连"解说配音、创作综艺节目。如2019年的央视网络春晚上，"小小撒""朱小迅""高小博""龙小洋"四位3D虚拟主播首次亮相，通过"专业主持人＋虚拟主播"这种协同形式完成对全场节目的串连，被不少观众奉为"最时髦春晚"；2019年12月27日，国内首档由虚拟主播主持的新闻类节目《东方硅谷 合肥高新》在合肥广播电视台上线。

（三）虚拟主播智能水平日趋精进

随着自然语言处理和计算机视觉生成等AI技术的发展，虚拟主播更新迭代十分迅速，特别是在声音和图像两大引擎上有了很多的优化与突破。从早期运用TTS（从文本到语音）技术生硬机械的发声到目前使用AI技术生动流畅的播报，虚拟主播的表情唇形、肢体动作和语言表达越来越契合，越来越接近真人。其中，3D版的虚拟主播高度还原真人发肤，在立体感、灵活度、可塑性、交互能力和应用空间等方面，较2D版的虚拟主播有了大幅跃升，有的可以通过全息投影、VR、AR等设备在现实世界中"动起来"，有的可以根据场景的切换随时变换发型、服饰等，来满足各类节目的不同需要，使用户的视听体验感进一步增强。2021年全国"两会"期间，新华社再次与搜狗公司联合推出升级版的AI虚拟主播"雅妮"，并带来跨场景、沉浸式报道。通过新华社"新立方"智能化演播室，虚拟主播实现"自由穿越""一步跨进"采访场景，能与多地嘉宾同时连线、实时互动，还适配中文、英文、日文等多种语言。这个升级后的虚拟主播在完成微笑、点头、挥手、点赞等动作时，不仅更为智能化，而且更加人性化，表现力获得全面提升。

（四）虚拟主播设计形态日趋丰富

虚拟主播的应用功能不断细分，其设计类型亦不断增多，越来越匹配于十分具体的播音主持场景或节目。从性别年龄看，既有男性又有女性，既有儿童版又有青年版，如2019年3月3日，新华社联合搜狗公司发布全新升级的全球首个AI合成虚拟女主播。从呈现种类看，既有单一声音版的，又有视频版的，还有VR版的。从画面形象看，既有卡通版的，又有拟人版的，还有仿真版的，如虚拟主播"康晓辉"的外型复制央视主持人康辉、虚拟主播"果果"的原型为人民日报社主持人果欣禹。从姿态表现上看，已从过去的坐着播新闻升级为结合肢体动作的站立式播报，并且越来越注重使用眼神、表情、体态、服饰等副语言来传递信息、表现内容。当前，最新潮的虚拟主播当属一种基于播音主持功能而设计打造的虚拟偶像。这种以特定目的打造、本身不以实体形式存在的虚拟偶像人物，其通过荧屏上的虚拟存在可以和现实产生交互，并开展类似真人偶像的活动。

（五）虚拟主播受众群体日趋多元

虚拟主播在广电媒体中的应用，是对传统播音主持形式的补充和拓展，丰富了传统广播电视的节目呈现形式，也增强了与用户交流互动的新鲜体验。当前，不少媒体充分利用 AI 技术赋能内容产业，通过虚拟主播这一载体，打造视听新场景，提供沉浸式的新体验，从而更有效地吸引受众。如蜻蜓 FM 面向年轻群体打造新评书、泛播客这一类新的音频品类，借助虚拟主播积极尝试有声内容形式和品类的创新。2021 年 7 月，在上海举行的世界人工智能大会期间，B 站虚拟主播"泠鸢"和微软"小冰"等一众虚拟主播给大会增添了不少亮色，让高科技以平易近人的方式步入人们的生活，在有趣的互动中展现技术进步为人类社会带来的改变，也吸引了大批"00 后"的叫好和关注。

二、提升广电主播核心能力的对策

当前，虚拟主播虽然还有很多缺点和不足，但无论是在日常报道中快速生成新闻视（音）频，提高报道时效和质量，还是在综艺节目中提升生产效率，降低节目制作成本，其在不同的节目场景运用中都有着不可限量的未来。

面对虚拟主播这个有史以来最强大的竞争对手来"抢饭碗"，广电主播是否会被取代，又如何不被取代？要让"人工智能取代不了人的嗓子"，广电主播需要更加重视挖掘、发挥"人"的特性，解决虚拟主播所不能处理或处理不好的问题，在虚拟主播不能替代的地方做优做强，打造自己的新阵地，筑牢自己的"护城河"。

（一）广电主播要创作有思想态度的声音

内容是有导向的，声音是有态度的。传播内容的选择决定了社会价值观的导向。广电主播是作为党媒公信力的重要组成部分而存在。在来势汹汹的科技变革面前，广电主播更应坚定思想立场、严守价值态度。虚拟主播没有自己的主体意识，没有自己的价值取向，缺乏基本的新闻素养，不会深入基层掌握实情、不会深入群众了解民意、不会深入实际发现问题。他们只是见字发声，按设定的程序机械地复读、被动地输出，无法表达出特定语境下除语言文字的精神内涵。

习近平总书记指出："新闻舆论工作各个方面、各个环节都要坚持正确舆论导向。"① 新闻舆论工作是有方向、有立场、有原则的。广电主播上岗的首要条件就是思想政治上要过硬。广电主播必须牢固树立马克思主义新闻观，恪守新闻工作的党性原则，始终成为党和人民的喉舌；必须把坚持正确政治方向摆在第一位，做到坚定政治信仰、站稳政治立场、保持政治定力、把牢政治方向；必须珍惜手中的话筒，把讲导向落实到一字一句、一举一动中，一顿一挫之间可谓失之毫厘，谬以千里。2021 年 11 月 11 日，《中国共产党第十九届中央委员会第六次全体会议公报》发布。公报全文当晚在《新闻联播》播出，由主播康辉进行宣读式直播配音，全程 32 分 11 秒的公报内容准确连贯、无一差错，声音沉稳大气、庄重有力，节奏、韵律、音色俱佳，很好地彰显了党媒的政治立场和主播的语言态度，让观众大为惊叹。

（二）广电主播要创作有个性风度的声音

风度是指具有个人特色的言谈、举止、仪容、姿态。广电主播并不是简单地说说话，串串词。播音主持本质上是一门极其讲究语言艺术的工作，对"人"的要求很高，一则新闻播得好不好，一档节目主持得行不行，很大程度上依靠主播的个人功底。优秀的主播作为一个活生生的人，是有鲜明个性和独特魅力的。这些彰显主播差异性的个人特质，能够服务于节目核心，为节目提亮增色，更是虚拟主播难以替代的。

广电主播历来是演绎精品节目 IP 的重要环节。作为联结受众和节目的重要纽带，广电主播除了要有扎实的基本功，还要通过打造个人独特的风度特色，形成自己鲜明的个性风格，以自己的人格魅力赋予节目独特的样态，从而吸引受众，甚至影响受众。当前，一些广电主播还停留在照本宣科念稿子的浅层播读阶段，没有交流感和对象感，声音机械、风格固化、表情僵硬，很容易被虚拟主播所取代。一档节目的优秀主播往往会成为一个台的标识，会成为一档节目的名片，甚至一座城市的符号。受众收看这档新闻节目，很多时候是由于喜爱这个主播。曾以一句"地球不爆炸，我们不放假；宇宙不重启，我们不休息"押韵口播成功出圈的央视主播朱广权，2020 年 4 月在售卖湖北商品的首场公益直播活动中，妙语连珠，金句不断，段子频出，把整个直播间气氛调节得十分欢乐，被誉为是一场"软实力惊艳四座的文化盛宴"，展现出让人刮目相看的学识底蕴和综合素养。

（三）广电主播要创作有情感温度的声音

"用心吐字、用爱归音"，被很多广电主播奉为圭臬的这八个字，主要是指播音主持的情感。当下的技术发展已经使虚拟主播的声音仿真程度非常高，甚至与真人主播难辨真假。但总体而言，现阶段的虚拟主播对情感的表达力仍然

---

① 《习近平谈治国理政（第2卷）》，外文出版社，2017，第332页。

非常弱，还不能像真人声音一样充满情绪起伏、感情变化，更不可能在表达中体现人文关怀。

语言是带有感情的，是最能与受众产生共鸣的。播音与主持艺术是用极富个性化的语言和情感向人们传达内容。作为广电主播必须领悟节目文稿所带来的情绪、所蕴含的情感，并在播音主持的过程中与这种情绪相呼应，与这种情感相融合。优秀的广电主播必须发挥人类独有的情感优势，强化自身在不同场景中恰当使用音色、语态、语调等的能力，更加用心用情地与访谈对象进行人性化的交流和情感上的互动。只有这种有温度的传播，才是虚拟主播无法取代的疆域。如果广电主播不能理解内容所要传递的真正内涵，那便与虚拟主播一样，没有立场、没有态度、没有温度、没有情感，这样的真人主播势必会被虚拟主播取代。2017年9月，央视播出《开学第一课》，在采访翻译界泰斗许渊冲老先生时，因为许老腿脚不便坐在轮椅上，主持人董卿选择半跪在舞台上与老先生交谈。如果站在舞台上的是虚拟主播，恐怕很难做出如此"最有涵养的跪地"。这种由人性的光芒带给观众的温暖正是当下很多广电主播需要重点打造的核心竞争力之一。

（四）广电主播要创作有表达角度的声音

播音主持工作应该是一项非常有创造性的工作。广电主播对节目的创新和创作，也是虚拟主播无法取代的。新时代广电主播应该具备"善表达、懂策划、会运营"的融媒体综合能力，应当是"以播为主、一专多能"的全能型复合人才。优秀的广电主播往往是直接参与到广播电视节目采、编、制、播全流程当中，具有对一篇报道、一档节目的价值取向、节奏走向的把舵定向能力。

广电主播要实现与节目创作的深度融合，必须不断提高综合驾驭多媒体跨界播出的内容编辑能力、实时信息的处理能力、突发事件的点评能力和突破媒介形态限制的播音主持业务的综合掌控能力。可以借助虚拟主播对大数据的分析和用户画像作为参考，主动在节目的主题选择、话题设置、流程编排等环节发挥能动作用。这样可以让自己对节目内容的理解更透彻、更全面，表达起来更准确、更贴合，从而使节目的视觉传播与口语传播达到进一步统一，也可以让广播电视节目具有更好的用户黏性。

（五）广电主播要创作有专业深度的声音

"人工智能就像小孩子，通过不断地训练、调整、培养，'智商'才会越来越高。"[①] 虚拟主播是通过提取真人主播的声音、唇形、表情动作等特征，运用AI等技术联合建模训练而成。虚拟主播的大规模应用会帮助其更快地迭代和优

---

① 张千千：《人工智能"训练员"，让AI更聪明》，http://m.xinhuanet.com/2020-08/01/c_1126312670.htm。

化。当前，虚拟主播依然需要专业人士持续不断地提供最新的训练语料，优秀的广电主播仍然是虚拟主播的学习对象。广电主播也要以虚拟主播为坐标，对播音主持这个专业进行审视：虚拟主播有什么优点又有什么不足，广电主播要补齐什么短板又要拉伸什么长板？

虚拟主播的短板就是广电主播应该努力的方向。广电主播一方面要强化在话筒前的表达艺术，不断地夯实自己的业务根基，养成深厚的文化底蕴，提升自身的内在修养，做深做强专业厚度。如谈话类节目主持人如何调动嘉宾情绪，练就急中生智的反应能力、恰如其分的沟通能力？有哪些问题需要打破砂锅问到底，哪些问题是受众没注意到的细节而要加以放大的？另一方面要在节目创作中更有责任感，随时改进不足问题，及时处理突发情况，做一个节目质量的把关人，让节目优质、安全、有效传播。如面对各种不可控因素和突发情况，主播应该如何应对，怎样发挥好节目流程中"安全阀"的重要作用？这些都是广电主播需要经过多年实战经验才能练就的真本事，也是虚拟主播难以学习掌握的真功夫。

总之，面对 AI 主播的日益普及，广电主播既要主动更新观念，积极革新创变，不断提升自己的综合素质，增强自身的不可替代性，又要做好和虚拟主播携手工作的准备，把"对手"转变为"助手"，双方取长补短，相互合作、彼此协同，共同优质、高效地完成任务，促进广电播音主持事业多元发展，让广电大舞台更加丰富多彩、绚丽夺目。

（作者分别为：浙江金华市广播电视台党委委员、副台长；浙江金华市广播电视台时政新闻中心主播）

传统广播公益传播的"共同富裕观"体现

——以温州音乐之声"带新温州居民孩子看演出公益活动"为例

吕　瑜

主流媒体在公益传播中一直都扮演着重要角色，而广播电台作为重要的主流媒体，应当"以温暖为底色，用公益作品牌"将公益传播作为重要的传播内容，借助平台优势和公共话语权，提升媒体的社会价值，推动全社会公益进程，充分体现社会主义价值观。

改革开放 40 多年来，我国人口大规模流动，流动人口是经济发展活力的"风向标"、社会和谐稳定的"晴雨表"。包括温州在内的沿海开放城市以民营经济为主体快速崛起，吸引了大量外来流动人口创业就业，新居民成为沿海开放城市社会发展的重要劳动力资源。以温州为例，目前在温州工作生活的新居民人口有 350 多万，约占温州全市人口的 40%。如今登记在册随迁温州年龄在 16 周岁以下的新居民未成年人有 46 万，其中在温州接受义务教育的有 23 万多。然而因为社交圈子狭窄，经济条件有限，社会活动参与度低，休闲生活单一，FM100.3 温州音乐之声"带新温州居民孩子看演出公益活动"致力于为广大新居民家庭捎上一份特别的亲子欢乐，助力新居民孩子打开艺术之门。自 2012 年创办以来，已连续举办十一年，参与家庭累计超万户。善待新居民，关爱新居民，让他们真切感受"他乡即故乡"，是凝聚更多正能量的需要，更是牢记习近平总书记嘱托，"续写创新史、争创先行市"的必答题之一。这项公益活动蕴含的深刻内涵——善待新居民，关爱新居民，带动新居民家庭文艺层面的"共同富裕"，让公益传播扎扎实实，有声有色，十年深耕，影响深远。"带新温州居民孩子看演出公益活动"多年来给经济条件不宽裕的新居民家庭"一场演出的温柔，一次文化的关怀"，提升新居民家庭在温州生活的幸福感和融入度。

温州音乐之声俯下身沉下心，十一年来围绕"带新温州居民孩子看演出公益活动"在讲好公益故事、传播好公益声音、构建融通的广播公益体系等方面努力作出积极、有效的探索与努力。

一、彰显人文关怀　搭建城市"心"桥

温州音乐之声秉承将人文关怀的绿枝伸向这座温暖之州的各个角落，"带新温州居民孩子看演出公益活动"更是作为精心打造的公益品牌，承担社会责任，提升城市形象。

"带新温州居民孩子看演出公益活动"历年观赏剧目如下：

2012年——乌克兰少儿芭蕾舞团的《灰姑娘》、杂技＆魔术演出《小丑嘉年华》《爱乐乐团四重奏》；

2013年——大型功夫舞台剧《功夫传奇》；

2014年——《丹麦皇家男童合唱音乐会》、人偶童话剧《小红帽》；

2015年——儿童剧《锵儿头小辫儿之疯狂的节日》、童话音乐剧《来自星星的鱼》；

2016年——人偶剧《青蛙王子》；

2017年——儿童剧《猪探长的秘密档案之通通不许动》；

2018年——温州本土文化走近新居民家庭（瓯剧、鼓词、温州童谣、温州民歌）、3D人偶童话剧《勇敢的鸡宝宝》；

2019年——儿童剧《萌鸡小队——麦奇寻宝记》；

2020年——大型木偶剧《嫦娥奔月》；

2021年——"带新温州居民孩子看演出公益活动"十周年特别奉献"温州一家亲"公益汇演；

2022年——大型多媒体舞台剧《宝莲灯》。

报名参与"带新温州居民孩子看演出公益活动"的新居民家庭来自各行各业，每年的公益活动开始前，温州音乐之声都会对报名的家庭进行信息核实和实地走访，多路记者深入新居民家庭，选取具有代表性的新居民家庭，纪实记录新居民家庭的生活场景片段，他们中有为孩子配不起一副近视眼镜的辛酸，有连电影院都没有带孩子去过的困窘，也有搬了六次家后终于落户宽敞新居的欢喜……一篇篇新闻报道播出后，让市民听到新居民家庭真实的人生切面，蕴含了满满的人文关怀。这些新居民家庭的经济条件都不够宽裕，他们几乎都是第一次来剧院观看现场演出，对他们来说看一场现场演出简直是一种奢侈。同在一座城，一起分享艺术甜蜜，新居民家庭的父母牵着孩子的手走进平时只可远观的温州大剧院，高高兴兴看亲子演出。每年的"带新温州居民孩子看演出公益活动"为城市和新居民建立亲和互动，搭建起"心"桥，动情感人。

二、创新活动内容　"本土"和"外来"有机融合

为了给更多新居民家庭送去温润之州的文化暖意，精准了解新居民迫切需求，温州音乐之声向温州市流动人口服务指导中心了解到，新居民家庭普遍反映担心孩子对所在城市的融入问题，害怕被"边缘化"。

鉴于此，为了让新居民家庭对温州有更深入的了解，也能凸显广播的有声传播优势，温州音乐之声每年除了精心选择音乐剧、魔术、人偶剧、杂技等适合亲子观看的演出，还会选择温州本土文化中最具代表性的艺术形式走进新居民家里。邀请戏曲梅花奖得主、瓯剧研究院副院长方汝将，曲艺最高奖牡丹奖得主、温州鼓词界翘楚陈小宝，童声合唱世界冠军指挥、著名儿童声乐教育家陈巧姑，温州音乐之声著名主持人小米、阿土走进新居民家庭，表演和教习瓯剧、温州鼓词、温州民歌、温州民谣，为新居民家庭带去本土文化课程，获得有趣有益的艺术互动。通过视频和音频直播，让更多新居民了解温州，喜欢温州文化，从而更好地融入温州。

三、优化共享文化资源 开启新居民"新视界"

"带新温州居民孩子看演出公益活动"免费观剧活动，每场演出都会对剧目进行精心选择，这些亲子演出剧目让孩子们随着剧情的发展，时而紧张、时而兴奋，现场气氛十分热闹。尤其是裸眼 3D 、激光特效等的融入，更是打开了新居民孩子的"新视界"。

《勇敢的鸡宝宝》《锛儿头小辫儿之疯狂的节日》《来自星星的鱼》《青蛙王子》《猪探长的秘密档案之通通不许动》等一场场演出讲述了成长的故事，增强了安全意识，让孩子们学会机智勇敢地面对困难。很多场演出的剧情还融入了耳熟能详的典故，寓教于乐，非常适合小朋友和家长观看。绚丽的舞台，欢快的音乐，每一场演出都在孩子们的欢呼声中拉开大幕。随着剧情不断展开，孩子们和演员一起互动，一起为舞台上的主人公加油鼓劲，十分投入。

对"带新温州居民孩子看演出公益活动"的演出，家长欣喜于对孩子的教育意义。对很多新居民家长来说，这同样是他们第一次看舞台剧，受益匪浅，传递正能量的同时，也开拓了他们的视野。

2021 年 7 月，温州音乐之声在"带新温州居民孩子看演出公益活动"十周年之际特别策划了"温州一家亲"公益汇演，两百余位新居民孩子带来了朗诵、舞蹈、合唱、武术和器乐、课本剧等精彩节目，在温州大剧院的舞台上尽情绽放风采。好多参加演出的孩子曾参加过"带新温州居民孩子看演出公益活动"，观看过这项公益活动的各类演出，这次他们自己终于站在了"温州一家亲"公益汇演的舞台上，艺术的种子经过十年的培育，开出了动人的花朵。"温州一家亲"大型公益汇演，回顾和展望十年公益温情时光，每个节目都有不同的亮点，整场演出精彩纷呈。"温州一家亲"公益汇演的节目真挚、热忱，积极传递社会正能量。众多来观看演出的观众表示，这是一场高水平的演出，既有赏心悦目的视觉和听觉享受，又有心灵的激荡和感动，"孩子们大声歌唱，畅快舞蹈，真是太棒了"，"我感受到了温州对新居民的温暖，非常难忘"。

四、多媒体融合传播 公益力量呈现"蝴蝶效应"

公益活动的意义不仅在于受益人群某一部分，更在于产生的社会效益，因此，温州音乐之声拓宽线上线下（热线、微博、微信）报名渠道，征集新居民家庭报名参与，从中筛选有故事的代表性家庭进行深入采访。一篇篇新闻报道除了在广播中播出，还会进行多元化传播，充分运用融媒体，在公众微信平台、短视频平台、微博、剧院图册等传播渠道将活动照片、文字报道、视频进行二次宣传，弘扬公益精神，传递社会正能量，阅读量点赞量可观。每年"带新温州居民孩子看演出公益活动"举行的当天，还会进行大时段直播，从傍晚六点一直持续到演出结束，用四个多小时的大型直播来向听友传递公益心。由此，"带新温州居民孩子看演出公益活动"的组合叠加传播受到极高的社会评价，公益力量呈现"蝴蝶效应"。

"带新温州居民孩子看演出公益活动"举办十一年来，广受各界赞誉，十一年公益路，将艺术之门向新居民孩子敞开，城市建设离不开新居民，孩子快乐成长，父母没有后顾之忧。"带新温州居民孩子看演出公益活动"先后获得2021年度浙江省广播电视"少儿活动"一等奖和2018年度浙江省广播电视"少儿活动"三等奖。这项一年又一年举办的公益活动用心搭建了一座新居民家庭通向他们梦寐以求的文艺殿堂的桥梁，让新居民感受温州对他们的关爱和重视，对第二故乡有了更强的归属感。温州音乐之声记者一直保留着第一年"带新温州居民孩子看演出公益活动"结束后收到的一条手机短信，这是来自安徽、一家七口住在龙湾区的一个集装箱里、从事棉纺工作的吕金胜家庭发来的："我们已经到家了，谢谢您们的关爱，让孩子们圆了一个奢侈的梦，因为有您们，温州变成一个充满爱的城市，让人不舍的城市……"

因为"带新温州居民孩子看演出公益活动"连续多年的成功举办，公益品牌成为温州音乐之声的一张温暖名片。十一年时光流转，新居民家庭的层次结构、家庭生活发生了日新月异的变化。温州音乐之声不仅仅是"带新温州居民孩子看演出公益活动"的组织者，也是新居民家庭在这座城市落地生根、幸福生活的见证者。

传统广播公益传播的空间很大，在公益宣传中践行社会主义核心价值观，充分体现"共同富裕"的理念，让公益传播扎扎实实，有声有色，十年深耕，影响深远。让社会主义核心价值观落细落小落实，让人民群众可见可知可感，也许就这样简单。

（作者单位：温州广播电视传媒集团）

基于 SWOT 分析的城市文旅频道发展探析

——以济南广播电视台文旅体育频道为例

吴海霞　庄　志

　　城市台是宣传地方文旅特色、打造地方文旅品牌的重要力量。融媒体时代,城市台应借力"文旅融合发展"趋势,实现自身的破圈出彩。2022 年 5 月,济南广播电视台文旅体育频道正式开播,频道以服务文化、旅游、体育事业为定位,打造"广电 + 政务、服务、商务"全媒体模式。本文基于 SWOT 分析法,对济南广播电视台文旅体育频道的发展优势、劣势、机会、威胁进行阐述,为城市台助力文旅融合发展提供一些新的思考。

一、优势

(一) 媒体融合的时代之需

　　根据国家广播电视总局《关于加快推进广播电视媒体深度融合发展的意见》要求,地方媒体要强化需求导向和服务实效,加快推进频率频道和节目栏目的供给侧结构性改革,解决同质化过剩供给问题。济南广播电视台文旅体育频道是城市台因地制宜,加强横向合作,实现跨行业资源整合的典型案例。通过文旅频道的平台,不仅有利于促进媒体技术转化,提升从业人员整体素质,而且有利于媒体深度融合,释放发展潜力,赋能广电事业高质量发展。

(二) 为文旅创新发展注入新动能

　　文旅产业作为第三产业,已经成为城市转型发展的新动能所在。在全媒体时代,内容是文旅产业发展的重要传播利器,无论是自然景观还是城市大型消费综合体,都需要媒体的内容传播来增加代入感。美食、娱乐、体育、创意等元素通过媒体矩阵传播,会凸显出更加强大的"带货"能力。近年来,济南广电坚持守正创新,不断拓展传播渠道与传播平台、丰富传播手段与传播技巧,区域影响力不断提升。济南广播电视台文旅体育频道通过搭建"广电 + 政务、服务、商务"的全媒体模式,拓展了文化、旅游、体育生态服务圈,建立了优质资源库，频道与共青团济南市委、济南泉世界商业管理有限公司、济南野生动物世界、山东汇工实业有限公司、山东锦泽实业集团、山东齐鲁音像出版有限公司、省影视节目交流中心等20余家单位签订合作协议，一开播就顺利实现创收开门红。

二、劣势："风口"背后的"风险"

对文旅产业来说，媒体背后的巨大流量，是文旅产品一个重要营销方式。依靠视频直播创新营销模式，依托广电主持人的影响力和号召力产生"粉丝经济"，这些都是基于了传统媒体良好的社会认可度和信任度。然而，网红只是一个流量入口，如果形成流量后，城市台不能接住并吸收这些流量，会导致消费者期待过高、失望过多，热度过去后客流的吸引力会大打折扣，因此，流量只能是文旅营销的一种手段，是短期效应，在孵化一个 IP 热点的时候，更要考虑稳定性和长期性，要谨慎选择。

三、机会：重构新型文化消费生态

跳出传统广电行业格局，城市台在新的坐标系里是引领文化消费意识、丰富文化服务供给、繁荣文化消费市场的主轴，是提升城市文化"软实力"的重要载体。济南广播电视台文旅体育频道以服务文化、旅游、体育事业为定位，基于 5G+4K/8K+VR 等新技术，打造"广电 + 政务、服务、商务"的全媒体模式，开辟多屏共振、融合传播的新战线。文旅体育频道首发八档原创全媒体节目，涵盖四大节目带，为全面提升城市软实力营造良好氛围。频道围绕内容、渠道、产业形成闭环，在文化、旅游、体育三个垂直领域进行深度布局，成为以小屏带大屏的融媒体运营主体，在重构新型文化消费生态中，推动文化消费升级，推动文化创意产业的发展，进而拉动文化消费。

以"家帆赛"为例，2022 年 8 月 25 日上午，2022 中国家庭帆船赛·桑乐济南站新闻发布会暨真人秀《起航！家帆赛》启动仪式在济南广播电视台举行。济南市帆船帆板运动协会秘书长与济南广播电视台文旅体育频道负责人进行赛事独家合作伙伴签约。济南文旅体育频道将在家帆赛举办期间发挥主流媒体优势，利用全媒体传播手段与济南帆船帆板运动协会一同推广帆船这项城市潮流运动，打造济南帆船赛事 IP，为泉城济南成为首屈一指的内陆帆船之都奠定坚实的基础。

四、威胁

城市台文旅频道需要面对市场压力以及来自自媒体的竞争压力，尤其是新冠疫情发生以后，文化产业受到的影响不容小觑，处在文化产业链条上的各个环节都会受到影响。而且自媒体拥有的网络影响力巨大，传统媒体人观念落后、网感不强，这些都会制约频道的发展。

五、发展建议

综合以上分析，笔者认为城市文旅频道应坚持以下几点以谋求更好发展。

首先，坚持守正创新，满足现实需求。坚持以人民为中心的工作导向，以读懂城市、推广城市为己任，主动担起举旗帜、聚民心、育新人、兴文化、展形象的使命任务，为推动城市文化综合实力出新出彩提供坚强思想保证和强大动力。

其次，坚持文化立台，打造匠心之作。文化软实力来源于历史沉淀的硬功底。要依靠城市丰富的文旅资源，以传统节日、自然和人文景观、历史故事等为载体，通过现代化手段表现中国传统文化的魅力，彰显媒体社会职责。

最后，坚守媒体责任，推动社会进步。城市台文旅频道往往肩负着巨大的创收任务，面临来自外部和内部的各种压力，不能为了追求短期利益而忽略长远利益。在策划文旅项目时，应通盘考虑，形成产业闭环，确保每一个环节用心、出彩，最终才能赢得受众、赢得市场。

（作者单位：济南广播电视台）

打破旧闭环 搭建新闭环

——融媒时代广电城市形象宣传片的困境与突围

张 巍

城市广播电视台一直以来都是城市形象宣传的主力军，曾几何时，一个城市的主形象符号都是体现在当地电视台的城市形象宣传片中，不惜重金在央视和省卫视投放城市形象宣传片也一度是城市形象宣传的主要方式之一。时至今日，广电虽然仍在城市形象宣传中发挥着重要作用，但其传播能力和传播效果都在日益减弱，如何突出重围，让城市广播电视台真正成为城市形象设计师，成为一个不可回避的课题。

一、身份失位的无奈闭环

广电城市形象宣传能力的衰弱，除了传统媒体影响力下降的因素，也与广电在城市形象宣传中多重困境相关，究其根本在于城市广电运行机制的模糊性，既是承担新闻宣传任务的党媒主阵地，又是参与市场竞争的视听产品生产单位，还是城市行政部门的音视频服务机构，而在城市形象宣传片制作中，城市台更是兼具投资者、制作者、传播者、评判者几重身份，多重身份形成了一个"无奈"的闭环。

（一）缺乏利润的投资者

广电城市形象宣传资金来源一般来自三个方面：财政拨款、企业赞助、自筹资金。其中财政拨款使用要求极为严格，只允许使用在硬性投入方面，人力成本、创意资源等支出都不包含其中，实报实销不允许存在结余利润；企业赞助多是相关国有企业、文旅投资平台行政性支援，对宣传没有硬性要求，一般也是仅够项目硬性投入，没有利润空间；自筹资金更是要求项目把支出压缩到极致。资金来源决定了资金的极度紧张，投资回报更是零利润甚至负利润，导致项目运作实施的着眼点往往在如何以最低成本完成任务。城市形象宣传项目成为一个单纯的行政任务，不得不做，却因为无利润可言而很难激发创作活力。

无论资金来源如何，在城市形象宣传项目实施过程中，城市广播电视台其实都担负着实际投资者角色，既负责资金的筹措，又负责资金使用，还负责资金监管，资金使用过程缺少监督，资金使用效果缺少反馈，最终很难形成资金使用良性循环。

（二）创新乏力的制作者

城市形象宣传片的制作"千片一面"的现象比较突出，胶片画质的美景＋文艺唯美的解说＋低沉大气的配音，构成了多数城市形象宣传片的风格，而近年来航拍技术的普及又让大量城市形象宣传片都变成天空视角。城市风光、历史文化、美食特产、政绩招商构成了城市形象宣传片的四大元素，除此之外少有创意创新。制作手法上，画面调度、剪辑节奏、音乐风格沿袭的更是传统风光纪录片的套路，鲜见新技术、新手法的运用。能谱写一首地域风格的歌曲，为其配成风光 MV 都已经算是大胆创新，而这种性价比极高的手法一出现也会被大量模仿。策划制作创意的陈旧根源于广电策划力量的衰退和策划思路、创意机制不能与时俱进，新媒体时代创意的多样性，远不是传统媒体时代的策划思维所能适应。

（三）故步自封的传播者

以往城市形象宣传片制作完成后的传播发布，主渠道以城市台自有渠道——传统频道、广电自有客户端、广电开设的第三方融媒账号为主，对外一般选择重金在央视或本省卫视投放，因为资金投入过大，一般会选择长宣传片播放一到两次，剪成 30 秒、15 秒，甚至 5 秒的短形象片在一定时间内大密度投放，偶尔有外宣渠道还会在境外电视台，甚至纽约时报广场大屏展现一下。这几种渠道的组合，看起来可谓是内宣外宣全覆盖，但实际传播效果往往不尽如人意。传统频道收视率日益下滑，自有客户端和第三方融媒账号产生的点击率也多以本城和旅居外地的本地人为主，央视 5 秒宣传片混在大量同类片子中一晃而过，境外电视台多数是收视面极窄的华语小台，纽约时报广场大屏往往只是个噱头。而真正具有传播力的渠道和手段，或由于投资过大，无法大规模投放；或勉强投放却因质量和内容不适应渠道而无法产生好的效果。

（四）自娱自乐的评判者

城市形象宣传片质量和效果的评判，一般有三个途径：一是主管领导的认可，二是收视率点击量的反馈，三是行业评比的肯定。主管领导大多不具备专业判断能力，往往是主观判断；收视率点击量大多由本城受众贡献，且造假现象时有发生；行业评比曲高和寡，小圈层同业者难免"学术自闭""近亲繁殖"。真正的传播力、影响力反馈指标始终没有有效建立，但如果我们寻求几个简单的指征，也许可以侧面反映真正的传播情况，比如近年来有哪部城市形象宣传片在各大视频平台进入过排行榜，有哪部引发过社会热议，哪个城市的"出圈"是由城市形象宣传片诱发的。如果这些都做不到，城市形象宣传片的最大作用也许只能停留在频道垫片和会议前预热片的程度。

传播效果投资者、制作者、传播者、评判者四重身份因为历史和现实的因素，不得不统一起来，形成了一个自投、自产、自播、自评，进而自娱自乐、自怨自艾的萎缩性闭环，其产生的创造力和传播力可想而知。

二、另辟蹊径的闭环搭建

时至今日，虽然受到新媒体冲击，影响力传播力日益受限，城市广电仍然是所在城市形象片制作的首选机构，这来源于城市广电具备同城最具专业性的策划力，最具性价比的生产力，最具可控性的传播力。正因如此，城市广电在城市形象宣传工作中仍大有可为，而突破原有闭环是当务之急，突破的重中之重就是把城市形象宣传片推向市场，借鉴企业商品品牌宣传的方式经验运作。

（一）投资市场化

城市形象宣传片制作广电不再担任投资者的角色，投资渠道全面打开，不再依赖政府财政拨款，被动接受任务。一是政府把城市形象宣传作为一个市场化项目进行运作，采用购买服务的方式进行，一方面要为制作传播者留出利润空间，一方面要对制作传播提出明确要求，城市台依赖自身制作传播优势，积极应标。二是城市台独立立项，策划城市形象宣传片制作方案，多渠道筹集资金，制作后投入市场，真正作为市场化视频产品，以点击量回报和植入带货等方式寻求利润，政府也可对这种模式给予以奖代补方式的补贴。

（二）制作多元化

一是注重突出个性。切忌"千城一面"，重在发现所在城市的个性与特色，除了历史沉淀、人文传承、旅游资源，更要注重挖掘人无我有的独特定位，无论是凭借传统的春晚渠道加脱口秀明星效应的"宇宙终点"铁岭，还是"宁睡曹县一张床，不买上海一套房"的"宇宙中心"山东菏泽曹县，只有与众不同才能具备传播价值。二是注重故事挖掘。人类记忆总是对故事有着独特的青睐，有故事才有 IP，多元化演绎需要有丰富的故事内核，以一个个故事作为载体，才能让城市形象立体鲜活。故事可以是连贯的，一个故事娓娓道来，也可以是多重故事的情绪叠加，不限于传统起承转合，而是要有情节、情感、情怀的贯穿。三是注重情绪元素。平铺直叙的叙事，宏大无趣的阐释，无法引起受众的情绪共鸣，只有城市形象宣传片有自己的情感倾诉，才能带动受众的情感宣泄。无论是幽默欢乐、狂放不羁，还是忧郁文艺、温情感动，总要有一个一以贯之的情绪线索引领，才能让城市人格化、亲切化、贴近化。四是注重跨界融合。打破固有思维，借鉴互联网思维尤其是移动互联网思维，更要扩展到更多领域，如同属文化层面的戏曲、戏剧、曲艺、舞蹈、脱口秀、音乐剧、先锋艺术可以融合，非文化圈的自动驾驶、物联网、元宇宙等新概念也可以跨界。五是注重组合延续。不再局限于倾一年之力甚至多年之力打造一部经典大片，不期望一部片子解决所有问题。选准主题后，不着眼于一片一时，而是阶段性运作，根据时效、发现热点，系列化策划，组合式制作，尝试碎片化传播，制作多部短视频形成组合效应，并根据不同时期、不同阶段，进行同一主题的多阶段延续策划制作，让时间成为增量，不断强化主题。

（三）传播精准化

一是精准明确受众范围。不要期望所有人都会成为我们的受众，要明确哪部分受众是我们要去影响的，再为用户侧写画像，明确受众最大的问题、渴求或愿望是什么？他们每天在哪里找到他们需要的信息？我们的片子是否能满足他们的需求？针对目标受众，如何才能让这些内容更个性化、更有吸引力。明确这些之后才能精准地确定内容传播的方向和目标。二是精准选择投放渠道。不再依赖于自身渠道，更多地去接触选择使用第三方平台、省外境外媒体。在明确自己的受众定位，宣传片的特性特色后，分析目标受众的媒体接触习惯，选择内容营销矩阵，了解每个平台的属性，例如：微博适合做话题传播互动活动，微信适合受众沉淀转化成交，今日头条适合智能推送精准投放，抖音快手适合做活动造势和前期铺垫，B站适合即时互动交流，等等。进而制定用户获取目标、进行渠道的日常运营、不断测试优化已有渠道的表现、随时引流和转化，不断挖掘新渠道。不同阶段所采取的传播策略也不同，核心原则就是：模板受众在哪里，就去哪里投放。三是精准为渠道量身定制。选准传播渠道平台后，更要根据平台特色进行策划，适应所选择平台精准制作，从策划内容到呈现方式都要与之相适应。从片子的时长是长视频、短视频还是中视频，片子格式是横屏还是竖屏，片子的风格是宏大、抒情还是搞怪，片子是否适应弹幕互动，都要预先研究策划，保证后期投放后的效果。

（四）评判动态化

一是建立有效的评价体系。现有评价体系主要是基于行业内考核，对传播力和影响力的评测存在一定差距，亟待建立一套市场认可的评价体系，重点在于真实反映传播情况，重在体现传播效果。这套体系不应是收视率体系那样的单向阶段性反馈，而应当是及时性、互动性的全面精准反馈。二是使用大数据反馈。评判体系不应如过去电视台收视率一样，简单依靠第三方平台，而是应当集合业内多方面数据，形成大数据反馈体系，依赖大数据分析和及时反馈两套机制并行，同时检测多个方面的全面反应，及时监测受众的满意度和转化率，以此指导城市形象宣传片制作随时动态调整。三是运用评判结果建立激励制度。评价体系的结果不能仅作为内部参考数据，应当作为城市形象宣传片的客观评判标准，并制定与之相适应的激励机制，在资金投入、计划制订、购买服务、条款签订时，就制定好分级奖励、分级支付的政策，根据评价体系数据对应给予奖惩，以此激励城市形象宣传片的制作和传播。

市场化资金运作，多元化策划制作，精准的传播投放，激励性的评判反馈，形成了一个良性的、可持续的、正向循环的闭环。在这个 PDCA（计划、执行、检查、处理）循环中，创作力可以得到激励，市场属性和公益属性可以得到有效平衡，广电城市形象宣传的能力可以得到不断提升，并可以此为契机，对广电融媒改革进行更多的有益尝试。

（作者单位：济南广播电视台总编室）

广电自救："政企银学媒 五位一体"发展模式

孟 旭 于旭光

2022年5月31日，人力资源社会保障部等四部委联合印发《关于扩大阶段性缓缴社会保险费政策实施范围等问题的通知》，广播、电视、电影等行业被列入扩大实施缓缴政策的困难行业名单，由此带给广电行业的震撼是难以言喻的。

当前的广电行业正处在深化改革、体制重构、融合转型的阵痛期，缺人、缺钱、缺活力；2020年至2022年新冠疫情的接连重创，更是让背着历史包袱的广电举步维艰、难上加难。

广播电视作为主流媒体，是党和政府的喉舌，其综合实力决定了意识形态和舆论宣传高质量发展的成色，关系到舆论阵地的持续巩固，关系到是否能够牢牢把握舆论导向、维护意识形态安全，意义重大、不容有失。因此，在此背景下，如何突出重围、绝地逢生值得深思。

当前，相关纾困扶持政策的出台体现了中央和地方党委政府对广电行业的重视和关心，但笔者认为，"造血"重于"输血"。笔者以"济南广播电视"为例，探讨一下广电自救："政企银学媒 五位一体"发展模式。

一、政：政策扶持＋政策引领＋政务服务

首先是"政策扶持"。要用好用足政府扶持政策，比如，此次四部委提出的"阶段性缓缴社会保险费政策"等扶持措施，还有各省政府机构提出的"着力支持重点产业项目建设"，"推动5G、大数据、人工智能、区块链、物联网等新技术的创新应用"等利好措施，要确保政策落地，切实享受到政策红利。济南广电黄河V谷项目已经列入济南市"十四五"规划，总投资达45亿元，这种战略性的有利条件为济南广电产业迎来加快发展重要窗口期。

其次是政策引领。2020年中共中央办公厅、国务院办公厅印发的《关于加快推进媒体深度融合发展的意见》指出，主流媒体要增强市场竞争意识和能

力，探索建立"新闻＋政务服务商务"的运营模式，增强自我造血机能。广电行业必须紧跟国家政策，依据政策开展工作，把政策落到实处。

接下来，就是在政策引领下，开展"政务服务"。在智慧广电战略驱动下，新型主流媒体建设积极融入智慧城市建设，业态模式加速嬗变，媒体＋政务模式日渐成熟，部分广电媒体在全媒体平台特别是移动客户端中做强"媒体＋政务"功能，植入各类政务服务，兴办移动政务新媒体，开辟行政审批、应急管理、广播电视、公共交通等在线窗口，开通掌上问政、民生事项办理等业务。

济南广电《作风监督面对面》《赢商》《生活看法》《泉城三农》等栏目，利用自身节目定位、受众群体等优势，聚焦新闻宣传和内容建设，把新闻单位、政府部门服务百姓、改善民生、经济建设等方面的各种举措宣传出去，同时利用媒体优势，把党政方针、社会道德法治建设等用百姓喜闻乐见的方式，转化为百姓听得懂、愿意听的语言，宣传正能量、弘扬主旋律。此举是政府部门贴近群众、打造服务型政府的有力举措，同时拿出专项的财政资金为此买单，增加了济南广电的经营创收。

二、企：企业运作＋服务企业＋多元发展

（一）刀尖向内 事企分设深化改革

我国新闻事业具有双重属性，具体表现为事业性质、企业管理。广电行业加快推进和深化体制机制改革迫在眉睫。

1.事企分设并轨运行

将事业企业分开、宣传经营分离，实行"台＋集团""融媒体中心＋公司"运作模式，可有效解决体制僵化、机制不活、宣传经营和企事不分的问题。构建"事业引领产业、产业反哺事业"的新型主流媒体长效发展机制，这一模式综合众多模式优点，既对接现行传媒体制政策，又便于解决机制不活问题。

济南广电下设两家一级公司、二十余家子公司，传统产业项目包含老年产业、少儿产业、农业产业、政企服务产业、广告传媒产业、婚庆产业等七大业务版块。目前，济南广电正在优化产业组织管理，完善法人治理架构，强化顶层设计，统一战略规划。同时，对业务版块进行优化整合，重塑"康养、青少、乡村振兴、商务服务、会展服务、户外广告、公益广告"七大业务版块，重构产业价值，塑造产业品牌，打造产业发展"济南广电样板"。

2.用人和分配体制机制改革

打破编内编外，打开行政职务和业务职称两方面的上升通道，探索打破人员编制壁垒，探索"以岗定级、以级定薪、人岗匹配"的人才使用机制。坚持"按劳分配、多劳多得、优劳优得"和"同岗同工同考同酬"的原则，破除了原有"大锅饭"现象，充分调动全员工作积极性、能动性，提高工作效率。创新人

才评价机制，按照以人为本和"干部能上能下、职工能进能出、收入能多能少"的要求，变"伯乐相马"为"赛场赛马"。设立并不断完善工作室制、项目制以及企业化运作等多元化创业干事平台，做到人尽其才、才尽其用、用有所成，壮大优秀全媒体人才队伍。

2020年，济南广电率先设立"创意视频工作室""大型活动转播项目部"等，负责人享受副处级待遇，工作室、项目部独立运行、独立核算，对内服务单位的各种工作，对外承揽各种相关业务，大大激活了台内骨干员工干事创业的激情与活力。

（二）需求为要 服务企业合作共赢

中国企业新媒体年会由国家互联网信息办公室指导，国务院国资委新闻中心、中央企业媒体联盟等主办，已经连续举办多届。年会以互惠合作共赢为原则，倡导媒体与企业充分发挥各自优势，形成媒企合作、携手共赢的长效机制，共同推动企业新媒体持续健康发展，共享中国企业新媒体发展新红利。

而这样的媒企合作共赢模式，在2018年，济南广播电视台《赢商》栏目就开始运作。作为本地唯一一档"讲好济南经济发展故事、讲好济南企业家故事的融媒体电视专栏"，《赢商》为济南市的国资国企、大型民企提供从企业文化顶层设计，到展厅展会落地，从新媒体运营，到电视媒体发声，从活动创意策划，到活动现场执行等全流程的一揽子商务服务。

此举以用户需求为导向，优化了新型主流媒体新的业态结构，提高产业经营有效供给的持续性、稳定性，进一步增强自我造血能力，形成了新型主流媒体高质量发展的产业支撑。

（三）大胆出圈 立足主业多元发展

在当前社会背景下，广电行业在立足主业，做好精品内容全媒体输出的前提下，应该勇于开拓，大胆出圈，与相关企业合作，开展"媒体＋多元业务"，构建"广电＋生态体系"，实现事业产业有机统一[①]、事业引领产业、产业反哺事业的可持续发展机制，增强自我造血机能，推动广电行业健康、高质量发展。

济南广电敏锐发觉"中国（山东）自由贸易试验区济南片区"的区位优势、政策优势，在济南东部汉峪金谷片区打造新媒体文化产业园区。几年来通过区位优势的体现，新媒体、电商、科技等新兴行业的集群效益，实现了固定资产的翻番及每年数千万的营收的增加。同时，利用济南广电的专业优势、汉峪金谷区位优势、产业集约优势，利用媒体公信力、文化创意优势搭建平台筑巢引凤孵化新产业、培育新动能。目前，济南广电与济南市工商联电商直播协会以

---

① 曹月娟、黄楚新、赵艺灵：《"媒体+旅游"的发展创新路径》，《中国广播》2021年第11期。

园区为项目驻地，共同打造"电商直播基地"，为企业进行电商直播，收入模块涵盖租金、运营、销售分成等，远超广电传统的业务收入。

三、银：搭建平台 + 资本运作

（一）搭建银企合作平台 解决企业投融资难题

自 2018 年发展至今，《赢商》已拥有济南本地各行业头部企业资源近二百家，并常态化举办"赢商下午茶"，精准对接金融机构与企业，解决企业的投融资难题；为济南市民营经济发展局策划执行"投资论道面对面"活动，实现了项目与资本的有效对接，促进了区域协同发展。一方面，银企合作平台的搭建，是济南广电作为主流媒体优化营商环境的有力举措；另一方面，通过企业与金融机构的双方获益，有利于济南广电经营创收的开拓与发展，实现三方共赢。

（二）借助资本力量 搭建多层次投融资平台

当媒体的影响力足够大的时候，采取股权投资、基金管理、项目投资、技术投资等方式，建立全方位、多层次的资产管理与投融资体系，就能创造出更大的商业价值和利润空间；当媒体发展达到一定的水平，能在资本市场溅起水花，有更为广阔的发展空间，资本的力量就会注入大量资金培育上市主体，推动媒体进入证券市场新赛道。[①]

同时，还可以设立配套产业资金，利用产业资金撬动资本市场，既能联动政府的投资平台，又能拉动社会资本力量。一方面通过基金投资获取投资回报，另一方面通过基金管理，收获可观的资金管理效益。[②]

四、学：智慧赋能 + 圈层赋能 + 合作办学

（一）智慧赋能 循环输出多方受益

对内赋能广电行业，济南广播电视台作为省会地方台，有庞大的智囊团，各个层面、各行各业的专家学者囊括其中，为济南广电的节目、活动、产业等智慧赋能，增加了媒体的权威性、专业性、公信力、影响力；对外赋能受众与客户，为粉丝受众提供了专业可靠的知识与见解。同时，智囊团还能为媒体的客户提供公益或者有偿的服务，成为媒体的增值附加项，增加媒体与客户的黏性；也能为智囊团带来社会影响力与经济回报，与媒体构建更为紧密的合作。

（二）圈层赋能 打造学习型企业家队伍

济南广电利用"天下儒商·赢商会"企业家平台，定期开展企业家论坛、企业家下午茶等，邀约相关职能部门负责人、专家、学者、行业领军企业家等为平台企业家、企业高管，围绕企业创新、诚信建设、法治护航等，讲授政策、法律、财税、企业管理等专业知识，营造良好学习氛围，增进区域企业之间的

---

① 张光辉：《媒体融合背景下经营转型策略与模式创新》，《中国报业》2021年第7期。

② 张光辉：《浅谈媒体融合条件下经营转型的策略与模式创新》，《中国记者》2021年第3期。

互联互通，助力企业家队伍梯队培训、高素质成长，塑造健康、稳定、高质量的企业发展生态。同时通过活动的开展，进一步稳固了企业家圈层，涵养了企业家圈层经济，为济南广电产业发展带来更多的可能。

（三）合作办学 强强联手创新业态

合作办学济南广电已有成功先例，通过"政府购买保底＋开拓康养产业补给"的模式与老年大学合作成立"济南广电老年人大学"，既帮政府解决了老年大学一位难求的难题，又牢牢抓住广电行业最庞大的中老年粉丝群体，有利于济南广电开拓康养产业，开辟新的产业发展模式。

目前，依托济南广电的官方媒体公信力、企业资源整合力，正在探索与济南工商联电商直播协会、跨境电商协会，各自拿出优势资源，打造"企业电商学院"。

五、五位一体 构建区域协同发展新格局

破解广电行业当前的困难挑战，形势十分紧迫。总的来说，"政企银学媒五位一体"发展模式是济南广电应对传统媒体危机，正在做的以及将要做的事情。作为主流媒体，扎根主责主业，锚定社会主义文化强国建设这个目标，坚持党对广电行业的全面领导，把握行业风云冷暖，紧盯行业主体所难、所需、所盼，精准出台相关政策措施，把行业主体发展壮大作为各种政策措施的发力点，把促进优秀作品生产、巩固扩大意识形态阵地作为各种政策措施的落脚点，才能增强纾困措施的实效长效，才能真正实现稳中求进和高质量可持续发展。

在产业发展层面，当前背景下，只有积极对接国家重大区域战略，在宣传、技术、产业、对外合作交流上整合资源、协同发展，主动融入并服务以国内大循环为主体、国内国际双循环相互促进的新发展格局。[1]

同时，强化制度保障，结合区域优势特点，推进节目联合制播、服务便利互通、产业联动发展，共建共享新平台、新品牌、新业态。有序推进跨层级、跨行业、跨媒体资源整合，逐步发展为区域级乃至全国性、骨干型新型主流媒体集团。[2]

（作者单位：济南广播电视台）

---

① 曾祥敏、周杉：《区域协同提升媒体深度融合发展的路径初探》，《当代电视》2021年第9期。

② 牛存有：《产融结合打造规模化新型主流媒体集团》，《中国广播》2021年第3期。

城市广电如何构建"多位一体"融合发展

张天春

随着通信技术和传媒技术的不断发展，利用新技术、新平台、新渠道实行自我革新、自我改良已成为诸多主流媒体发展中的必然选择。作为传统媒体组成部分的广电媒体来说，也要以更加主动积极的姿态去拥抱新技术，与新媒体融合践行"融合发展"的方略。这既是广电媒体未来发展的主要方向，也是时代发展的必然。近年来，在党和政府政策的指引下，我国广电媒体的融合转型之路取得了许多丰硕的成果，但从整体来看还有许多问题仍未解决。有些广电媒体在融合中"有形无神"，虽然也积极应用各类新渠道进行信息传播，但未了解平台的本质。还有些广电在融合中遇到问题时就打"退堂鼓"，以致陷入"进退两难"的境地。

对此，广电媒体在融合转型中要明确发展目标，正确认识融合转型中在技术应用、体制限制、运营思维等方面遇到的问题。对此，城市广电在融合转型时要积极拥抱新技术、创新思维模式，更要革新原有的机制体制、删除掉不利于融合发展的条条框框，进行一场艰难的自我改良。另外，广电媒体在进行自我改良时，应当发挥自身特色和长处，明确融合目标，同时还要集各家之所长，为自身的融合发展提供可借鉴的经验。笔者认为，城市广电的融合发展应当根植于本地区，为本地区内的民众提供好信息资讯和文化服务。其次，城市广电还可以从多角度、多渠道进行融合发展，践行"多位一体"的融合发展之路，对此，本文将深入探讨"多位一体"融合思路的具体实施方式以及推进思路，以期为我国城市广电的融合发展提供帮助。

一、城市广电"多位一体"融合发展突破路径

城市广电要想践行好以"多位一体"为突破口的融合发展之路，首先要明白什么是"多位一体"。"多位一体"是指城市广电在融合发展中要大力做好广电智慧化、移动传播、融媒工作室、中枢制、地方融媒中心、"媒体+"这几方

面的工作。^①具体来说，广电媒体首先要解决的就是"技术运用"问题，众所周知广电媒体在新技术运用方面一直落后于商业媒体，但新技术无法深化运用，融合发展便无从谈起。对此，城市广电要积极升级，引入新技术，抢占移动传播市场，构建"四全"媒体。其次，诸多实践已经证明，城市广电现有的体制结构不仅不能适应融合转型的需要，甚至会阻碍融合转型工作的开展。对此，城市广电要建立起以"融媒工作室"为中心的运营机制，同时组建起"中枢制"控制中心统领城市广电工作全局。再次，广电媒体在融合中还要解决平台赋能问题。以地方融媒体中心平台为枢纽践行"媒体+"的发展道路，充分拓展地方广电媒体的产业生态链，连接内力聚合外力，不断拓展新发展领域。简而言之，"多位一体"融合之路就是要从多方位全面推进融合进程，构建起技术先进、形态多样，具有强大竞争力、影响力的主流媒体。

（一）先破后立，抢占"端口"打造"四全"媒体

随着技术的不断革新，媒体形态也在不断发生着改变。广电曾经的繁荣是得益于无线电传输、卫星传输、半导体、显示器等技术的不断进步。时至今日，地方广电媒体所面临的发展窘境同样也是由于未能抓住技术的契机，未能跟上网络技术、新媒体技术的发展，从而被技术淘汰、被时代淘汰。这也直接证明了，在广电媒体的发展中，只有跟上时代的发展、技术的进步，才能在激烈的行业竞争中占得先机。这里的"先机"是指"端口"，信息的传播和接收主要通过"端口"来实现，只有占据信息的"传播端"与"接收端"，才能占据市场份额和市场主导权。从实现途径来看，广电的"智慧化"和"移动化"是城市广电利用新技术打造"四全"媒体的重要方式。

为了实现广电的智慧化发展，城市广电要利用网络思维、秉持智能化理念，不断运用新技术去革新老广电，创立新广电，以实现城市广电生产、传播、服务、监管等流程的智慧化，使传统城市广电由曾经的"单向传播"向"双向"乃至"多向"转变。具体来说，城市广电要积极利用大数据、云计算、人工智能等先进技术让媒体内容传播变得更加"聪明"，将内容产品的分发和投放变得更加精准。此外，对优质内容广电媒体可突破算法限制进行广泛投放，让优质的内容触及更广泛的人群，提升人们对信息的审美能力。

除了"智慧化"发展，"移动化"也是城市广电打造"四全"媒体的重要途径，特别是在"移动优先"战略的指引下，城市广电要把移动平台的构建作为融合发展中的重要一环。在具体实践中，城市广电要遵循"终端随人、信息围人"的基本原则，除了建设移动客户端，广电媒体还可借助短视频平台、公

① 李军：《媒体融合背景下地市台的困境与创新——以扬州广播电视台为例》，《当代电视》2021年第11期。

众号、微博、网络电台等渠道进行信息传播，建立起矩阵式传播结构，让大众随时随地都能接收到信息。[①] 城市广电除了践行"智慧化"和"移动化"，还要实现对观众、听众的用户化转变，努力为用户提供更加全面、更加高质的服务。

"移动平台"和"智慧广电"二者之间是相互补充的，能够不断为城市广电的融合发展赋能。所以，在城市广电的融合发展中要处理好二者的关系，使二者形成融合发展合力，使各个接收终端融合、互动起来，构建起无所不在、无人不用，跨平台、跨场景的"四全"媒体。

（二）创新再造，以"流程重塑"倒逼体制机制改革

人才是媒体融合进程中的重要元素，要想打造"四全"媒体，必须依靠新技术、互联网的支持，而要想运用好这些新技术，"人才"是必不可少的，缺少了人才的支撑，广电的融合发展只能是纸上谈兵。

随着新旧媒体之间竞争的日趋激烈，城市广电无论是在薪资待遇还是发展前景上均无法与新媒体相较。这就导致大部分广电人才流失严重，加上人才引进力度不足、管理队伍老年化等问题的出现，从而造成城市广电的融合发展寸步难行。"人才"问题的出现归根结底是由于城市广电现行的体制机制已不能适应时代的需求，革新体制势在必行。

但体制革新靠的不仅是"嘴上功夫"，而是要涉及编制、地位、利益等更深层次的问题，体制改革必将困难重重。所以，在改革伊始广电媒体必须找准突破点，以点及面，循序渐进地进行改革。[②] 从目前情况来看，以融媒工作室作为突破点较为可行。而且，以融媒工作室作为体制机制改革的抓手，可以有效冲破现有体制框架的桎梏，激励那些有理想、有文化、求上进的新型人才脱颖而出。

早在 2010 年 5 月，中央电视台就大刀阔斧地进行体制改革，将原有的"中心制"改为"频道制"，其管理模式是在电视台或传播集团的直接领导下，再以频道为单位进行分层管理，而后在各频道内再设置栏目组、编排组、制作组、广告组等一套完整的运作机构。在当时的市场背景下，此举有力地助推了地方广电的发展，为观众提供了不少优质内容。

随着新媒体的出现，"频道制"已无法适应时代的需求，必须对现有体制进行改革，从现有的频道制改为"中枢制"，以适应时代的需求。"中枢制"的实施有利于城市广电集合优势资源进行统一调配，能够极大地提升内容生产效率和传播效率，同时也更有利于专业型人才的培养和发展，为今后的融合发展

---

① 王义保：《当前广电媒体融合中需要突破的几种思维定式》，《新闻爱好者》2021年第10期。

② 谭雪芳、陈加伟：《媒介可供性理论视角下5G广电媒体深度融合研究》，《中国广播电视学刊》2021年第8期。

打好基础。从某种角度来看，可以将融媒工作室看作"中枢制"的一部分，二者都是通过资源整合、重组，充分激起内在活力和动力，培养起一批能够承担起"四全"媒体建设的人才。

（三）借船出海，以"媒体＋平台"拓展生态产业链

构建"四全"媒体、培养新型人才，需要各方力量的共同助推。从目前来看，城市广电现有的资源结构已不足以支持融合转型所需要的资金、用户、数据等资源。所以，亟须将眼光放在外部，通过借力其他平台能力助推自身融合转型。

由于网络平台在内容、用户、数据、技术等方面的优势，能够对用户产生向心力和吸引力，能够为城市广电的融媒转型提供有力支持。所以，对城市广电而言，目前的最优路径是利用好地方融媒体中心，做好"媒体＋平台"。实际上，当前城市广电的融合进程已有明显的平台化趋向，媒体通过网络平台发布信息、获取用户数据、获得用户反馈信息，而用户也通过平台与媒体间进行交流沟通。

在地方融媒体中心的建设运营中，地方平台不仅可提供技术支持和维护，而且还能在内容生产、平台运营等方面助推广电融媒体中心的有序发展。当前，我国的地方平台大多由省级媒体单位独立承建，所以城市广电应当充分利用这一优势，在做好为融媒体中心服务工作的同时，还要将各区县内用户、数据、媒介等优势资源集合起来进行统一调配。

在融合发展的大背景下，地方广电或主动或被动地与新技术、新媒体深入融合，获得更深广的发展空间，权威性、公信力、贴近性进一步提升，与地方政府、企业和社区长期紧密的联系进一步深化，在融合发展中蝶变。[1] 对此，城市广电不能满足于只充当新闻内容的生产者和传播者，而是要拓展业务生态产业链，将业务延伸至产业、政务、服务等方面，再以多种形式实现媒体与产业、政务、服务的融合，此举不仅能够为民众提供更为便捷的服务，同时也帮助媒体完成了从传播者向服务商的转变。贵州广电在提供高清视频、电视频道、点播回放、宽带上网等服务的基础上，还拓展了线上图书馆、远程教育等许多新型的服务项目。此外，贵州广电还拓展外部平台为大众提供更多样的服务。比如：贵州广电提供农村电商服务，为贵州当地农产品的销售拓展渠道；与旅游业相融合，除了对外宣传贵州当地的旅游资源，还为景区提供智慧化的管理服务，为景点和游客之间搭建起交流沟通的桥梁；与金融机构进行合作，为金融机构提供专线专网服务、技术支持服务，同时还帮助金融机构延伸线上服务窗口、办事网点，在保证用户资金安全的基础上为用户提供更加便捷的服务。

---

[1] 马骏：《全媒体视野下地方广电的战略转型》，《青年记者》2021年第4期。

总而言之，地方平台和"媒体＋"都能为城市广电提供海量的用户与数据资源，二者之间又可以相互连通，在用户、数据、媒介等资源方面为城市广电的融合发展提供助力，互通共享，共同为城市广电的融媒发展提供助力。

二、城市广电"多位一体"融合发展的具体推进思路

在城市广电的智慧化转型方面，首先要大力落实国家广播电视总局于2018年11月出台的《关于促进智慧广电发展的指导意见》，以云计算平台为核心，科学应用5G、4K、AI等新兴技术，对城市广电的现有技术进行全面改造和升级，并将这些新技术应用至采集、编辑、传播、发布、管理等各个流程之中。而且还要依托互联网技术，秉持以用户为中心的理念，将城市广电传统的单向传播转变为双向甚至多向传播，同时利用大数据、AI等技术，深度分析用户的个人喜好，对用户进行精准投放。同时，随着5G正式商业化的到来，城市广电还应大力打造出一批基于5G技术的新节目，同时还应利用5G技术创新现有的节目形态，同时借助5G的传输优势，设置超高清电视频道，并结合AR技术，开发出虚拟现实节目，将用户重新聚拢在大屏端。

第一，从融媒体中心建设方面来看，要以内容的创新生产作为核心。首先，要在增强吸引力上下功夫，同时还要赋予融媒体中心必要的人员选用权、独立运营权、资金使用权、资源支配权，以求生产出大量的优质内容产品；其次，还要构建起集监管、技术、运营为一体的服务中心，不断提升融媒工作室的支持力；最后，在融媒工作室的建设中还要秉持管建同步、管建并举、动态管理的理念，确保融媒体工作室建设工作的顺利推进。

第二，从"中枢制"的建设来看，要以创新业态环境、拓展产业链为核心。首先，要集中媒体内部的优势资源，打造出具有广泛影响力的品牌产品，以提升城市广电在本地区内的影响力和权威性；其次，还要大力构建全媒体化产品，不断优化内容生产、技术支持、资源调配等工作流程，不断提升融媒体中心的内容生产效率；最后，还要大力推进考核制度，努力使"中枢制"成为责任的把控中枢、质量的监督中枢、利润的调配中枢。

第三，从地方融媒中心建设方面来看，要依据国家颁发的有关规定进行标准化建设，并不断完善其功能，加强各融媒体中心之间的资源共享力度，提升城市广电资源丰富性。[①] 还要以地方媒体为单位建立起手机客户端，在为各媒体提供流量入口和功能平台的同时，将用户数据收集起来，建立起用户数据库，城市广电再凭借这些数据增强对用户的了解，为用户提供更加精准的内容服务，提升媒体内容传播价值。

---

① 陈虹、杨启飞：《生产与联动：我国广电媒体深度融合的空间建构逻辑》，《当代传播》2021年第3期。

第四，从"媒体+"方面来看，首先是要以媒体资源为基准，打造起网内网外贯通、端内端外互动的业态模式。其次，还要以构建起以"大IP"为核心的内容创意平台，以高效服务、智慧政务为核心的政务服务平台，以精准推送区域信息为核心的信息资讯平台，以电商服务、智慧城市为核心的生活服务平台。

总而言之，城市广电的"多位一体"融合发展必然是整体化、一体化转型，要使城市广电成为智慧型全媒体平台，构建起完善的生态系统，拥有科学运行的机制体制，构建起集成各种优势资源的综合性平台，就必须经历漫长的改革过程，而且这个过程不是一蹴而就的必然，会经历各种艰难险阻。但广电人必须拥有坚定的意念、必胜的信念，因为此次改革不仅是城市广电在新时代的出发点，更是再创广电以往辉煌的必经过程。所以，要完成城市广电的融媒转型，除了要拥有坚定的信念，还要具备高度的责任心和克服艰难险阻的毅力，地方政府还要给予广电媒体一定的政策扶植、强有力的资金保障，只有在各方的共同努力下才能使城市广电践行好融合发展之路，为大众提供更多样、更优质的内容产品和服务。

（作者系商丘广播电视台主任编辑）

发挥广电融媒"动力" 激发乡村振兴"活力"

——以湖南邵阳广播电视台为例

杨荣干　杨　婷

全面推进乡村振兴就是要把美丽蓝图变成农业农村现代化的现实图景，既需要强大的物质力量，也需要强大的精神力量，而媒体就是精神力量的重要塑造者、传播者和推动者。邵阳广播电视台作为地市主流媒体，充分彰显责任与使命担当，全台上下因势而谋、融合创新，发挥传统媒体平台和新媒体平台的优势，有效整合各种媒介资源和生产要素，主动嵌入乡村振兴发展大计，构建起"六端一体"的融媒传播矩阵，通过巧设议题打造热点、深度挖掘打造亮点、精心制作打造看点、直播带货打造卖点、线下服务打造爆点，走出了一条主动嵌入、融合创新讲好乡村振兴故事的新路径，为乡村振兴工作营造了上下联动、全民参与的浓厚氛围，不断汇聚起凝聚人心、砥砺前行的精神力量。

一、系统布局，广电融媒为乡村振兴装上"起跑器"

乡村振兴作为党和国家的重要战略着力点，包含着产业振兴、人才振兴、文化振兴、生态振兴、组织振兴五个维度，是新时代做好"三农"工作的总抓手，也是一个长期的系统工程。媒体要在深刻领会乡村振兴战略要义的基础上，切实提高政治站位、创新传播内容、解读政策细节，发挥好媒体舆论的积极引导和规范作用，为乡村振兴装上"起跑器"，精准助力乡村振兴。

（一）提高站位，充分认识广电融媒在乡村振兴中的重要性

地市广电融媒体，因地域的接近性、内容的贴近性、受众的黏性更强，更应充分发挥广播电视和网络视听宣传主渠道作用，统筹传统媒体和新兴媒体，网上网下和声频荧屏，构筑起全平台联动、专题化聚合、立体化呈现、多样化展示的强大矩阵，及时宣传阐释、传达解读中央、省、市关于乡村振兴战略的决策部署，持续推动习近平新时代中国特色社会主义思想进乡村，全面讲好巩

固拓展脱贫攻坚成果和乡村振兴的故事，奏响乡村振兴的时代强音。

要开设"乡村振兴"类专栏专题，强化"三农"类节目和公益广告的制作播出，推动品牌综艺节目策划创意融入乡村振兴主题，开展乡村振兴系列专题报道，多解读相关落地政策，挖掘乡村振兴优秀典型案例，持续向群众传递正能量。

（二）主动"嵌入"，广电融媒与乡村振兴实现线上线下互动发展

党的十九大报告明确提出了"打造共建共治共享的社会治理格局"，这为乡村治理提供了明确思路，即必须激发多元主体有效参与，在动态协作中形成治理合力。中央及部分省级广电媒体凭借资源优势已经获得了融合先发优势，抢占了传播制高点。与中央级、省级广电媒体相比，地方广电融媒无论在政策、资金方面，还是在人力方面都处于劣势，但将自身融合发展"嵌入"乡村振兴方面有着独特的优势。一是地域方面的优势，地市广电媒体与乡村的地理距离不远，与群众情感联结十分紧密。二是政策方面的优势，目前，地方融媒体建设得到了国家层面的相应政策扶持。所以，乡村振兴为地市广电媒体实现融合提供了崭新的契机。

作为覆盖基层地区的高效传播媒介，地市广电充分利用媒体融合建设成果，着力提升主流声音传播效能，以融合传播新体系推动乡村振兴工作向纵深发展，具有不可替代的重要作用。与单一的传统媒体相比，广电融媒的内容可以长时间展示，多渠道、多形态进行传播，在乡村振兴政策解读、发展成就展示、与基层群众沟通、传播普及乡村振兴信息等方面具有天然的传播优势，在乡村治理中扮演不可或缺的角色。因此，地市级广电媒体要真正把乡村振兴纳入媒体融合发展的战略规划和重要环节中，依循国家在乡村振兴战略中的总体规划，将自身融入乡村、融入农业、融入农民当中去，并通过新平台、新思想、新方法、新手段来推进乡村振兴战略的实施。

（三）系统布局，广电融媒借势做好乡村振兴宣传大文章

地市广电媒体助力乡村振兴，要俯下身、沉下心、扎下根，在平台建设、主题策划、议题设置、内容挖掘、传播手段、受众培养等方面系统布局、多向发力，利用自身的公信力与联结能力，做好乡村振兴宣传的大文章。宣传形式上要着力构建大振兴的宣传格局，在时间维度上把握"短线"和"长线"的关系，坚持长短结合，更加注重长线宣传的布局谋划。宣传内容上要突出"多方共治"，要将党和政府主导、社会参与、市场推动有机结合起来，充分彰显社会和市场的积极作用，凝聚社会共识，优化参与效果。宣传路径上要着眼于从根本上解决农业、农村、农民问题，助推实现全面振兴和共同富裕。

目前，地市广电融媒体已经集新闻资讯、政务服务、电子商务、互动直播

为一体，并具有在线教育、医疗、娱乐等功能，这些功能与人民群众的生产生活和社会治理密切相关。一方面，地市广电融媒体要积极创造独特的"广电＋乡村文旅""广电＋乡村特色产业"等模式，助力地方经济振兴。另一方面，要开展各类促进乡村振兴的广播电视、网络视听教育培训、网络远程教育，深度参与数字乡村、信息公开、平安乡村、应急服务、远程医疗、新时代文明实践中心建设，推送科技服务，引领主流价值，为乡村长久发展注入内生动力，不断推动基层治理体系和治理能力现代化。要以大型公益活动为载体，以点带面助推乡村振兴工作。2019 年以来，由邵阳广电主导的"筑梦乡村、与爱同行"广播惠农工程"三下乡"大型公益活动已经走进了全市多个乡村，成为乡村振兴的有效推手。同时要发挥"警钟功能"，规范社会行为。邵阳广播电视台推出的《电视问政》节目以及广播、电视、报纸三大平台联合打造的《民情通道》栏目等，反映群众心声，回应群众关切，深受好评。

二、矩阵发力，广电融媒为乡村振兴装上"助推器"

全媒体时代的信息传播具有快速性、互动性和体验性。生产出既符合全媒体传播规律，又具有地方乡土气息和田园温度的好作品，全面展现农业农村精神风貌和发展成就，及时反映农民群众的生活诉求，讴歌基层群众的伟大创造，都离不开全媒体传播。在助力乡村振兴战略实施的进程中，全媒体积极发展各种互动式、服务式、体验式新闻信息服务，为乡村振兴装上"助推器"，让乡村传播更加及时、真实、多维、立体。

（一）"六端一体"，全面权威提供乡村振兴信息

技术是媒体融合的发动机和加速器。2021 年以来，邵阳广播电视台"移动优先、内容为王"战略得到全面升级，投资 700 多万元整合频道资源和人才资源，构建了以"爱上邵阳"新闻政务客户端为龙头，以邵阳传媒网为基础，以学习强国、央视频等央媒账号为延伸，以官方微信、微博以及头条号、抖音号、快手号等商业平台账号为补充的新媒体矩阵，形成了声、屏、报、网、端、微"六端一体"的融媒传播格局，积极发展各种互动式、服务式、体验式新闻信息服务。

邵阳广播电视台始终把服务乡村振兴作为重大政治任务和第一民生工程，充分发挥行业特点优势，加强组织策划，坚持全媒体联动、全介质传播，不断创新形式和表现手法，抖音、快手、慢视频、H5 等齐上阵，打造可视、可听、可阅、可感的各类新闻产品，实现网上网下结合、线上线下互动、传统媒体与新媒体共振的良好效果。2021 年 8 月，邵阳市双清区高崇山镇 50 万斤冬瓜滞销，邵阳广电全媒体的记者闻讯而动，到现场深入了解相关情况后，连续策划了"爱心助农 让我们一起行动"系列短视频，并首先通过"爱上邵阳"

客户端、视频号、抖音号发布传播，而后，又发挥"六端一体"融媒传播矩阵的强大阵势，在社会各界引起了强烈反响，一场爱心助农的接力赛就势展开，邵阳各大超市、酒店、各单位食堂先后加入爱心行列，50万斤滞销冬瓜在融合传播的引导下销售一空，上演了一场温暖全城的爱心助农大行动。

（二）策划有序，生动立体讲好乡村振兴故事

优质的内容是时代的刚需，也是媒体融合发展的核心。地市广电融媒要在乡村振兴战略中大显身手，不仅要融屏聚力，打造技术先进、功能完备的优质平台，还要打造主题突出、内容鲜活的独一无二的优质内容，推出既有"乡土味"又有"时代感"的融媒体产品，更要树立抢占先机的意识，注重首创首发首播，充分挖掘和整合信息资源，全面展示农业农村发展新变化。

邵阳广电融媒体在《邵阳新闻联播》《三区播报》《武陵纵横》等新闻栏目中开设《巩固脱贫攻坚成果 全面推进乡村振兴》《走进乡村看小康》《乡村振兴进行时》等专栏，围绕乡村产业发展、乡村治理效能、美丽乡村建设、幸福生活体现、驻村帮扶等方面，按照"找准选题、讲好故事、拍出精品"的要求，采制了一批反映农民生产生活和乡村振兴实践的优秀作品，通过短视频、图说、H5、长图、海报等新媒体方式进行播发。还充分发挥广播电视和网络视听媒体优势，通过纪录片、公益广告等多种形式，深入挖掘和宣传独具特色的红色资源和地域文化，助力"美丽乡村"建设。2021年2月，邵阳广电精心策划，开展"新春走基层"大型全媒体采访活动，从各媒体抽调30名精干力量，组成6个采访小组，俯下身、沉下心，深入各县（市、区）的乡镇、社区、农家、厂矿、车间、工地、岗哨等生产生活一线和服务窗口采访，推出了《激扬十四五，踏春开新局》系列报道，推出《武冈：心系"国之大者"，农耕生产不负春光》《隆回：村级代办服务全覆盖 群众"足不出村"办好事》《雪峰古瑶寨：绽放"最美"的幸福》《新宁县枧杆山村：变废为宝打造"院落景观化"样本》等接地气、冒热气、聚人气的稿件60多篇，挖掘感人细节和动人场景，通过小切口、小人物、小故事，以不同的视角、多维的叙事方式、多样化的表现手段，捕捉群众欢乐祥和过节的热闹场景，生动讲述各地各行业各领域的新气象、新变化和新成就，反映人民群众生活水平不断提高的幸福感、获得感和安全感。

三、全面赋能，广电融媒为乡村振兴装上"加速器"

乡村振兴是攻坚战也是持久战。地方广电媒体既有效地扮演了乡村振兴传播主体"赋能者"角色，也在某种程度上打破了传统广电媒体封闭的传播模式，实现了信息价值共创。因而，广电融媒要多深入基层、深入一线，善于观察、善于创新，运用丰富的新闻语言、形式、方法、技巧打造精品力作，不断增强

媒体的传播力、引导力、影响力和公信力，为乡村振兴装上"加速器"，以自身融合发展的"动力"进一步激发乡村振兴的"活力"。

（一）挖掘典型人物，让乡村故事有张力

邵阳广播电视台一直坚持"新闻立台"理念，积极落实 2021 年中央"一号文件"关于乡村振兴的有关精神，深入基层、贴近民生，聚焦各地乡村振兴的生动实践，充分挖掘党组织带头人、驻村第一书记、退役军人、在乡大学生、返乡创业农民工、电商人才、传统艺人、非遗传承人、乡贤等众多典型人物的暖心、感人故事，传送乡村振兴经验，展现乡村振兴成果。

《乡村振兴看邵阳》专栏记者主动践行"四力"，从小切口入手，通过报道乡村振兴的成功案例，挖掘更多可复制、可借鉴、可应用的成功经验，让受众可以从一个个贫困村如何"脱贫奔小康"的小故事中，去感受"乡村振兴"给村民们带来的大变化，在"高度、速度、广度、深度、力度、温度"上下功夫，带领受众领略乡村振兴战略推进过程中邵阳坚持新发展理念、推动高质量发展的故事。采制的有关全国道德模范提名人选彭艮凤、全国青年创业代表杨淑婷、"熊猫大侠"廖振飞等报道，在央视新闻频道播出，时长均达到 2 分钟以上，进一步擦亮了"邵阳好人"品牌，在全市掀起崇德向善、见贤思齐的新热潮，为建设文明和谐邵阳营造了良好的舆论氛围。

（二）打造精品爆款，让传播内容有活力

邵阳广播电视台积极创新宣传形式、推进节目精品工程，记录好、呈现好全面建成小康社会的时代壮举，展现好人民群众乡村振兴的生动实践，汇聚万众一心奔小康的强大力量。2021 年以来，邵阳广播电视台以乡村振兴工作队干部为主体宣传对象，制作推出《乡村振兴最美人物》系列报道，讲述乡村振兴一线党员干部的感人故事，展现他们在乡村振兴工作中的无私奉献和艰辛历程，传播榜样的力量，为推动乡村振兴战略营造浓厚氛围。每天推出 6 条以上正能量短视频，其中《南山国家公园选美大赛》等，被新华社、央视频等进行二次传播，阅读量突破 100 万，点赞超过 30 万。官方抖音号发布的《隆回"脱衣哥"跳水救人》的短视频播放量达到 3166 万、点赞 323 万、评论 5.5 万条，救人英雄周玉良迅速"蹿红"。推出的邵阳党史合集《邵阳红色记忆》，播放量超 400 万。纪实短片《致敬！脱贫攻坚路上的 Hero》，视频号播放量破 10 万，刷屏邵阳朋友圈。在全国脱贫攻坚表彰大会前后，策划推出的《走向我们的小康生活》《脱贫攻坚群英谱》等大型专题报道，用有张力的故事、有说服力的数字、有冲击力的画面，实现网上网下结合、线上线下互动的融合传播，唱响脱贫攻坚最强音，浓墨重彩地讲好邵阳铿锵发展的故事。制作的《云上花瑶》等 MV 作品，深受老百姓喜爱，也得到了省委宣传部的点赞和重点推荐，"学习强国"平台更是进行了完整展播。制作的《反电诈"土味广告"》公益短视频，不仅在电视端口成为精口，而且成功出圈，在央视新闻微信公众号转发，不到1小时阅读量突破10万+，《人民日报》、新华社等中央、省级媒体纷纷转载，全网总浏览量超1000万。

（三）凸显融合优势，让直播带货有战力

邵阳广播电视台发挥专业平台优势，通过创新思路、精心策划，与地方相关部门合作，与赋能乡村振兴的各种社会资源对接，将广电融媒化身为发掘地方经济潜能、打造地方经济特色的有效推手，组织类似对接会、洽谈会、购销会等会展营销活动，进一步推广"公益广告、节目＋消费帮扶""短视频、直播＋消费帮扶"等模式，让广播电视和网络视听成为推介地区特色农产品的重要渠道，提升农旅特色产业"含金量"，从而有效解决了各地特色农产品的滞销难题，在推进乡村振兴中发挥了地市广电融媒的应有力量。为聚焦邵阳农产品品牌，培养技能人才，加快"邵品出邵"，拓宽农产品销路，助力乡村振兴，2021年10月，由邵阳广播电视台全程执行的邵阳市首届"我为家乡代言 助力乡村振兴"直播带货主播大赛取得了圆满成功，30多种邵阳本土优质农产品，通过各个直播平台，推荐给广大网友，总决赛的网络直播观看人数达180多万，当天销售总额100多万元，这是邵阳广电融合优势的又一次生动实践，让本市特色产品在新的"电商＋直播"模式下，走出邵阳、走向全国，为乡村产业发展壮大注入了新动能。

（四）培育智慧体系，让乡村发展有魅力

乡村生活最大魅力在于自然、自足、自养、自乐，有限利用资源，发展智慧型产业，则是乡村发展的趋势和宝贵财富。围绕全面推进乡村振兴需要，充分发挥广播电视和网络视听的平台与内容优势，积极探索"广电全媒体＋乡村文旅""广电全媒体＋乡村特色产业""广电全媒体＋对农服务"等商业模式，将线上与线下对农服务相结合，将"三农"经济元素融入传播内容、服务、产品等各要素，树立农产品特色标签，提升农产品知名度，擦亮老品牌，塑强新品牌，持续打造乡村振兴的新业态，帮助脱贫地区产值变价值、产品变产业。目前，邵阳广电正依托全媒体平台，着手对接全市各类政务数据资源，致力打造一个快速响应、数据共享、高效服务的"智慧邵阳"便民平台，内容涵盖政务、金融、教育、医疗、交通、文旅、司法、社区等方方面面，横向打通部门信息资源，服务百姓每个人生阶段，纵向建立多级市民体系，将服务延伸到基层，实现政府智慧管理和百姓智慧生活，不断提升百姓的生活质量和效率。

四、结语

在推进乡村振兴战略中，地市广电融媒要坚决扛起政治责任、明确自身定

位、聚焦主题主线，不断创新思维方法、拓展宣传领域、丰富内容形式、贴近乡土民情，多元化、矩阵式记录和展现乡村之美，传承并留住乡村之美。要尊重乡村振兴主体的传播需求，多维度拓展融合互动，全景式展现乡村振兴的伟大壮举，为"持续推进乡村振兴"战略汇聚更多的舆论力量、思想力量和精神力量，走好新时代乡村振兴融合宣传的赶考路。

（作者分别为：湖南省邵阳广播电视台副台长；湘潭大学文学与新闻学院2020级学生）

高质量建设县级融媒体中心
更好服务基层社会治理

沈玉荐　　蒲永康

近年来，新兴媒体正加速改变传媒格局和舆论生态，传统传播模式已经创新升级，用户价值亟待重塑，新型传播平台亟待拓展，造血机能亟待强化，必须深入学习习近平总书记新时代中国特色社会主义思想特别是关于新闻舆论和媒体融合的重要论述，必须深入学习贯彻党的十九届六中全会精神，深刻领悟"两个确立"的决定性意义，增强"四个意识"、坚定"四个自信"、做到"两个维护"。以史为鉴、开创未来，落实国家广播电视总局《广播电视和网络视听"十四五"发展规划》，立足新发展阶段、贯彻新发展理念、构建新发展格局，围绕中心、服务大局、守正创新，促进县级融媒体中心高质量发展。

一、县级融媒体中心建设现状

县级媒体是新闻传播和基层治理的"最后一公里"。县级媒体不但覆盖人口广泛，在数量上也占绝对优势，广播电视是县级媒体的主要载体。截至2018年底，我国有县级广播电视播出机构2106个。由于存在观念滞后、体制不顺、资金短缺、人才缺乏等问题，造成县级媒体话语权削弱、影响力下降的困境。如何使县级媒体健康发展，更好服务基层群众，成为摆在各级党委政府面前的紧迫性课题。

2018年8月21日，习近平总书记在全国宣传思想工作会议上指出："要扎实抓好县级融媒体中心建设，更好引导群众、服务群众。"这是中央第一次提出"县级融媒体中心建设"这一命题，在中央的战略部署和指导下，我国媒体融合进入了新时代。2019年1月25日，中共中央政治局就全媒体时代和媒体融合发展举行第十二次集体学习，习近平总书记强调，要创新理念思路、体制机制、方式方法，进一步推动媒体传播向基层拓展、向群众靠近，为人民群众提供更多更好的文化和信息服务。2020年6月30日，中央全面深化改革委员会第十四次会议审议通过了《关于加快推进媒体深度融合发展的指导意见》。2020年12月4日至5日，"首届全国县级融媒体中心舆论引导能力建设年会"在江西省分宜县召开。成都市双流区融媒体中心、四川仁寿县融媒体中心等入选2020年全国县级融媒体中心舆论引导力建设典型案例和突出案例，标志着我国2000多个县级融媒体中心已经基本建成并发挥着重要作用，大部分县级融媒体中心运行良好。但是，少数县级融媒体中心亟待进一步深化改革以实现高质量融合。

二、县级融媒体中心在融合发展中的困难及原因分析

中央全面深化改革委员会审议通过的《关于加强县级融媒体中心建设的意见》指出，在加快推进媒体深度融合的过程中要体制机制先行作为保障。但是个别地方在执行中，片面追求稳定，条条找依据，缺乏担当精神，没有做到深度融、彻底融、高质量融，耽误了融合发展的最佳时机。据不完全统计，有的县级融媒体中心人员流失率比较高，从2020年的5%—10%，2021年迅速增加到10%—20%。流失的人员大多是业务骨干和一线熟手，单位付出了大量的心血和培养成本。由于体制机制不顺导致部分骨干员工流失，整个团队的专业度降低，工作举步维艰。

（一）体制不顺阻碍广电融媒事业的发展

公益一类体制，一般是在编人员薪酬全额拨付，聘任制人员薪酬自筹。关键在于公益一类单位并不能做经营，无法自筹资金给中心聘用人员发放工资，更重要的是大约有一半的一线工作都是由中心聘用人员完成的。公益一类人员做经营，仍然无法领取营销绩效，所以整个融媒体中心收入主要靠财政。公益二类体制，在编人员不能拿增量绩效，中心聘用人员原则上可以领取增量绩效，但是大多数优质资源都集中在在编人员手里，不能调动全单位工作人员的积极性，无法打通体制束缚。

（二）有的地方党政对广电融媒改革不够重视，或只表现在口头上关注，未下深水，没有解决深层次的问题

体制改革涉及相关部门的一些干部没有真正理解中央的精神，只是机械执行、僵化执行，更不理解广电融媒为什么要深化改革。有的地方宣传部也无力推动全方位深化体制改革，他们的职责范围和能力都非常有限。中心"一把手"多数由县（市、区）委宣传部副部长兼任，关系和绩效考核在宣传部，导致责任意识不强，履职不到位，单位没有一套完整的管理系统，特别是缺少有效的绩效考核系统，员工工作缺乏热情。

（三）基础工资过低，收入保障不够

受疫情影响迟发、缓发工资的现象时有发生。据调查，一些县级融媒体中

心聘用人员的工资在 2000 元左右。很多年轻人有房贷、车贷，结婚后更是压力很大，缺乏职业规划以及学习和培训机会，技能难以较快提升，很难与互联网和自媒体进行竞争，所以只有选择离开。部分经验丰富的中老年员工由于待遇提不上去，职级、职称晋升看不到希望，绩效考核兑现较少，也只有选择调走、退居二线或者退休。

（四）新媒体平台发展缓慢，融媒体内容生产的策、采、编、发、评设计不系统不完善，员工不知道如何进行精准工作

受地区经济差异等影响，自身内容生产的 App、短视频、微信号、直播缺少受众和流量，缺乏深度融合，广告运营没有做起来，缺乏后劲，更加难以实现自我造血、良性发展。

三、对策和建议

（一）优化顶层设计，出台相关法律法规和后续政策

相关部门应专题调研，加强顶层设计，拿出更加成熟的全套改革方案，出台优惠政策。适时制定《新闻传媒管理工作条例》《县级融媒体中心建设管理发展条例》等法律法规，将县级融媒体中心建设管理发展纳入法治化轨道。同时，建立全国或者全省县级融媒体中心微信、QQ 群，实现资源共享，加强工作交流，推动媒体融合向纵深发展。省级相关部门要给予县级融媒体中心常态化支持，每年从财政预算拨付一定的专项经费，从资金、政策和人才技术培训等方面大力支持；要进一步修订完善相关文件，在人才培养、节目创新创优、专业职称评审、表彰奖励等方面给予倾斜和关爱。

（二）创新内容生产运营管理机制

县级融媒体中心要有效运作，核心是深化体制机制改革。一是要在机构编制、人员配置、建设标准、资金扶持等各个层面提供有力支撑。二是对媒体机制内部进行调整，建立起适合融媒体中心发展的人员招录、绩效考核、运营管理体系，激发内生动力。三是对县级分管领导和媒体管理层加强培训，将县融媒体中心领导班子成员的工资关系和绩效考核放在融媒体中心，严管厚爱，加强领导，不搞"两张皮"。

媒体融合不仅应站在信息技术、智能技术发展制高点，同样也应站在产品形态、服务理念、平台建设制高点。党委政府要把县域内的所有文化传媒类相关资源整合到县级融媒体中心，成立自身经营资金进入的广电融媒文化传媒公司（集团），真正解决造血机制。在制度上明确县级融媒体中心如何从事经营性活动，启动以薪酬改革为抓手的激励约束机制改革。在薪酬分配上做到同岗同责、同工同酬、优劳优酬。在党政主要领导的支持下，保持公益一类属性（原拨款额度不变）、公益二类属性，实行公司或集团化产业化运营企业化管理，全部盘活，所有政府支持以及所有保障不变。

（三）加大人才培养力度

"人才兴，则媒体兴"，"人尽其才，才尽其用"。在互联网技术飞速发展的今天，媒体格局、舆论生态、受众对象、传播技术都随之发生深刻变化。传媒深度融合，归根结底离不开人才。激活媒体活力，需要依靠一批拥有新知识、新思维、新技术的全媒型人才。一是选任优秀的县级融媒体中心主任。能干事，懂新闻传播规律和发展趋势、互联网规律等；愿干事，具有改革创新的决心和魄力，愿意去推动改革发展；会干事，充分掌握干事的方式和策略，能灵活运用各种手段来处理各类复杂事务。二是优化人才培养模式，加大人才培训力度，提升采编人员的业务能力与素质。要引进年轻化的复合型人才，带动媒体从业人员思维的转变，在媒体产品制作方面，实现媒体产品的大众化、差异化、灵活化。三是采取请进来、走出去的方式，开展培训和考察学习活动，对媒体人员进行综合性培训，推动传统媒体人从"权威发布者"向"信息传递者"的转变。以融媒体中心建设推动基层治理创新最终也要依靠人才资源的创新融合，打破壁垒、优化机制、广纳贤才。在宣传思想文化战线自身人才资源融合流通基础上，探索融媒体人才与政府部门干部队伍、社区街道管理骨干、智库研究人才、企业管理人才、高校教研和思政队伍之间的相互流通，以更高质量人才资源推动媒体融合成果转化为基层治理创新实践。

（四）坚持导向为魂、移动为先、内容为王、创新为要

在融媒体中心建设与发展的过程中，新闻内容的质量是成败的关键。一是坚持正确的舆论导向，打造地方新闻精品。媒体人员在采编的过程中，必须坚守职责和使命，传播正能量、传递好声音。二是以"内容为王"，提升服务意识。媒体人员必须深入了解本地区媒体的内涵与本质属性，以小见大地反映经济社会发展情况，既要为当地群众提供信息服务，还要将融媒体中心打造成人们了解本地信息的"窗口"。三是立足本地特色优势，打造本土化融媒体产品，增强融媒体中心的影响力。

（五）充分赋能，服务基层社会治理

县级融媒体中心扎根基层，是信息资源、传播资源、文化资源、商业资源的重要集聚平台，在发挥好思想引导、舆论引领作用，成为县域基层巩固和壮大主流思想舆论阵地的同时，应更好发挥文化服务、社会服务、商业服务等重要作用，更好服务于政务管理、基层治理，更好服务于经济社会发展和民生福祉。一是以"媒体＋党务政务"撬动党务政务数据资源，与县委党建办、政务服务中心及其他县直部门实现对接并共享数据，把分散在县级部门下的各个政务微博、政务微信、政务号统一整合到县级融媒体中心这一平台，打造全覆盖式的"指

尖政务服务平台"，打通服务群众的"最后一公里"，在互联网主战场上走好群众路线。二是以"媒体＋服务"提供一站式生活服务平台，为用户提供在线教育、有线电视和水电气费代缴、违章查询、话费充值、快递查询、发票查询与地图导航等本地生活服务，实现智慧城市与县级融媒体中心有机结合。三是以"媒体＋商务"全力打造集企业推广、商品展示、线上购物与线下配送于一体的本土产品电商销售平台，打造凸显地域特色的电子商务并实现流量变现。将县级融媒体中心建设各类媒体形态内容转化成为一个整体，推动各媒体终端实现思维融合、结构融合、内容融合、平台融合和传播效果融合，从而建设真正一体化的融合媒体传播矩阵，更好地引导群众、服务群众，坚定不移听党话、感党恩、跟党走，踔厉奋发、笃行不怠。

（作者分别为：四川省绵阳市梓潼县融媒体中心新闻编辑；四川省绵阳市梓潼县政协委员）